Michael Heinemann · Giovanni Pierluigi da Palestrina

Große Komponisten und ihre Zeit

Michael Heinemann

GIOVANNI PIERLUIGI DA PALESTRINA UND SEINE ZEIT

LAABER-VERLAG

Schutzumschlag: Giovanni Pierluigi da Palestrina. Unbezeichnetes Ölgemälde (Archiv für Kunst und Geschichte, Berlin)

Satz: Fotosatz Knuppertz, Hemau
Notenherstellung: Curtius Notengraphik, Seubersdorf
Gesamtherstellung: Friedrich Pustet, Regensburg
ISBN 3-89007-292-5

Inhalt

Vorwort

Modern war Palestrinas Musik nie. Aktualität, die ihr in mitunter hohem Maße zu verschiedenen Zeiten zuwuchs, besaß sie als Gegenentwurf, nicht nur während des Trienter Konzils. Bereits seit der Mitte des 17. Jahrhunderts explizit als „alt“ bestimmt, avancierte ein Stil, dessen restriktive satztechnische Prinzipien leicht in wenige Lehrsätze zu fassen waren, zu einem Ideal von Kirchenmusik, das vor allem ein Pendant zur Oper sein sollte. Der Name Palestrina wurde zur regulativen Idee, zum Signum eines in einmaliger historischer Situation gelungenen, wiewohl stets intendierten Ausgleichs von liturgischen Vorgaben und musikalischer Autonomie. Doch verminderte sich schon bald die ästhetische Gegenwart seiner Musik; man suchte die Aura, nicht die Authentizität, überlieferte und sang — auch in Rom — lateinische Messen Palestrinas, die eher im Gestus als der Gestalt dem ursprünglichen Werk entsprachen.

Das Programm „Palestrina“ verlor seine Virulenz, je mehr die Fragen, auf das es Antworten bereithielt, obsolet wurden und je weniger der Rekurs auf sein Œuvre für die Komponisten katholischer Kirchenmusik verpflichtend war. Andere Angebote zur Orientierung standen — nicht zuletzt aufgrund vielfältiger musikgeschichtlicher Forschung — auch den Autoren von Musik für den Gottesdienst zur Disposition; zugleich schwanden Notwendigkeit und Veranlassung, das eigene Tun historisch zu legitimieren.

Zu vertraut, als daß aufführungspraktische Erkenntnisse neue Zugänge erschlössen, und doch zu fremd in ihrer weder zu leugnenden noch unproblematischen Identifikation mit genuin liturgischer Musik, ist die Präsenz von Palestrinas Œuvre selbst in der katholischen Kirche nunmehr eher gering. Diese Distanz aber kann auch die Voraussetzung schaffen, sich Werk und Person des römischen Kapellmeisters erneut zu nähern. Zu entdecken ist nicht nur eine so erstaunliche Variabilität satztechnischer Mittel innerhalb eines sehr eng bemessenen Gestaltungsspielraumes, daß in vorliegendem Buch — mit einigem Unbehagen — auf die Diskussion spezieller musikwissenschaftlicher Probleme (Akzidentien, Kontrapunkt, Notation, Quellenkritik u.ä.) weitestgehend verzichtet wurde; zudem zeigt sich — mit der Möglichkeit, die Sozialgeschichte als Fundament der Kunstgeschichte zu verstehen (Peter Burke) — in Palestrina ein seiner selbst in hohem Maße bewußter Künstler, der sich durchaus als Leitfigur katholischer Kirchenmusik zu stilisieren geneigt scheint, ohne doch den Anspruch seiner Kompositionen, auch als autonome Kunstwerke bestehen zu können, je aufzugeben.

Die These, daß es jeder Zeit vorbehalten sei, ihre eigene Sichtweise auf geschichtliche Ereignisse und Gestalten zu entwerfen, mag rechtfertigen, anläßlich des 400. Todesjahres Palestrinas eine Studie zu Leben und Werk vorzulegen, die Karl Gustav Fellerers zuerst 1930 erschienene Monographie — das neben Nachauflagen auch anderer älterer Arbeiten bislang letzte deutschsprachige Palestrina-Buch — weder ersetzen kann noch will; der Vielzahl seiner Aufsätze und Ermittlungen zu Palestrina sind diese Ausführungen in hohem Maße verpflichtet, kaum weniger all jenen Autoren, deren Arbeiten in Anmerkungen und Literaturverzeichnis nur unzureichend zu würdigen sind. Mit besonderem Dank bedacht aber seien Herr Dr. Wolfgang Witzenmann, Rom, sowie Herr Dr. Peter Ackermann, Frankfurt/Main, für zahlreiche Informationen und mancherlei Auskünfte.

Dem Vorschlag von Herrn Dr. Henning Müller-Buscher, meine Überlegungen zu Palestrina im Rahmen der Reihe *Große Komponisten und ihre Zeit* vorzustellen, bin ich mit großem Vergnügen gefolgt, zumal das Konzept dieser Bände weiten Raum läßt, auch rezeptionsgeschichtliche Ansätze zu entwickeln. Dem Verleger und seinem Lektor, Herrn Dr. Thomas Emmerig, danke ich für die ebenso vorzügliche wie pragmatische Betreuung auf das herzlichste.

Nicht zuletzt aber sei für lange, inhaltsreiche Diskussionen und viele Zeichen lieber Unterstützung Stephan Franke und Tilman Schladebach, ferner Claudia Knispel und Dr. Farhad Abbassian-Milani in Freundschaft gedankt.

Berlin, im Dezember 1993 Michael Heinemann

Chronik

1525 — In Palestrina, einem Städtchen in den Sabiner Bergen nahe Roms, wird Giovanni als erstes Kind der Eheleute Sante und Palma Pierluigi geboren. Die Familie, dem Ort vermutlich schon seit längerem verbunden und gut beleumundet, besaß in der Via Cecconi ein kleines Haus, daneben einige Weinberge und Ländereien, von deren Bewirtschaftung man lebte.

Nicht mehr möglich ist es, den Geburtstag Giovanni Pierluigis genauer zu bestimmen, da die lokalen Archive bei Bränden oder in den Kriegswirren um die Mitte des 17. Jahrhunderts zugrunde gingen. Erst als man den Quellenwert des in einer Motettensammlung aus den Beständen der Sixtinischen Kapelle aufgefundenen Nekrologs erkannte, den Melchior Major, ein französisches Kurienmitglied, anläßlich der Begräbnisfeierlichkeiten für den Komponisten verfaßt hatte, ließ sich auch das Geburtsjahr fixieren. Der am 2. Februar 1594 verstorbene Giovanni Pierluigi da Palestrina, vermerkt Major, habe 68 Jahre gelebt. Demnach muß er zwischen dem 3. Februar 1525 und dem 2. Februar 1526 geboren sein; und es ist nicht unwahrscheinlich, seinen Geburtstag am 27. Dezember, dem Festtag des Evangelisten Johannes, anzunehmen, gemäß den Gepflogenheiten der Zeit, nach denen man bei der Taufe des Neugeborenen den Namen des Tagesheiligen wählte.

— Im Kampf um die europäische Vorherrschaft besiegt Karl V. am 24. Februar in der Schlacht bei Pavia das französische Heer; König Franz I. wird gefangengenommen. Damit ist Karl V. dem Ziel eines weltumspannenden Reiches erheblich nähergerückt. Papst Clemens VII. dagegen zeigt sich unentschieden, laviert zwischen Frankreich und Spanien. So versucht Karl V. die Gelegenheit zu nutzen, mit der gewonnenen politischen auch die geistige Führung des Christentums zu übernehmen.

— Geburt von Girolamo Cavazzoni* und Ludwig Daser*.

— Tod von Thomas Müntzer.

— Martin Luther, *De servo arbitrio*, *Wider die mörderischen und räuberischen Rotten der Bauern*.

— Pietro Bembo, *Prosa della volgar lingua*.

— Albrecht Dürer, *Unterweysung der Messung*.

1526 — Der Friedensschluß von Madrid am 14. Januar bezeichnet das Ende des ersten Krieges zwischen Karl V. und Franz I. Der französische König, der auf seine Ansprüche in Italien ebenso Verzicht leisten muß wie auf das Herzogtum Burgund sowie seine Lehnsrechte in Flandern und Artois, distanziert sich jedoch rasch von dem Vertrag und gründet am 22. Mai mit Clemens VII., Venedig, Florenz und Francesco II. Sforza von Mailand in Cognac die *Heilige Liga*, ein Offensivbündnis zur — wie es heißt — Verteidigung der Freiheit des Christentums.

— Martin Luther fordert am Neujahrstag, daß man weiterhin und intensiver noch schreiben, dichten und wirken müsse, da das Papsttum noch nicht vollständig „zermahlen“ sei.

— Der Reichstag in Speyer beschließt, daß jeder Stand seine Stellung hinsichtlich des Wormser Ediktes eigenverantwortlich bestimmen solle. Damit können die protestantischen Reichsstände die kirchlichen Angelegenheiten in ihren Territorien selbständig regeln.

— Pietro Aretino, *La Cortegiana.*

1527 — In einem Testament, daß Jacobella Pierluigi, die Großmutter des Komponisten, kurz vor ihrem Tod, am 22. Oktober, niederlegt, wird auch „il piccolo Giovanni“ bedacht. Da sie mit einigen Anverwandten in Rom lebte, ferner in einer Volkszählungsliste vom Jahreswechsel 1526/27 ein Santo de Prenestino mit einem Hausstand von 12 Personen erwähnt wird, ist es nicht auszuschließen, daß Giovannni Pierluigi diese seine ersten Lebensjahre mindestens zeitweise dort verbracht hat. Denkbar wäre es demnach auch, daß er in Rom geboren wurde, wenngleich die Familie, ihrem Beinamen zufolge, den Mittelpunkt ihres Lebens und Arbeitens in Palestrina fand.

— Kardinal Antoine Bohier Duprat, Kanzler des französischen Königs Franz I. und seit zwei Jahren Erzbischof von Sens, beruft für das folgende Jahr eine Provinzialsynode nach Paris ein. Dort wird man beschließen, daß künftig die Spielleute in oder nahe der Kirche nicht mehr mit ihren Instrumenten musizieren sollen; ferner wird untersagt, Melodien von Liedern, deren Text Anstoß erregen könnte, beim Orgelspiel in der Liturgie oder als Cantus firmus mehrstimmiger Vertonungen zu verwenden. Die Kirchenmusik, so der Tenor der Beschlüsse, soll die Herzen der Gläubigen zu Andacht und Reue bewegen.

— Trotz eines Waffenstillstandes zwischen Karl V. und der Heiligen Liga brechen infolge ausbleibender Soldzahlungen spanische und insbesondere deutsche Truppen unter Führung des Connétable von Bourbon nach Rom auf. Die Horde von ca. 17.000 Söldnern und Landesknechten, begleitet von einer ebenso großen Gruppe von Vagabunden, Deserteuren und Banditen, erreicht am 6. Mai Rom und richtet dort in den folgenden acht Tagen schwerste Verwüstungen an: Dem Vandalismus dieses *Sacco di Roma* fallen 40.000 Menschen zum Opfer, mehr als die Hälfte der Gebäude wird zerstört. Die Stadt wird durch nachfolgende Seuchen wie auch durch Besetzung und Einquartierung nahezu unbewohnbar. Anhaltende Plünderungen führen zu einem vollständigen ökonomischen Ruin. Der Papst, der in die Engelsburg fliehen muß, ist ein Gefangener des Kaisers, der von seinen Leuten aufgefordert wird, die Gelegenheit zu nutzen und die Einheit des Glaubens nunmehr politisch durchzusetzen.

— Adrian Willaert wird Kapellmeister an S. Marco in Venedig.

— Geburt von Giuseppe Arcimboldi*.

— Tod von Niccolò Machiavelli.

— Hans Sachs, *Lucretia*.

— Francesco Berni, *Dialogo contra i Poeti*.

1528 — Papst Clemens VII. bestätigt den Orden der Kapuziner als dritte, autonome Fraktion der Franziskaner.

— Pierre Attaingnant, *Chansons nouvelles en musique a quatre parties*.

— Geburt von Herzog Albrecht V.

— Tod von Paolo Veronese und Albrecht Dürer.

— Baldassare Castiglione, *Il Cortegiano*.

— Erasmus von Rotterdam, *De recta Latini Graecique sermonis pronuntiatione*, *Ciceronianus*.

— Martin Luther, *Bekenntnis vom Abendmahl Christi*.

— Beginn des Baus von Schloß *Fontainebleau*.

— Albrecht Dürer, *Vier Bücher von menschlicher Proportion*.

1529 — Mit den Friedensschlüssen von Barcelona und Cambrai (dem sogenannten *Damenfrieden*) wird der drei Jahre zuvor zwischen Karl V. und Franz I. in Madrid geschlossene Vertrag bestätigt. Frankreich erhält jedoch Burgund zurück. Damit ist der Kampf um die Vorherrschaft in Italien zugunsten des spanischen Königs entschieden.

— Gegen den Beschluß des Reichstages zu Speyer, der die religiösen Neuerungen der evangelischen Stände verurteilt, protestieren fünf Fürsten und vierzehn Reichsstädte: Glaubensfragen seien mehrheitlich nicht zu entscheiden.

— Wien wird zum ersten Mal von den Türken belagert.
— Lodovico Fogliano, *Musica theorica.*
— Martin Agricola, *Musica instrumentalis deudsch.*
— Martin Luther, *Deutsch Katechismus.*
— Albrecht Altdorfer, *Alexanderschlacht.*

1530 — Am 24. Februar wird Karl V. in Bologna von Clemens VII. zum römischen Kaiser gekrönt; erst jetzt erhält das von ihm seit 1519 bekleidete Amt seine universale und sakrale Sanktionierung. Zugleich ist es das letzte Mal, daß der Pontifex Maximus dem Imperator Romanus die Insignien weltlicher und geistlicher Macht verleiht.
— Zwischen Protestanten und Katholiken gelingt keine Annäherung. Die von Philipp Melanchthon dem Augsburger Reichstag vorgelegte *Confessio Augustana* entgegnen die katholischen Stände mit einer *Confutatio*, die Forderung des Reichstages nach Unterwerfung der Evangelischen kontert Luther mit einer *Warnung an meine lieben Deutschen*, einem Aufruf zu Ungehorsam und passivem Widerstand.
— In Rom erscheint ein erster Sammelband mit Madrigalen im Druck: *Madrigali de diversi musici libro primo de la serena.*
— Geburt von Baldessare Donati*.
— Tod von Jacopo Sannazaro, Andrea del Sarto und Mercurino Gattinara.
— Pietro Bembo, *Rime.*
— Jacopo Sannazaro, *Sonetti e canzoni.*
— Heinrich Cornelius Agrippa von Nettesheim, *De incertitudine et vanitate scientarium et artium et de excellentia verbi dei.*

1531 — Ferdinand, der Bruder Karls V., wird in Köln zum römischen König gewählt.
— Die evangelischen Fürsten und Städte schließen sich am 27. Februar zu einem politisch-militärischen Schutzbündnis zusammen. Bayern, im nächsten Jahr auch Frankreich müssen diesen *Schmalkaldischen Bund* als nicht mehr zu übergehenden Machtfaktor akzeptieren. Selbst Karl V. ist gehalten, angesichts der Gefährdung des Reiches durch die Türken die Position der protestantischen Stände zu konzedieren, um den inneren Frieden wahren.
— Geburt von Jacobus de Kerle*.
— Tod von Tilman Riemenschneider.
— Andreas Alciatus, *Emblematum Liber.*
— Sebastian Franck, *Chronika, Zeitbuch und Geschichtbibel.*

1532 — An den Basiliken Roms und der Umgebung bestehen Sängerschulen, die Jungen im Alter von etwa sieben Jahren als Pueri choriales aufnehmen. Sie erhalten dort eine Ausbildung in Gesang und Kontrapunkt, daneben Unterricht in der Grammatik der lateinischen und italienischen Sprache, sind ihrerseits dagegen gehalten, musikalische Aufgaben im Gottesdienst zu übernehmen. Die wechselseitigen Verpflichtungen werden vertraglich fixiert: Sollten die Knaben die Schule vorzeitig verlassen, müssen die Eltern die Kosten für die Ausbildung erstatten. Da Giovanni Pierluigi in den nächsten Jahren an anderen Orten als bereits fortgeschrittener Kapellknabe genannt wird, ist anzunehmen, daß er bereits zu diesem Zeitpunkt, vermutlich in Palestrina, eine erste musikalische Ausbildung erhielt.

— Karl V. schafft mit der Peinlichen Halsgerichtsordnung (*Constitutio Criminalis Carolina*) ein einheitliches Strafgesetzbuch.

— Marten van Heemskerck, ein Schüler des Jan van Scorel, arbeitet in Rom; mit seinen zahlreichen Veduten und Radierungen überliefert er ein differenziertes Bild der Stadt Rom dieser Jahre.

— Geburt von Jean-Antoine de Baïf.

— Ludovico Ariosto, *Orlando furioso*.

— François Rabelais, *Gargantua et Pantagruel* (insgesamt 5 Bücher bis 1564).

— Niccolò Machiavelli, *Il principe*.

1533 — In der päpstlichen Kapelle wirken 25 Sänger.

— Nicolaus Listenius, *Rudimenta musicae*.

— Geburt von Claudio Merulo.

— Tod von Ludovico Ariosto.

— Heinrich Cornelius Agrippa von Nettesheim, *De occulta philosophia libri tres*.

1534 — Der Bischof von Palestrina, Kardinal Andrea della Valle, wird Erzpriester an S. Maria Maggiore in Rom, wo Giovanni Pierluigi drei Jahre später — möglicherweise aufgrund seiner Vermittlung — als Sängerknabe geführt wird.

— Bei der Nachricht vom Tod Papsts Clemens VII. bricht in Rom Jubel aus, macht man ihn doch verantwortlich für die desolate Situation der Stadt nach den Plünderungen wie auch den Sacco selbst. Nachfolger wird als Paul III. am 17. Oktober Kardinal Alessandro Farnese, der bereits in der ersten Konsistoriumssitzung seines Pontifikats die seit dem Reichstag in Worms 1521 anstehende Frage eines allgemeinen Konzils thematisiert.

— Die Wiedertäufer, eine von schwärmerischem sozialen Radikalismus und märtyrerhaftem Bestehen auf individueller Glaubensentscheidung geprägte Bewegung, errichten unter Führung des Leidener Schneiders Jan Bockelson und des Bäckers Jan Matthys aus Haarlem in Münster ein Regiment, das zunehmend terroristische Züge gewinnt und schon im folgenden Jahr beseitigt wird.

— Heinrich VIII. provoziert einen Bruch mit Rom, als am 3. November das englische Parlament in einer Suprematsakte den König als Oberhaupt der englischen Kirche proklamiert.

— Cristóbal de Morales wird Mitglied der päpstlichen Kapelle und wirkt in den nächsten Jahren in Rom.

— Michelangelo Buonarroti schließt seine 1521 begonnenen Arbeiten an der Grabkapelle der Medici bei S. Lorenzo in Florenz ab und wird oberster Baumeister, Bildhauer und Maler des Apostolischen Palastes in Rom.

— Unter Leitung von Antonio da Sangallo d.J. beginnen die Bauarbeiten des *Palazzo Farnese* in Rom; Giulio Romano vollendet den *Palazzo del Tè* in Mantua.

— Geburt von Giovanni de' Bardi.

— Tod von Correggio (= Antonio Allegri).

— Martin Luther, *Biblia, das ist die ganze Heilige Schrift Deutsch.*

— Pietro Aretino, *I Ragionamenti* (bis 1539).

— Marcello Palingenio Stellato (= Pier Angelo Manzolli), *Zodiacus vitae.*

1535 — Der Plan Papsts Paul III., ein Konzil nach Mantua einzuberufen, stößt nur auf geringe Zustimmung, befürchten doch Franz I. und Karl V. jeweils eine Vormachtstellung des anderen, der beide schon im Vorfeld vielfältig durch Protektion und Intrigen bei der Kreierung von Kardinälen zu begegnen suchten. Zudem argwöhnt der französische König eine Dominanz des römischen Kaisers, der kurz zuvor in Tunis erfolgreich gegen Chaireddin Barbarossa vorgegangen war. So unterstützt er die Forderung des Schmalkaldischen Bundes, der gemäß einem Reichstagbeschluß ein unabhängiges Konzil auf deutschem Boden fordert. Um Ausgleich bemüht, schlägt Pietro Paolo Vergerio, ein enger Vertrauter Pauls III. und Nuntius in Wien, nach Gesprächen auch mit Martin Luther Trient als Verhandlungsort vor.

— Heinrich VIII. läßt am 6. Juli seinen ehemaligen Kanzler Thomas Morus hinrichten.

— Sylvestro di Ganassi, *Opera intitulata Fontegara / La quale insegna a sonare di flauto.*
— Tod des Heinrich Cornelius Agrippa von Nettesheim.
— Michelangelo Buonarroti, *Jüngstes Gericht* in der *Sixtinischen Kapelle* des Vatikan (bis 1540).

1536 — Am 16. Januar stirbt Palma Pierluigi, die Mutter Giovannis. Schon allein, um Lebensunterhalt und Versorgung seiner Kinder zu erleichtern und zu sichern, wird Sante nicht ungern auf die sich abzeichnende Möglichkeit zurückgegriffen haben, seinen Sohn als Kapellknaben an einer der Hauptkirchen Roms unterzubringen.
— Papst Paul III. beruft eine Kommission zur Vorbereitung eines Reformkonzils ein, das — ungeachtet der von vielen Seiten geäußerten Vorbehalte, auf die er anscheinend nicht einzugehen bereit ist — am 23. Mai des nächsten Jahres in Mantua eröffnet werden soll. Da man den Beginn des Zusammentreffens in der Folge mehrfach verschieben muß, keimen Zweifel an der Ernsthaftigkeit der Reformabsichten der römischen Kirche.
— Bei einer Provinzialsynode in Köln wird getadelt, daß wegen des vielfältigen Gesangs und ausgedehnten Orgelspiels während der Meßfeier zentrale liturgische Teile ausfallen oder verkürzt werden. Auch sollen Gesänge aus aktuellem Anlaß, mit der Bitte um Frieden oder Hilfe bei Hungersnot und Seuchen, ebenso wie marianische Antiphonen am Ende der Messe plaziert werden, um deren rituelle Ordnung zu straffen und damit den sakramentalen Charakter zu betonen.
— Franz I. provoziert Karl V., indem er Savoyen besetzt und überdies einen Bündnisvertrag mit den Türken abschließt. Der römische Kaiser, aus Afrika zurückkehrend, fordert in Rom Paul III. nachdrücklich auf, gegen den Usurpator Stellung zu beziehen. Dem Papst gelingt es, unter Wahrung der Neutralität einen Waffenstillstand zu vermitteln.
— Anna Boleyn wird am 19. Mai enthauptet.
— Tod des Erasmus von Rotterdam.
— Jean Calvin, *Institutio religionis Christianae* (König Franz I. gewidmet).
— Beginn der Bauarbeiten an der *Libreria di S. Marco* in Venedig unter Leitung von Jacopo Sansovino.

1537 — Am 25. Oktober schließt das Kapitel von S. Maria Maggiore mit Giacomo Coppola einen Vertrag über die Versorgung von sechs Sängerknaben, darunter auch Giovanni da Palestrina. Die Jungen erhalten für ihre Dienste in der Capella liberiana Unterkunft und Verpflegung, daneben Kleidung und Ausbildung.

— Aleander überreicht Papst Paul III. am 9. März eine Denkschrift *De convocanda concilio sententia*, in der er die besondere Bedeutung der „sancta musica ac modulatio" unterstreicht. Nicht diene sie vordergründiger Unterhaltung, vielmehr sei ihre Aufgabe, durch ihre kunstvolle Bildung den Zuhörer zum unaufhörlichen Lobe Gottes anzuregen; so erneuere sich mit ihr die christliche Kirche im Leben aus dem Glauben. Daneben erarbeitet eine Studienkommission unter Leitung von Kardinal Gasparo Contarini ein Konzept — *Consilium delectorum cardinalium et aliorum praelatorum de emendanda ecclesia* —, das bereits die Grundzüge der 25 Jahre später in Trient beschlossenen Reformen enthält.

— Da der Herzog von Mantua zu hohe finanzielle Forderungen stellt, um die Sicherheit der Konzilteilnehmer zu garantieren, wird die Eröffnung des Konzils zunächst auf den 1. November vertagt, schließlich für den 1. Mai des folgenden Jahres ein Treffen in Vicenza anberaumt.

— Venedig, von den Türken angegriffen, bittet Papst Paul III. und Karl V. um Unterstützung. Die Kosten für die kriegerischen Auseinandersetzungen belasten den päpstlichen Etat mit monatlich 20.000 Scudi.

— In Neapel wird das Konservatorium *Santa Maria di Loreto* gegründet.

— Tod von Paul Hofhaimer.

— Auctor Lampadius, *Compendium Musices tam figurali quam plani cantus.*

— Sebastiano Serlio, *Regole generali di Architettura sopra le cinque maniere de gli edifizi* (4. Teil seiner *7 Libri dell'Architettura*).

— Martin Luther, *Schmalkaldische Artikel.*

1538 — Rubino Mallapert übernimmt das Amt des Kapellmeisters an S. Maria Maggiore, damit zugleich die musikalische Ausbildung Giovanni Pierluigis.

— Die Eröffnung des Konzils wird erneut auf unbestimmte Zeit vertagt, da zu dem festgesetzten Termin lediglich ein einziger Teilnehmer, der aus Upsala vertriebene Bischof Johannes Magnus, erschienen ist. Im folgenden Jahr wird auch der Plan für ein Konzil einstweilen suspendiert.

— Die katholischen Stände schließen sich unter Führung des Reichsvizekanzlers Martin Held als Entgegnung des Schmalkaldischen Bundes zu einer *Christlichen Einung* zusammen.

— Die Liga zwischen Paul III., Karl V., Ferdinand I. und Venedig unterliegt den Türken am 27. September. Venedig muß zwei Jahre später einen Friedensvertrag mit dem Verlust von Nauplia, Malvasia und den Inseln im Ägäischen Meer akzeptieren.

— Mit der Verheiratung seiner Tochter Margaretha, der 16jährigen Witwe Alessandros de' Medici, mit dem erst 13 Jahre alten und an Syphilis leidenden Ottavio Farnese versucht Karl V., seinen Einfluß auf den Farnese-Papst Paul III. zu stärken.

— Geburt von Carlo Borromeo.

— Pietro Aretino, *Il Genesi.*

— Vittoria Colonna, *Rime.*

1539 — Häufige Wechsel in den Kapellmeisterämtern der Hauptkirchen Roms machen es schwer, weitere Lehrer Giovanni Pierluigis dieser Jahre zu bestimmen: Rubino Mallapert verläßt im April S. Maria Maggiore und wird Leiter der Kapelle an S. Luigi dei francesi; schon am 1. Dezember löst er Giacomo Arcadelt im Amt eines Magister puerorum der um 10 Sängerknaben vergrößerten Cappella Giulia an St. Peter. An S. Maria Maggiore wird neben Roberto (de Fevin?) vermutlich noch in diesem Jahr Firmin Le Bel tätig, der Giovanni Pierluigi in Komposition und wohl auch im Orgelspiel unterrichtet.

— Nach dem Scheitern einer Mission nach Palästina läßt sich Ignatius von Loyola in Rom nieder und beantragt die Approbation seines Ordens, der, abweichend von bisherigen Prinzipien, auf einheitliche Tracht, Seßhaftigkeit und gemeinsames Chorgebet verzichtet. Von Kardinal Gasparo Contarini unterstützt, bestätigt Paul III. wenig später die Kommunität, deren Mitglieder sich neben den Gelübden von Armut, Keuschheit und Gehorsam zur unmittelbaren Unterordnung gegenüber dem Papst sowie einem Bildungs- und Missionsauftrag verpflichten.

— Die im *Nürnberger Religionsfrieden* fixierten Grundsätze zur konfessionellen Selbstbestimmung werden im *Frankfurter Anstand* auf alle Anhänger der *Augsburger Konfession* ausgeweitet.

— Giacomo Arcadelt, *Il primo libro de Madrigali* (31 Auflagen bis 1564).

— Tod von Ottavio Petrucci.

— Niccolò Franco, *Il Petrarchista.*

— Martin Luther, *Von den Conciliis und Kirchen.*

— Menno Simons, *Fundament-boek des Christelijken leers.*

1540 — Während man in diesem Jahr einen kurzen Besuch Giovanni Pierluigis in Palestrina wahrscheinlich machen kann, fehlen für die Folgezeit alle Anhaltspunkte für etwaige Tätigkeiten und Aufenthaltsorte; wie lange er in der Kapelle an S. Maria Maggiore mitwirkte, ist unklar.

— Sante Pierluigi heiratet erneut; aus der Ehe mit Maria Gismondi werden fünf Kinder hervorgehen.

— In den Religionsgesprächen von Hagenau und Worms bemüht man sich erfolglos um eine Vermittlung politischer und konfessioneller Interessen zunächst innerhalb des Reiches.

— Papst Paul III. beauftragt Antonio da Sangallo d.J. mit dem Bau einer *Sala regia* (fertiggestellt 1573).

— Philipp Verdelot, *Tutti li madrigali del primo et secondo libro a quattro voci.*

— Tod von Parmigianino (= Girolamo Francesco Maria Muzzuoli), Francesco Guiccardini und Oliver Cromwell.

— Battista Carioni da Crema, *Lo specchio interiore.*

— Vanoccio Biringuccio, *Pirotechnia.*

1541 — Auch auf dem im Mai in Regensburg abgehaltenen Reichstag bleiben die vor allem von Kardinal Contarini forcierten Reunionsverhandlungen ohne Ergebnis. Doch ist man in Rom nicht allzu besorgt über das Scheitern der Gespräche zwischen Karl V., Martin Bucer, Johannes Eck und Johann Gropper, hätte doch ein erfolgreiches Nationalkonzil die Gefahr einer Abspaltung der Kirche im Reich implizieren können, mindestens jedoch einen erheblichen Autoritätsverlust des Papstes bedeutet.

— Die ungarische Hauptstadt Ofen gerät unter türkische Herrschaft.

— Nach der Bestätigung des Jesuitenordens durch Papst Paul III. im Vorjahr wird Ignatius von Loyola erster Ordensgeneral.

— Jean Calvin läßt sich in Genf nieder und veröffentlich dort am 20. November die *Ordonnances ecclesiastiques.*

— Michelangelo Buonarroti arbeitet mit Antonio da Sangallo d.J. am Palazzo Farnese in Rom und übernimmt nach dessen Tod 1546 die Bauleitung.

— Georg Rhau, *Opus decem missarum.*

— Pierre Attaingnant, *Missale ad usum insigne ecclesie Noviomensis.*

— Geburt von El Greco (= Domenikos Theotokópoulos).

— Tod von Paracelsus (= Theophrastus Bombastus von Hohenheim).

1542 — Mit der Einrichtung eines *Sanctum Officium* begründet Paul III. eine vor allem von den Jesuiten forcierte Inquisition.

— Am 22. Mai verliest Papst Paul III. eine Bulle zur Einberufung eines Konzils nach Trient, dessen Eröffnung jedoch durch einen neuerlichen Krieg zwischen Karl V. und Franz I. wiederum verhindert wird.

— Michelangelo Buonarroti beginnt mit der Ausmalung der Seitenwände der von Antonio da Sangallo gebauten *Capella Paolina* (bis 1549).

— Sylvestro di Ganassi, *Regola Rubertina. Regola che insegna sonar de viola* (2 Teile bis 1543).

— Tod von Ludwig Senfl*.

1543 — Kardinal Andrea del Monte wird Bischof von Palestrina.

— Girolamo Cavazzoni, *Intavolatura cioè Recercari Canzoni Himni Magnificat* und *Intabolatura d'organo cioè Misse Himni Magnificat. Libro secondo.*

— Clément Marot, *30 Pseaulmes de David mis en françois.*

— Geburt von William Byrd.

— Tod von Nicolaus Kopernikus.

— Nicolaus Kopernikus, *De revolutionibus orbium coelestium libri VI.*

— Andreas Vesalius, *De humani corporis fabrica.*

1544 — Sieben Kanoniker der Bischofskirche S. Agapito in Palestrina schließen mit Giovanni Pierluigi am 28. Oktober einen zeitlich nicht befristeten Vertrag, mit dem er beauftragt wird, an Festtagen die Orgel zu spielen, täglich jedoch persönlich den Chorgesang bei Messe, Vesper und Komplet zu leiten. Ferner soll er die Priester im Gesang unterrichten oder die musikalische Ausbildung einiger Kapellknaben übernehmen.

— Auch zur Tätigkeit Giovanni Pierluigis in Palestrina, die bis 1551 dauern wird, fehlen Dokumente und Archivalien. Einige ihm zugeschriebene Orgelkompositionen könnten jedoch in dieser Zeit entstanden sein.

— Cristóbal de Morales widmet Cosimo I. de' Medici ein Messenbuch, ein weiteres Papst Paul III. Das Titelblatt des zweiten Sammelbandes zeigt den Komponisten bei der Übergabe eines Notenbandes an den Papst. Dasselbe Motiv wird auch Giovanni Pierluigi 1554 für sein Julius III. gewidmetes *Erstes Messenbuch* wählen.

— Auf dem Reichstag in Speyer macht Karl V. den protestantischen Reichsständen weitgehende Zugeständnisse gegen das Versprechen ihrer Mithilfe im Krieg mit Frankreich sowie gegen die Türken.

Wegen dieser politisch motivierten Konzessionen wie auch sein Vorgehen gegen den allerchristlichsten König der Franzosen wird er in einem Breve von Papst Paul III. scharf getadelt.

— Franz I. verzichtet nach der Niederlage gegen Karl V. im Frieden von Crépy am 18. September auf alle Ansprüche in Oberitalien, namentlich Mailand, und muß auch seine Absichten, in Deutschland mit den protestantischen Reichsständen Bündnisse einzugehen, aufgeben; gemeinsam will man gegen die Türken vorgehen. Damit sind nun weitere Voraussetzung für ein Konzil geschaffen, das Papst Paul III. im November mit der Bulle *Laetare Jerusalem* ankündigt.

— Cristóbal de Morales, *Missarum Liber I* und *II*.

— Antonfrancesco Doni, *Dialogo della Musica*.

— Die *Moses*-Statue von Michelangelo Buonarroti wird nach San Pietro in Vincoli gebracht, von Schülern vollendet und 1547 enthüllt.

— Geburt von Torquato Tasso und Don Carlos.

— Tod von Sebastiano Serlio.

— Martin Luther, *Wider das Papsttum zu Rom, vom Teufel gestiftet*.

— Bartolomeo Marliano, *Urbis Romae topographia*.

— Sebastian Münster, *Cosmographia universalis*.

1545 — Am 13. Dezember wird in Trient das *19. allgemeine Konzil* eröffnet.

— Der erste Band einer Gesamtausgabe der Werke Martin Luthers erscheint, besorgt von Georg Spalatin und Georg Rörer.

— Matteo Rampollini, *Primo libro de la musica*.

— Pietro Aaron, *Lucidario*.

— Geburt von Luzzasco Luzzaschi.

— Tod von Costanzo Festa.

— Girolamo Cardano, *Artis magnae sive de regulis algebraicis liber*.

1546 — Auf der 4. Sitzung des Tridentinischen Konzils wird die Vulgata als authentische und künftig autoritative Bibelübersetzung festgelegt.

— Im Vorfeld des Konzils hatte Paul III. dem Kaiser seine Unterstützung im Krieg gegen die Ketzer in Deutschland zugesagt, falls es Karl V. gelänge, die Reichsstände zu einer Teilnahme an den Beratungen in Trient zu gewinnen und sie somit der Autorität des Papstes zu unterwerfen. Seine Beteiligung am Krieg Karls V. gegen den Schmalkaldischen Bund, der die — inzwischen durch einen Vertrag mit Konstantinopel eingedämmte — Gefährdung des Reichs durch die Türken zu einer Vergrößerung seines Einflußbereiches genutzt hatte, wird ihn mehr als 300.000 Scudi kosten. Gleichzeitig ist er jedoch gehalten, darauf zu achten, daß Karl V. in Italien keine allzu dominante Position gewinnt, befürchtet er doch eine Einengung des Kirchenstaates durch die vom Kaiser beherrschten Städte und Gebiete um Neapel und Mailand.

— Michelangelo Buonarroti übernimmt die Bauleitung von St. Peter in Rom.

— Geburt von Giovanni Maria Nanino und Tycho Brahe.

— Tod von Martin Luther.

1547 — Giovanni Pierluigi heiratet am 12. Juni Lucrezia Gori; am 7. November wird ihm eine Mitgift in Höhe von 130 Gulden aus dem Nachlaß des Schwiegervaters Francesco ausgezahlt. Lucrezia erhält nach der Erbteilung der Familie Gori ein Haus mit einer Gerberei samt Zubehör, einen Weinberg und weitere Ländereien; am 13. Dezember verstirbt auch ihre Mutter Sancta Gori.

— Noch bevor sich der entscheidende Sieg Karls V. über den Schmalkaldischen Bund in der Schlacht bei Mühlberg am 24. April abzeichnet, zieht Paul III. seine Truppen zurück und verlegt den Tagungsort des Konzils nach Bologna, vorgeblich wegen einer Flecktyphus-Epidemie in Trient. Diese deutliche Demonstration seiner Macht ist ein offener Affront gegen den Kaiser und negiert zugleich die Idee eines allgemeinen und unabhängigen Konzils, das nach der — von Karl V. bestätigten — Ansicht der deutschen Reichsstände nur an einem nicht römisch-katholisch dominierten Ort in seiner Meinungsbildung frei sein könne. Die Beratungen werden einstweilen ausgesetzt.

— Während Karl V. nach der Niederlage des Schmalkaldischen Bundes auf dem Höhepunkt seiner Macht steht und für nachgerade unbesiegbar gilt, spitzt sich der Konflikt zwischen ihm und dem Papst weiter zu: Die Ermordung von Pier Luigi Farnese, dem Sohn des Papstes, im Oktober lastet man dem Kaiser an.

— Nach dem Tod Franz' I. wird sein Sohn Heinrich II. König von Frankreich; er richtet eine eigene juristische Instanz für Prozesse gegen Ketzer ein, die *Chambre ardente*.

— Glarean (= Heinrich Loriti), *Dodekachordon*.

— Caspar Othmayr, *Symbola illustrissimorum principum*.

— Geburt von Marc'Antonio Ingegneri* und Miguel de Cervantes Saavedra.

— Tod von Pietro Bembo, Vittoria Colonna, Sebastian del Piombo und Heinrich VIII.

— Benvenuto Cellini, *Perseus*.

— Girolamo Cardano, *De subtilitate*.

1548 — Als Ergebnis des *Geharnischten Reichstags* in Augsburg wird ein Interim formuliert, das bis zu einer endgültigen Entscheidung des Konzils Priesterehe und Laienkelch freistellt. Damit werden entscheidende Differenzen zwischen Kaiser und Papst in den religiösen Streitfragen deutlich: Nicht die Unterwerfung der Protestanten ist das zentrale Kriegsziel Karls V.; vielmehr hegt er eher machtpolitische Ambitionen, indem er um den Preis einiger — möglicherweise lediglich episodärer — konfessioneller Zugeständnisse eine Stellung als Führer eines Bundes der Reichsstände visiert.

— Auf der Augsburger Diözesansynode in Dillingen werden die zwölf Jahre zuvor in Köln beschlossenen Vorgaben zur Kirchenmusik präzisiert. Kontrafakturen werden abgelehnt; auch auf der Orgel solle man nur spielen, was als religiös und die Andacht fördernd empfunden wird. Gegenüber dem mit erhobener Stimme zu lesenden Wortgottesdienst möge man den Canon Missae, die Wandlungsworte, leise beten und an dieser Stelle auf Musik verzichten.

— Filippo Neri begründete mit Persiano Rosa die *Confraternità della SS. Trinità dei Pellegrini*.

— Marcellus Cervini, dem späteren Papst Marcellus II., wird die Leitung der vatikanischen Bibliothek übertragen.

— Giovanni Animuccia, *Madrigali e Motetti 4 e 5 voc.*

— Heinrich Faber, *Compendiolum musicae pro incipientibus* und *Musica poetica*.

— Geburt von Tomás Luis de Victoria und Giordano Bruno.

— Tod von Sixtus Dietrich.

— Ignatius von Loyola, *Exercitia spiritualia*.

— Tiziano Vecellio, *Karl V.*

1549 — Geburt von Rodolfo, dem ersten Sohn aus der Ehe von Giovanni Pierluigi mit Lucrezia Gori.

— Die Baukosten für den Palazzo Farnese summieren sich bis zum Tod Pauls III. auf 250.000 Scudi.

— Michelangelo Buonarroti bittet Paul III. um Erlaubnis, auch sonn- und feiertags arbeiten zu dürfen.

— Herzog Wilhelm IV. von Bayern beruft Petrus Canisius, der innerkirchliche Schwächen kritisiert, als Professor an die Universität Ingolstadt.

— Friedrich Dedekind, *Grobianus, De morum simplicitate.*
— Joachim du Bellay, *Défense et illustration de la langue française.*
1550 — Nach einem wegen der komplizierten politischen Lage mehrere Monate dauernden Konklave wird am 8. Februar der Bischof von Palestrina, Kardinal Giovanni Maria Ciocchi del Monte, als Julius III. zum Papst gewählt. Sein Amtsnachfolger an der Kathedrale St. Agapito in Palestrina, Kardinal Luigi Borbone, unterläßt es, Giovanni Pierluigi als Organist und Kapellmeister dort zu bestätigen.
— Am 14. November promulgiert Papst Julius III. eine Bulle, mit der er die Fortsetzung des allgemeinen Konzils im nächsten Jahr ankündigt.
— Ruberto Mallapert, in den vergangenen beiden Jahren Kapellmeister an S. Giovanni in Laterano, wird Knaben-Singmeister der Cappella Giulia.
— Kardinal Ippolito II. d'Este erwirbt ein Grundstück in Tivoli und beauftragt Pirro Ligori mit der Planung einer Villa.
— Die Florentiner Akademie setzt eine Kommission ein, die eine Grammatik der italienischen Sprache vorbereiten soll.
— Pierre Attaingnant, *Cinquiesme livre de danceries, a quatre parties, contenant dix bransles gays.*
— Baldessare Donati, *Le Napollitane* [!] *et alcuni Madrigali à quatro voci.*
— Adrian Willaert und Jachet de Mantua, *I salmi appertinenti alli vesperi ... parte a versi, et parte spezzadi accomodati da cantare a uno et a duoi chori.*
— Geburt von Giulio Caccini* und Emilio de'Cavalieri .
— Tod von Gian Giorgio Trissino.
— Giorgio Vasari, *Vite de'più eccellenti pittori, scultori e architettori* (2. Auflage 1568).
— Martin Bucer, *De regno Christi.*
— Pierre de Ronsard, *Odes* (5 Bände bis 1552).
— Adam Ries, *Rechnung nach der Länge.*
1551 — Papst Julius III., der schon als Bischof von Palestrina Giovanni Pierluigi gefördert hatte, beruft ihn am 1. September als Kapellmeister der Cappella Giulia an St. Peter. Sein Gehalt wird auf monatlich 10 Scudi festgesetzt, vier weitere Scudi erhält er für die Versorgung zweier Kapellknaben. Rubino Mallapert, sein Amtsvorgänger und einer seiner früheren Lehrer, verläßt den Vatikan; er wird wenig später eine Anstellung an S. Maria Maggiore finden.

— Geburt von Angelo Pierluigi, Palestrinas zweitem Sohn.

— Bei den Sitzungen des Trienter Konzils werden die divergierenden Positionen hinsichtlich der Sakramente, insbesondere im Bezug auf die Eucharistie, schnell deutlich. Doch wird ein Ausgleich auch durch die zunehmend verwickeltere politische Situation erschwert, da Frankreich zusammen mit den protestantischen Fürsten des Reichs die Stellung Karls V. zu schwächen sucht, zugleich sich kriegerischer Angriffe von Papst und Kaiser um Parma erwehren muß. Karl V., der das Konzil zu dominieren bestrebt war, ist gezwungen, sich mit Heinrich II. um Metz, Verdun und Toul militärisch auseinanderzusetzen. Mit seiner Abreise im Frühjahr des nächsten Jahres verliert das ohnehin schwach besuchte und von Frankreich boykottierte Konzil nahezu vollständig seine Bedeutung und wird nach der 16. Sitzung erneut suspendiert.

— Ignatius von Loyola begründet in Rom das *Collegium Romanum* als geistiges Zentrum des Jesuitenordens.

— Papst Julius III. gibt Giacomo Barozzi da Vignola den Auftrag zum Bau der *Villa Giulia*, an dem in der Folgezeit neben Bartolomeo Ammanati auch Giorgio Vasari mitwirkt.

— Die Stadt Rom wird in fünfzehn Verwaltungsbezirke aufgeteilt.

— Tod von Martin Bucer.

— Pietro Bembo, *Rerum venetarum historiae libri XII.*

— Sebastiano Serlio, *Extraordinario libro di architettura.*

1552 — Aus den ersten Jahren von Palestrinas Tätigkeiten in päpstlichen Diensten fehlen Dokumente ebenso wie eigene Kompositionen. Möglicherweise sind einige Magnificat-Vertonungen in diese Zeit zu datieren; daneben dürften nun — eventuell auch schon früher — etliche Messen, Motetten und Hymnen der später in mitunter kurzer Folge publizierten, teilweise sehr umfangreichen Sammelwerke entstanden sein.

— Die Jesuiten gründen in Rom ein *Collegium Germanicum* mit dem Ziel, deutsche Priester für ihre gegenreformatorische Tätigkeit zu schulen.

— Vincenzo Ruffo, *1° Libro de Madrigali Cromatici 4 v.*

— Luigi Dentice, *Duo Dialoghi della Musica.*

— Adrianus Petit Coclico, *Compendium musices ... in quo praeter caetera tractantur haec: De modo ornate canendi; De regula contrapuncti; De compositione.*

1553 — Nach dem Tod Edwards VI. wird seine Halbschwester Maria Königin von England; im folgenden Jahr heiratet sie Philipp von Spa-

nien, den Sohn Karls V., und wird zur Leitfigur einer katholischen Restauration.
— Orlando di Lasso wird Kapellmeister an San Giovanni in Laterano.
— Baldessare Donati, *Il primo libro di madrigali à cinque & sei voce. Con tre Dialoghi à sette.*
— Geburt von Luca Marenzio* und Johannes Eccard.
— Tod von Cristóbal de Morales und Lucas Cranach.
— Pierre de Ronsard, *Livret de Folastries.*
— Pirro Ligori, *Il libro delle antichità di Roma.*
— Ascanio Condivi, *Vita di Michelangelo.*
— Andrea Crivelli, *Hofkirche* in Innsbruck (bis 1563).

1554 — Neben dem vierstimmigen Madrigal *„Con dolce, altiero ed amoroso cenno“*, das in einem Venezianer Sammelband Aufnahme fand, publiziert Giovanni Pierluigi als erstes selbständiges Werk ein Messenbuch, das er Papst Julius III. gleich dreifach zueignet: Mehr noch als die Widmungsvorrede bezeugt das Titelblatt, auf dem der Komponist knieend dem Papst ein Exemplar überreichend abgebildet ist, die Devotion, die Palestrina seinem Dienstherrn und Gönner zukommen läßt. Zudem ist die erste der hier zusammengestellten fünf Messen über einen gregorianischen Cantus firmus gearbeitet, dessen Text „Ecce sacerdos magnus“ ebenfalls als Zeichen von Verehrung und Huldigung zu verstehen ist.
— Mattheus le Maistre wird Kapellmeister am Hof zu Dresden.
— Philipp de Monte, *I° Libro de Madrigale 5v.*
— Cipriano de Rore und Jachet de Mantua, *I Sacri et Santi Salmi.*
— Johannes Herold, Baseler Ausgabe von sämtlichen Werken Petrarcas in 4 Bänden (nachgedruckt 1581).

1555 — Papst Julius III. protegiert seinen Kapellmeister auch weiterhin: Am 13. Januar ernennt er Giovanni Pierluigi zum Mitglied des Coro Pontifico, wiewohl diese päpstliche Sängergruppe keine Vakanz aufwies und die Besetzung die zwei Jahre zuvor festgesetzte Zahl von 24 Musikern bereits erreicht hatte. Auch unterließ es Julius III., die musikalischen Fähigkeiten Giovanni Pierluigis wenigstens formell prüfen zu lassen und das Urteil seiner Sängerkollegen einzuholen. Zahlreiche kleinere Querelen und Mißliebigkeiten in den nächsten Jahren zwischen Palestrina und den Sängern des päpstlichen Chores, die sich übergangen fühlten, dürften hier begründet sein.
— Nach dem Tod Julius' III. am 23. März wird Marcello Cervini als

Marcellus II. zum Papst gewählt. Der gebildete Humanist, der bereits während der ersten Sitzungsperiode des Trienter Konzils Gedanken zur Erneuerung von Liturgie und Kirchenmusik entwickelt hatte, läßt sich unmittelbar nach seinem Amtsantritt am 9. April über die Reformpläne und -schriften seines Vorgängers unterrichten. Am Karfreitag, dem dritten Tag seines Pontifikats, bittet er die Sänger nach dem Gottesdienst zu sich. Ihm war aufgefallen, daß Art und Ausführung der Gesänge in nur sehr geringem Maße dem verhaltenen, eher düsteren Charakter dieses Tages entsprachen, zudem der Text kaum zu verstehen war. Marcellus II. fordert die Sänger auf, zukünftig die Musik dem jeweiligen Anlaß entsprechend zu gestalten, besonderen Wert jedoch auf Verständlichkeit und deutlichen Vortrag des Textes zu legen.

— Nach dem überraschenden Tod Marcellus' II. folgt ihm am 23. Mai Gian Pietro Caraffa als Paul IV. auf dem Papstthron. Mit äußerster Rigidität und fast fanatischem Eifer versucht der neue Papst, strenge Reformpläne durchzusetzen. Auch in Bezug auf Musik und Musiker an St. Peter meint er, Mißstände beseitigen zu sollen: Am 30. Juli erläßt er ein Dekret, daß verheiratete Sänger aus der Kapelle zu entlassen seien, da sie die Weihen nicht erhalten könnten, derer sie für die ihnen überantworteten liturgischen Aufgaben — etwa den Vortrag von Schriftlesungen — bedürften. Die päpstliche Anordnung betrifft neben Leonardo Barré und Domenico Ferrabosco auch Giovanni Pierluigi; die drei Sänger müssen die päpstliche Kapelle verlassen, erhalten jedoch weiterhin monatlich sechs Scudi, etwa zwei Drittel ihrer bisherigen Entlohnung, als Pension. Palestrina, der sich im Vorfeld, möglicherweise auch im Zusammenhang mit dieser Entscheidung krank gemeldet hatte, findet schon im Oktober eine Anstellung als Kapellmeister an S. Giovanni in Laterano, die mit einem Honorar von ebenfalls sechs Scudi pro Monat dotiert ist. Sein Amt als Kapellmeister an St. Peter übernimmt Giovanni Animuccia.

— Ohne Widmung — die beiden ihn protegierenden Päpste sind im Frühjahr verstorben — gibt Giovanni Pierluigi ein erstes Buch vierstimmiger Madrigale in Druck, das bis zum Ende des Jahrhunderts zahlreiche Neuauflagen erfährt. Daneben werden einzelne der hier zusammengestellten 23 Madrigale häufig in Sammelbände und Anthologien der Zeitgenossen aufgenommen.

— Papst Paul IV. forciert zwar massiv die Inquisition, nicht aber den Jesuitenorden, vermutlich aufgrund persönlicher Schwierigkeiten mit Ignatius von Loyola. Sein rigides, ja rücksichtsloses Vorgehen äußert sich auch in diskriminierenden Vorschriften und Repressalien gegenüber der jüdischen Bevölkerung der Stadt Rom. Er läßt ein Ghetto mit lediglich einem Zugang errichten und öffentlich Bücher verbrennen, verpflichtet die Juden, stets eine gelbe Kopfbedeckung zu tragen, und verbietet ihnen jeglichen Besitz von Immobilien, die sie mittelfristig an christliche Mitbürger verkaufen müssen.

— Papst Paul IV. erkennt in Karl V. den Gegner seiner Idee, Rom erneut Weltgeltung zu verschaffen und die kirchliche Macht zu einem dominierenden Faktor auszubauen. Er verbündet sich mit Frankreich und unterstützt Heinrich II. in dessen Ziel, mit einer Forcierung des Unabhängigkeitskampfes der Niederlande das spanische Reich zu schwächen.

— Philipp II. wird von seinem Vater Karl V. als Statthalter der Niederlande eingesetzt.

— Im *Augsburger Religionsfrieden* wird ein Kompromiß in Glaubensfragen formuliert, der jahrzehntelang Ruhe im Reich verbürgt. Die Reichsstände erhalten ein Selbstbestimmungsrecht in bezug auf ihre Konfession; der Satz „Ubi unus dominus, ibi una sit religio“ findet binnen Kurzem in der Formel „Cujus regio, ejus religio“ allgemeine Akzeptanz. Dabei ersetzt die Möglichkeit, auswandern zu können, eine generelle Gewissens- und Bekenntnisfreiheit.

— Orlando di Lasso, *Il I. libro dove si contengono madrigali, vilanesche, canzon francesi e motetti 4 vocum.*

— Nicola Vicentino, *L'antica musica ridotta alla moderna prattica, con la dichiaratione, et con gli essempi de i tre generi, con le loro spetie, et con l'inventione di uno nuovo stromento.*

— Juan Bermudo, *Comiença el libro llamado declaración de instrumentos musicales.*

— Geburt von Giovanni Gabrieli.

— Petrus Canisius, *Summa doctrinae christianae.*

1556 — Während Palestrinas Amtszeit an der Lateranbasilika entstehen Vertonungen der Improperien und der Lamentationen.

— Die Stadt Palestrina wird von Truppen Herzog Albas verwüstet; Archivalien, die über Tätigkeiten Giovanni Pierluigis informieren und biographische Details erhellen könnten, gehen verloren.

— Der ständigen Auseinandersetzungen mit Frankreich und dem Papst überdrüssig, dankt Karl V. ab. Mit der Aufteilung seines

Reiches — Philipp II., sein Sohn, dem er bereits die Herrschaft über die Niederlande übertragen hatte, erhält neben Spanien auch die Kolonien und italienischen Besitzungen, seinem Bruder, dem österreichischen König Ferdinand I., überträgt er die Kaiserwürde — wird auch der ehedem erhobene Anspruch einer *Monarchia universalis* aufgegeben. Karl V. zieht sich in die Einsamkeit des Hieronymus-Klosters San Yuste zurück, wo er zwei Jahre später stirbt.

— Andrea Gabrieli wird Organist an S. Marco in Venedig.

— Orlando di Lasso wird nach kurzzeitiger Tätigkeit in Antwerpen Tenorist am Hof Albrecht V. in München.

— Clemens non Papa (= Jacobus Clement), *Souterliedekens* (7 Bände bis 1557).

— Hermann Finck, *Practica musica.*

— Geburt von Seth Calvisius.

— Tod von Pietro Aretino, Martin Agricola und Ignatius von Loyola.

— Daniele Barbaro, *I dieci libri dell'Architettura* (Vitruv-Kommentar).

— Piero Valeriano, *Hieroglyphica.*

— Francesco Sansovino, *Delle cose notabili ... in Venetia.*

1557 — Am 30. Mai erhält Giovanni Pierluigi zusammen mit seinen Söhnen Rodolfo und Angelo auf eigenen Antrag das römische Bürgerrecht.

— Ein Verzeichnis häretischer Bücher, das die Inquisitionsbehörde erstellt hat, liegt im September druckfertig vor, doch wird der *Index librorum prohibitorum* erst am 1. Januar des übernächsten Jahres in verschärfter Form publiziert.

— Philipp II. erreicht in der Schlacht bei St. Quentin am 10. August einen entscheidenden Sieg über die Franzosen. Auch Papst Paul IV., den die Unterstützung Frankreichs während des Krieges mehr als 1.500.000 Scudi kostet, sieht sich wegen der Bedrohung, die das Regiment Herzog Albas in Neapel für Rom darstellt, zum Frieden mit Spanien genötigt. Das Ende der Auseinandersetzungen, die auch die Staatsfinanzen Spaniens ruiniert hatten, bezeichnet den Anfang eines *Siglo d'Oro*, eines goldenen Zeitalters der spanischen Kultur.

— Claudio Merulo wird *Zweiter Organist* an S. Marco in Venedig.

— Cipriano de Rore, *Passio D. n. J. Chr. sec. Joannem.*

— Geburt von Giovanni Croce.

— Tod von Pontormo (= Jacopo Carrucci).

— Andrea Palladio, *Villa Barbaro* in Maser (bis ca. 1562).
— Georg Agricola, *De re metallica.*
— Lodovico Dolce, *L'Aretino. Dialogo della Pittura.*

1558 — Geburt von Iginio Pierluigi, dem dritten Sohn Palestrinas.
— Mit den *Constitutiones* des Ignatius von Loyola erhält der Jesuitenorden eine definitive Verfassung.
— Nach dem Tod Marias wird ihre Halbschwester Elisabeth I. Königin von England. Sie restituiert die anglikanische Staatskirche, ermöglicht zudem während ihres annähernd ein halbes Jahrhundert umfassenden Regierungszeit eine kulturelle Vielfalt, die mit ihrem Namen verbunden bleibt.
— Gioseffo Zarlino, *Le Istitutioni harmoniche.*
— El Greco in Venedig (bis 1570).
— Benvenuto Cellini, *La vita scritta da lui medesimo* (bis ca. 1566).
— Giovanni della Casa, *Galateo.*

1559 — Der Vater Palestrinas, Sante Pierluigi, stirbt.
— Papst Paul IV. erklärt mit der Bulle *Cum ex apostolatus officio*, daß ihm in seiner Eigenschaft als Stellvertreter Christi auf Erden absolute Macht zukomme über alle Völker und Königreiche, die eo ipso ihrer Herrschaft beraubt sind, so sie in Häresie oder Schisma geraten.
— Die Nachricht vom Tod Papsts Paul IV. wird in Rom freudig aufgenommen; die Bevölkerung stürmt die Inquisitionsbehörde, einer marmornen Statue, die der Verstorbene als Denkmal seiner selbst hatte anfertigen lassen, wird der Kopf abgeschlagen. Sein Nachfolger, Giovanni Angelo de' Medici, wird als Pius IV. vom Konklave verpflichtet, die vor sieben Jahren unterbrochenen Konzilsberatungen wiederaufzunehmen. Der neue Papst ernennt seinen Neffen Carlo Borromeo zum Geheimsekretär und überträgt ihm die Leitung der päpstlichen Diplomatie.
— Theodor Beza übernimmt in Genf die Leitung einer neugegründeten Akademie, einer theologischen Fakultät zur Ausbildung der Priester, die zu einem Zentrum des Calvinismus wird.
— Auf einer ersten Nationalsynode in St. Germain-des-Prés beschließen Vertreter der reformierten Gemeinden Frankreichs, der Hugenotten, im Mai ein calvinistisch geprägtes Glaubensbekenntnis, die spätere *Confessio Gallicana.*
— Nach dem Tod Heinrichs II. wird sein Sohn Franz II. König von Frankreich. Mit ihm schließt Philipp II. am 3. April in Cateau-Cambrésis einen Friedensvertrag, nicht nur aufgrund allseitig er-

schöpfter finanzieller Mittel, sondern auch, um gegen die Protestanten nunmehr gemeinsam entschiedener vorgehen zu können. Diese *Pax catholica* soll durch eine dynastische Verbindung bekräftigt werden: Philipp II. nimmt Elisabeth von Valois, eine Tochter Heinrichs II., zur Frau.

— Mattheus le Maistre, *Catechesis musicis inclusa 3 vocum.*

— Adrian Willaert, *Musica Nova.*

— Tod von Clement Jannequin*.

— Matthias Flacius Illyricus, *Ecclesiastica Historia ... secundum singulas centurias* (*Magdeburger Centurien*; bis 1574).

1560 — Völlig unvermittelt, so ein Vermerk in den Akten von Santa Maria Maggiore vom 17. Juli, sei Giovanni Pierluigi mit seinen Söhnen zum Kapitel der Kirche gekommen und habe um ein musikalisches Amt nachgesucht. Den Posten als Kapellmeister der Lateranbasilika hat er ohne Kündigung aufgegeben, vermutlich im Zusammenhang mit einem Beschluß, die Mittel für die Kirchenmusik dort zu kürzen. Sein Nachfolger wird Annibale Zoilo, er selbst bleibt — offiziell — zunächst ohne Anstellung: Erst im nächsten Frühjahr wird er zum Kapellmeister an S. Maria Maggiore ernannt, sein Lebensunterhalt ist jedoch auch zwischenzeitlich durch die päpstliche Pension gesichert.

— In Rom werden die kirchlichen Studienanstalten — insbesondere zur Ausbildung ausländischen Priesternachwuchses — systematisch ausgebaut.

— Orlando di Lasso, *Il I. libro di madrigali 4 vocum.*

— Geburt von Don Carlo Gesualdo di Venosa* und Annibale Carracci.

— Tod von Nicolas Gombert* und Philipp Melanchthon.

— Giorgio Vasari und Bernardo Buontalenti, *Uffizien* in Florenz (bis 1588).

— Bartolommeo Ammanati, *Il sacro Bosco* bei Bomarzo*.

1561 — Am 1. März wird Giovanni Pierluigi als Kapellmeister an S. Maria Maggiore angestellt; zusätzlich zu seinem Gehalt erhält er für Unterbringung und Versorgung von vier Sängerknaben 10 Scudi.

— Fast zur selben Zeit scheint die Pension für seine Dienste im päpstlichen Sängerchor gefährdet, da sich die vatikanischen Behörden aufgrund hoher Honorarausgaben für den Sänger Luca de Longinquis nicht mehr in der Lage sehen, alte, vermeintlich verjährte Ansprüche ehemaliger Musiker zu befriedigen. Palestrina kann jedoch eine Kürzung seiner Bezüge verhindern, indem er dem Papst einen Band mit Messen und Motetten überreicht, darunter die 1570 veröffentlichte sechsstimmige Messe *Ut re mi fa sol*. In Anerkennung auch seiner neuerlichen kompositorischen Leistungen bleiben die Zahlungen an ihn ungeschmälert.

— Mit der *Confessio Belgica* formulieren die reformatorischen Gemeinden der Niederlande ihr Glaubensbekenntnis.

— Jacobus de Kerle, *Liber psalmorum ad vesperas*.

— Gallus Dressler, *Practica modorum explicatio*.

— Nicola Vicentino, *Descrizione dell'arciorgano*.

— Geburt von Jacopo Peri und Francis Bacon.

— Paolo Giovio, *Le Vite di Huomini Illustri*.

— Julius Caesar Scaliger, *Poetices libri septem*.

— Francesco Guiccardini, *Storia d'Italia* (bis 1564).

— Tintoretto, *Hochzeit zu Kana*.

1562 — Entgegen der ursprünglichen Vorlage, nach der lediglich der gregorianische Choral als liturgische Musik zuzulassen sei, beschließt das Trienter Konzil in seiner 22. Sitzung am 17. September, daß in der Kirche nur diejenige Musik verwendet werden dürfe, die nichts Schlüpfriges enthalte und keine ungebührlichen Assoziationen ermögliche, damit das Haus Gottes wahrhaft ein Haus des Gebetes genannt werden könne.[1] Ferner berät man in Trient Fragen des Eucharistieverständnisses sowie das Problem einer Residenzpflicht der Bischöfe.

— Aufgeschreckt durch die Möglichkeit, daß zukünftig alle kunstvollen mehrstimmigen Kompositionen aus dem Gottesdienst verbannt werden könnten, bemüht sich eine Gruppe von Konzilsteilnehmern unter Leitung von Kardinal Rodolfo Pio Carpi, die Eignung polyphoner Musik für den Gottesdienst nachzuweisen. Bei der Suche nach Vertonungen des Ordinarium Missae, die den Ansprüchen des Konzils an liturgische Musik, nach Verständlichkeit des Textes und einem der Eucharistiefeier angemessenen Charakter genügen, gerät die Messe *Benedicta es* von Palestrina in den Blick, von der im Rahmen eines Austausches von Musikalien eine Kopie nach München gelangt ist. Dort nennt sie der Kardinal Truchseß von Waldenburg am 8. November eine neue, erst kürzlich entstandene Komposition des Kapellmeisters von S. Maria Maggiore, die geschätzt werde. Man beauftragt nun Palestrina, eine weitere Messe zu schreiben, die er nach der Winterpause des Konzils vorlegen wird. Nicht allein aufgrund stilistischer Ähnlichkeiten, sondern vielmehr wegen der direkten, möglicherweise durch die knappe

Produktionszeit bedingten Übernahme einer im Kontext des Kyrie eher unvermittelt wirkenden Passage aus dem Gloria der Messe *Benedicta es* dürfte es jene später *Missa Papae Marcelli* genannte Vertonung gewesen sein, die aus diesem Anlaß entstand.[2]

— Giovanni Pierluigi, nach dem Tod des Vaters als ältester Sohn nunmehr Haupt der Familie, stellt für die Hochzeit seiner Schwester Palma eine Mitgift bereit.

— Herzog Guglielmo läßt in Mantua eine Kirche für den Hofgottesdienst bauen, die ein Zentrum der Kirchenmusik werden soll. Selbst kompositorisch tätig, beginnt er im folgenden mit Palestrina zu korrespondieren; er wird ihn mit der Komposition von Messen beauftragen, ihm aber auch eigene Werke zur Begutachtung vorlegen.

— Der Spanier Francesco Soto ist der erste Kastrat, der Mitglied der päpstlichen Kapelle wird.

— Nach dem Scheitern eines Religionsgespräches im Vorjahr in Passy und trotz eines Toleranzedikts der Königinmutter Katharina de' Medici beginnen in Frankreich bürgerkriegsähnliche Auseinandersetzungen zwischen Katholiken und Hugenotten, ausgelöst durch ein Massaker, das Franz von Guise, ein Gegner jeglicher Vermittlungspolitik, an der reformierten Gemeinde in Vassy verübt.

— Jacobus de Kerle, *Preces speciales pro salubri generalis concilii successu, ac conclusione, populique christiani salute & unione; atque contra ecclesiae hostium furorem 4 vocum.*

— Geburt von Jan Pieterszoon Sweelinck, John Dowland und Ottavio Rinuccini.

— Tod von Adrian Willaert und Claude de Sermisy.

— Giacomo Barozzi da Vignola, *Regole delli cinque ordini d'architettura.*

— Johannes Mathesius, *Luther-Historien.*

— Torquato Tasso, *Rinaldo.*

1563 — Giovanni Pierluigi gibt ein erstes Buch vierstimmiger Motetten in Druck, dessen Widmung an Kardinal Rodolfo Pio Carpi seine Verbundenheit mit dem Verfechter polyphoner Kirchenmusik, als der dieser während des Tridentinums sich gezeigt hatte, zum Ausdruck bringt. Palestrina betont in einer Vorbemerkung, daß er sich bei seinen Vertonungen der Antiphonen aus dem Vesperale nirgends jener fragwürdigen Melodien weltlicher Gesänge bedient habe, deren Verwendung das Konzil beanstandet hatte. Carpi übersendet seinerseits ein Exemplar des Sammelbandes an Ippolito

II. d'Este nach Ferrara und begründet damit eine in den nachfolgenden Jahren sehr intensive Verbindung zwischen dem Komponisten und dem Fürstenhaus.

— Erst bei der 24. und letzten Sitzung am 11. November werden beim Konzil in Trient wieder Fragen der Kirchenmusik thematisiert, nachdem die Kardinäle Bernardo Navagero und Giovanni Morone im August einen Entwurf vorgelegt hatten, der ein Verbot der „musica troppo molle" vorsah. In die noch kontrovers geführte Diskussion, ob mehrstimmige Musik aus dem Gottesdienst auszuschließen sei, greift Ferdinand I. ein, der sich mit seinen theologischen Beratern in Innsbruck getroffen hatte. In einem Brief vom 23. August an seinen Gesandten läßt er die Konzilsväter wissen, daß seiner Meinung nach die Figuralmusik in der Liturgie sehr wohl ihren Platz haben könne, da auch sie, sofern sich erfahrene Künstler ihrer mit aller Ernsthaftigkeit annähmen, durchaus geeignet sei, die Gläubigen zu Andacht und Verehrung zu bewegen. Im Widerstreit der Meinungen gelingt schließlich nur eine vergleichsweise unverbindliche Empfehlung des Konzils, nach der die Bischöfe in ihren Bistümern Gremien einrichten mögen, um diese Fragen nach regionalen Gepflogenheiten zu entscheiden.

— Am 4. Dezember wird das von Kardinal Giovanni Morone straff geleitete Konzil in Trient beendet. Man beschließt eine Absage an die lutherischen Häresien, einigt sich auf eine Strukturreform der Kirche und sagt zu, Mißständen insbesondere in bezug auf die Lebensführung der Kleriker Abhilfe zu schaffen. Wiewohl keineswegs Konsens der Konzilsteilnehmer, findet sich in der Schlußansprache von Kardinal Hieronymus Ragasanus ein Passus, in dem die „molliores cantus et symphoniae" in der Kirchenmusik verworfen werden. Nur wenige Wochen später, am 26. Januar des folgenden Jahres, bestätigt Papst Pius IV. alle während des Konzils beschlossenen Dekrete.

— Gallus Dressler, *Praecepta musicae poeticae.*

— Geburt von Rudolph di Lasso*.

— *Confessio fidei tridentinae* (katholisches Glaubensbekenntnis).

— Kalvinistisch geprägter *Heidelberger Katechismus.*

— Juan Bautista de Toledo und Juan de Herrera, *El Escorial* (bis 1582).

1564 — Während der Sommermonate engagiert Kardinal Ippolito II. d'Este Giovanni Pierluigi als *Maestro dei concerti* an der Villa d'Este in Tivoli. Palestrina, der einige Jahre später ganz in Diensten des prunkliebenden Kirchenfürsten steht, erhält für seine zunächst zeitweiligen Verpflichtungen ein Honorar von sechs Scudi. Er übernimmt neben der Organisation von Konzerten die Leitung des Orchesters, das mit Streichern, Zinken, Lauten, vier Posaunen und zwei Orgeln reich besetzt ist und namhafte Solisten zu seinen Mitgliedern zählt.

— Nach dem Tod seiner Schwester Palma wird deren Mitgift Palestrina rückerstattet.

— Neben einigen Dekreten zur Bestätigung der Beschlüsse des Tridentinums veröffentlicht Papst Pius IV. am 2. August ein Motu proprio *Alias nonnullas constitutiones,* mit dem er eine Kommission zur Ausgestaltung der kirchenmusikalischen Empfehlungen des Konzils einsetzt. Carlo Borromeo und Vitellozzo Vitelli werden beauftragt, für eine Umsetzung der wenigen grundlegenden Bestimmungen im Bistum Rom Sorge zu tragen und darauf zu achten, daß Motetten und Messen mit hinzugefügten, liturgiefremden Worten ebenso aus den Kirchen verwiesen werden wie Kontrafakturen weltlicher Gesänge.

— Am 24. März wird ein neuer, erstmals verbindlicher Index der verbotenen Bücher publiziert.

— Gioseffo Zarlino wird Kapellmeister des Venezianer Markusdomes, Orlando di Lasso übernimmt die Leitung der Hofmusik in München.

— Papst Pius IV. erteilt Daniele da Volterra, dem sogenannten *Hosenmacher* (*Il braghettone*) den Auftrag, die Blößen der Figuren auf Michelangelos Fresken in der sixtinischen Kapelle zu übermalen. Auch einige seiner Nachfolger, insbesondere Gregor XIII. und Clemens VIII., werden weitere Retuschen veranlassen.

— Giacomo Barozzi da Vignola übernimmt die Bauleitung des Petersdomes in Rom.

— Nach Plänen Michelangelos wird der Platz auf dem Kapitol in Rom ausgebaut.

— Orlando di Lasso, *I. liber concentuum sacrorum, quos motetos vulgo nominant.*

— Claude Goudimel, *Les 150 pseaumes de David nouvellement mis en musique à quatre parties.*

— Vincenzo Ruffo, *Capricci di Musica a 3 v., à commodo de virtuosi.*

— Geburt von Galileo Galilei, Hans Leo Haßler, Lodovico Viadana und William Shakespeare.

— Tod von Michelangelo Buonarroti und Jean Calvin.

— Beginn der Arbeiten an den *Tuilerien* in Paris unter Leitung von Philibert Delorme.

— Giovanni Andrea Gilio, *Dialogo nel quale si ragiona degli errori e degli abusi de'pittori circa l'istorie. Con molte annotazioni fatte sopra il Giudizio di Michelangelo et altre figure, tanto de la nova, quanto de la vecchia Cappella del Papa. Con la dechiarazione come vogliono essere dipinte le Sacre Imagini.*

— Francesco Guiccardini, *Il Sacco di Roma.*

1565 — Gemäß einem Beschluß des Trienter Konzils vom 13. Juli 1563 wird am 1. Februar durch Francesco Borgia das *Seminario Romano* zur Ausbildung der Priester eröffnet. Palestrina, der — zeitgenössischen Berichten zufolge — herausragende und berühmteste Musiker der Region[3], wird an diesem Institut als Kapellmeister tätig. Zwar wird er erst im folgenden Jahr als Amtsinhaber genannt, doch fehlen nach dem 31. Januar alle Unterlagen über eine Beschäftigung an seiner bisherigen Stelle, an S. Maria Maggiore. Das monatliche Honorar von fünf Scudi, das er in seiner neuen Funktion erhält, bezeichnet nur scheinbar eine Einbuße, da Palestrinas Söhne schon im folgenden Jahr Freistellen des Seminars erhalten, die Kosten für ihre Ausbildung und ihren Lebensunterhalt mithin entfallen.

— Am 28. April stellen Nicola Vicentino, Vincenzo Ruffo und Giovanni Pierluigi Vertonungen liturgischer Texte vor, zu denen sie Carlo Borromeo und Vitellozzo Vitelli aufgefordert haben und die den im Anschluß an das Trienter Konzil entwickelten kirchenmusikalischen Vorgaben entsprechen sollen. Unter den drei wahrscheinlich hier von Palestrina präsentierten sechsstimmigen Meßkompositionen könnte es die *Missa Papae Marcelli* gewesen sein, die Papst Pius IV. nach einer neuerlichen Aufführung rühmt: „Dies seien die Harmonien des neuen hohen Liedes, welches einst der Apostel Johannes in dem jubelnden Jerusalem gehört hatte, von welchem ein anderer Johannes uns eine Idee in seinem wandernden Jerusalem gibt."[4]

— Nicht zuletzt in Würdigung dieser Kompositionen wie auch in Erwartung weiterer, ähnlich qualitätvoller Werke verleiht Pius IV. am 6. Juni Palestrina den Titel eines Komponisten der päpstlichen Kapelle (*Modulator pontificus*) und läßt seine Bezüge um 3 Scudi, 13 Bajocchi erhöhen; Giovanni Pierluigi erhält — zusätzlich zu den Einnahmen aus seiner Tätigkeit am Seminario Romano — nunmehr monatlich neun Scudi und ist damit den aktiven Sängern gleichgestellt.

— Tomás Luis de Victoria wird Schüler des Collegium Germanicum in Rom.
— Andrea Gabrieli, *Sacrae cantiones 5 vocum.*
— Giovanni Animucccia, *Madrigali 3 vocum con alcuni Motetti e Madrigali spirituali.*
— Geburt von Gregor Aichinger.
— Tod von Cipriano de Rore.
— Henricus Pantaleon, *Prosopographiae Herovm atque illvstrivm virorvm totivs Germaniae*; fünf Jahre später veröffentlicht er eine erweiterte, veränderte und verbesserte deutsche Fassung als *Teutscher Nation Heldenbuch.*
— Giambattista Giraldi, *Heccatommithi.*

1566 — Die beiden älteren Söhne Giovanni Pierluigis, Rodolfo und Angelo, werden als Alumnen in das Seminario Romano aufgenommen. Dort erhalten sie während der nächsten fünf Jahre eine vielfältige Ausbildung, die Unterricht in Logik, Philosophie, Latein und Griechisch sowie einigen musikalischen Fächern umfaßt.
— Der Dominikaner Michele Ghislieri wird nach dem Tod Pius' IV. zum Papst gewählt. Als Pius V. bemüht er sich verstärkt um eine Reform der Liturgie, gemäß dem Auftrag des Tridentinischen Konzils. Zunächst betreibt er die Drucklegung eines *Catechismus Romanus*, der die pastoralen Aufgaben der Pfarrer in ihren Gemeinden unterstützen soll. Zwei Jahre später erscheint eine revidierte Version des Brevier, 1570 schließlich das *Missale Romanum* als für die Weltkirche verbindliches Meßbuch.
— Giovanni Animuccia, *Messe 4-6 voc. Libro primo.*
— Tod von Antonio Cabezón.
— Andrea Palladio, *S. Giorgio Maggiore* in Venedig (bis 1579).
— Jean Bodin, *Methodus ad facilem historiarum cognitionem.*
— Pieter Brueghel, *Bauerntanz* und *Bauernhochzeit.*

1567 — Während der Karwoche im April wirkt Palestrina bei der musikalischen Ausgestaltung von Gottesdiensten in S. Giovanni in Laterano mit — ein Indiz, daß er nun nicht mehr an S. Maria Maggiore beschäftigt ist, zumal dort schon seit geraumer Zeit Unterlagen über seine Tätigkeit, aber auch zu einer Beendigung des Dienstverhältnisses fehlen.
— Ab August wird Giovanni Pierluigi als Konzertmeister von Kardinal Ippolito II. d'Este in dessen Villa in Tivoli angestellt, nachdem man in den Sommermonaten des Vorjahres Francesco Portinaro mit dieser Aufgabe betraut hatte.

— Nach dem Tod seines Kapellmeisters Jacobus Vaet läßt Kaiser Maximilian II. am 8. November bei Giovanni Pierluigi anfragen, ob er das Amt eines Musikdirektors am Hof in Wien zu übernehmen bereit sei. Palestrina macht eine Zusage von der Erfüllung seiner Honorarforderungen in Höhe von 400 Scudi abhängig, — einem Betrag, der zwar seine Bezüge aus kirchlichen Dienstverpflichtungen, vermutlich jedoch nicht die Summe seiner römischen Einkünfte übersteigt. Dem Kaiser scheinen die Gehaltsvorstellungen des inzwischen arrivierten römischen Musikers überzogen; man bemüht sich nun erfolgreich um Philipp de Monte, der für seine Dienste in Wien ab dem Mai des folgenden Jahres 300 Scudi nebst einigen Sachleistungen erhalten wird.

— Palestrina veröffentlicht ein zweites Buch mit sieben Messen für vier bis sechs Stimmen, dessen Schlußstück die *Missa Papae Marcelli* bildet. In seinem Vorwort unterstreicht er die neuartige Kompositionsweise dieser Messen, mit der er streng die Vorgaben des Trienter Konzils nach Verständlichkeit des Textes und einem der heiligen Feier würdigen Charakter zu erfüllen suche.[5] Nicht auszuschließen ist, daß er mit der Widmung des Sammelbandes an den spanischen König Philipp II. auf eine Anstellung in Madrid reflektiert; doch schlagen derartige Spekulationen ebenso fehl wie der Versuch, am Wiener Hof seine Honorarforderungen durchzusetzen.

— Giovanni Animuccia, *Messe 4—6 v. Liber Primus.*

— Geburt von Claudio Monteverdi, Giovanni Francesco Ancrio und Adriano Banchieri.

— Cosima Bartoli, *Ragionamenti Accademici.*

— Vincenzo Danti, *Il primo Libro del Trattato delle perfette Proporzioni.*

— Hans Sachs, 34 Bände seiner Werke in eigener handschriftlicher Zusammenstellung.

1568 — Giovanni Pierluigi erhält von Herzog Guglielmo einen Auftrag, für den Hofgottesdienst an S. Barbara in Mantua einige Messen zu verfertigen. Mit den örtlichen Gegebenheiten und liturgischen Besonderheiten nicht vertraut, erkundigt sich Palestrina mit einem Brief vom 2. Februar, dem er eine Vertonung des Ordinarium Missae beifügt, eingehend nach den Wünschen des Herzogs für die Meßkompositionen, die er, gregorianische und figurale Teile kleingliedrig wechselnd, als Alternatim-Messen anlegen wird. Wie aus einem Dankschreiben Palestrinas vom 1. Mai hervorgeht, honoriert Guglielmo Gonzaga die ihm zugeleitete Komposition mit 50 Dukaten.

— Kardinal Scipio Gonzaga, der in Rom als Patriarch von Jerusalem tätige Bruder von Herzog Guglielmo, lernt in Rom einige Motetten von Giovanni Pierluigi kennen, von denen er am 31. Juli Kopien nach Mantua sendet. Umgehend erhält Palestrina einen neuen Kompositionsauftrag: Herzog Guglielmo bittet ihn um die Vertonung einiger von ihm ausgewählter Texte. Doch wegen einer längeren Erkrankung kann Palestrina die gewünschten Kompositionen erst verspätet ausführen; er sendet sie zusammen mit weiteren Werken dem Herzog im Dezember.

— Das von Papst Pius V. herausgegebene Brevier verzichtet zugunsten etlicher Perikopen und Bibelverse auf Meditationen und Gebete von Heiligen; ferner wird die Zahl der Sequenzen, die zwischen den Lesungen im Wortgottesdienst große Popularität gewonnen hatten, reduziert, um zu subjektive und mitunter auch theologisch zweifelhafte Texte aus der Liturgie zu entfernen. Zugelassen sind künftig Sequenzen lediglich zu Ostern (*Victimae paschali laudes*) und Pfingsten (*Veni sancte spiritus*), ferner an Fronleichnam (*Lauda Sion Salvatorem*), ferner das *Stabat mater* (u.a. am Fest der Sieben Schmerzen Mariens). Das *Dies irae*, die Sequenz der Totenmesse, wird ebenfalls beibehalten und erst vom Zweiten Vatikanischen Konzil verworfen.

— Herzog Alba läßt in Brüssel die Grafen Egmont und Hoorn hinrichten.

— Vincenzo Galilei, *Fronimo: Dialogo ... nel quale si contengono le vere, et necessarie regole del intavolare la musica nel liuto.*

— Geburt von Tommaso Campanella.

— Tod von Don Carlos.

— Giacomo Barozzi da Vignola und Giacomo della Porta, *Il Gesù* in Rom (bis 1584).

1569 — Auf den 7. Mai datiert das Vorwort Giovanni Pierluigis zu seinem ersten Buch fünf- bis siebenstimmiger Motetten, deren Faktur sehr vielfältig ist: Neben offensichtlich jüngeren, affektbetonten und oft homophon angelegten Sätzen stehen strenge Cantus firmus-Durchführungen und durchimitierte Kompositionen mitunter unvermittelt nebeneinander. Die Widmung des Bandes an Kardinal Ippolito II. d'Este bezeugt die Wertschätzung, die Palestrina seinem Dienstherrn entgegenbringt.

— Am 8. Mai schließt Giovanni Pierluigi einen Kaufvertrag mit den

Brüdern Marzio und Vincenzo Ceci über den Erwerb eines Hauses in der Via dei Giubbonari in Rom für 725 Scudi; möglicherweise wohnte er dort schon seit 1566, hatte er doch seinerzeit bereits einen großen Teil des Kaufpreises entrichtet.

— Geburt von Giambattista Marino.

1570 — Im Frühjahr erhält Palestrina einen Brief von Herzog Guglielmo mit der Bitte um die Korrektur eines Madrigals und einer Motette, die er selbst verfaßt hatte. In einem auch für das Verständnis seiner eigenen kompositorischen Grundzüge aufschlußreichen Brief verweist Palestrina am 3. März auf die Schwierigkeiten, im polyphonen Satz den Text verständlich zu Gehör zu bringen, und macht den Herzog auf Probleme der Stimmführung aufmerksam.

— Giovanni Pierluigi publiziert ein drittes Buch vier- bis sechsstimmiger Messen, bei dessen Produktion er besondere Sorgfalt auf gutes Papier, schöne Drucktypen und korrekten Text legt. Die erneute Widmung an den spanischen König Philipp II., ist nur auf den ersten Blick überraschend, rechnete Palestrina doch offensichtlich auf dessen Großzügigkeit nach der Hochzeit seiner Tochter mit Maximilian II. von Österreich. Vermutlich hatte sich Philipp II. schon in bezug auf die Zueignung des zweiten Messenbuches drei Jahre zuvor generös gezeigt, so daß schnelle Produktion und sorgfältige Drucklegung nun als Anzeichen zu werten sind, die Gunst der Stunde seitens des Komponisten gezielt zu nutzen und gegebenenfalls einen finanziellen Engpaß im Zusammenhang mit Immobiliengeschäften zu umgehen.

— Papst Pius V. spricht den Bann über die englische Königin Elisabeth I. aus und erklärt sie für abgesetzt.

— Mit dem königlichen Edikt von St. Germain erhalten die Hugenotten unter ihrem Führer Graf Coligny weitgehende politische und religiöse Freiheiten.

— Antoine de Baïf gründet in Paris die *Académie de poésie et de musique.*

— Vincenzo Ruffo, *Missae Quatuor concinatae ad ritum Concilii Mediolani quatuor vocum.*

— Jacobus de Kerle, *Il primo libro capitolo del triumpho d'amore de Petrarca.*

— Tod von Johann Walter und Jacopo Sansovino.

— Andrea Palladio, *I quattro libri dell'architettura* (bis 1581).

1571 — Nach dem Tod von Giovanni Animuccia am 25. März trägt Kardinal Alessandro Farnese dessen Amt als Leiter der Cappella Giulia

Palestrina an. Zum 1. April wird er als Kapellmeister an St. Peter angestellt, er erhält ein monatliches Honorar von 8 Scudi, 33 Bajocchi (= 100 Scudi jährlich), dazu als Ausgleichszahlung für die Nutzung einer eigenen Wohnung anderthalb Scudi sowie für die Versorgung von vier Sängerknaben weitere 12 Scudi. Eher unwahrscheinlich dagegen ist, daß Palestrina auch Animuccias Dienst an den von Filippo Neri initiierten *esercizi dell'Oratorio* versehen hätte, da dieses Amt nicht mit weiteren Einkünften verbunden war und er kaum je ohne definitive Honorarzusage regelmäßige Verpflichtungen übernahm. Ohne Zweifel unterhielt er jedoch zu Filippo Neri freundliche Beziehungen; vermutlich schrieb er auch — wenngleich nur gelegentlich — einzelne Kompositionen für dessen Oratorium.

— Die Heilige Liga zwischen Pius V., Philipp II., Venedig, Genua, Savoyen und den Johannitern schlägt die Türken am 7. Oktober in einer Seeschlacht bei Lepanto vernichtend. Zwei Monate später, am 4. Dezember, wird den Siegern in Rom ein triumphaler Empfang bereitet. Wohl für diesen Anlaß schreibt Palestrina ein vierstimmiges Madrigal *„Le selv'avea"*, das 1574 in einem Sammelwerk — *Il quarto libro delle Muse* — gedruckt wird.

— Tomás Luis de Victoria wird Nachfolger Palestrinas als Kapellmeister am Seminario Romano.

— Gioseffo Zarlino, *Dimostrationi harmoniche.*

— Geburt von Michael Praetorius* und Johannes Kepler.

— Tod von Benvenuto Cellini.

— Adam Puschmann, *Gründlicher Bericht des deutschen Meistergesangs.*

— François Vieta, *Canon mathematicus.*

1572 — Im September erscheint Giovanni Pierluigis zweites Buch fünf- bis achtstimmiger Motetten im Druck, das er Guglielmo Gonzaga, dem Herzog von Mantua, widmet. In diesen Band, der nicht nur mit zwei ausgedehnten Motetten zum Festtag der Heiligen Barbara, der Namenspatronin der Mantuaner Hofkirche, auf die lokalen Besonderheiten zielt, nimmt er auch einige Kompositionen der beiden Söhne Rodolfo und Angelo sowie seines Bruders Silla auf, um sie dem Herzog als Musiker zu empfehlen. Zunächst jedoch beläßt es Guglielmo Gonzaga bei einem Gegengeschenk, einer einmaligen Zahlung von 25 Scudi.

— Am 20. November stirbt Palestrinas Sohn Rodolfo, am Neujahrstag des folgenden Jahres sein Bruder Silla. Möglicherweise sind die Improperien, die er in den nächsten Kartagen zur Aufführung bringen wird, als ein künstlerischer Reflex auf den plötzlichen Verlust zwei seiner engsten Verwandten zu verstehen.

— Ugo Boncampagni folgt Pius V. als Gregor XIII. auf dem Papstthron. Verstärkt macht er sich die Gegenreformation zum Anliegen; so unterstützt er im Verlaufe seines Pontifikates das Collegium Romanum mit 140.000 Scudi.

— Katharina de' Medici läßt auf den immer größeren Einfluß gewinnenden Hugenottenführer Graf Coligny bei einem Hoffest anläßlich der Hochzeit ihrer Tochter Margarethe mit Heinrich von Navarra ein Attentat ausüben, dem dieser glücklich entgeht. Um einer Untersuchung der Hintergründe der Tat und dem drohenden Machtverlust zu entgehen, entschließt sie sich mit ihrem Sohn, König Karl IX., zu einem vernichtenden Schlag gegen die Hugenotten. In der Bartholomäusnacht vom 23./24. August werden allein in Paris mehr als 3.000 Hugenotten getötet. Bei der Nachricht von diesen organisierten Morden stimmt Papst Gregor XIII. ein Te Deum an; in der Meinung, die Macht des europäischen Protestantismus sei nunmehr gebrochen, richtet er kirchliche Feiern aus, läßt eine Gedenkmünze prägen und gibt Giorgio Vasari den Auftrag, das Ereignis auf einem Fresko im Vatikan als Sieg der katholischen Sache zu illustrieren.

— Andrea Gabrieli, *Primus liber Missarum 6 vocum.*

— Philipp de Monte, *Sacrarum Cantionum cum 5 vocibus, quae vulgo Motetta nuncupantur.*

— Tod von Petrus Ramus.

1573 — Angelo Pierluigi heiratet Doralice Uberti, eine Nichte von Giacomo Uberti, eines Juristen, der mehrere Jahre als Nachbar Palestrinas in der Nähe der Kirche S. Barbara ai Giubbonari gelebt hatte. Vertraglich wird insbesondere die Höhe der Mitgift geregelt: 1000 Scudi werden festgesetzt, die in mehreren Raten zu bezahlen sind. Palestrina, der die Finanzen der Familie verwaltet, nutzt die Gelder zum Kauf weiterer Immobilien.

— Zum wiederholten Male verbringt Giovanni Pierluigi die Sommermonate in Palestrina, wo sein Schüler Giovanni Cesare Veccia Organist an S. Agapito ist.

— Giacomo della Porta wird Bauleiter von St. Peter in Rom.

— Geburt von Alessandro Striggio, Michelangelo da Caravaggio und Melchior Franck.

— Paolo Veronese, *Gastmahl des Levi.*

— Giacomo Castaldo, *Italiae novissima descriptio.*
— Giovanni Lorenzo d'Anania, *Cosmografia.*

1574 — Für die Gottesdienste der Karwoche fertigt Giovanni Pierlugi Vertonungen der Lamentationen an; im folgenden Jahr weist ein Rechnungsbeleg aus, daß von Palestrina mehrstimmig gesetzte Klagegesänge — möglicherweise in einer weiteren Fassung — für die Cappella Giulia kopiert wurden.
— Herzog Guglielmo Gonzaga hat eine Messe komponiert, die er Giovanni Pierluigi mit der Bitte um kritische Durchsicht sendet. Palestrina schickt die korrigierte Komposition mit einem verbindlichen Begleitbrief am 17. April zurück.
— Am 7. November wird Aurelia geboren, das erste Kind aus der Ehe von Palestrinas Sohn Angelo mit Doralice Uberti.
— Zur feierlichen Öffnung der *Heiligen Pforte* — dem Beginn des Heiligen Jahres 1575 — schreibt Palestrina eine achtstimmige Vertonung des Psalms „Jubilate Deo", die er im folgenden Jahr in einer Motettensammlung veröffentlicht.
— Papst Gregor XIII. betreibt in Rom den Bau von Wasserleitungen; ferner legt er auf dem Quirinal den Grundstein zu einem Palast, der seine Sommerresidenz werden soll.
— Nach dem Tod Karls IX. wird Heinrich III. König von Frankreich.
— Vincenzo Ruffo, *Il 4° Libro di Messe 6 voc. ... conforme al Decreto del Sacrosancto Concilio di trento,* und *Salmi, conformi al decreto del S. Concilio Tridentino.*
—Geburt von Robert Fludd.
— Tod von Giorgio Vasari.

1575 — Giovanni Pierluigi gibt ein drittes Buch mit fünf- bis achtstimmigen Motetten in Druck, das er Alfonso II. d'Este widmet, dem Bruder Ippolitos, jenes inzwischen verstorbenen Kardinals, bei dem er einige Jahre als Konzertmeister tätig war. In den dreiunddreißig, mitunter mehrteiligen Kompositionen verzichtet Palestrina häufig zugunsten größerer Klangfülle auf eine dichte kontrapunktische Faktur.
— Am 9. Februar teilt Giovanni Pierluigi Herzog Guglielmo Gonzaga mit, daß er den ihm zur Vertonung übersandten Text ausgearbeitet habe und die Canzone bereits aufgeführt worden sei.
— Im Juli bricht in Rom eine Epidemie aus, der am 11. Dezember auch Palestrinas Sohn Angelo zum Opfer fällt. Seine Frau bringt am 14. Januar des nächsten Jahres ein Kind zur Welt, das im Gedenken an den Vater ebenfalls Angelo genannt wird.

— Mit dem Verweis auf ein Angebot des Kapitels von S. Maria Maggiore, ihn mit einem Honorar von 240 Scudi jährlich als Kapellmeister zu engagieren, fordert Giovanni Pierluigi am Ende des Jahres in St. Peter eine Gehaltserhöhung. Man geht auf seine nachdrücklich vorgetragenen Wünsche ein und stockt seine Bezüge um 40 auf nunmehr 185 Scudi pro Jahr auf. Palestrina verbleibt in seinen Ämtern und nutzt die Mehreinnahmen zur Vergrößerung seines Grundbesitzes in Rom.

— Der Romtourismus erreicht in diesem Heiligen Jahr einen neuen Höhepunkt: Zu Ostern versammeln sich mehr als 75.000 Pilger auf dem Petersplatz.

— Orlando di Lasso, *Patrocinium musices: Passio 5 vocum item Lectiones Iob et Lectiones matutinae de nativitate Christi 4 vocum.*

— Filippo Neri gründet die *Congregazione dei Preti dell'Oratorio.*

— Giovanni Matteo Asola und Vincenzo Ruffo, *Falsi Bordoni per Cantar Salmi.*

— William Byrd, *Cantiones sacrae.*

— Luzzasco Luzzaschi, *Il primo libro de Madrigali à 5 v.*

— Geburt von Guido Reni und Jakob Böhme.

— Tod von Giacomo Arcadelt.

— Étienne du Pérac, *I vestighi dell'Antichità di Roma.*

— Franc-Comtois Antoine Lafréry, *Speculum romanae magnificentiae.*

1576 — Papst Gregor XIII. gründet ein *Collegium Graecum*, drei Jahre später auch ein englisches Seminar, um Priester auf pastorales und missionarisches Wirken in den verschiedenen Ländern vorzubereiten.

— Nach dem Tod Maximilians II. wird sein Sohn Rudolf II. Kaiser.

— Im Bürgerkrieg gegen die katholische Partei übernimmt Heinrich von Navarra die Führung der Hugenotten in Frankreich.

— Tod von Nicola Vicentino und Tiziano Veccello.

1577 — Doralice Uberti, die Witwe von Angelo Pierluigi, will erneut heiraten und fordert nun eine — ehedem vertraglich zugesicherte — Erstattung der Mitgift, die Palestrina zwischenzeitlich jedoch für Immobiliengeschäfte verwendet hat. Vorübergehend hat er Liquiditätsprobleme, die schon beim Tod seines Sohnes abzusehen waren und möglicherweise auch seine Bitte um Erhöhung der Dienstbezüge im vorvergangenen Jahr begründen. Um die seinerzeit erhaltene Summe von 1.000 Scudi aufzubringen, muß er eine Hypothek auf seinen Grundbesitz nehmen, kann daneben aber auf Mittel aus dem Nachlaß seines Schwagers Violante zurückgreifen. Den größten Teil des Betrages aber requiriert er aus einer kühnen Aktion:

Er verheiratet seinen kaum achtzehnjährigen Sohn Iginio mit Virginia Guarnacci und nutzt deren von ihm verwaltete Mitgift von 1.500 Scudi teilweise zur Lösung dieses finanziellen Engpasses. Ein entsprechender Vertrag wird am 3. Juli unterzeichnet, die Hochzeit am 15. August gefeiert.

— Papst Gregor XIII. beauftragt am 25. Oktober Giovanni Pierluigi und Annibale Zoilo mit der Neugestaltung der gregorianischen Gesänge gemäß den Reformbeschlüssen des Trienter Konzils. Mit der Vorgabe größtmöglicher Textverständlichkeit sollen insbesondere Melismen auf kurzen Silben entfernt werden, umgekehrt gewichtige Worte durch die Melodieführung unterstrichen werden, so daß die Gesänge „von allem Ballast entledigt, frei von den Barbarismen und Unklarheiten, so hergerichtet würden, daß aus ihnen Gottes Name in Ehrfurcht, in verständlicher und frommer Weise verherrlicht werde“[6]. Beide Komponisten betreiben die Redaktion der ihnen zugewiesenen Teile — Palestrina soll das Proprium de tempore überarbeiten, Zoilo sich der Gesänge der Heiligenfeste annehmen — keineswegs forciert: Erst 1614/15 wird die von Palestrinas Schülern Francesco Suriano und Felice Anerio abgeschlossene Reformausgabe des Graduale, die *Editio Medicaea*, im Druck vorliegen.

— Im Auftrag der Kurie wird in Rom eine eigene Druckerei, insbesondere für die liturgischen Bücher eingerichtet, die sogenannte *Poliglotta stamperia.*

— Cipriano de Rore, *Tutti i Madrigali ... a quattro voci, spartiti, per sonar d'ogni sorte d'Istrumento perfetto, & per qualcunque studioso di Contrappunti.*

— Francisco de Salinas, *De musica libri septem.*

— Geburt von Peter Paul Rubens.

— Tod von Mattheus le Maistre.

— Andrea Palladio, *Il Redentore* in Venedig (bis 1592).

— Carlo Borromeo, *Institutiones fabricae et supellictilis ecclesiasticae.*

1578 — Vermittelt durch Annibale Capello, den in Rom tätigen Kommissionär Herzog Guglielmo Gonzagas, erhält Giovanni Pierluigi den Auftrag, Messen über gregorianische Cantus firmi für die Liturgie der Mantuaner Hofkirche zu schreiben. Eine schwere Erkrankung Palestrinas im Oktober verzögert die Ausarbeitung der Kompositionen, der er sich erst am Ende des Jahres mit großer Intensität annimmt. Am 1. November wird eine erste Messe von Rom abgeschickt, schon zwei Wochen später überbringt Capello eine weitere. Im Dezember liegen vier der bestellten Meßvertonungen in Mantua vor.

— Eine Bulle Gregors XIII. fixiert die Reorganisation der Kapelle, die nunmehr zwei Chöre mit jeweils 12 Sängern umfaßt. Das Gebot, daß die Mitglieder der Capella Sistina unverheiratet sein müssen, bleibt weiterhin bestehen, Palestrinas Position als Komponist der päpstlichen Kapelle wird bestätigt.

— Giovanni Pierluigi erhält von der *Confraternità della Trinità*, einer Bruderschaft, die Persiano Rosa, ein befreundeter Priester aus Palestrina zusammen mit Filippo Neri gegründet hatte, für verschiedene musikalische Dienste ein Honorar von ca. 80 Scudi, teilweise in Naturalien.

— Am 23. November wird Tommaso Pierluigi, der erste Sohn Iginios und Virginia Guarnaccis getauft. Pate ist Kardinal Guglielmo Sirleto, ein Freund und Gönner Palestrinas.

— Ludwig Daser, *Passionis Domini Jesu Christi Historia.*

1579 — Vom 21. März datiert ein Schreiben Palestrinas an Herzog Guglielmo Gonzaga, in dem er sich für die Zahlung von 100 Scudi bedankt und drei weitere Messen mitschickt.

— Zum Schutz ihres katholischen Glaubens vereinen sich die südlichen Provinzen der Niederlande im Bund von Arras und schließen Frieden mit Spanien; im Gegenzug gründen die reformierten Landesteile in Utrecht eine Union.

— Wilhelm V. wird nach dem Tod seines Vaters Albrecht V. Herzog von Bayern.

— Giovanni Maria Nanino, *Il I° Libro de Madrigali a 5 v.*

— Giovanni de' Bardi, *Discorso mandato a Giulio Caccini.*

1580 — Einer Epidemie, die im Sommer in Rom ausbricht, fällt am 2. August auch Palestrinas Frau Lucrezia Gori zum Opfer. Unter dem Eindruck des plötzlichen Todes könnte Palestrina eine Vertonung des Klagepsalmes „Super flumina Babylonis" geschrieben haben, deren intime Gestaltung und intensive Textdeutung nicht nur im Kontext des 1584 veröffentlichten zweiten Buches vierstimmiger Motetten auffällt. Auch die Vertonungen der *Vergine*-Dichtungen Petrarcas, die Palestrina im zweiten Buch der Madrigale zu vier Stimmen im folgenden Jahr herausgibt, wären gegebenenfalls als persönlich motivierte Trauermusik zu deuten.

— Vielleicht unter dem Eindruck des Todes seiner Frau, vermutlich jedoch eher, um die Leitung des päpstlichen Sängerchores übernehmen zu können, beschließt Giovanni Pierluigi, Kleriker zu werden. Papst Gregor XIII. stimmt 13. November seinem Gesuch zum Empfang der Priesterweihe zu. Am 7. Dezember erhält Palestrina mit der Tonsur die niederen Weihen; die Zeremonie findet in S. Silvestro auf dem Quirinal statt, der Kirche seines guten Freundes Kardinal Sirleto.

— In der Venezianer Offizin des Peter Liechtenstein erscheint ein *Graduale sacrosancte romane ecclesie integrum et completum tam de tempore quam de sanctis juxta ritum missalis novi et decreto sacrosancti Concilii Tridentini restituti, et Pii quinti Pontificis maximi jussu editi*; in der großen Verbreitung dieser Ausgabe, die gleichwohl ohne Approbation von Papst Gregor XIII. blieb, könnte einer der Gründe zu ersehen sein, warum Palestrina seine ohnehin kaum forciert betriebenen Arbeiten an einer revidierten Edition der gregorianischen Gesänge zurückstellte.

— Nach dem Tod Königs Heinrich von Portugal vereint Philipp II. dessen Reich mit dem spanischen und steht nunmehr im Zenit seiner Macht in Europa und Übersee.

— Luca Marenzio, *Il primo libro de Madrigali à 5 v.*

— Tod von Antonio Scandello und Andrea Palladio.

— Andrea Palladio, *Teatro Olympico* in Vicenza.

— Giacomo della Porta, *S. Maria dei Monti* in Rom (bis 1581).

— Torquato Tasso, *Aminta.*

— Michel Montaigne, *Les Essais.*

— Giovanni de' Bardi, *Discorso sopra il giuco del Calzio fiorentino. Del Puro Altero Accademico.*

1581 — Mit Datum vom 18. Januar wird Giovanni Pierluigi von Gregor XIII. zum *Chierico perpetuo beneficiato* der Kathedrale S. Maria Maggiore von Ferrentino ernannt — eine typische Pfründe, die ihm ohne Residenzpflicht oder andere Obliegenheiten jährlich 24 Scudi einbringt.

— Bereits am 24. Februar aber läßt Palestrina erneute Heiratsabsichten durchblicken, die er am 28. März, nur acht Monate nach dem Tod Lucrezia Goris, realisiert: Die Hochzeit mit Virginia Dormoli, der vermögenden Witwe des fünf Jahre zuvor verstorbenen päpstlichen Pelzhändlers Giuliano Guerrazzi, findet in deren Privathaus in der Via dei Coronari statt. Man hat allen Grund zur Zurückhaltung, muß doch nun rückblickend Palestrinas Eintreten in den geistlichen Stand lediglich wie ein taktisches Manöver wirken, um sich die Einnahmen aus der nur wenige Wochen zuvor verliehenen päpstlichen Pfründe zu sichern; ob deren weitere Nutzung

Papst Gregor erlaubte, ist immerhin fraglich, wenngleich nicht dokumentiert. Mancherlei Aspekte lassen auch die Wiederverheiratung Palestrinas als in auffälliger Weise von Nützlichkeitserwägungen gesteuert erscheinen: Zweifellos war Palestrina auch an den als umfassend geschilderten Mitteln und Immobilienbesitzen seiner künftigen Frau interessiert; umgekehrt gewann Virginia Dormoli durch ihre Heirat Anteil an Namen und Ruhm eines gesellschaftlich arrivierten Mannes, der sich zudem als Komponist ein internationales Renommée erworben hatte.

— Ein erstes Buch fünfstimmiger geistlicher Madrigale widmet Giovanni Pierluigi dem Fürsten Giacomo Boncompagni, einem Sohn Gregors XIII., in dessen Haus er verschiedentlich als Konzertmeister wirkt.

— Beide Kinder aus der Ehe Angelo Pierluigis mit Doralice Uberti — Aurelia wie auch der nach dem Tod des Vaters geborene Angelo — sterben in geringem zeitlichen Abstand.

— Im Hause des Grafen Bardi kommen in zwangloser Folge Gelehrte und Musiker zusammen, unter ihnen Vincenzo Galilei, Giulio Caccini, Jacopo Peri, Pietro Strozzi, wahrscheinlich in späteren Jahren auch Emilio de'Cavalieri, Girolamo Mei, Ottavio Rinuccini und Jacopo Corsi. Auf der Basis von Erkenntnissen zur Musik der griechischen Antike versucht man in dieser *Camerata Fiorentina*, einen neuen monodischen Stil zu entwickeln, der eine angemessene musikalische Umsetzung dramatischer Texte ermöglicht.

— Die sieben nördlichen Provinzen kündigen Philipp II. förmlich den Gehorsam und sagen sich von Spanien los.

— Vincenzo Galilei, *Dialogo ... della musica antica, et della moderna.*

— Tomás Luis de Victoria, *Hymni totivs anni 4 v.*

— Torquato Tasso, *La Gierusalemme liberata.*

1582 — Sein viertes Buch mit sieben vier- und fünfstimmigen Vertonungen des Ordinarium Missae widmet Giovanni Pierluigi Papst Gregor XIII. Dessen schon während des Trienter Konzils propagierten, eher restriktiven Auffassung von liturgischer Musik wegen verzichtet Palestrina in diesem Band auf Titel oder Überschriften, die auf die verwendeten Vorlagen — gregorianische Cantus firmi, eigene Motetten, aber auch das sehr beliebte Lied *L'homme armé* — verwiesen.

— Am 25. September bestätigt ein Notarsakt Giovanni Pierluigis Kauf eines Grundstücks in Palestrina von Pietro Paolo Appolloni. In diesem wie auch verschiedentlich in den folgenden Jahren sind etliche weitere Immobilien-Transaktionen Giovanni Pierluigis in Rom und Palestrina nachzuweisen.

— Giovanni Guidetti, ein Freund und Schüler Palestrinas, beginnt mit der durch ein päpstliches Privileg geschützten Publikation von Choralbüchern. Zunächst erscheint das *Directorium chori*, ab 1586 dann Passions- und Offiziumsgesänge sowie die Praefationen. Bei diesen — nach Angabe des Herausgebers von Giovanni Pierluigi durchgesehenen — Reformausgaben der gregorianischen Melodien beschränkt Guidetti sich auf eine Revision der Lesarten sowie eine Korrektur der Textunterlegung.

— Orlando di Lasso, *Etliche außerleßne, kurtze, gute geistliche vnnd weltliche Liedlein mit 4 Stimmen so zuvor in frantzösischer Sprach außgangen jetzund aber allen teutschen Liebhabern ... mit teutschen Texten ... in Truck gegeben.*

— Claudio Monteverdi, *Sacrae Cantiunculae.*

— Pomponio Nenna, *I° Libro de Madrigali a 5 v.*

— Tod von Teresa de Jesús.

— Reform des Julianischen Kalenders durch Papst Gregor XIII.

— El Greco, *Martertod des heiligen Mauritius und der Thebanischen Legion* (bis 1582).

— Gründung der *Accademia della Crusca* in Florenz.

1583 — Guglielmo Gonzaga, dessen Hofmusik Francesco Suriano, ein Schüler Palestrinas, leitet, läßt Giovanni Pierluigi wissen, daß er, unzufrieden weniger mit den Leistungen als dem Verhalten seines Kapellmeisters, einen zuverlässigeren Musiker in diesem Amt wünsche, und bittet ihn um entsprechende Empfehlungen. Der Mantuaner Botschafter in Rom, Aurelio Zibramonte, diskutiert eingehend mit Palestrina die Eignung von Annibale Zoilo und Luca Marenzio als Kapellmeister am Hof der Gonzagas. Giovanni Pierluigi äußert sich über beide Kandidaten zurückhaltend: Zoilo sei wegen seiner Familie nicht abkömmlich, Marenzio hingegen strebe eine Anstellung in Frankreich an. Doch nur wenige Tage nach diesen Gesprächen werden die Beweggründe für Palestrinas ausweichende Stellungnahme erkennbar: Am 13. April teilt Zibramonte seinem Auftraggeber mit, daß der römische Kapellmeister selbst an einer Anstellung in Mantua Interesse bekundet habe. Palestrinas Plan, Rom zu verlassen, konnte vielfach motiviert sein, war doch die Stadt in den vergangenen Jahren wiederholt von Hungersnot und Seuchen, denen etliche seiner Familienangehörigen zum Opfer gefallen waren, bedroht, schien zudem durch Unruhen,

Aufstände, Diebe und Räuber nicht mehr sicher. Ferner dürfte Palestrinas verschiedentliches Taktieren insbesondere in finanziellen Angelegenheiten mancherlei Veranlassung zu kleineren Querelen und Zerwürfnissen gegeben haben. Doch sind auch die Gehaltsvorstellungen, die er Guglielmo Gonzaga übermitteln läßt, keineswegs bescheiden. Er erwartet neben Bezügen in Höhe von 200 Scudi, wie sie ihm in Rom auf Lebenszeit zugesagt sind, weitere 50 Scudi als Provision für außerordentliche Dienste und Kompositionen, dazu freie Wohnung und Unterhalt für sieben Personen: Seine Frau und ihn, daneben seinen Sohn Iginio, der eine Karriere als Jurist anstrebt, mit Frau und Kind sowie zwei Bedienstete. Guglielmo Gonzaga lehnt ab.

— Leonhard Lechner veröffentlicht in Nürnberg einen Sammelband mit einer Auswahl geistlicher Werke der besten Komponisten seiner Zeit, darunter drei Motetten Palestrinas. Damit erscheinen zum ersten Mal Kompositionen Giovanni Pierluigis in Deutschland im Druck.

— Tomás Luis de Victoria, *Missarum Libri duo 4—6 v.*

— Claudio Monteverdi, *Madrigali spirituali.*

— Geburt von Girolamo Frescobaldi.

— Friedrich Sustris, *St. Michael-Hofkirche* in München (bis 1597).

— Vincenzo Danti und Giacomo Barozzi da Vignola, *Le due regole della prospettiva pratica.*

— Felix Platter, *De corporis humanae structura et usu.*

1584 — Die durch die Heirat mit Virginia Dormoli erheblich verbesserte wirtschaftliche Situation Giovanni Pierluigis erlaubt ihm, in schneller Folge seine Kompositionen zu publizieren: Zum Jahreswechsel erscheint ein viertes Buch fünfstimmiger Motetten, eine Vertonung des *Hohen Liedes*, die er Papst Gregor XIII. zueignet. Nur wenig später gibt Palestrina weitere Motettensammlungen in Druck: Das zweite Buch vierstimmiger Motetten widmet er Giacomo Boncompagni, dem er vermutlich schon drei Jahre zuvor ein handschriftliches Exemplar überreicht hatte. Mit der Widmung des nunmehr fünften Sammelbandes fünfstimmger Motetten an Andrea Báthory, den kürzlich zum Kardinal kreierten Neffen des polnischen Königs Stefan, sucht Giovanni Pierluigi nicht nur ein aktuelles Ereignis aufzugreifen und zu nutzen, auch könnte er — mindestens mittelfristig — so Kenntnisnahme und Verbreitung seines Werks in Polen intendiert haben.

— Exemplare dieser Bände mit Motettenkompositionen schickt Palestrina unmittelbar nach ihrem Erscheinen an Guglielmo Gonzaga. In einem fast peinlich devoten Anschreiben rühmt er die musikalischen Fähigkeiten des Mantuaner Herzogs, dem er, hätte er in der Nähe gewohnt, seine Kompositionen vor der Drucklegung zu Korrektur und Begutachtung vorzulegen bereit gewesen wäre.[7]

— Für sein zweites Buch vierstimmiger Motetten sowie die Vertonungen des *Hohen Liedes* erhält Palestrina ein päpstliches Druckprivileg.

— Im Juni wird Rom eine *Venerabile Compagnia di San Luca et Nobil Accademia delle pittori* gegründet, eine jener Bruderschaften, die, ursprünglich religiös intendiert, neben sozialen und karitativen Aufgaben mehr und mehr die Vertretung berufsständischer Interessen übernahmen. Zahlreiche Musiker, darunter auch Palestrina und seine Schüler, schließen sich unter der Leitung des Venezianers Alessandro Marino in einer vom Papst schließlich protegierten *Vertuosa Compagnia dei musici* zusammen, deren Anfänge bereits einige Jahre zurückdatieren und die in der *Accademia Reale di Santa Cecilia* bis heute fortlebt. Die Intentionen dieser *Sodalitas musicorum sub visitationis S. Mariae Virginis ac S. Gregorii et S. Caeciliae invocantibus*, die von den päpstlichen Sängern, um ihre Privilegien fürchtend, als Konkurrenz empfunden wird und sie zur Gründung einer eigenen Kongregation veranlaßt, sind insbesondere Reform und Pflege der Kirchenmusik an den Kirchen Roms wie auch die Ausbildung musikalischen Nachwuchses. Nicht nachzuweisen allerdings ist, ob sich auch Palestrina an der vermutlich von Giovanni Maria Nanino organisierten Schulung angehender Komponisten aktiv beteiligte.

— Nach dem Tod Franz' von Anjou ist Heinrich von Navarra der nächste Prätendent auf den französischen Königsthron. Um der Gefahr zu entgegnen, daß Frankreich unter einem Hugenottenkönig sich vom Katholizismus lossagen könnte, sucht die katholische Liga Unterstützung in Spanien und forciert eine Intervention Philipps II.

— Vincenzo Galilei, *Contrapunti a due voci.*

— Orlando di Lasso, *Psalmi Davidis poenitentiales.*

— Tod von Carlo Borromeo und Wilhelm von Oranien.

— Domenico Fontana, Kapelle Papst Sixtus' V. an S. Maria Maggiore in Rom.

— Giordano Bruno, *De la causa, principio ed uno* und *De l'infinito universo et mondi.*

— Giovanni Paolo Lomazzo, *Trattata dell'arte della pittura.*

1585 — Zu Anfang des Jahres erhält Giovanni Pierluigi Kompositionen von Guglielmo Gonzaga zur Durchsicht. In einem Schreiben vom 23. März bedankt er sich für die Ehre, den Herzog ungeachtet seines Alters noch beraten zu dürfen.

— Mit dem Tod Gregors XIII. verliert Palestrina einen seiner engagiertesten Förderer. Am 24. April wird Sixtus V. zum Papst gewählt, der sich eine grundlegende Erneuerung sowie eine moralische, ökonomische und finanzielle Gesundung von Kirche und Gemeinwesen zum Ziel setzt; ambitionierte Pläne verändern das Stadtbild in den fünf Jahren seines Pontifikats nachhaltig. Für die Feierlichkeiten anläßlich seines Amtsantritts komponiert Palestrina die sechsstimmige Messe *Tu es pastor ovium*, deren strenge, eher konventionelle kontrapunktische Faktur nur die geteilte Zustimmung des Papstes gefunden haben soll; dagegen sei Sixtus V. durch die Aufführung der neuen, innerhalb kürzester Frist als Einzeldruck vorgelegten *Missa Assumpta est Maria* am Himmelfahrtstag wieder versöhnlich gestimmt worden.[8]

— Im Mai kulminieren Kompetenzstreitigkeiten und Eifersüchteleien zwischen dem Kapellmeister des päpstlichen Sängerchores, Antonio Boccapaduli, und Palestrina, den Sixtus V. protegiert, in einer häßlichen Intrige, die sich über ein halbes Jahr erstreckt und zur Relegierung einiger Sänger führt.

Als Urheber dieser Affäre ist vermutlich ebensowenig Giovanni Pierluigi selbst wie Papst Sixtus V. anzusehen, der, so sehr er auch Palestrina auf dieser Position des Leiters seines Chores wünschte, sich anderer Mittel und Wege hätte bedienen können. Dennoch illustriert der Vorfall sehr deutlich erhebliche Spannungen zwischen den Musikern an St. Peter, eine wenig freundliche Atmosphäre von Konkurrenz, Neid und Feindseligkeiten, die Palestrina vielleicht nicht zum geringsten Teil mitverschuldete.

— Giovanni Becci gibt bei dem Venezianer Druck- und Verlagshaus Scotto Palestrinas achtstimmige *Missa Confitebor* heraus; die nach einer gleichnamigen Motette gefertigte Messe ist die einzige zu acht Stimmen, die zu Lebzeiten Giovanni Pierluigis erscheint.

— Papst Sixtus V. unterstützt die Forderung der katholischen Liga, der französische König Heinrich III. solle alle den Hugenotten gewährten Freiheiten zurücknehmen; er belegt Heinrich von Navarra mit dem Bann. In Frankreich beginnt jedoch mit dem *Krieg der drei Heinriche* — Heinrich III. sowie Heinrich von Guise und

Heinrich von Navarra als Führer der katholischen und protestantischen Parteien — ein letzter, blutiger Glaubenskrieg.
— Hans Leo Haßler wird nach einer Ausbildung bei Andrea und Giovanni Gabrieli in Venedig bei den Fuggern in Augsburg als Organist angestellt.
— Anläßlich der Hochzeit des Herzogs Carl Emmanuel von Savoyen mit Catharina, der Tochter des spanischen Königs Philipp II., wird Giovan Battista Guarinis Drama *Il Pastor fido* mit Musik von Luzzasco Luzzaschi aufgeführt.
— Felice Anerio, *Madrigali spirituali 5 vocum. Libro primo.*
— Tomás Luis de Victoria, *Officivm Hebdomadae Sanctae 3—8 v.*
— Giovanni Bassano, *Ricercate, Passaggi et Cadentie.*
— Geburt von Heinrich Schütz und Armand-Jean du Plessis, Duc de Richelieu, des späteren Kardinals und Beraters Ludwigs XIII.
— Tod von Pierre Ronsard.
— Paolo Veronese, Vollendung der Deckenmalerei *Apotheose Venedigs* im Venezianer *Palazzo Ducale.*
— Giordano Bruno, *Degli eroici furori.*

1586 — Papst Sixtus V. erkennt, daß sein Bemühen, Giovanni Pierluigi an die Spitze seines Chores zu stellen, aussichtslos ist, da das Gebot, nach dem die Mitglieder des päpstlichen Sängerchores Kleriker sein müssen, nicht zu umgehen ist. Auch sein Vorschlag, daß die Sänger ihren Leiter selbst bestimmen sollen, findet keine Zustimmung. Am 1. September promulgiert er eine Bulle, mit der die Organisation des Chores künftig geregelt wird: Die Leitung wird nicht einem Sänger dauerhaft überantwortet, sondern soll jährlich zwischen den älteren Mitgliedern wechseln. Zugleich reduziert er die Zahl der Sänger auf 21. Erster Leiter des Chores wird zunächst der Altist Giovanni Antonio Merlo; Palestrina, dessen Aussichten auf dieses Amt nun vollends hinfällig geworden sind, bleibt Komponist der Kapelle, daneben Leiter der Cappella Giulia.
— Am 10. September wird der Obelisk, den Caligula im Jahre 37 aus Ägypten nach Rom gebracht hatte, auf dem Petersplatz aufgestellt, nunmehr an seiner Spitze versehen mit einem Kreuz, das den Sieg des Christentums über den Islam symbolisieren soll. Zur Weihe des mehr als 25 Meter langen und 500 Tonnen schweren Monolithen, dessen Aufstellung eine großartige Ingenieurleistung Domenico Fontanas und zugleich einen ersten Höhepunkt im Pontifikat Sixtus' V. bezeichnet, erklingt am 27. September unter Leitung Palestrinas seine Vertonung des *O crux ave*, eine Strophe des Hymnus *Vexilla regis prodeunt.*

— Sein nun im Druck vorliegendes zweites Buch vierstimmiger Madrigale widmet Giovanni Pierluigi dem Fürsten von Palestrina, Giulio Cesare Colonna, da es einen Tonsatz enthält, den er fünf Jahre zuvor für ihn anläßlich seiner Hochzeit mit Isabella Bonelli geschrieben hatte.
— Giovanni Pierluigi nimmt Annibale Gagliardi, den er bereits 1584 mit der Geschäftsführung beauftragt hatte, als Teilhaber in das Pelzgeschäft seiner Frau auf.
— Giovanni Gabrieli wird als Nachfolger seines Onkels Andrea Organist an S. Marco in Venedig.
— Giovanni Maria Artusi, *L'arte del contraponto ridotta in tavole.*
— Geburt von Johann Hermann Schein.
— Tod von Andrea Gabrieli.
— Robert Bellarmin, *Disputationes de controversiis christianae fidei adversus huius temporis haereticos* (3 Bände bis 1593).

1587 — Vom 6. Juli datiert der letzte Brief Giovanni Pierluigis an Guglielmo Gonzaga, der nur wenige Wochen später, am 14. August, stirbt. Der Mantuaner Herzog hatte einen Bassisten für seine Kapelle gesucht und ihn gebeten, einen Kandidaten zu empfehlen. Gemeinsam mit Annibale Capello, dem Gesandten Mantuas in Rom, fand Palestrina in Stefano Ugerio einen versierten Sänger, dessen Verpflichtung er nun anrät.
— Papst Sixtus V. schließt mit Philipp II. einen Geheimvertrag über einen Krieg gegen England.
— Andrea und Giovanni Gabrieli, *Concerti ... continenti musica di chiesa, madrigali, & altro, per voci, & stromenti musicali.*
— Philipp de Monte, *Liber I missarum.*
— Giovanni Guidetti (Hrsg.), *Cantus Ecclesiasticus Officii Maioris Hebdomadae.*
— Geburt von Samuel Scheidt.
— Tod von Vincenzo Ruffo.
— Claudio Monteverdi, *Madrigali a cinque voci. Libro primo.*

1588 — Giovanni Pierluigi publiziert eine Version seiner Vertonungen der Lamentationen. Der Druckfassung, die er Papst Sixtus V. widmet, stellt er eine fast depressiv anmutende und geradezu Mitleid heischende Vorrede voran: „Wie drückend es ist, arbeiten zu müssen, um sich und den Seinigen einen standesmäßigen Lebensunterhalt zu verschaffen; und wie sehr dies den Geist vom Studium der Wissenschaften und freien Künste abhält, kann nur derjenige beurtheilen, der Erfahrung darin hat. Ich habe es stets erfahren und erfahre es augenblicklich am härtesten. Aber ich sage der göttlichen Güte Dank dafür, daß ich bald am Ziele meiner irdischen Laufbahn angekommen bin; Dank ferner dafür, daß ich unter den schwierigsten Verhältnissen niemals das Studium der Musik vernachlässigt habe.“[9] Ferner verweist er auf die erheblichen Kosten, die eine Drucklegung verursache. Doch gibt sich Palestrina notleidender, als nachvollzogen werden kann, wenn man seine vielfältigen Einkünfte saldiert. Neben seinen Bezügen aus der Tätigkeit als Leiter der Cappella Giulia und Komponist des päpstlichen Sängerchores hat er Einkünfte aus dem Pelzgeschäft seiner Frau sowie seinen Besitzungen und erhält zudem Gratifikationen aus den Widmungen seiner Kompositionen und diversen Sonderleistungen.

— Nicholas Yonge (Young) läßt bei Thomas East in London einen Band mit Madrigalen drucken, der 40 Madrigale von 18 Komponisten enthält; die fünf in diese *Musica transalpina* aufgenommenen Madrigale Palestrinas, deren englische Textfassung William Byrd besorgt, sind seine ersten Werke, die auf den britischen Inseln verlegt werden.

— Zwei weitere Kastraten, deren Mitwirkung im Gottesdienst Sixtus V. im folgenden Jahr sanktioniert, werden in die päpstliche Kapelle aufgenommen.

— Der französische König Heinrich III. wird von aufgebrachtem Volk aus Paris vertrieben; doch läßt er die Urheber des Tumultes, die Brüder Heinrich und Kardinal Ludwig von Guise, ermorden, um sich der Macht der katholischen Liga zu entziehen.

— Giovanni Bassano, *Il fiore dei Capricci musicali a 4 voci. Per sonar con ogni sorte di strumenti.*

— Lodovico Viadana, *Vespertina omnium solemnitatum psalmodia 5 v.*

— Orlando di Lasso, *Teutsche Psalmen, geistliche Psalmen mit dreyen Stimmen.*

— Marc'Antonio Ingegneri, *Responsoria Hebdomadae Sanctae, Benedictus, et Improperia quatuor vocum et Miserere sex vocum.*

— Vincenzo Galilei, *Primo libro della prattica del contrapunto.*

— Pietro Pontio, *Ragionamento di musica.*

— Orazio Tigrini, *Il compendio della musica nel quale brevemente si tratta dell'arte del contrapunto.*

— Geburt von Marin Mersenne und Thomas Hobbes.

— Tod von Paolo Veronese.

— Vincenzo Scamozzi, Abschluß der Arbeiten an der *Libreria di S. Marco* in Venedig.

— Caesar Baronius, *Annales ecclesiastici* (12 Bände bis 1607).

— Teresa de Jesús, *El libro de sua vida.*

1589 — Einen Band mit zyklisch, nach den Sonn- und Feiertagen des Kirchenjahres geordneten, vierstimmigen Hymnenvertonungen widmet Palestrina Sixtus V.

— Mit Annibale Gagliardi, dessen Status als Teilhaber im Pelzgeschäft seiner Frau bestätigt wird, erwirbt Giovanni Pierluigi einige Grundstücke; aus Vermietung und Verpachtung dieser Immobilien erzielen beide erhebliche Gewinne.

— Im Auftrag Palestrinas werden für die Cappella Giulia zahlreiche Musikalien angeschafft, darunter etliche Werke von Cristóbal de Morales.

— Unter dem Titel *Le gioie* gibt die 1585 gegründete Bruderschaft von Musikern der Stadt Rom einen von Felice Anerio redigierten Sammelband mit Madrigalen heraus, zu dem neben Palestrina und Anerio Giovanni Maria Nanino, Luca Marenzio, Annibale Stabile, Ruggiero Giovanelli, Giovanni de Macque, Arcangelo Crivelli, Paolo Quagliati, Annibale Zoilo, Giovanni Troiano, Giovanni Andrea Dragoni, Paolo Bellasio, Cristofano Malvezzi, Bartolomeo Roi, Bernardino Nanino, Giovanni Battista Lucatelli, Orazio Griffi und Francesco Suriano Kompositionen beisteuern.

Ebenfalls in Gemeinschaftsarbeit von Mitgliedern dieser Bruderschaft entsteht in diesen Jahren eine zwölfstimmige Messe, als deren Vorlage die Autoren — neben Stabile, Dragoni, Suriano, Giovanelli Curzio Mancini und Prospero Santini — Palestrinas Motette *Cantantibus organis* wählen: nicht nur ein weiteres Indiz für den Rang, den man Giovanni Pierluigi zumißt, sondern möglicherweise auch ein Hinweis, daß sich diese Komponisten als Schüler Palestrinas vorstellen wollen, der seinerseits den ersten Teil des Gloria dieser Messe vertont.

— Einige Laudi, dreistimmige Motetten geringen Umfangs, die Palestrina vermutlich für das Oratorium des Filippo Neri komponiert hatte, werden in Sammelbänden publiziert.

— Im Rahmen der Feierlichkeiten anläßlich der Hochzeit von Ferdinando I. de' Medici mit Christine von Lothringen wird die Komödie *La Pellegrina* mit *Intermedien* von Giovanni de' Bardi, Emilio de'Cavalieri, Cristofano Malvezzi, Luca Marenzio, Jacopo Peri und Giulio Caccini aufgeführt. Die Musik erscheint zusammen mit einer Beschreibung des Festes zwei Jahre später im Druck.

— Heinrich III. und Heinrich von Navarra vereinigen ihre Truppen;

nach der Ermordung Heinrichs III. wird Heinrich von Navarra als Heinrich IV. König von Frankreich und provoziert damit eine Intervention Philipps II. wie auch des Papstes.

— Giovanni Maria Artusi, *Seconda parte dell'arte del contraponto; Nella quale si tratta dell'utile et uso delle dissonanze.*

— Giovanni Gabrieli, *Ecclesiasticae cantiones 4—6 vocum.*

— Vincenzo Galilei, *Discorso intorno all'opere messer G. Zarlino.*

— Tod von Ludwig Daser und Jean-Antoine de Baïf.

— Giovanni Botero, *Della ragion di stato.*

— Sebastiano Serlio, *Tutte l'opere d'Architettura et Prospettiva.*

— Johannes Kepler, *Magia naturalis.*

1590 — Giovanni Pierluigi widmet dem bayerischen Herzog Wilhelm V. sein fünftes Messenbuch; die darin enthaltene *Missa Aeterna Christi munera* führt Orlando di Lasso alsbald im Hofgottesdienst auf.

— Claudio Monteverdi wird Sänger und Violaspieler am Hof in Mantua.

— Nachfolger des am 20. August verstorbenen Sixtus V. wird Niccolò Sfonerati, der als Papst den Namen Urban VII. annimmt. Nach seinem Tod nur wenige Monate später folgt ihm Gregor XIV., der sich verstärkt um seine Musiker bemüht, wiewohl seine Amtszeit kaum länger währt. Nicht nur erhöht er die Besoldung der Mitglieder seiner Kapelle, auch ordnet er das Verwaltungsverfahren ihrer Nebeneinkünfte. Zahlungen aus Pfründen oder von dritter Seite werden nicht mehr an die einzelnen Sänger geleistet, sondern von päpstlichen Stellen eingezogen, anschließend unmittelbar weitergeleitet. Die Amtsautorität des Papstes soll die Zahlungspflichtigen zur Einhaltung ihrer Zusagen anhalten, damit zugleich den Sängern eine Regelmäßigkeit ihrer Einkünfte sichern.

— Unter Leitung von Giacomo della Porta vollenden 800 Arbeiter in ununterbrochenem Schichtdienst die Kuppel von St. Peter in Rom nach Plänen Michelangelos; am 21. Mai wird sie geweiht.

— Claudio Monteverdi, *Il secondo libro de madrigali a cinque voci.*

— Lodovico Viadana, *Canzonette a quattro voci.*

— Orazio Vecchi, *Selva di varia ricreatione.*

— Emilio de'Cavalieri, *Il Satiro* und *La Disperazione di Fileno.*

— Giovan Battista Guarini, *Il pastor fido.*

— Giovanni Paolo Lomazzo, *Idea del Tempio della Pittura.*

1591 — Giovanni Pierluigi widmet Papst Gregor XIV. einen Sammelband mit Magnificat-Vertonungen, in dessen Vorwort er ihm vielfältig für seine Bemühungen um eine Verbesserung der finanziellen Situation der Kapelle dankt.

— Giovanni Battista Facchinetti wird zum Papst gewählt und nimmt den Namen Innozenz IX. an.
— Adriano Banchieri, *Conclusioni nel suono dell'Organo.*
— Gioseffo Zarlino, *Sopplimenti musicali.*
— Geburt des Friedrich Spee von Langenfeld.
— Tod von Vincenzo Galilei, Gioseffo Zarlino, Jacobus de Kerle und Johannes vom Kreuz.
— Tintoretto vollendet das *Paradies*-Gemälde im Venezianer Dogenpalast.

1592 — In außergewöhnlicher Weise bekunden 14 italienische Komponisten Palestrina ihre Verehrung: Paolo Basio, Orazio Colombani, Domenico Lauro, Ippolito Baccusi, Nicola Parma, Gian Giacomo Gastoldi, Giovanni Cavaccio, Giovanni Croce, Agostino Corona, Leone Leoni, Girolamo Vespa, Pietro Pontio und Costanzo Porta widmen ihm einen Sammelband mit Psalmvertonungen, den Giovanni Matteo Asola, selbst Autor dreier hier aufgenommener Kompositionen, unter dem Titel *Sacra omnium Solemnitatum Psalmodia Vespertina cum Cantico B. Virginis. A diversis in Arte Musica Praestantissimis viris notulis Musicis exornata. Ad celeberrimum ac Praestantissimum in arte Musica Coryphaeum D. Jo: Petrum Aloysium Praenestinum* herausgibt.
— Als Zeichen seiner Dankbarkeit schreibt Palestrina eine achtstimmige Motette *Vos amici mihi estis*, die ebenfalls in einem Sammelband mit Psalmvertonungen und Motetten verschiedener Komponisten in Rom erscheint.
— Giovanni de' Bardi wird als *Maestro di Camera* an den päpstlichen Hof Clemens' VIII., der Innozenz IX. auf dem Papstthron folgt, berufen.
— Ein in Mailand verlegter Band *Missae Dominicales* enthält Werke, die Giaches de Wert, Francesco Rongo, Giovanni Contino, Gian Giacomo Gastoldi und Alessandro Striggio für die Hofgottesdienste in S. Barbara in Mantua geschrieben haben.
— Claudio Monteverdi, *Il terzo libro de madrigali a cinque voci.*
— Seth Calvisius, *Melopoiia sive melodiae condendae ratio, quam volgo musicam poeticam vocant.*
— Lodovico Zacconi, *Prattica di musica utile et necessaria si al compositore per comporre i canti suoi regolatamente, si anco al cantore per assicurarsi in tutte le cose cantabili* (2 Teile).
— Geburt von Pierre Gassendi.
— Tod von Giovanni Guidetti und Marc' Antonio Ingegneri.

1593 — In schneller Folge veröffentlicht Giovanni Pierluigi etliche Sammelwerke mit liturgischen Kompositionen, die er teilweise schon Jahre zuvor erstellt hatte. Zunächst erscheint im April ein vollständiger Zyklus fünfstimmig gesetzter Offertorien zu allen Sonn- und Feiertagen in zwei Bänden, die er Abbé Antonio de la Baume Saint-Amour, einem französischen Benediktiner aus vermögender Adelsfamilie, zueignet. Zwei Monate später werden etliche seiner Litaneien mit einer Widmung an Papst Clemens VIII. gedruckt. Gegen Ende des Jahres veröffentlicht Palestrina ein sechstes Buch mit Vertonungen des Ordinarium Missae, für das er Kardinal Pietro Aldobrandini, einen Neffen des Papstes und Schüler Filippo Neris, als Widmungsträger wählt. Sein zweites Buch geistlicher Madrigale schließlich adressiert er an Christine von Lothringen, die Frau Ferdinandos I. de' Medici; dieser letzte von ihm selbst zum Druck vorbereitete Band wird zu Beginn des nächsten Jahres erscheinen.

— Alle diese Publikationen dürften allein aufgrund ihrer Widmung Palestrina erhebliche Einnahmen verschafft haben; zudem erhält er am Ende des Jahres lediglich aus seiner Position als päpstlicher Sänger ein monatliches Salär von mehr als 15 Scudi, einen Betrag, der die Honorierung seiner Kollegen um das zwei- bis vierfache übersteigt.

— Giovanni Cesare Veccia, der Organist der Kathedrale in Palestrina, stirbt. Da sein zwölfjähriger Sohn Rodolfo zu jung ist, um seine Nachfolge anzutreten, verpflichtet sich Giovanni Pierluigi, selbst zunehmend gesundheitlich geschwächt und nun, gegen Ende seines Lebens, in eigenwilliger Heimatverbundenheit, den Posten an Sant'Agapito, den er schon annähernd 50 Jahre zuvor innegehabt hatte, zu übernehmen, bis man einen geeigneteren Kandidaten gefunden haben würde.

— Leonardo Parasoli, ein Arbeiter der päpstlichen Offizin, entwickelt ein Verfahren, großformatige Choralbücher zu drucken, für das er — gemeinsam mit Don Fulgentius Valesius — vom Papst ein Druckprivileg erbittet; er will seine Erfindung möglichst vorteilhaft verwerten, zumal das zwischenzeitlich stagnierende Projekt einer Reform des gregorianischen Chorals wieder größere Aktualität zu gewinnen scheint. Auch Palestrina zeigt sich an dem Vorhaben interessiert, verspräche doch eine gegebenenfalls von ihm revidierte Version des Graduale, zu deren Gebrauch der Papst verpflichten könnte, erhebliche Einnahmen, so lediglich diese Druckausgabe verbreitet werden dürfte.

— Giordano Bruno wird in Rom inhaftiert und sieben Jahre später als Ketzer verbrannt.
— Heinrich IV. konvertiert zum Katholizismus, um die Einheit Frankreichs zu wahren; er wird im folgenden Jahr in Chartres zum *Rex Christianissimus* gekrönt.
— Antonio Tempesta erstellt einen großformatigen Vogelschauplan der Stadt Rom.
— Andrea und Giovanni Gabrieli, *Intonationi d'Organo.*
— Girolamo Diruta, *Il transilvano.*
— Cesare Ripa, *Iconologia.*
— Joachim Camerarius d.J., *Symbolum & emblematum ... centuriae quatuor* (bis 1605).
— Wendel Dietterlin, *Architectura.*

1594 — Mitten in intensiven Vorbereitungen zur Drucklegung weiterer seiner Werke begriffen, stirbt Palestrina — wie es heißt, im Beisein Filippo Neris. Einige Tage später wird er im Petersdom beigesetzt, in einer Gruft, in der auch seine beiden verstorbenen Söhne Rodolfo und Angelo sowie weitere Familienangehörige ruhen.
— Am 14. Februar hält man in St. Peter die Totenmesse, an der — wie bei der Bestattung — zahlreiche in Rom wirkende Musiker teilnehmen, unter ihnen Luca Marenzio, Felice Anerio, Francesco Suriano, Pietro Quagliati, Annibale Stabile, Giovanni Andrea Dragoni, Bernardino Nanino und Ruggiero Giovanelli.
— Das Amt Palestrinas als Kapellmeister übernimmt Ruggiero Giovanelli, seine Aufgaben als päpstlicher Komponist Felice Anerio.
— Iginio, der einzige überlebende Sohn Giovanni Pierluigis, übernimmt die Aufgabe, die hinterlassenen Werke seines Vaters zu veröffentlichen. Für die Publikation eines siebten Messenbuches erhält er eine Unterstützung des Papstes in Höhe von 100 Scudi, weitere Manuskripte verkauft er, als Jurist in musikalischen Angelegenheiten offensichtlich ebensowenig beschlagen wie interessiert, an Tiberio Argentis und Andrea de Agnetis, die fünf Jahre später die Drucklegung weiterer Messenbücher veranlassen.
— Auch das Manuskript der von Palestrina zur Redaktion übernommenen gregorianischen Gesänge verkauft Iginio zum vergleichsweise hohen Preis von 2.105 Scudi an Giovanni Battista Raimondi, Pietro Valentino, Leonardo Parasoli und Silvo Valesio, einen Neffen Don Fulgentius', die jedoch nur dann einen Gewinn aus der Publikation erzielen können, wenn die veränderte Melodiefassung eine päpstliche Approbation erhält. Die Ritenkongregation ver-

zichtet jedoch auf eine verpflichtende Erklärung, fordert dagegen zunächst eine genaue Prüfung der musikalischen Qualität der Gesänge. Es entspinnt sich ein langwieriger Rechtsstreit, in dessen Verlauf sich herausstellt, daß große Teile des zum Kauf angebotenen Repertoires nicht von Palestrina selbst stammen, sondern dem zwei Jahre zuvor verstorbenen Annibale Zoilo, und von Iginio in betrügerischer Absicht unterschoben wurden.

— Papst Clemens VIII. zelebriert zum ersten Mal eine Messe am neuen Hochaltar von St. Peter in Rom.
— Orlando di Lasso, *Le lagrime di San Pietro.*
— Ercole Bottrigari, *Il desiderio, overo de'concerti di varij strumenti musicali.*
— Orazio Vecchi, *L'Amfiparnaso comedia harmonica* (gedruckt 1597).
— Geburt von Nicolas Poussin.
— Tod von Orlando di Lasso, Girolamo Mei und Tintoretto.
— Christopher Marlowe, *Edward II.*
— William Shakespeare, *Love's Labour's Lost.*

Anmerkungen

* Mitunter sind insbesondere biographische Daten im 16. Jahrhundert nicht eindeutig zu bestimmen. Um dennoch wenigstens ungefähre Anhaltspunkte in Rahmen dieser Chronik zu bieten, wurde an entsprechenden Stellen ein Asteriskus gesetzt.

1 „Ab ecclesiis vero musicas eas, ubi sive organo sive cantu lascivum aut impurum aliquid misceatur (Ordinarii locorum) arceant, ut domus Dei vere domus orationis esse videatur ac dici possit." Zit. nach Alberto Cametti, *Palestrina*, Mailand 1925, S. 84.

2 Die hier vorgetragene Argumentation folgt Knud Jeppesen, *Wann entstand die Marcellus-Messe?*, in: Studien zur Musikgeschichte. Festschrift für Guido Adler zum 75. Geburtstag, Wien 1930, S. 126ff; hier auch (S. 128) ein Vermerk des Kardinal Truchseß von Waldenburg bezüglich „ain mess, die der Capell Maister zu Sta Maria maggior dise tag gemacht und hie fir gutt geacht wirtt", wahrscheinlich zu beziehen auf Palestrinas *Messe Benedicta es,* die im Chorbuch München Ms. 46 enthalten ist.

3 Palestrina, „egregius musicus in his regionibus celeberrimus"; zit. nach Emilio Ferracci, *Il Palestrina. Documenti di vita. Problemi e Prospettive d'Arte*, Rom 1960 (= *Collane di Studi Palestriniani* Band 1), S. 45.

4 „Queste dovettero essere le armonie del cantico nuovo, che Giovanni l'apostolo udì cantare nella Gierusalemmi trionfante, delle quali un'altro Giovanni ci da un saggio nella Gierusalemmi viatrice." Zit. und deutsche Übersetzung nach Franz Sales Kandler, *Ueber das Leben und die Werke des G. Pierluigi da Palestrina...*, Leipzig 1834, S. 51.

5 Giovanni Pierluigi, [Vorwort zum 2. Messenbuch]: „Gravissimorum, et religiosissimorum

hominum secutus consilium, ad sanctissimum missae sacrificium novo modorum genere decorandum omne meum studium, operam industriamque contuli; hos ingenii mei conatus non quidem primos, sed tamen feliciores, ut spero, tuae majestati potissimum dicandos existimavi." Zit. nach Giuseppe Baini, *Memorie storico-critiche della vita e delle opere di Giovanni Pierlugi da Palestrina*, Bd. I, Rom 1828, S. 280f.

6 „Nos ut ea Breviario et Missali praedictis, sicuti congruum et conueniens est, respondeant, simulque superfluitatibus resecatis ac barbarismis et obscuritatibus sublatis ita aptentur, ut iis nomen Dei reuerenter, distincte devoteque laudari queat." Zit. nach Raphael Molitor, *Die Nach-Tridentinische Choral-Reform zu Rom*, Bd. I, Leipzig 1901, S. 298; deutsche Übersetzung nach Karl Gustav Fellerer, *Palestrina*, Düsseldorf ^{2}1960, S. 172.

7 Brief Palestrinas an Guglielmo Gonzaga vom 31. Juli 1584: „Hauendomi detto Don Annibale che per parte di V.^{a} A.^{a} quanto humanamente lei si sia degnata d'aggradire le penultime mie fatiche ch'io le mandai e stata a me quast'ambasciata uno stimolo pungente di mandare anco quest' ultimo mio parto hor hora uscito in luce giurando io all'A.^{a} V.^{a} che a me pare che l'opre mie non possino comparire in altre mani se prima non sono intese dal prudentissimo giuditio di quel ualore che ognuno sa che ha in questa particolare professione della musica et s'io fossi vicino all'ombra Ser.^{ma} di V.^{a} A.^{a} uorrei anco prima ch'andassero in stampa fossero intese et corretti dall'alto suo intelletto ch'ha sempre giouato a chi è ricorso da lui in questa et in altra professione, con tutte le sue grandissime occupationi di Stato. Degnisi adunque d'udir di nuouo questi miei canti che ancor io cercarò cantar cosa che gli aggrada et mi conserui nella gratia sua, da me più che tutte l'altre desideratissima ch'io le basio humiliss.^{te} le ser.^{me} mani." Zit nach Antonio Bertolotti, *Musici alla Corte dei Gonzaga in Mantova dal secolo XV al XVIII*, Mailand 1890, S. 54.

8 Die Papstworte „il Pierluigi ha dimenticato la messa di Papa Marcello et i mottetti della cantica" sind, wenngleich nur schwach beglaubigt, vielfach überliefert; hier zit nach Baini (*Memorie storico-critiche*, Bd. II, S. 160), der auch die Äußerung des Papstes vom 15. August zur *Missa Assumpta est Maria* wiedergibt: „La messa di questa mattina è stata veramente nuova, e non può essere che del Pierluigi: nella domenica della SS. Trinità in questo stesso luogo ci querelammo della sua musica, oggi ne ha pienamente soddisfatto; e ci lusinghiamo che vorrà egli spesso ravvivare così dolcemente la nostra divozione." (ebd., Bd. II, S. 164)

9 Palestrina, [Vorrede zum 1. Buch der Lamentationen]: „Laborare autem ut tibi ac tuis quod ad conditioni ac dignitati sit satis pares, quam grave sit, quamque animum a scientarium, liberaliumque artium studio abducat, norunt qui experiuntur. Ego certè semper expertus sum nuncque maximè experior. Sed gratias ago Divinae Bonitati, tum quod decurso jam ferè spatio propinqua est meta: tum quod in maximis difficultatibus numquam studium musicae intermisi, quam enim aliam haberem allevationem homo huic facultati a puero deditus, assidueque (utinam tanto cum progressu quanto cum labore et diligentia) in ea versatus?" Zit. nach Baini, *Memorie storico-critiche*, Bd. II, S. 198f.; deutsche Übersetzung nach Wilhelm Bäumker, *Palestrina. Ein Beitrag zur Geschichte der kirchenmusikalischen Reform des 16. Jahrhunderts*, Freiburg i. Br. 1877, S. 48.

I. Retter der Kirchenmusik

Nacht. Palestrina, allein in seinem Zimmer. Nachdenkend über einen Auftrag, der ihm kaum lösbar erscheint: Carlo Borromeo, ein Kardinal im Auftrag der in Trient versammelten Konzilsväter, hat ihn aufgesucht, gebeten, eine Messe zu schreiben. Polyphon, filigran und klangvoll soll sie sein, zugleich so, daß man den Text, die Worte geheiligter Liturgie, wohl verstehen könne. Das nämlich schien — weder zum ersten noch zum letzten Mal in der Geschichte des Komponierens für die Liturgie — das Problem: Musik im Gottesdienst tendierte dazu, ihre genuine Funktion zu verlieren. Die Artifizialität eines Werkes war weniger Zweck, der größeren Ehre Gottes und der Verkündigung seines Wortes zu dienen, als mehr und mehr ein Mittel zur Selbstdarstellung des Künstlers geworden, des Sängers gleichermaßen wie des Komponisten. Schon waren manche geneigt, kunstvolle Musik gänzlich aus der Liturgie zu verbannen — es sei denn, so das letzte Zugeständnis rigider Reformisten, es gelänge, eine Komposition vorzulegen, konkret: eine Vertonung des Ordinarium Missae, des Meßtextes, die eine Eignung polyphoner Musik für die Eucharistiefeier demonstriere. Erhaben und zurückhaltend, schlicht und differenziert zugleich erhoffte man sich dieses Werk, nicht zu übersteigert in seiner kontrapunktischen Faktur, sondern eher in jener Manier einer intimen Verbindung von Wort und Musik, in der neben dem Sinn auch die Verständlichkeit des Textes gewahrt bleibe: Eine Bündelung von Problemen, die Palestrinas Ratlosigkeit nachvollziehbar werden läßt.

Resignierend beinahe, so die weitere Beschreibung der Situation, schläft er ein. Ihm verknüpfen sich verschiedene Visionen: Die Gestalten neun verstorbener Komponisten werden erkennbar; sie mahnen, ihr Erbe nicht preiszugeben, zugleich ermuntern sie ihn, sich durch die Komposition der gewünschten Messe dauerhaften Ruhm zu erwerben. Palestrina beginnt die Niederschrift, nur halb seiner bewußt. Ihm ist, als soufflierten Engel die Gesänge, die er lediglich auf dem Papier fixieren muß. In Trance-ähnlichem Zustand vollendet er das Werk, dessen Aufführung schließlich Papst und Kardinäle von der Möglichkeit hochartifizieller Kirchenmusik überzeugt.

So erzählt, bildet die Geschichte von Giovanni Pierluigis Komposition der *Missa Papae Marcelli* das Zentrum der Handlung von Hans Pfitzners Oper *Palestrina*, umrahmt von zahlreichen Begebenheiten, die eine schlüssige Dramaturgie erfordert; wiewohl die meisten nur fiktional sind, wurden sie doch unter geschickter Ausnutzung historischer Detailinformationen kompiliert.[1]

Auch der Kern der Erzählung, daß Palestrina im Auftrag des Tridentinums eine polyphone Messe schrieb, die der Kirchenmusik wieder Perspektiven eröffnet habe, benutzt, jenseits aller opernhaften Ausschmückung und spätromantischen Klischees von inspirierendem Traum und heroischem Künstlertum, eine Überlieferung, die, wie es scheint, nur wenige Jahre nach dem Tod des Komponisten entstand, ja offensichtlich von Palestrina selbst forciert wurde.

Der Jesuit Lodovico Cresollio jedenfalls beruft sich 1629 auf Palestrina, der einem seiner Mitbrüder von einem Vorfall aus der Zeit des Pontifikats Pius IV. berichtet habe. Demnach sei der Papst der zahlreichen Verzierungen und virtuosen Künsteleien seiner Sänger überdrüssig geworden und habe deshalb erwogen, die Frage eines Verbots jeglicher mehrstimmiger Kirchenmusik während des Konzils von Trient zu thematisieren. Palestrina seinerseits aber habe, als ihm dieser Plan zu Ohren gekommen sei, rasch einige Messen verfertigt, bei deren Komposition er besonderes Augenmerk auf eine richtige Deklamation des Textes legte. Damit sei eine Eliminierung der Musik aus dem Gottesdienst verhindert worden.[2]

Ähnliches berichten schon zu Anfang des 17. Jahrhunderts Agostino Agazzari und Adriano Banchieri.[3] Auch sie erwähnen die Gefährdung der Kirchenmusik zur Zeit des Tridentinischen Konzils, die durch Palestrinas historische Leistung der Komposition der *Missa Papae Marcelli* entschärft werden konnte. Doch betonen beide weniger die geschichtliche Dimension des Ereignisses als die nachgerade klassische Modellfunktion des Werks. Während Banchieri die besondere Eignung der Komposition für die Liturgie in ihrer Klangschönheit, die ein Resultat reduzierter kontrapunktischer Dichte sei, begründet sieht, verweist Agazzari auf die sorgfältige Textdeklamation. Gerade insofern, als Palestrina sich erfolgreich bemüht habe, auch einen komplex strukturierten Satz so einzurichten, daß die Verständlichkeit des gesungenen Wortes gewahrt bleibt, sei die *Missa Papae Marcelli* bereits ein modernes Werk: Es entspricht der Idee einer Nähe der Musik zur Sprache, die gegen Ende des 16. Jahrhunderts zunehmend virulent wurde.

Der mit großer Selbstverständlichkeit vorgetragene Anspruch einer Vorbildhaftigkeit der *Missa Papae Marcelli* ist bei Agazzari ebenso wie Banchieri satztechnisch nur schwach begründet. Bemerkungen zum kompositorischen Detail fehlen. Skizziert wird eine Geschichte, deren Wahrheitsgehalt lediglich die Autorität ihres Protagonisten verbürgt. Der prätendierte exemplarische Rang dieser Messe wird analytisch nicht belegt. Auch Pedro Cerone, der 1613 in seinem geradezu enzyklopädischen Lehrbuch *El Melopeo* zur Erläuterung verschiedener kompositorischer Probleme immer wieder auf

Palestrinas Messen verwies, gelangt über letztlich eher allgemeine Bemerkungen nicht hinaus. Selten zitiert er mehr als einzelne Passagen, die er als Muster zu Studium und Nachahmung empfiehlt.[4]

Schon früh, so zeigt sich, sind damit die Konturen eines Palestrina-Bildes definiert, das weitgehend unreflektiert jahrhundertelang überliefert wurde. Sein Name firmierte als Inbegriff eines Stilideals, dessen später leicht in Lehrsätze gefaßte satztechnische Prinzipien als notwendige Basis jedweden seriösen Komponierens angesehen wurden, das man jedoch zugleich in seiner Strenge und vermeintlichen Objektivität schon bald als altertümelnd empfand und für die Kirchenmusik reservierte. Noch vor der Mitte des 17. Jahrhunderts nannte der Warschauer Hofkapellmeister Marco Scacchi in seinen musiktheoretischen Schriften Palestrina, dessen Schüler Giovanni Francesco Anerio, bei dem wiederum er seinerseits noch Unterricht genommen hatte, sowie Costanzo Festa und Jan Pieterszoon Sweelinck „Klassiker" des Tonsatzes.[5] Heinrich Schütz tat es ihm gleich, wenn er 1648 im Vorwort seiner „Geistlichen Chormusik" das Studium des in engen Regeln gefaßten kontrapunktischen Satzes voraussetzt, auf dem alles Komponieren, auch das moderne, basiere.[6] Seinen Schüler Christoph Bernhard schließlich, in dessen *Tractatus compositionis augmentatus* Ausschnitte aus Offertorien Palestrinas als Beispiele dienen, beauftragte er, eine Motette im „praenestinischen Kontrapunkt" zu schreiben, die bei seinem Tod aufgeführt werden sollte.[7] Der mit dem Namen des römischen Kapellmeisters verbundenen, nach Worten Schütz' „gleichsam canonisirten" Satztechnik[8] wurde in einem differenzierten System verschiedener Kompositionsstile, das neben Scacchi und Bernhard auch Athanasius Kircher um die Mitte des 17. Jahrhunderts formulierte, der Bereich der Kirchenmusik zugewiesen, wo der Stylus gravis oder ecclesiasticus schon bald die Bedeutung eines Stile antico hinzugewann.[9] Neben einer typischen Verwendung kontrapunktischer Satztechnik bei konventionellen kompositorischen Sujets, insbesondere Vertonungen des Messentextes oder — wie nicht zuletzt das Schütz'sche Beispiel zeigt — bei Trauermusiken, bot diese Konnotation des Archaischen neue Möglichkeiten zur musikalischen Deutung eines Textes: Johann Sebastian Bach etwa disponiert diese traditionell strenge Faktur nicht selten, wenn alte, unverbrüchliche Glaubensinhalte formuliert werden, mitunter jedoch auch schon dort, wo — etwa im „Sicut locutus est" seines *Magnificat* — geschichtliche Ereignisse, hier des Alten Testaments, erinnert werden.

Zudem konnte der von Werken Palestrinas abstrahierte Stil um so leichter als Fundament gediegenen Komponierens proklamiert werden, als er mit wenigen, rasch umrissenen Regeln zu lehren und überprüfen war, die in den musiktheoretischen Schriften und Unterrichtswerken des 17. Jahrhunderts immer prägnanter gefaßt wurden. Daß dabei kontrapunktisches Komponieren mehr und mehr zur bloßen Stilübung verkam, war die Kehrseite der forcierten didaktischen Qualität dieses Stils, die in Johann Joseph Fux' vielfach übersetztem und in zahlreichen Neuauflagen verbreitetem Buch *Gradus ad Parnassum* am markantesten ausgeprägt erscheint. Fux ließ keinen Zweifel, am Werk welches Komponisten seine nur geringes kombinatorisches Vermögen erfordernden, primär propädeutisch gemeinten Übungen in kontrapunktischen Gattungen orientiert waren[10]: Indem in seinem Lehrbuch der Schüler Josephus heißt, also seinen eigenen Vornamen trägt, der Meister aber Petrus Aloysius genannt wird, verweist Fux auf eine Palestrina-Sukzession, die, vermittelt über Anerio, Scacchi und seinen eigenen Lehrer Angelo Berardi, historisch zu rekonstruieren ist.

Die nicht nur in Fux' Schrift anzutreffende Reduktion, den kontrapunktischen Satz klassischer Vokalpolyphonie unmittelbar und ausschließlich mit dem Namen Palestrinas in Verbindung zu bringen, fand ihr Analogon im Versuch Giuseppe Bainis, den römischen Kapellmeister in einer breit angelegten historischen Untersuchung auch zur überragenden Künstlerpersönlichkeit seiner Zeit zu stilisieren. 1828 legte er eine monumentale, mehr als 800 großformatige Seiten umfassende Studie zu Leben und Werk Giovanni Pierluigis vor, eine der frühesten der meist mehrbändigen biographischen Werke, die im 19. Jahrhundert nicht nur über Komponisten entstanden, zugleich eine der ersten, die auf sorgfältigen archivalischen Studien basierten. Die Intention Bainis aber, der als Kapellmeister der Sixtina einen — von den deutschen Kollegen vielfach beneideten[11] — kaum eingeschränkten Zugang zu Manuskripten, Akten und Dokumenten des Vatikans hatte, war nicht zuletzt, mit dem Nachweis einer exponierten Stellung, dic Palestrina nicht nur in seiner Zeit innehatte, eine Vorrangstellung italienischer Tonkunst, wie sie für die Oper kaum zu bestreiten war, nun auch im Bereich der katholischen Kirchenmusik zu postulieren.

Zu dem Konzept Bainis, von dessen Monographie 1834 Franz Sales Kandler eine verkürzte deutsche Fassung vorlegte (versehen mit einer kritischen Einleitung Raphael Georg Kiesewetters), formulierte fast gleichzeitig Carl von Winterfeld einen Gegenentwurf, indem er der von Palestrina begründeten römischen Schule eine „venedische" kontrastierte, an deren Anfang Giovanni Gabrieli stand.[12] Die historische Rivalität beider Städte klingt bei Winterfeld auch in der Musik nach, wobei er die konservativen, zu Kodifizierung und Restriktion neigenden Momenten der römischen Kirchenmusik palestrinensischer Prägung betonte, andererseits das Entwicklungsfähige und Zukunftweisende der Kompositionen Giovanni Gabrielis und seiner Schüler propagierte. In keinem geringeren als Heinrich Schütz, der zwischen 1609 und 1612 Schüler des Organisten am Venezianer Markusdom war und 1628/29 noch ein weiteres Mal Oberitalien bereiste, um die neue Musik zu erkunden, finde diese Tendenz des Komponierens einen ersten Höhepunkt, mit ihm und seinem Werk werde zugleich eine Zeit der europäischen Geltung deutscher Musik eingeleitet. Ziel dieser von unverhülltem patriotischen Impetus getragenen Konstruktion Winterfelds war es, dem römischen einen „preußischen Palestrina" an die Seite zu stellen. Doch als Schütz, Winterfelds Wunschkandidat, wegen der Vielzahl instrumentalbegleiteter Kompositionen als deutsches und protestantisches Pendant des römischen Kapellmeisters ausschied, kürte er mit Johannes Eccard einen thüringischen Komponisten aus der Zeit der Wende des 16. zum 17. Jahrhundert zur Leitfigur evangelischer Vokalpolyphonie, in dessen Werk auch der Choral Lutherscher Provenienz eine weniger periphere Bedeutung hatte.

Mag man zwar durchaus geteilter Meinung sein über die kompositorischen Qualitäten mancher jener Musiker aus dem 16. und 17. Jahrhundert, die Winterfeld erwähnte und deren Werke intensivierter Pflege er empfahl, so wurde doch die singuläre und isolierte Position Palestrinas, die Baini in einer Tradition nicht nur katholischer Kirchenmusik zu festigen suchte, weitestgehend hinfällig. Den Blick auf die Vielfalt der musikalischen Produktion der Geschichte zu weiten war eines der erklärten Ziele von Winterfelds zahlreichen Schriften und begründete auch seine Kritik an Bainis Ausführungen: „Uns genügt es, den Meister von dem öden Gipfel, auf dem wir ihn fanden, in einen Garten der Kunst, seiner würdig, versetzt zu haben."[13]

Winterfeld war es auch, der — neben anderen — auf verschiedene historische Unstimmigkeiten aufmerksam machte. Wie Baini verwies er auf die Schwierigkeit, Palestrinas *Missa Papae Marcelli* in einen Zusammenhang mit den Beratungen des Tridentinischen Konzils zu Liturgie und Kirchenmusik zu bringen. Erst während der letzten Sitzungen der dritten Tagungsperiode 1562/63 waren gemeinsam mit Überlegungen zu einer Neuordnung und -bewertung liturgischer Formen und Riten Fragen einer Reform gottesdienstlicher Musik diskutiert worden; das Pontifikat jenes Papstes aber, dessen Namen die neue Messe trug, datierte ins Jahr 1555 und währte überdies nur wenige Wochen. Immerhin gelang der Nachweis, Papst Marcellus II. habe schon wenige Tage nach seiner Wahl die Sänger seiner Kapelle zu einem angemesseneren Vortrag der liturgischen Gesänge angehalten. Doch erschien es wenig glaubhaft, daß der Papst während seiner nur kurzen Amtszeit, die überdies die mit pastoralen Aufgaben und liturgischen Diensten reich angefüllten Kar- und Osterfeiertag umfaßte, sich eingehend einer künstlerischen oder administrativen Neustrukturierung der Musik an St. Peter hätte widmen können. Sollte jedoch tatsächlich Marcellus II. bereits 1555 — der

Überlieferung nach am Karfreitag — auf eine Reform der Kirchenmusik gedrängt haben, die dank einer von Palestrina blitzschnell komponierten, schon am Ostersonntag[14] aufgeführten und dem päpstlichen Auftraggeber gewidmeten Messe erfolgreich sein konnte, so bleibt schwer zu beantworten, warum man sich sieben Jahre später während des Tridentiner Konzils erneut und mit großer Intensität dieser Problematik annahm. So aber die *Missa Papae Marcelli* erst im Zusammenhang der Konzilssitzungen 1562/63 geschrieben wurde, ergibt sich umgekehrt die Frage, warum die Komposition den Namen eines Papstes trug, der während seines nur kurzen Pontifikats sich zwar nachweislich zur gottesdienstlichen Musik geäußert, schriftlich jedoch keine Anweisungen hinterlassen hatte. In einer solchen Gegenüberstellung der historisch rekonstruierbaren Sachverhalte mußte die einfache Gleichung, mit einigen Äußerungen Papst Marcellus' II. und einer nach ihm benannten Messe Palestrinas das geschichtliche Ereignis einer Reform der Kirchenmusik zu verbinden, hinfällig werden. Mehr noch: Die offensichtlich lange Zeit unreflektiert überlieferte Erzählung würde zur Fiktion, ja zum Mythos, der den Ruhm eines Komponisten begründete und dessen Personalstil kanonisierte. Nun aber, im Blick auf Kontexte und Entstehungsbedingungen, konnte auch deutlich werden, mit welcher Intention sie lanciert wurde.

Der Schluß jedoch, die Notiz von einer Rettung der Kirchenmusik durch Palestrinas *Missa Papae Marcelli* sei nichts als eine Legende, die geschickt mit Bezug auf einige historische Ereignisse konstruiert sei, basiert lediglich auf der These eines unmittelbaren, auch zeitlichen Zusammenhanges zwischen der Entstehung der Komposition und dem Pontifikat Marcellus' II. Die als notwendig erachtete Konjunktion ist indes weder dokumentarisch zu belegen noch, was die Messe Palestrinas betrifft, philologisch oder stilkritisch zu fundieren. Unerörtert blieb dagegen lange Zeit die Möglichkeit, daß Marcellus II. sich bereits vor seiner Papstwahl zur Problematik kirchenmusikalischer Reformen äußerte und schon in den ersten Tagen seiner Amtszeit Entscheidungen vorbereitete, die umzusetzen ihm nicht mehr gelang. Jahre später würde man sich seiner Ansätze und Bemühungen erinnern und in Anerkennung seiner frühen Verdienste um die angestrebten liturgischen und musikalischen Neuerungen eine explizit als Reformkomposition ausgewiesene Vertonung des Meßtextes mit seinem Namen versehen.[15]

Diese Argumentation wird bestätigt durch verschiedentliche Nachrichten aus dem Umkreis Marcello Cervinis, denen zufolge er sich mindestens seit dem Ende der 1540er Jahre mit den Fragen von Liturgie und gottesdienstlicher Musik befaßt habe; seine Anschauungen indes sind nicht spezifiziert überliefert.[16] Demnach ist es vermutlich kein Zufall, daß Marcellus II. nur wenige Tage nach seiner Wahl bereits erste Anweisungen zur musikalischen

Gestaltung der österlichen Festgottesdienste gab. Der Umfang der Anweisungen des Papstes allerdings ist ebenso unklar wie ihre inhaltliche Bestimmtheit, und auch über Palestrinas Einfluß oder Reaktionen auf die Äußerungen Marcellus' II. lassen sich nur Mutmaßungen anstellen. Dokumente, Briefe oder Notizen von der Hand des päpstlichen Kapellmeisters fehlen aus dieser Zeit; doch wird man eine künstlerischem Schaffen günstige Atmosphäre während des Pontifikats eines Mannes annehmen dürfen, der bereits seit Jahren an der Spitze der Vatikanischen Bibliothek stand und sich als vielseitig gebildeter Humanist für die Publikation griechischer Schriften der päpstlichen Sammlungen engagierte. Auch die Veröffentlichungen der ersten Kompositionen Palestrinas, die in die Jahre 1554/55 datieren, sind primär Resultate nachhaltigen Protegés des Komponisten von Seiten des Papstes, lassen zugleich jedoch auf ein kunstfreundliches Klima jener Zeit schließen, das mit dem Tod Marcellus' II. endete: Nicht mit einer erlahmenden oder aussetzenden kompositorischen Produktivität Palestrinas wird man begründen können, daß erst ein knappes Jahrzehnt später ein weiterer Band mit Werken Palestrinas publiziert wurde.

Paul IV. hingegen, der Marcellus II. schon im Frühsommer 1555 auf dem Papstthron nachfolgte, versuchte nicht nur auf die Ordnung der Musik am Petersdom mit äußerster Strenge und präzisen Vorschrifen einzuwirken. Peinlich auf die Einhaltung überkommener Vorschriften bedacht, entließ er schon wenige Wochen nach seiner Wahl Palestrina neben zwei weiteren Sängern, die wider das Gesetz, daß päpstliche Sänger ehelos zu leben hätten, in seiner Kapelle mitwirkten. Nicht nur in diesem Bereich drängte er — durchaus mit der Intention einer Erneuerung der Kirche — auf Umsetzung und Einhaltung selbst von zwischenzeitlich halbvergessenen Vorgaben; zudem forcierte er die Inquisition und ersann, um die Autorität, die sich wieder mit Amt und Person des Papstes verbinden sollte, nachdrücklich zu demonstrieren, neuerliche Restriktionen, die keineswegs nur die jüdische Bevölkerung Roms so regalierten, daß man — vielfältigen zeitgenössischen Berichten zufolge — in allgemeinen Jubel ausbrach, als die Nachricht von seinem Tod bekannt gegeben wurde.[17]

Bezeichnend genug für ein Pontifikat, das von Vorbehalten und Repression gegenüber allen innovativen Tendenzen gekennzeichnet war, dürfte es sein, daß das Konklave nach dem Tod Pauls IV. 1559 seinen Nachfolger verpflichtete, die seit Beginn des Jahrzehntes ruhenden Konzilsberatungen und damit die Überlegungen zu einer Reform der Kirche wieder aufzunehmen. Pius IV. aber fand in Kardinal Giovanni Morone einen geschickten Diplomaten, dem es gelang, die komplizierte Gemengelage verschiedenster, keineswegs nur konfessionell divergierender Interessen der Konzilsteilnehmer zu einem befriedigenden Ausgleich zu führen.

Rücksichtlich der Frage liturgischer Kirchenmusik hatte sich die Situation während der letzten Sitzungsperiode des Konzils im Herbst 1562 zugespitzt, da die Forderung nach größtmöglicher Verständlichkeit des gesungenen Wortes mit polyphon strukturierter Musik unvereinbar schien. Zudem erregte die bei virtuosen Sängern weit verbreitete Praxis improvisatorischer Auszierung ihrer Partien den Unmut derer, die Ernst und Würde heiliger Feier gewahrt wissen wollten. Doch nicht nur die Sorge, daß die Liturgie zur bloßen Funktion von Kunst werden könne, sondern vielleicht mehr noch der Charakter einer Musik, deren Grundlage weltliche Gesänge und deren Cantus firmi, nicht selten populären Liedern entstammend, mitunter eher zweifelhafte Assoziationen erweckten, waren Gründe genug, einen generellen Verzicht auf mehrstimmige Kompositionen im Gottesdienst zu erwägen und lediglich den gregorianischen Choral zuzulassen.[18]

Die Gegenposition, daß auch und gerade kunstvoll gefertigte Musik geeignet sei, eine Stimmung von Andacht und eine Aura des Sakralen hervorzurufen, vertraten insbesondere Ferdinand I. und Philipp II., weltliche Fürsten also, die an ihren Höfen teilweise hochbezahlte Musiker verpflichtet hatten, um nicht zuletzt bei festlichen Anlässen mit deren Kunstfertigkeit zu prunken.[19] Sollten nun im Gottesdienst alle diejenigen Gesänge, bei denen Sänger und Komponisten ihr technisches und künstlerisches Vermögen zur Schau stellen konnten, nicht mehr Platz haben dürfen, so würden weite Bereiche entfallen, bei denen das intellektuelle Niveau eines Hofes zu demonstrieren war. Zweifellos unterstützten die Musiker diese Position um so nachdrücklicher, als andernfalls zahlreiche Arbeits- und Verdienstmöglichkeiten verloren zu gehen drohten.

Wenig überraschend ist es daher, daß angesichts der Perspektive, große Teile ihres Wirkens zur Disposition gestellt zu sehen, mancher Komponist die Notwendigkeit erkannte, Vertonungen liturgischer Texte vorzulegen, mit denen der Gegenpartei gezeigt werden konnte, wie ernst man ihre Kritik nahm und wie man sich nunmehr eine allen Wünschen und Erfordernissen entsprechende Kirchenmusik vorstellte. Dabei war es jedoch nicht Palestrina allein, der offensichtlich in großer Eile und, wie Knud Jeppesen feststellte, unter Rückgriff mindestens einer kleinen Passage aus einer bereits vorher gefertigten Komposition im Winter 1562/63 jene sechsstimmige Messe schrieb, die später als *Missa Papae Marcelli* veröffentlicht wurde.[20] Nachhaltigeren Eindruck bei den Konzilsvätern aber als diese Messe Palestrinas hinterließ ein Werk von Jacobus de Kerle, das er im Auftrag des Bischofs von Augsburg, des Kardinal Otto Truchseß von Waldenburg schrieb. Seine *Preces speciales*, inhaltlich mit Segensbitten und -wünschen für einen glücklichen Fortgang und Abschluß der Beratungen, für die erneute Einigung der

Christenheit und ein Ende der Religionskämpfe unmittelbar an die Teilnehmer des Konzils adressiert, wurden als „ebenso erbaulich wie zeitgemäß"[21] empfunden und mit großem Beifall wiederholt in Trient aufgeführt. Die sorgfältige Textbehandlung ihres klar konturierten polyphonen Satzes und die akkordisch verdichtete, eindringliche Deklamation zentraler Aussagen fand als beispielgebend allgemeine Anerkennung und schuf somit eine Voraussetzung, daß man von einem grundsätzlichen Verdikt mehrstimmiger Musik auch in der letzten Sitzung des Konzils 1563 absah. Nur die Formulierung vergleichsweise unverbindlicher Empfehlungen gelang, genauere Anweisungen wurden in Aussicht gestellt, doch auch lokale Traditionen des gottesdienstlichen Musizierens weitestgehend konzediert.

Um für eine den Vorstellungen des Konzils entsprechende Kirchenmusik verbindliche Vorgaben zu entwickeln, setzte Pius IV. im Sommer 1564 eine Kommission unter Leitung von Vitellozzo Vitelli und Carlo Borromeo ein, die Vertonungen des Ordinarium Missae bei verschiedenen Komponisten, unter ihnen Nicola Vicentino, Vincenzo Ruffo und Giovanni Pierluigi, in Auftrag gab. Palestrina legte kaum ein halbes Jahr später drei Messen vor, in deren unterschiedlichen Kompositionstechniken er Traditionen polyphonen Komponierens aufnahm. Basiert die *Missa Benedicta es* auf einer gleichnamigen Motette, so benutzte er für das Thema der *Missa Ut re mi fa sol* ein einfaches Skalenmotiv, das vielfach auch bei seinen Kollegen Verwendung gefunden hatte.[22] Mit dem größten Beifall aber wurde — zeitgenössischer Überlieferung zufolge — jene Vertonung aufgenommen, deren musikalisches Material anscheinend frei erfunden ist, wenngleich der Hauptgedanke an ein überaus populäres Lied jener Zeit erinnert: Es ist nicht ausgeschlossen, daß Palestrina das Thema seiner *Missa Papae Marcelli* bewußt der Melodie des populären Liedes „L'homme armé" nachempfand, um nachdrücklich zu belegen, daß es prinzipiell sehr wohl möglich sei, weltliche Musik zur Grundlage von geistlicher zu nehmen.[23]

Nun auch, nach der allgemeinen Goutierung des Werks durch eine päpstliche Kommission, schien es sinnvoll, ja vielleicht erst möglich, eine Meßvertonung zu publizieren, die Vorstellungen und Erwartungen bezüglich einer liturgiegerechten Kirchenmusik entsprach; umgekehrt legt das Datum der Veröffentlichung der *Missa Papae Marcelli* 1567 kaum eine Entstehung schon zur Zeit des Pontifikats ihres Namensträgers nahe: Warum hätte ein Werk, das bereits 1555 im Kontext zu Überlegungen einer Erneuerung der Kirchenmusik geschrieben wurde, ein Dutzend Jahre lang unveröffentlicht geblieben sein sollen, wiewohl es doch in ausgezeichneter Weise, zudem unter geradezu spektakulären Bedingungen entstanden, schon seinerzeit Reformwünschen genügte?

Nur im Namen des Werkes aber, das zwei Jahre später Schluß- und Höhepunkt seines zweiten Messenbuches bezeichnen würde, erinnerte Palestrina an jenen Papst, der offensichtlich die Problematik von kunstvoller und zugleich liturgiefähiger Musik bereits erkannte hatte, nicht jedoch zum Rigorismus eines vollständigen Verbots aller polyphonen Kompositionen im Gottesdienst tendierte, sondern vermutlich eine differenziertere Position entwickeln wollte. Verweist Palestrina mit dem Titel demnach auf eine Tradition von Reformüberlegungen der Kirchenmusik, die sich — ungeachtet einer längeren Vorgeschichte und zahlreichen Parallelen auch zu anderen Zeiten — um die Mitte des 16. Jahrhunderts in Rom mit dem Namen Marcellus' II. verband[24], so zielt die Widmung des zweiten Bandes seiner vier- bis sechsstimmigen Meßkompositionen an den spanischen König Philipp II. auch auf dessen beharrliches Intervenieren zugunsten der polyphonen Musik während der letzten Periode des Tridentinums.

So determiniert, konnte die *Missa Papae Marcelli* zum Signum kirchenmusikalischer Reformen werden: Als von Rom gemäß den zunächst eher allgemein gefaßten, doch nur wenig später spezifizierten Vorgaben des Konzils von Trient approbierte Meßkomposition, als Werk, das im Titel päpstliche Sanktionierung und Authentizität signalisierte und zudem in einem Sammelband publiziert worden war, dessen Widmung dem Selbstverständnis Philipps II. als zentraler politischer Gestalt des römischen Katholizismus entgegenkam.

Nicht zuletzt aber war diese Messe das Werk eines in Rom wirkenden, ja mehr noch: eines aus dem Umland der Stadt gebürtigen Komponisten. Gerade diesen Vorteil, an römischen katholischen Institutionen arbeiten zu können, die in zentralistisch-autoritärer Manier Weisungsbefugnisse an sich zu binden suchten, scheint Palestrina gezielt genutzt zu haben. Seine geistlichen Werke wurden auffällig oft zunächst in Rom — und nicht Venedig, der damaligen Hauptstadt des italienischen Notenhandels — verlegt und gedruckt, nicht nur sein erstes Messenbuch zeigt auf dem Titel den Künstler als Diener, dem Papst sein Opus überreichend: Die Musik des Komponisten der päpstlichen Kapelle sollte gleichsam offizielle Kirchenmusik sein, die Werke Palestrinas würden so eine Verbindlichkeit gewinnen können, die vatikanischen Publikationen zukam. In vergleichbarer Weise, wie das Missale Romanum von 1570 neben zahlreichen weiteren Büchern für die Riten der Kirche eine Neuordnung der Liturgie nach den Vorgaben des Tridentinischen Konzils faßte, scheint Palestrina mit der Druckausgabe seiner Werke suggerieren zu wollen, daß mit ihnen, exemplarisch zwar nur und doch vermutlich mit demselben direktiven Anspruch, von höchster Stelle autorisierte Kirchenmusik gemäß den Reformideen vorgelegt werde.

Diese Intention, musterhafte Vertonungen der liturgischen Texte vorzulegen, kann auch die Vielzahl und geradezu enzyklopädische Anlage der Werke erklären, die Palestrina in den Jahrzehnten nach dem Abschluß des Tridentinum schrieb. Fast alle Gesänge, deren man in der Messe oder bei anderen Gottesdiensten bedurfte, setzte er mehrstimmig aus und fertigte neben über 100 Messen vollständige Zyklen aller an Sonn- und Festtagen des Kirchenjahres gebräuchlichen Offertorien und Hymnen, dazu in einem kaum zu übersehenden Maße Motetten, die ebenfalls in der Meßfeier Verwendung finden konnten[25], ferner mehrfache Vertonungen des Magnificat, von Lamentationen und Litaneien, auch schlichte Modelle akkordischer Rezitation von Psalmen. Nahezu das gesamte Repertoire des katholischen Kirchengesangs findet sich im Œuvre Palestrinas in jenem polyphonen Stil gesetzt, der unmittelbar den römischen Kapellmeister als Autor ausweist, wiewohl seine spezifischen Differenzen zur Kompositionstechnik der Zeitgenossen fast nur negativ zu bestimmen sind: Klangschönheit und sichere Beherrschung der imitatorischen Faktur kennzeichnen nicht allein die Werke Palestrinas; vielmehr ist es eher ein Verzicht auf jegliche nur vordergründig auffälligen, signifikanten Eigentümlichkeiten der Satztechnik, auf Künsteleien und Extravaganzen, auf ausgefallene harmonische Wendungen oder pointierte Rhythmen, auf fast alle subjektiven Momente also, die jenseits des Werks die Persönlichkeit des Komponisten erkennen lassen könnten. Paradox formuliert, begründet geradezu der Verzicht auf Individualität — wie sie bei den Komponisten des 16. Jahrhunderts vielleicht am markantesten im Werk Orlando di Lassos aufscheint — Palestrinas Personalstil. Umgekehrt begründet das oft kunstgewerblich anmutende Kompositionsverfahren Schnelligkeit und Umfang seiner Produktion[26], erlaubt zudem die Kristallisierung satztechnischer Regeln, die unschwer die Entwicklung eines didaktischen Konzepts zuließen und als deren „klassischer“ Exponent Palestrina schon zu Lebzeiten galt.

Exemplarisch deutlich wird die dominante Position, die Palestrina gegen Ende seines Lebens einnahm, in der Vorrede, die Giovanni Matteo Asola, einer der wenigen Musiker, die als Schüler des römischen Kapellmeisters firmieren können, einem Sammelband mit Psalmvertonungen verschiedener italienischer Komponisten voranstellte. Schon die Tatsache, daß sich mehr als ein Dutzend Musiker von Rang zusammenschlossen, um einen Kollegen noch zu dessen Lebzeiten mit ihm gewidmeten Werken zu ehren, ist äußerst ungewöhnlich und bezeichnet neben der Ausnahmestellung die allgemeine Anerkennung, die man Palestrina zuteil werden ließ. Selbst in den entferntesten Winkeln der Erde fände sich kein Musiker, der dieser Einschätzung nicht zustimme, schreibt Asola in seiner Grußadresse. Und überschwenglich vergleicht er Palestrina mit dem Ozean, zu dem alle Flüsse ihrer Natur nach hinliefen und in einem Zustand von Vollkommenheit zur Ruhe kämen. Mehr als eine Floskel aber ist es schließlich, wenn er den verehrten Kollegen als Vater aller Musiker apostrophiert[27]; kaum besser wäre die Funktion, die man Palestrina als einem der ersten wieder genuin italienischen Komponisten zuwies, zu fokussieren. Nach Jahrzehnten der Dominanz von Kapellmeistern und Tonsetzern aus den Niederlanden auch in Rom bezeichnete Palestrinas Auftreten eine neue Eigenständigkeit nicht nur der Kirchenmusik Italiens, die schon Julius II. 1513 durch die Gründung einer einheimischen Musikern vorbehaltenen Capella Giulia zu forcieren suchte und die emphatisch zu proklamieren den Komponisten des Landes ebenso gefiel wie sie dem Selbstverständnis des römischen Kapellmeisters nicht widersprach.[28] Es scheint, als habe Palestrina an einer Stilisierung seiner selbst durchaus mitgewirkt, und nicht zuletzt aus häufig deutlich artikuliertem finanziellen Interesse, das ein Spiegelbild seines Selbstbewußtseins ist, konnte er Interesse zeigen, Lehr- und Leitbildfunktion seines Werks kultiviert zu sehen. Vermutlich nur mit solchen und ähnlichen Faktoren ist zu erklären, warum es gerade Palestrina war, dem schon zu Lebzeiten eine solchermaßen exponierte Position und Bedeutung zuwuchs: Auch Costanzo Festa, vielleicht mehr noch Giovanni Animuccia und Vincenzo Ruffo hatten mindestens zeitweise ebenfalls prominente kirchenmusikalische Ämter in Rom inne und legten zudem Kompositionen vor, deren qualitative Differenz zu Werken Giovanni Pierluigis sowohl in bezug auf ihre Satztechnik als auch einer Eignung für die Liturgie nur schwer auszumachen ist. Und die Berichte des ungewöhnlichen Verfahrens seiner Aufnahme in die päpstliche Kapelle und des nicht minder spektakulären Ausschlusses vermöchten, romantischen Künstler-Klischees entsprechend, eher für seinen Nachruhm bedeutsam sein, als daß sie, wie Mirosław Antonowytsch suggeriert[29], bereits den zeitgenössischen Rang Palestrinas begründeten. Vielmehr dürften es biotische Topoi, Gedanken von Verfall und Erneuerung auch der Künste gewesen sein, die in musiktheoretischen Ausführungen etwa von Gioseffo Zarlino, Vincenzo Galilei und Heinrich Glarean ebenso oft zu finden sind wie den Schriften und biographischen Darstellungen Giorgio Vasaris und die — unterstützt von gegenreformatorischen Erneuerungsbestrebungen, aber auch einer enormen Produktivität und geschickter Nutzung von Publikations- und Verbreitungsmöglichkeiten — den „Mythos Palestrina“ nährten.

Vielleicht aus gutem Grund bleiben demgegenüber die Konturen der Persönlichkeit Palestrinas eigentümlich blaß. So wie das auffällige Einzelwerk, die klanglich und konzeptionell singuläre Komposition, zurücktritt hinter ein allgemeines Stilideal, fehlt die Überlieferung von biographischen Details weitgehend. Selbst Anekdoten, wie sie etwa von Josquins mitunter provokantem Verhalten gegenüber seinen Dienstherren mitgeteilt werden, finden sich ebensowenig wie Berichte über Wirkungen seiner Musik, wie man sie bereits um 1580 von einer Fronleichnams-Motette Orlando di Lassos erzählte, deren Aufführung ein drohendes Unwetter habe abwenden und so die Festtags-Prozession ermöglichen können.[30]

So steht Palestrinas Person gänzlich im Schatten seines Werkes und auch dieses offenbart über seinen Urheber wenig. Doch selbst diese Indifferenz ist charakterisierend: Sie erlaubt den Blick auf einen Künstler, der die Zurückhaltung sucht, nicht das grelle, aufsehenerregende Werk, die Musik zum Schauspiel aus festlichem Anlaß. Vielmehr produziert er ein Œuvre, das kanonisch sein will im doppelten Sinne, vollständig das Repertoire der liturgischen Gesänge umfassend und mustergültig in bezug auf eine Faktur, die nur in ihrem Reichtum an Finessen und Nuancen eine qualitative Differenz zu Gestaltungsweisen der Zeitgenossen erkennen läßt, doch individuellen Ausdruck und Emphase eher vermeidet als verbirgt. So unaufdringlich, wie seine Kompositionen wirken, und stets sekundär gegenüber dem heiligen Spiel der Liturgie und dem Geschehen am Altar sollte wohl die Kirchenmusik nach dem Willen der Konzilsväter in Trient sein. Es traf sich vermutlich kaum zufällig, daß es ein Römer war, der diesen Vorstellungen in signifikanter Weise dauerhaft Gestalt verlieh und zum Retter der Kirchenmusik avancierte.

Anmerkungen

1 Hans Pfitzner, der sich Palestrinas *Missa Papae Marcelli* vollständig handschriftlich kopierte, verwendet in seiner Künstleroper sechs Zitate der Vorlage. Vgl. hierzu Wolfgang Osthoff, *Eine neue Quelle zu Palestrinazitat und Palestrinasatz in Pfitzners Musikalischer Legende*, in: Ludwig Finscher (Hrsg.), *Renaissance-Studien. Helmuth Osthoff zum 80. Geburtstag*, Tutzing 1979, S. 185—209 (= *Frankfurter Beiträge zur Musikwissenschaft* Band 11); ferner als grundlegende Einführung mit zahlreichen Literaturhinweisen zu Pfitzners *Palestrina*: Wolfgang Osthoff, [Artikel] *Hans Pfitzner. Palestrina*, in: Carl Dahlhaus und Sieghart Döhring (Hrsg.), *Pipers Enzyklopädie des Musiktheaters*, Band 4, München 1991, S. 758—763.

2 Lodovico Cresollio, *Mystagogus*, Paris 1629, Lib. III, Cap. 27, Sect. 4, S. 627, Litt. B: „Inciderat Pius IV [...], qui cum etiam temporibus suis animadvertisset in aedium sacrarum cantu atque symphonia nihil prope aliud esse, nisi quasdam minuritiones delicatas et frequentamenta inania verborum, e quibus fructus ad pietatem nullus colligeretur. Tridenti in concilio orbis terrae proponere constituerat, de musica e sacris templis eiicienda. Iamque de negotio in sermone familiari eum purpuratis patribus et aliis illustribus hierarchis egerat. [...] Quod eius consilium cum Joannis Praenestinus rescivisset, qui choro summi pontificis et musicae praeerat, ut ingenio fuit artificioque nobilis, prompte Missas ea temperatione

composuit, ut detractis illis velut concinnis modulisque vocum suavibus, quibus antea solae aures capiebantur et retineretur symphonia et verba omnia plane et liquido intelligerentur. Illas vero cum pontifex audivisset et videret utilitatem, quae percipi potest e divinis rebus, quae canuntur, intellectis cum suavitate posse coniungi: voluntatem illam abiecit et putavit, non tam esse de musica tollenda cogitandum, quam de adhibenda moderatione. Rem narravit ipse Praenestinus cuidam e patribus nostrae societatis, a quo ego accepi." Hier zit. nach Karl Gustav Fellerer, *Palestrina-Studien*, Baden-Baden 1982, S. 185f.; vgl. auch Giuseppe Baini, *Memorie storico-critiche...*, Bd. 1, Rom 1828, S. 234—237. Zur Überlieferung dieser Geschichte bei Agostino Pisa, Michael Praetorius, Giovanni Battista Doni, Angelo Berardi, Antimo Liberati, Andrea Adami usw. s. Thomas Charles Day, *Palestrina in History: a Preliminary Study of Palestrina's Reputation and Influence sinth His Death*, Diss. Columbia University 1970; Pierre Paillard, *Histoire de la légende palestrinienne*, in: *Revue de musicologie* 57 (1971), S. 11—22, Stefani Gino, *Miti barocchi: Palestrina „Princeps Musicae"*, in: *Nuova Rivista Musicale Italiana* 8 (1974), S. 347—355 sowie Karl Gustav Fellerer, *Palestrina-Studien*, a.a.O., S. 183—199.

3 — Agostino Agazzari, *Del sonare sopra'l basso con tvtti li stromenti*, Siena 1607, S. 11: „Ma se alcuno mi dicesse, che à suonar l'opere antiche piene di fughe, e contrapunti, non è basteuole il basso: à ciò rispondo. non eßer in vso più simil cantilene, per la confusione, e zuppa delle parole, che dalle fughe lunghe et intrecciate nascono: ed anco perche non hanno vaghezza: poiche canta[n]dosi à tutte le voci, non si sente ne periodo, ne senso: essendo per le fughe interrotto, e sopraposto: anzi nel medesimo tempo ogni voce canta parole differenti dall'altro: il che à gl'huomini intendenti, e giudiciosi dispiacere poco mancò, che per questa cagione no[n] fosse sbandita la Musica da S. Chiesa, da vn Sommo Pontefice, se da Giouan Palestrino non fosse stato preso riparo, mostrando d'esser vitio, ed errore de'componitori, e non della Musica; ed à confermatione di questo fece la Messa intitolata: MISSA PAPAE MARCELLI."

— Adriano Banchieri, *Conclusioni nel suono dell'organo*, Bologna 1609, S. 18f.: „Vero è che in successo di tempo da gli Compositori fù abusato tal deuoto pensiero, quando di nuouo (si come scriue Agostino Agazzari nel trattato de gli stromenti) poco mancò, che Papa Marcello non sbandisse affatto la Musica dalla Chiesa, mercè Giouanni Pallestina il quale significò ciò esser vitio de gli Compositori, & non dell'arte, la onde con tale occasione compose le Messe intitolate Papae Marcelli, & queste dedicò à Papa Paolo 4. & di nuouo s'introdusse la Musica in consonanze."

4 Exemplarisch nennt Cerone etwa Palestrinas *Missae Iste confessor, Ecce sacerdos magnus, L'homme armé* u.a., oft eher beiläufig bei der Diskussion elementarer Sachverhalte (*El Melopeo*, Neapel 1613, Lib. 16, Kap. 21, S. 913; Lib. 17, Kap. 13, S. 956f. u.ö.). Auch weiß er einige — eigenen Vorgaben gemäß — fehlerhaft oder zumindest unvorteilhaft komponierte Passagen in Werken Palestrinas ebenso beredt wie geschickt zu entschuldigen, um die Autorität des römischen Kapellmeisters nicht zu diskreditieren; vgl. hierzu Knud Jeppesen. [Artikel] *Giovanni Pierluigi da Palestrina*, in: Friedrich Blume (Hrsg.); *Die Musik in Geschichte und Gegenwart*, Band 10, Kassel 1962, Sp. 698, sowie Heinrich Besseler, *Die Musik des Mittelalters und der Renaissance*, Potsdam 1931, S. 294 (= *Handbuch der Musikwissenschaft* Band 1). Zu weiteren Beispielen Palestrinas in musiktheoretischen Schriften des 16. Jahrhunderts, etwa bei Pietro Pontio (*Ragionamento di musica*, Parma 1588) oder Lodovico Zacconi (*Prattica di musica*, Venedig 1592) siehe Karl Gustav Fellerer, *Palestrina. Leben und Werk*, Düsseldorf ²1960, S. 124.

5 Marco Scacchi, *Cribrum Musicum ad triticum Syferticum*, Venedig 1643, S. 18: „Quod si

classicorum Authorum volumina, antequam hoc opus in lucem edidisses, diligenter pervolvisses, uti praeclari tui Magistri Joh. Petri Svelingii, Joh. Petri Aloysii Praenestini, Moralis, Constantii Portae, Suriani, Anerii, aliorumque Musicorum peritorum, in tot, tales et tantos errores haud incidisses."

6 Heinrich Schütz, [Vorwort zu:] *Geistliche Chormusik*, 1648; vgl. Erich H. Müller, *Heinrich Schütz. Gesammelte Briefe und Schriften*, Regensburg 1931, S. 194.

7 Vgl. Johann Mattheson, [Artikel] *Heinrich Schütz*, in ders., *Grundlage einer Ehren-Pforte, woran der tüchtigsten Capellmeister, Componisten, Musikgelehrten, Tonkünstler etc. Leben, Werke und Verdienste erscheinen sollen*, Hamburg 1740, Neuausgabe von Max Seiffert, Berlin 1910, Reprint Kassel u. Graz 1969, S. 323.

8 Heinrich Schütz, [Vorwort zu:] *Geistliche Chormusik*, 1648; hier zit. nach Erich H. Müller, *Heinrich Schütz. Gesammelte Briefe und Schriften*, Regensburg 1931, S. 195.

9 Vgl. Erich Katz, *Die musikalischen Stilbegriffe des 17. Jahrhunderts*, Diss. Freiburg i.Br. 1926, sowie Christoph Wolff, *Der Stile antico in der Musik Johann Sebastian Bachs. Studien zu Bachs Spätwerk*, Wiesbaden 1968, S. 6—16 (= *Beihefte zum Archiv für Musikwissenschaft* Band 6).

10 Johann Joseph Fux, *Gradus ad Parnassum; oder, Anführung zur regelmässigen musikalischen Composition*, Leipzig 1742; hier: *Vorbemerkung* von Lorenz Mizler, fol. 2 r/v.

11 Franz Sales Kandler, *Ueber das Leben und die Werke G. Pierluigi da Palestrina ... Nach den Memorie storico-critiche des Abbate Giuseppe Baini*, Leipzig 1834, S. V.

12 Carl von Winterfeld, *Johannes Gabrieli und sein Zeitalter. Zur Geschichte der Blüte heutigen Gesanges im sechzehnten, und der ersten Entwicklung der Hauptformen unserer heutigen Tonkunst in diesem und dem folgenden Jahrhundert, zumal in der Venedischen Tonschule*, 3 Bände, Berlin 1834, Reprint 1965.

13 Carl von Winterfeld, *Johannes Pierluigi von Palestrina, seine Werke und deren Bedeutung für die Geschichte der Tonkunst mit Bezug auf Bainis Forschungen*, Breslau 1832, S. 66.

14 Die Nachricht, daß Marcellus II. sich am Karfreitag 1555 zur gottesdienstlichen Musik geäußert habe, überliefert Angelo Massarelli, der Zeremonienmeister und Privatsekretär des Papstes, in seinem Tagebuch: „Hac die Veneris sancta, Pontifex ad audienda sacra omnia descendit. Cum autem sacra ipsa a cantoribus non ea qua decet reverentia recitarentur, sed magis ad eis cantiones laetitiae cum eorum musicis concentibus proferri viderentur — quod valde alienum videbantur, ut his diebus, quibus ob memoriam passionis Domini mestos nos esse et lacrymis peccata nostra abstergere deceret, tum vocibus, tum musicis artibus summa laetitia exprimetur, praesertim eo in loco, in quo caput ecclesiae et sacri christiani orbis cardines residerent — Pontifex ipse, vocatis ad se cantoribus ipsis, eis iniunxit ut quae his diebus sanctis in misteribus passionis et mortis Christi recitanda erant, ea rei conducentibus vocibus referrent atque etiam ita referrent, ut quae proferebantur, audiri atque percipi possent. Quod quidem ab ipsis cantoribus cum maxima astantium consolatione executioni demandatum est." Zit. nach Alberto Cametti, *Palestrina*, Mailand 1925, S. 95f.

Die Datierung der (Erst-)Aufführung der *Missa Papae Marcelli* am Ostersonntag 1555 findet sich, möglicherweise als Kolportage verschiedener Quellen, bei Simeon Metaphrastes (= Friedrich Wilhelm Marpurg), *Legende einiger Musikheiligen. Ein Nachtrag zu den musikalischen Almanachen und Taschenbüchern jetziger Zeit*, Cölln am Rhein 1786, Reprint Leipzig 1980, S. 181.

Aufgrund dieser auch an anderem Ort verschiedentlich überlieferten Informationen, mehr allerdings wegen eigener philologischer Studien schließt Franz Xaver Haberl auf eine Entstehung der Missa Papae Marcelli um 1554/55 (*Die Cardinalskommission von 1564 und Pa-*

lestrinas Missa Papae Marcelli, in: *Kirchenmusikalisches Jahrbuch* 7 [1892], S. 82—97), wogegen sich Knud Jeppesen (*Wann entstand die Marcellus-Messe?*, in: *Studien zur Musikgeschichte. Festschrift für Guido Adler zum 75. Geburtstag*, Wien 1930, S. 126—136) nicht nur aus stilkritischen Überlegungen wendet: Die kompositionstechnische Differenz von Palestrinas *Missa Papae Marcelli* und den im ersten Messenbuch veröffentlichten, eher konservativen, niederländischen Traditionen verhafteten Werken ist allerdings kaum zu übersehen.

15 Erste Zweifel an der überlieferten Erzählung von der Entstehung der *Missa Papae Marcelli* finden sich — schon vor Bainis auf Quellenstudien basierender Monographie — in einem Beitrag *„Alte und neue Zeit“* der *Allgemeinen Musikalischen Zeitung* 27 [1825], Sp. 176f. (gezeichnet mit dem Kürzel W. H.), sowie im gleichen Jahrgang in der Darstellung von G. L. P. Sievers, *Die päpstliche Kapelle zu Rom* (*Allgemeine Musikalische Zeitung* 27 [1825], Sp. 304f. und 373f.), der auch erwähnt, daß Baini auf seine kritische Anfrage zu diesem Problem lediglich mit einem Verweis auf die bevorstehende Publikation seines Buches geantwortet habe. Baini allerdings datierte die Entstehung der *Missa Papae Marcelli* ins Jahr 1565. Vgl. ferner Auszüge und Kommentare zu Bainis Biographie in der *Allgemeinen Musikalischen Zeitung* 31 (1829), Sp. 678, 772ff., 781ff. und 797ff.

16 Vgl. Helmut Hucke, *Über Herkunft und Abgrenzung des Begriffs „Kirchenmusik“*, in Ludwig Finscher (Hrsg.), *Renaissance-Studien. Helmuth Osthoff zum 80. Geburtstag*, Tutzing 1979, S. 122 (= *Frankfurter Beiträge zur Musikwissenschaft* Band 11); ferner den Brief des Bischofs Bernardino Cirillo vom 16. Februar 1549 an Ugolino Gualteruzzi, der in Diensten Lodovico Beccadellis, eines engen Freundes von Marcello Cervini stand, bei Lewis Lockwood, *Palestrina. Pope Marcellus Mass. An Authoritative Score. Backgrounds and Sources. History and Analysis, Views and Comments*, New York 1975, S. 10—16 (= *Norton Critical Scores*).

17 Vgl. Volker Reinhardt, *Rom. Kunst und Geschichte 1480—1650*, Freiburg und Würzburg 1992, S. 173—179.

18 Vgl. zur Diskussion über die Kirchenmusik während des Tridentinums insbesondere Karl Weinmann, *Das Konzil von Trient und die Kirchenmusik. Eine historisch-kritische Untersuchung*, Leipzig 1919; um die Mitte des 16. Jahrhunderts — etwa bei Nicola Vicentino (*L'antica musica ridotta alle moderna prattica*, Rom 1555) — datieren auch erste Versuche einer begrifflichen Bestimmung von „Kirchenmusik“ und ihrer Abgrenzung zur „weltlichen“ Tonkunst: Siehe hierzu Helmut Hucke, *Über Herkunft und Abgrenzung des Begriffs „Kirchenmusik“*, in Ludwig Finscher (Hrsg.), *Renaissance-Studien. Helmuth Osthoff zum 80. Geburtstag*, Tutzing 1979, S. 125f. (= *Frankfurter Beiträge zur Musikwissenschaft* Band 11).

19 Brief Kaiser Ferdinand I. vom 22. August 1563 an seinen Gesandten in Trient: „Porro sunt etiam alii quidam articuli, de quibus in specie vobis mentem nostram declarandam esse censemus, inter quas est ultimus tertii capitis, qui statuit, reiiciendos esse molliores musicorum cantus et in ecclesiis retinendam esse modulationum gravitatem, quae ecclesiasticam simplicitatem maxime decet. Quo quidem si id agitur ut cantus figuratus protinus ex ecclesia in universum tollatur: nos id probaturi non sumus, quia censemus, tam divinum Musices donum, quo etiam animi hominum, maxime eius artis peritorum accenduntur, ex ecclesia nequaquam explodendum esse.“ Zit. nach Ludwig Pastor, *Geschichte der Päpste seit dem Ausgang des Mittelalters*, Band VII, Freiburg $^{10-12}$1928, S. 656. Vgl. hierzu ferner Hyginio Anglès, *Die Bedeutung der Vokalpolyphonie für die römische Liturgie*, in Joseph López-Calo (Hrsg.), *Hygini Anglès Scripta musicologica*, Bd. 3, Rom 1976, S. 1275—1286.

20 Die Beziehung zwischen Palestrinas *Missa Benedicta es* und seiner *Missa Papae Marcelli*, die

Knud Jeppesen zwischen einzelnen Passagen von Kyrie und Gloria nachwies (*Wann entstand die Marcellus-Messe?,* in: *Studien zur Musikgeschichte. Festschrift für Guido Adler zum 75. Geburtstag*, Wien 1930, S. 126—136), bestätigte Mirosław Antonowytsch. (*Die Motette Benedicta es von Josquin des Prez und die Messen super Benedicta es von Willaert, Palestrina, de le Héle und de Monte*, Utrecht 1951).

21 Zit. nach Wilfried Brennecke, [Artikel] *Jacobus de Kerle*, in: Friedrich Blume (Hrsg.), *Die Musik in Geschichte und Gegenwart*, Band 7, Kassel 1958, Sp. 849.

22 Zur Präsentation der Messen vor der von Papst Pius IV. eingesetzten Kardinalskommission im Frühjahr 1565 fehlen archivalische Mitteilungen; aufgrund philologischer Ermittlungen von Baini, Haberl und Jeppesen (vgl. Anm. 14) zur Entstehung verschiedener römischer Codices und Sammelhandschriften sind jedoch die drei Messen Palestrinas zu identifizieren.

23 Zur Diskussion, ob und in welchem Maße die *Missa Papae Marcelli* auf melodischem Material des Lieds „L'homme armé" basiert, siehe Kapitel 2.

24 Zur Geschichte kirchenmusikalischer Reformen vor dem Tridentinum, im 14. und 15. Jahrhundert, siehe Klaus Hortschansky, *Kirche und Kloster*, in: Ludwig Finscher (Hrsg.), *Die Musik des 15. und 16. Jahrhunderts*, Band 1, Laaber 1989, S. 65—77 (= *Neues Handbuch der Musikwissenschaft* Band 3,1) sowie Helmut Hucke, *Über Herkunft und Abgrenzung des Begriffs „Kirchenmusik",* a.a.O.

25 Gemessen an der großen Zahl überlieferter Motetten und eines letztlich nur geringen Bedarfs solcher Kompositionen in Messe und Offizium liegt der Gedanke ihrer Verwendung auch — und vielleicht vornehmlich bis zur Brevierreform Pius' V. 1568 — in privaten Andachten und paraliturgisch nahe. Vgl. hierzu Klaus Fischer, *Die Psalmkompositionen in Rom um 1600 (ca. 1570—1630),* Regensburg 1979, S. 4—22 (= *Kölner Beiträge zur Musikforschung* Band 98) sowie Anthony M. Cummings, *Toward an Interpretation of the Sixteenth-Century Motet*, in: *Journal of the American Musicological Society* 34 (1981), S. 43—59.

26 Einige der für Herzog Guglielmo in Mantua entstandenen Messen Palestrinas etwa entstanden in einem Zeitraum von lediglich 10 Tagen.

27 Giovanni Matteo Asola, [Vorrede zu:] *Sacra omnium Solemnitatum Psalmodia Vespertina cum Cantico B. Virginis. A diversis in Arte Musica Praestantissimis viris notulis Musicis exornata. Ad celeberrimum ac Praestantissimum in arte Musica Coryphaeum D. Jo: Petrum Aloysium Praenestinum*, Venedig 1592: „Non secus ac flumina suapte natura feruntur ad mare tanquam communem omnium aquarum parentem ac dominum, ut in illius sinu tanquam in suae perfectionis statione conquiescant; ita omnes quoque qui Musicam profitentur ad te velut aliquem hujus scientiae Oceanum, salutandi gratias, et observantiae ergo accedunt; quare nemo est tam in extremo terrarum angulo delitescens Musicus, qui te non veneretur ac suspiciat. In horum numero cum ego essem, nolui ad te solus accedere, sed multorum aliorum mihi conjunctissimorum hominum subsidium comparavi, et in societatem accessivi, ut una omnes non contemnendus fortasse grex ad te invisendum et salutandum, ut communem et Musicorum omnium parentem accederemus." Zit nach Alberto Cametti, *Palestrina*, Mailand 1925, S. 310.

28 Vgl. Lewis Lockwood, [Artikel] *Giovanni Pierluigi da Palestrina*, in Stanley Sadie (Hrsg.); *The New Grove Dictionary of Music and Musicians*, Band 12 , New York 1980, S. 120.

29 Mirosław Antonowytsch, *Die Motette Benedicta es...*, a.a.O., S. 20; vgl. ferner Knud Jeppesen, *Über italienische Kirchenmusik in der ersten Hälfte des 16. Jahrhunderts*, in: *Zoltano Kodály Octogenario Sacrum*, Budapest 1962, S. 149—160.

30 Zur vielfältig überlieferten Anekdote vgl. Adolf Sandberger, *Beiträge zur Geschichte der bayerischen Hofkapelle unter Orlando di Lasso*, Band 1, Leipzig 1894, S. 112f.

II. Missa Papae Marcelli

„Und nun, lieber Leser! Wenn dich etwa nach Durchquerung des kirchenmusikalischen Sumpfes das Bedürfnis nach reiner Höhenluft anwandeln sollte, so rate ich dir: Geh hin und schlage die Partitur der Missa ‚Papae Marcelli' auf und ergehe dich auf der ätherischen Höhe des Palestrinastils. Dort wirst du gesunden. Lass die reinen Harmonien des Kyrie, die perlenden Melodien des Agnus, die majestätische Homophonie des Gloria und Credo auf dein Gemüth wirken! Das labt. Das erquickt. Und du bist dem Himmel viel näher als in den Niederungen der Monodie."[1]

Das Fazit, das Peter Griesbacher, mindestens zeitweise einer der Exponenten der kirchenmusikalischen Restaurationsbewegung, am Ende einer Sichtung der Produktion liturgischer Musik der Vergangenheit und insbesondere seiner Gegenwart, der Jahre um 1900, zog, ist keineswegs ungewöhnlich. War schon die a-cappella-Musik des 16. Jahrhunderts, namentlich das Œuvre Palestrinas, zum Leitbild katholischer Kirchenmusik geworden, so dessen *Missa Papae Marcelli* zu einem Ideal der Meßkomposition schlechthin. Die kompositionstechnischen Prinzipien, als deren nachgerade klassische Exemplifikation diese Messe fungierte, hatte man kodifiziert und seit langem in Lehrbüchern überliefert; mühelos ließ sich ihre richtige Anwendung aufweisen. Dennoch betonte man nachdrücklich eine Ausnahmestellung des Werks, die historisch ebenso unzweifelhaft ist wie sie analytisch einzulösen kaum je gelang. Die ästhetischen Urteile, die selbst in wissenschaftlich intendierten Analysen häufig genug unvermittelt präzisen Beschreibungen kompositorischer Details sich anschließen, bezeichnen, überspitzt formuliert, schon in der Verwendung vager Assoziationen und Metaphern, deren Unverbindlichkeit der sprachlichen Exaktheit zuvor formulierter Beobachtungen seltsam kontrastiert, eine Kapitulation vor dem Problem, die Komplexität des — hier sechsstimmigen — polyphonen Tonsatzes zu fokussieren und den vorgeblichen Sonderstatus des Werks musikalisch immanent zu begründen[2]; denn das melodische Material und die harmonischen Mittel, die Palestrina verwendet, erweisen sich bei eingehenderer Betrachtung als so schlicht, daß es schwer fällt, die kompositorische Qualität mit Hilfe dieser Parameter zu demonstrieren.

Ungewöhnlich einfach etwa ist schon die Gestalt jenes Motivs, das eingangs exponiert wird und dem ersten Teil des Kyrie zugrundeliegt; doch gelingt mit Tonwiederholungen, deren Punktierung der rhythmischen Struktur des Wortes „Kyrie" folgt, sowie einem signifikanten Quartintervall, das die

Hauptbetonung der Phrase unterstreicht, eine leicht faßliche musikalische Umsetzung des Textes; mithin ist schon zu Beginn die Forderung größtmöglicher Verständlichkeit des gesungenen Wortes erfüllt:

Missa Papae Marcelli, Kyrie, T. 1—5

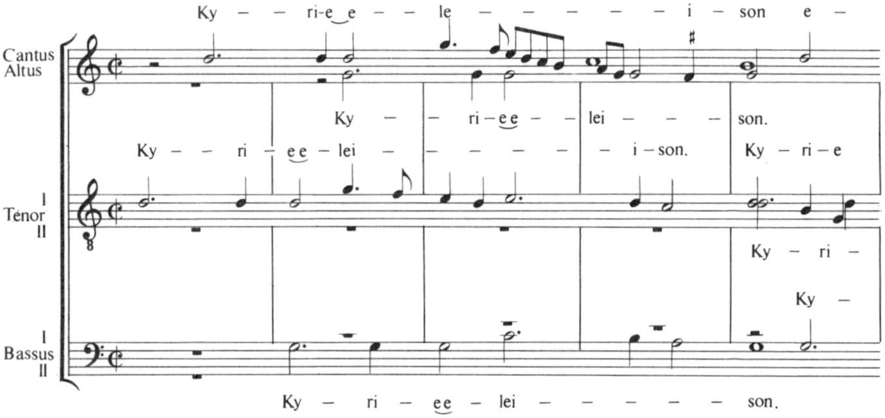

Offen indes bleibt der Umriß dieses Motivs, verbindlich lediglich, daß dem Sprung diatonisch absteigende Sekunden folgen, deren Zahl und Rhythmisierung ebenfalls unbestimmt ist. Hinreichend, den musikalischen Gedanken abzurunden, ist bereits ein einziger Halbton (Altus), möglich aber auch die Anfügung einer Skala, die den Tonraum einer Oktave durchläuft und auf der Unterquinte des Ausgangstons kadenziert (Cantus). In den Baßstimmen wird mehrfach eine Variante des Motivs eingesetzt, das dessen harmonische Implikationen nutzt: Das Quartintervall fundiert zunächst eine plagale Wendung, nach einer Durchgangsnote stützt der nächste Ton einen dominantisch zu deutenden Dreiklang vor der abschließenden Ausgangsstufe mit einem Grundakkord.

Die Beobachtung, daß konstitutiv für das Hauptmotiv dieser Messe die rhythmisch pointierte Tonwiederholung plus Quartsprung mit anschließender abwärts geführter Skala sei und die in den Baßstimmen verwendete, mit dem Einsatzton wieder beschlossene Version die Ausgangsform bilde, macht die These nachvollziehbar, Palestrina habe sich bei der Komposition an jenem Lied „L'homme armé" orientiert[3], das seinerzeit nicht zuletzt wegen der permanenten Bedrohung durch die Türken größte Aktualität und Beliebtheit gewann.[4] Tatsächlich ist die Ähnlichkeit der Eingangsmotivik nicht zu verkennen:

Anonym: *L'homme armé* (um 1450)

Auch nutzte Palestrina die Melodie des Liedes für zwei Meßkompositionen, in deren Titel der Bezug auf die Vorlage allerdings explizit ausgewiesen ist; keineswegs verzichtete also selbst der Kapellmeister der römischen Hauptkirche auf die Möglichkeit, populäre Melodien für seine geistlichen Werke zu adaptieren. Überdies konnte die Verwendung eines derart bekannten Liedes, des Gesangs vom bewaffneten Mann, Assoziationen erlauben, die gelegentlich durchaus opportun waren: So ist etwa Josquin des Prez' *Missa L'homme armé sexti toni* gemeinsam mit einigen weiteren Kompositionen überliefert, die unmittelbarer noch auf die Person des kastilischen Königs Philipp I. Bezug nehmen, und verschiedentlich kamen Parodiemessen über die Melodie dieses Liedes bei Zusammenkünften der Ritter vom Goldenen Vlies zur Aufführung; in ähnlicher Weise versuchte auch Cristóbal Morales auf die Wehrhaftigkeit Karls V. zu rekurrieren, wenn er in einem Band mit Meßvertonungen, darunter eine über die besagte Vorlage, auch das Bild eines gekrönten „L'homme armé" aufnahm, der wegen der ergänzten Devise „Plus ultra" leicht als der spanische König zu identifizieren war.[5] Rücksichtlich dessen, daß die *Missa Papae Marcelli* als Schlußstück eines Philipp II. gewidmeten Band veröffentlicht wurde, erscheint somit der Gedanke durchaus naheliegend, Palestrina habe sich wie seine Kollegen dieser Möglichkeit bedient, einem Regenten, hier: dem spanischen König, seine Reverenz zu erweisen. Andererseits verwendet Palestrina hier — ganz im Gegensatz zu seinen sonstigen Gepflogenheiten bei Parodierungen — neben dem Eingangsmotiv kein weiteres spezifisches Material des Liedes, und selbst wenn sich belegen läßt, daß auch die zeitgenössischen Kollegen in ihren Parallelvertonungen durchaus nicht immer alle Teile der Vorlage aufnahmen, so bleibt doch der Rekurs lediglich des ersten Kyrie-Motivs auf den Anfang des Schlagers jener Jahre zu gering, als daß mehr als eine schwache Affinität zu konstatieren wäre.[6]

Schon für die weiteren Abschnitte des Kyrie-Satzes zieht Palestrina musikalisches Material heran, das sich nicht aus der Liedvorlage ableiten läßt, und auch in den anschließenden Teilen seiner Messe ist das eingangs exponierte Motiv nur noch an wenigen Stellen präsent. Zu Beginn des Gloria etwa findet es sich im Baß, wo die Struktur des Textes zum einen nur die einfache Wiederholung des Einsatztones erlaubt, zum anderen eine zweite Betonung für das Wort „pax" notwendig macht, die mit einer Sequenzierung des Quartintervalls zu leisten ist. In der neuen Version des Motivs wird nun auch die fünfte Stufe deutlich markiert, mithin eine Definition harmonischer Bezüge noch erleichtert:

Missa Papae Marcelli, Gloria, Bassus II, T. 1—5

Kaum zufällig disponiert Palestrina dieses Motiv deshalb meist in einer Unterstimme, um einen akkordischen Satz zu fundamentieren.[7] Die sorgfältige Beachtung des jeweiligen Textes führt dabei zu zahlreichen Varianten einer Konfiguration von Tonwiederholung(en), Quartsprung mit nachfolgender Skalenbewegung, gegebenenfalls auch einer kadenzierenden Schlußwendung:

I Gloria, Bassus I, T. 3—8

II Gloria, Bassus I, T. 76—79

III Credo, Bassus I, T. 1—5

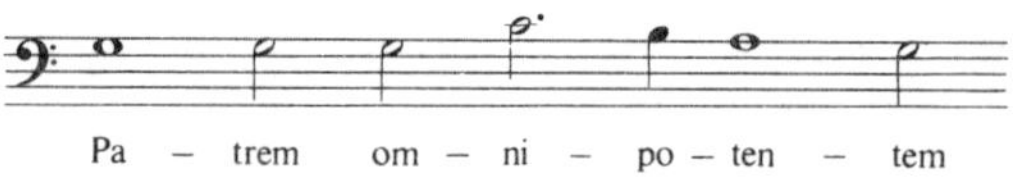

IV Credo, Bassus II, T. 5—8

V Credo, Bassus II, T. 131—135

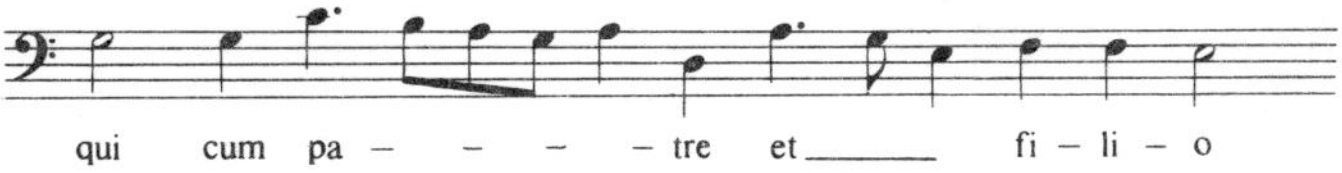

VI Sanctus, Bassus I, T. 39—43

VII Sanctus, Bassus II, T. 68—73

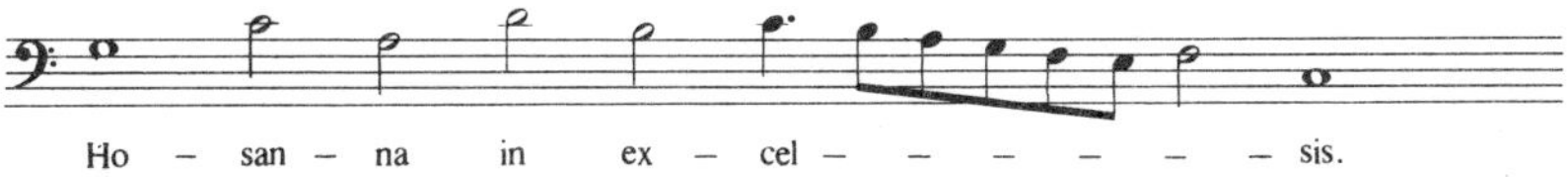

Deutlich dürfte werden, wie leicht sich das Ausgangsmotiv auf wenige Intervalle reduzieren läßt, die als Basis eines homorhythmischen Satzes dienen. Und da die nachstehenden Phrasen ebenfalls als Varianten und Ableitungen des ersten Motivs zu identifizieren sind, erscheint selbst der zunächst konstitutive Quartsprung disponibel:

Gloria, Bassus I, T. 45—48

Sanctus, Tenor II, T. 32—34

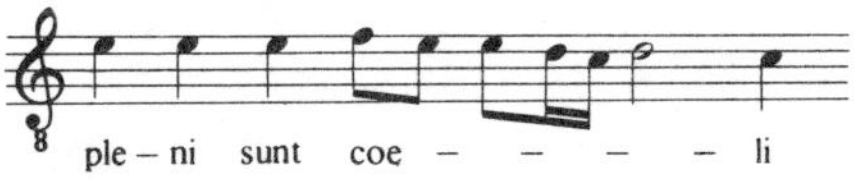

Sanctur, Cantus, T. 34—36

Mit der Möglichkeit schließlich, Repetitionstöne durch Wechselnoten und Umspielungen, Sprünge eventuell mit Durchgängen zu ersetzen, lassen sich zahlreiche weitere Phrasen rückbeziehen:

Benedictus, Cantus, T. 16—21

Gloria, Bassus II, T. 114—117

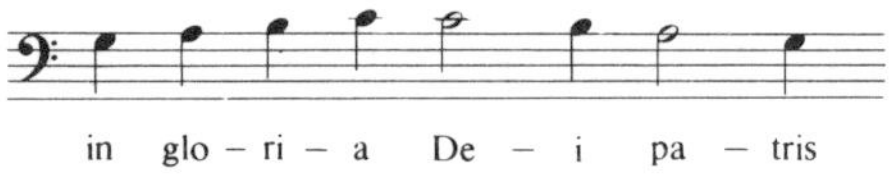

Sanctus, Altus, T. 39—42

Zu argwöhnen wäre, daß der hier demonstrierte Reichtum an Varianten eines Motivs lediglich die Konsequenz dessen nur unzureichend definierter Grundgestalt sei. Ohne Mühe gelingt bei einer Vielzahl melodischer Phrasen der Nachweis des Bezugs zu einem Modell, das, letztlich reduziert auf eine Folge von Sprung mit anschließender Skalenbewegung in Gegenrichtung, kaum spezifisch genannt werden kann. Der Ansatz, mit der Darlegung solcher motivischen Kohärenz die Qualität dieser wie auch anderer Kompositionen Palestrinas zu begründen, scheint nur in geringem Maße tragfähig. Dennoch ist der Versuch, hier in einem einzelnen Motiv die musikalische Substanz eines Werks verdichtet und mittels dessen vielfältigen Varianten ausgedehntere Formen generiert zu sehen, nicht nur die Rückprojektion eines insbesondere im 19. Jahrhundert oftmals postulierten Verfahrens auf eine mehrteilige Komposition Palestrinas.[8] Vielmehr wird bei eingehenderer Betrachtung und weiterem Vergleich von Teilsätzen der *Missa Papae Marcelli* rasch deutlich, wie sorgfältig Palestrina zunächst einzelne Motive einführt und sich in ersten Imitationen auf geringfügige Änderungen und Nebenformen beschränkt, bevor er erst im weiteren Verlauf komplexere Varianten einsetzt.

Zu Beginn des Kyrie etwa erschließt er mit rasch aufeinanderfolgenden Imitationen des Hauptmotivs, dessen Fortführung hier bereits wenig fixiert ist, einen weiten Tonraum, der mit dem erneuten Einsatz des zweiten Basses (T. 9) in seinen Grenzen umrissen ist. Dabei entspricht das Verfahren, mittels in Quintintervallen gestaffelter Stimmpaare (Tenor I — Bassus II, Cantus — Altus, Tenor II — Bassus I) den Chorklang sukzessive zu entwickeln, einer Tradition, die Palestrina jedoch individuell deutet, indem er sich nicht zunächst auf einen lediglich zweistimmigen Satz mit der Exposition eines Motivs beschränkt, sondern sogleich durch eine Verschränkung der paarigen Imitation von Ober- und Unterstimmen auf eine Vollstimmigkeit zielt, die schon ab dem dritten Takt eindeutige harmonische Bezüge garantiert. Kadenzen nach jeweils vier Takten bestätigen einen mixolydischen Modus auf G, der jedoch nur als — gleichsam dominantische — Vorbereitung zu einem im sechsstimmigen Satz verbindlichen C-Ionisch erscheint. Mit der vielfachen kadenziellen Befestigung dieser Grundtonart, die, einander imitierend, die beiden Baßstimmen ab Takt 15 leisten, wird zugleich die Möglichkeit gezeigt, kontrapunktische Dichte des Tonsatzes mit klangvollen Harmonien zu vereinen. Dies erfordert jedoch fast notwendigerweise einen Verzicht auf die obligate Durchführung des zunächst vorgestellten Motivs, das gegen Ende des ersten Kyrie-Teils immer weniger präsent ist und dessen ursprüngliche Gestalt nach einer Exposition im sechsstimmigen Satz nurmehr in den beiden Bässen sowie dem Cantus aufgenommen wird. Dennoch sind die im weiteren nicht unmittelbar am imitatorischen Spiel mit dem Hauptmotiv beteiligten Partien keineswegs freimotivisch geführt und auch nichts weniger als melodisch unspezifische Füllstimmen. Vielmehr wird innerhalb einer einzelnen Stimme ein sehr subtiler Prozeß der Variantenbildung erkennbar, in dem aufeinanderfolgende Phrasen jeweils auf die vorausgehenden rekurrieren und diese sukzessive entwickeln. So sind etwa die Takte 5 bis 9 des Tenor I unschwer als variierte Wiederholung und Erweiterung des eingangs vorgestellten Motivs zu verstehen. Die anfängliche Tonwiederholung wird in der zweiten Version durch eine Dreiklangsbildung ersetzt, in unverändertem harmonischen Kontext der Quartsprung zur Oktave gedehnt. Der Einsatzton dieser Phrase ist dabei ebenso wenig verändert wie das Melisma auf „e-*lei*-son", dessen Ansatz, seine ersten vier Noten, Ambitus und Schlußton gleichbleiben:

Kyrie, Tenor I, T. 1—9

Ähnlich ist auch die Cantus-Stimme nach der wiederholten Präsentation des Eingangsmotivs (T. 11—15) variativ weitergeführt, indem die abschließende

Skalenbewegung zunächst lediglich verlängert wird. Dann aber greift Palestrina allein die Schlußwendung auf, stellt den einzelnen Tönen der Leiter jeweils die untere Nebennote voran und erweitert das so gewonnene Motiv erneut; auch hier bleiben die für das anfangs vorgestellte Motiv konstitutiven Rahmentöne unverändert erhalten:

Kyrie, Cantus, T. 10—20

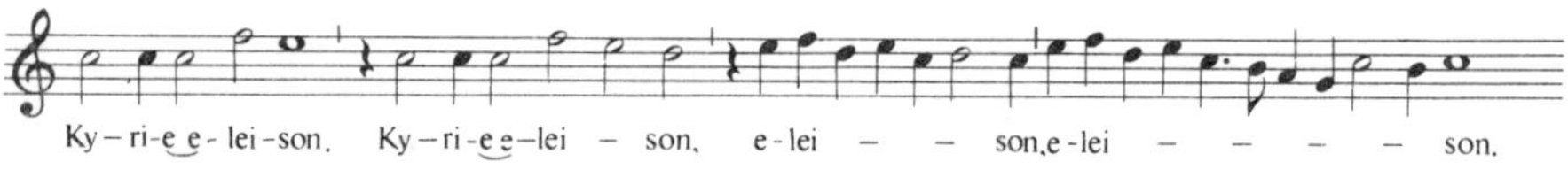

Komplexer, doch nach denselben Prinzipien angelegt, ist dieser Prozeß sukzessiver Variierung im Altus. Wieder sind die Einsatztöne aller seiner Phrasen gleich; doch schon bei der Wiederholung des Eröffnungsmotivs wird das Quartintervall aufgegeben, nicht aber der abwärts gerichtete Tonleiterausschnitt. Die solchermaßen neu definierte Gestalt des Motivs mit seinen Rahmentönen g—a—e bildet nun die Basis weiterer Varianten, deren letzte mit kadenzierenden und ornamentalen Formeln den Tonraum nach unten und oben ausweiten:

Kyrie, Altus, T. 2—24

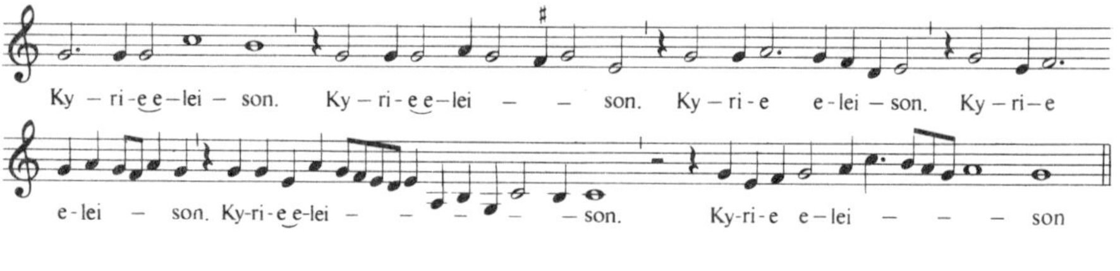

Mittels dieses variativen Verfahrens kann ein hohes Maß motivischer Dichte und Geschlossenheit erzielt werden, ohne doch die Harmonik lediglich als deren Resultat akzeptieren zu müssen. Der flexible Schluß des Motivs nach seiner signifikanten, insbesondere rhythmisch pointierten Eröffnung, die ebenfalls harmonisch unbestimmt ist, erlaubt eine satztechnische Konzeption, in der eine größtmögliche Vermittlung von imitatorischem Spiel und akkordischem Klang intendiert ist. Dabei bleiben die Gestaltwandlungen einzelner musikalischer Gedanken, so sehr sie auch den Erfordernissen harmonischer Fortschreitungen entsprechend umgeformt werden, stets aufeinander bezogen, in Relation der Stimmen zueinander wie mehr noch innerhalb einer einzelnen Partie.

Für den zweiten Abschnitt des Kyrie-Satzes wählt Palestrina jedoch zunächst weder eine weitere Variante des Hauptmotivs, noch greift er auf dessen ursprüngliche Gestalt zurück. Erst in späteren Teilen der Messe wird er wieder wie im anfänglichen Kyrie die zuallererst vorgestellte Version des Motivs zur Grundlage eines imitatorisch reichen Tonsatzes nehmen: Eine zentrale Passage des Sanctus — „pleni sunt coeli" — sowie vor allem das Agnus Dei erinnern in ihrer Faktur deutlich an den Eröffnungsabschnitt des Kyrie.

Zum Text „Christe eleison" aber präsentiert Palestrina ein neues Motiv. Melodisch sehr eng, auf das Intervall einer Terz begrenzt, wird zu Beginn ein Dreiermetrum avisiert, das dem kaum je akzentuierten Duktus des vorangehenden Teilsatz nicht unerheblich kontrastiert. Wieder wird der musikalische Gedanke dreifach in Stimmpaaren eingeführt (Cantus — Baß I, Altus — Tenor I, Baß II — Tenor II), stärker noch durch ergänzte Liegetöne (Altus) unmittelbar zu Beginn der harmonische Kontext verdeutlicht:

Christe, T. 25—29

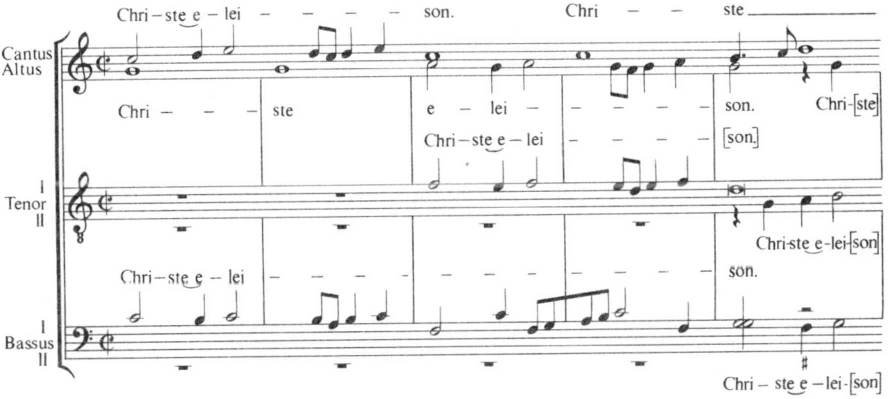

Doch gibt Palestrina dieses Motiv nach seiner Exposition auf, verzichtet auf Varianten ebenso wie noch auf Ansätze imitatorischer Verdichtung. Vielmehr knüpft er an den Gedanken der abwärts geführten Tonleiter an, der sich im ersten Teil des Kyrie mit dem Wort „eleison" verband, auf diese Weise die Epipher des Textes in der Musik aufgreifend. Verbunden mit zwei kadenzbildenden Quartsprüngen, die auf das zentrale Intervall des ersten Kyrie-Motivs ebenso Bezug nehmen wie in ihrer Verdoppelung auf jene Variante, die am Beginn des Gloria Verwendung finden wird, bildet sich in den Bässen ein Melodiemodell aus, das, vierfach unverändert wiederholt, die zweite Hälfte dieses Teilsatzes fast chaconne-artig strukturiert und Fundament eines dichten kontrapunktischen Gefüges ist.

Auch den Schlußteil des Kyrie eröffnet Palestrina mit einem neuen Motiv, das in seinem engen melodischen Rahmen auf die Anfangsthematik des Christe Bezug nimmt, dessen Sequenzstruktur aber bereits in einer *eleison*-Variante des ersten Abschnitts dieses Satzes vorgebildet erschien:

I Kyrie, Altus, T. 52—57

II Kyrie, Cantus, T. 18—22

Wiederum also greift er nach der spezifischen Differenz eines prägnanten musikalischen Eingangsgedankens auf eine Skalenbewegung zurück, um das allen Anrufungen gemeinsame „eleison“ ähnlich zu gestalten und so ein textlich verbindendes Moment auch kompositorisch zu nutzen. Und wieder führt er dieses neu formulierte Motiv in dreifacher paariger Imitation ein (Cantus — Altus, Tenor I — Baß II, Tenor II — Baß I), demonstriert einige Möglichkeiten dessen kontrapunktischer Verwendbarkeit, zieht indes schon bald weiteres Material heran. Doch ist auch dieses weniger originär, als es zunächst erscheinen mag: Das ab Takt 65 konsequent in allen Stimmen durchgeführte Motiv findet sich im letzten „Kyrie“-Ruf des Altus im ersten Teil vorgebildet:

I Kyrie, Altus, T. 20—24

II Kyrie, Altus, T. 73—77

Das Prinzip sukzessiver Entwicklung, das als zusammenhangstiftendes Moment zunächst innerhalb des ersten Kyrie-Teilsatzes zu beobachten war, dient demnach auch dazu, die einzelnen Abschnitte miteinander in Beziehung zu setzen. Nicht im zuerst exponierten Hauptmotiv, sondern dessen Varianten, die scheinbar spielerisch und mitunter nur an marginaler Stelle plaziert sind, ist das Material vorbereitet, daß — so im Schlußteil des Kyrie — zu veritablen Motiven umgeformt, explizit präsentiert und vielfältig durchgeführt wird. Dem kontrastiert ein Christe-Mittelteil, dessen anfängliche Motivik weder vorbereitet schien noch im folgenden erneut herangezogen wurde; auch werden in dessen zweiter Hälfte weniger neue Varianten verschiedener Motive generiert als vielmehr Möglichkeiten kontrapunktischer Kombinatorik gezeigt, deren Demonstration über einem ostinaten Baßmodell besonders vielfältig gelingt. Gegenüber der hier zu konstatierenden Dichte der Polyphonie erscheint der eröffnende Kyrie-Teil eher harmonisch konzipiert. Gerade aber dieses Spektrum kompositorischer Verfahren vorzuführen, nach zunächst imitatorischem Beginn einen klangvollen, nichtsdestoweniger polyphon strukturierten Tonsatz zu gestalten, anschließend bewußt komplexe Satztechniken vielfachen Kontrapunkts zu zeigen und darüber hinaus — im Schlußteil des Kyrie — auch noch den Nachweis zu liefern, daß diese vermeintlich heterogenen Ansätze sehr wohl miteinander zu vereinbaren waren[9], konnte der „tiefere" Sinn insbesondere des Eröffnungsteils einer Messe sein, deren Anliegen es war, kompositorische Traditionen mit der Idee wohllautender Fülle und nicht zuletzt liturgischen Vorgaben zu vermitteln.

Im Kontext einer von Kanon und konsequenten Imitationen dominierten Kompositionsweise, wie sie von den geistlichen Werken Josquin des Prez' und seiner Zeitgenossen vertraut war und auch Palestrinas erstes, 1554 veröffentlichtes Messenbuch prägt, fiel in der *Missa Papae Marcelli* die Klangschönheit eines Tonsatzes auf, dessen kontrapunktische Dichte man in ihrer Komplexität erkannte, doch selten eingehender beschrieb. Selbst Knud Jeppesen, der vermutlich als erster ebenso minutiös wie grundlegend die Prinzipien von Palestrinas Kompositionsstil darstellte, beschränkte sich vornehmlich auf Bemerkungen zum satztechnischen Detail und widmete sich der Frage von formaler Gestaltung und immanenter Kohärenz nur am Rande. Vielfach betonte er die — an zahlreichen kleinen Beispielen auch aufgezeigte — Verbindung kontrapunktischer Dichte und harmonischen Reichtums in Werken Palestrinas: „Der Palestrinastil muß also auf Grund seiner innersten Faktoren definiert werden als der praktisch gesehen vollkommene Gleichgewichtszustand zwischen den Dimensionen, demzufolge das Ideal des Vertikalen: ‚Vollständiger Dreiklang in möglichst klangschöner Disposition', das Ideal des Horizontalen ‚Schrittweise diatonische Bewegung' heißt. Kriterium des Gleichgewichtszustandes ist die strenge schrittweise Behandlung der Dissonanz."[10]

Demgegenüber hatte Peter Griesbacher lediglich die im Vergleich zu den kontrapunktischen Künsteleien der Vorgänger ausgeprägte Klanglichkeit der Kompositionen Palestrinas akzentuiert und die Bedeutung der *Missa Papae Marcelli* zur Zeit ihrer Entstehung wie auch als überzeitliches, klassisches Kunstwerk auf deren Harmonik zurückgeführt: „Es sind die einfachsten und natürlichsten Harmonien der Welt; aber gerade in dieser Einfachheit und Natürlichkeit[,] wie sie die Welt hier zum erstenmal in solcher Vollendung zu hören bekam, und in dem wunderbaren, grosszügigen Aufbau, der das ganze Kyrie als eine einzige melodiendurchflutete pompöse Kadenz erkennen lässt, liegt die Klassizität dieses Kyrie und der ganzen Messe. Die Holperigkeit, welche die regellose Anschachtelungsmethode der Niederländer erzeugt hatte, erscheint bei Palestrina völlig überwunden. Ein klares, harmonisches Empfinden in ungetrübtem Dur tritt an die Stelle der unsicheren Tasterei eines O[c]keghem und anderer Vorfahren. Von der leeren Quintiererei aus ist man bei einem herrlichen Vollklang von 6 Stimmen angelangt."[11] Nach einer umfangreichen Beschreibung des harmonischen Aufbaus der *Missa Papae Marcelli* und der Aufstellung etlicher Tonartenpläne gelangte er schließlich zu der These, daß es nicht polyphones Denken sei, was Palestrinas Kompositionen genuin bestimme: „Die Homophonie war der leitende Gedanke für sein genialstes Werk; die Homophonie ist das Siegel ihrer Vollendung und der versteckte innere Grund für den Beifall der Jahrhunderte."[12]

Diese Überlegung Griesbachers überrascht nicht nur im Hinblick auf die kontrapunktisch sehr dicht angelegten Abschnitte der *Missa Papae Marcelli* — neben dem Kyrie wäre insbesondere auf die Kanontechniken zu verweisen, deren Palestrina sich im letzten Teil des Agnus Dei bedient —, sondern mehr noch rücksichtlich der Verbindung eines idiomatischen satztechnischen Verfahrens mit dem Namen des römischen Kapellmeisters, eines kompositorischen Prinzips, deren zumindest in Unterrichtswerken proklamierte Besonderheit dic Linearität, weniger die vertikale Dimension des Tonsatzes sei.[13] Griesbacher, selbst Komponist zahlreicher Messen im Stil altklassischer Vokalpolyphonie, verkannte keineswegs die Qualität der Kontrapunktik Palestrinas; zu unterstellen, er hätte deren komplexe Struktur diskreditieren wollen, um etwaige eigene kompositorische Defizite zu kaschieren, wäre haltlos. Seine Ausführungen werden jedoch unmittelbar beim Blick auf die Gloria- und Credo-Sätze zahlreicher Messen des römischen Kapellmeisters verständlich; zugleich sind sie markante Zeugnisse einer Geschichte von Überlieferung und Rezeption der Werke Palestrinas und insbesondere der *Missa Papae Marcelli*, deren Konstanten sich bis zum Beginn des 17. Jahrhunderts zurückverfolgen lassen.

Zweifellos ist der akkordische Satz, der die Gestalt von Gloria und Credo auch dieser exemplarischen Vertonung des Ordinarium Missae prägt, eine Reaktion auf das Postulat nach größtmöglicher Verständlichkeit des Textes. In kurzen Phrasen werden die einzelnen Passagen homorhythisch vorgetragen, selten nur Worte wiederholt, kaum je ein Melisma oder ein Ornament eingefügt. Imitationen selbst kleinerer musikalischer Gedanken, in deren Verlauf wenn auch nur für einen Augenblick verschiedene Textteile oder Silben gleichzeitig erklängen, fehlen nahezu vollständig. Sehr differenziert werden Wortbetonungen musikalisch umgesetzt, zudem inhaltliche Schwerpunkte sorgfältig beachtet. So erhalten schon in den ersten Takten des Gloria die Worte „terra" und „pax" Akzente durch die ihnen zugeordneten Harmonien der Hauptstufen einer hier grundlegenden G-Tonalität wie auch mittels des Wechsels der (funktional verschiedenen) Akkorde schlechthin. Die melodische Führung zumindest der Außenstimmen unterstreicht die Bedeutung, die diesen beiden Worten zukommt; dabei greift der Baß — wie bereits angedeutet — das Anfangsmotiv des Kyrie auf, und auch die Motivik der anderen Stimmen ließe sich ebenso leicht rückbeziehen wie sie im folgenden wiederaufgenommen oder variativ weitergeführt wird (siehe Beispiel S. 92).

Um bei einem — durch die Vorgabe der Textverständlichkeit bedingten — Verzicht auf die vielfältigen kontrapunktischen Mittel von Imitationen, Kanon- und Ostinato-Strukturen, die Palestrina in Kyrie und Agnus Dei dieser Messe zu disponieren weiß, den Tonsatz nicht allzu gleichförmig werden zu lassen, wird der Chorklang durch unterschiedlichste Besetzungen stark differenziert. In schneller Folge meist nur weniger Takte wechselt die Zahl der Stimmen, ändern sich Farbe und Register. Dabei nutzt Palestrina fast alle Möglichkeiten, drei, vier oder fünf Partien des sechsstimmigen Satzes zu kombinieren, dessen Tutti er für wenige zentrale Passagen vorbehält. Erst nach dreißig Takten, zum Text „Domine Fili", wird die disponible Klangfülle vollständig eingesetzt, und nur die Parallelstelle, die erneute Apostrophierung Jesu Christi in der zweiten Hälfte des Gloria, sowie die Bitte, nicht vergeblich um Hilfe gerufen zu haben, markiert er neben den Schlüssen beider Teile dieses Satzes auf diese Weise.

	Cantus	Altus	Ten. I	Ten. II	Bass I	Bass II
Et in terra pax	x	x		x		x
hominibus						
bonae voluntatis	x	x	x		x	
Laudamus te	x	x		x		x
Benedicimus te	x	x	x		x	
Adoramus te			x	x		x

Gloria, T. 1—12

Glorificamus te	x	x		x	x	
Gratias agimus tibi	x	x	x	x		x
propter magnam gloriam tuam	x	(x)		x	x	
Domine Deus, rex caelestis		x	x		(x)	x
Deus Pater omnipotens	x			x	x	
Domine Fili	x	x	x		x	
Domine Fili unigenite	x	x	x	x	(x)	x
unigenite	x	x	x		x	

Jesu Christe	x	x	x	x		x
Jesu Christe	x	x	x	x	x	x
Domine Deus, Agnus Dei		x	x	(x)	x	
Domine Deus, Agnus Dei	x		(x)	x		x
Filius Patris	x	x	x		x	
Filius Patris	x	x	x	x	x	x
Qui tollis peccata mundi	x	x	x		x	
miserere nobis		x	(x)	x		x
miserere nobis	x	x	x		x	
Qui tollis peccata mundi	x	x	x	x		x
suscipe, suscipe	x	x	x	x	x	x
deprecationem nostram	x	x	x		x	
deprecationem nostram	x	x		x		x
Qui sedes ad dexteram Patris	x		x		x	
miserere nobis		x		x		x
miserere nobis	x		x		x	
Quoniam tu solus sanctus	x	x		x		x
Tu solus Dominus	x		x	x	x	
Tu solus Altissimus		x	(x)	x		x
Jesu Christe	x	x	x	x	x	x
Cum sancto spirito	x			x	x	
Cum sancto spirito		x	x	x		x
in gloria	x		x		x	
Dei Patris. Amen		x	x		x	
in gloria	x			x	x	x
Dei Patris. Amen	x	x		x		x
in gloria	x		x		x	
in gloria	x	x		x		x
Dei Patris. Amen	x	x	x	x	x	
Amen	x	x	x	x	x	x

Die Variabilität der Stimmenzahl ist wie die Ökonomie der Besetzung Teil einer geschickten Klangregie, die den Hörer erst allmählich über das gesamte zur Verfügung stehende sängerische Potential aufklärt. Konnte man in den ersten zwölf Takten den Eindruck gewinnen, als beschränke sich Palestrina auf jeweils zwei hohe und tiefe Stimmen, so wird im Triosatz des „Adoramus“ deutlich, daß die Männerstimmen mindestens dreifach besetzt sind. Durch die Hinzunahme von Cantus und Altus kann nun eine Fünfstimmigkeit disponiert werden, mit der die Vielzahl der einzelnen Huldigungsrufe im „Gratias agimus“ gebündelt wird. Im Anschluß reduziert Palestrina sogleich die Stimmenzahl und entwickelt, ausgehend von den verschiedenen Apostrophierungen Gottes, in kleingliedrigem Wechsel der Besetzungen eine neuerliche Steigerung, die im ersten Tutti-Klang dieses Satzes, einem tonikalen C-Dur-Akkord, kulminiert (T. 33—35). Nur einmal noch wird im weiteren dieser Dreiklang in solcher mehr als zwei Oktaven umfassenden Vollstimmigkeit eingesetzt, ja übersteigert: Die Bitte um eine Akzeptanz der Gebete wird in derselben Lage vorgetragen und der ungewöhnlichen Wiederholung des Imperativs — „suscipe, suscipe“ — entspricht auch musikalisch eine intensivierte Gestaltung, indem die Spannweite des Akkords bis zum nur hier erreichten Spitzenton dieses Messensatzes (*g''*, T. 74) gedehnt wird.

Die Fortführung dieser Bitte aber, das zweifach vorgetragene „deprecationem nostram“, korrespondiert auffällig den ersten Takten des Gloria und verstärkt so Bezüge zwischen dessen beiden Teilen; dabei wird durch die wörtliche Wiederholung hier auch der musikalischen Phrase ein Verfahren der Aufspaltung des Chores in alternierende Gruppen deutlich, das in der anschließenden Bitte noch sinnenfälliger wird. (Daß zugleich zu den Worten „deprecationem nostram“ Motive des Kyrie aufgenommen, mit dem Rückgriff auf Gestaltungsmomente des Christe beim Text „qui sedes ad dexteram Patris“ aber auch musikalische und inhaltliche Querverweise konstruiert werden, sei nur am Rande erwähnt.)

Gloria, T. 82—92

Ähnlich, vielleicht noch virtuoser in der Verschränkung und Kombination verschiedener Binnenchöre, ist auch die Schlußformel; sie rekurriert, kompositorisch konzis gesetzt, mit der mehrfachen Wiederholung von Text wie — insbesondere in den Baßstimmen — gleichlautender Motivik ebenfalls auf zuerst im Christe-Teilsatz vorgestellte Phänomene. Mittels dieses Verfahrens, den Chorklang vielfältig aufzuspalten, gelingt es Palestrina nicht nur, einen ausgedehnten Satz zu strukturieren und in mitunter subtiler Weise auch den Text musikalisch zu deuten; zugleich wird erkennbar, wie weit er sich von imitatorischen Techniken, die in einer selbstgenügsamen, fast narzißtischen Artifizialität den Erfordernissen liturgischer Musik nicht mehr Genüge zu leisten schienen, dort entfernen kann, wo die kunstvolle Darstellung gesungenen Wortes zunächst vermeintlich schlichtere Mittel erfordert, die er nichtsdestoweniger überaus souverän arrangiert. Dieses kompositorische Verfahren ist in vieltextigen Stücken nur an Kulminationsstellen von großer kontrapunktischer Dichte, kann indes nichts weniger als auf einen simplen akkordischen Satz reduziert werden, der durch rudimentäre Imitationen oder Durchgangsnoten polyphone Gestaltungsprinzipien suggerieren will; es entspringt vielmehr dem Bemühen, Traditionen polyphonen Komponierens, wie sie die Werke der auch von Palestrina bereits als Autorität empfundenen Vorgänger, insbesondere Josquins, kennzeichneten, mit den Erfordernissen nach einer Verständlichkeit des Textes, aber auch den inzwischen gewonnenen Möglichkeiten seiner musikalischen Interpretation zu verbinden. An dieser Stelle kommt der *Missa Papae Marcelli*, wie Helmut Hucke erkannte, in einer Problemgeschichte der Vertonung des liturgischen Textes eine Schlüsselfunktion zu: „Die Absicht der *Missa Papae Marcelli* ist es aber nicht, zu zeigen, daß in mehrstimmiger Musik der Text verständlich vorgetragen werden kann, sondern daß das Erbe der Niederländer und Textverständlichkeit in der kirchenmusikalischen Tradition miteinander vereinbar sind: Man muß nicht im Stil der Madrigale vertonen, damit die Worte verstanden werden können."[14]

Die exemplarische Umsetzung dieser Idee in der *Missa Papae Marcelli*, wiewohl nicht allein hier aufzuweisen, sondern virulent auch in etlichen Werken seiner Zeitgenossen, dürfte es sein, die — verbunden mit der legendären Ausschmückung der Umstände ihrer Entstehung — ihre Bedeutung begründet und ihre spezifische musikgeschichtliche Position rechtfertigt. Schon die Schüler Palestrinas aber, denen eher der Mythos des Werks denn seine kompositorische Besonderheit vertraut gewesen zu sein scheint, reduzierten die Messe auf ihre homophonen Strukturen. Bereits 1590, also noch zu Lebzeiten des Komponisten, erschien eine Fassung der *Missa Papae Marcelli* für vier Stimmen; 1619 publizierte Giovanni Francesco Anerio eine ähnliche vierstmmige Bearbeitung, die im Kyrie alle subtile Polyphonie ebenso nivelliert wie die virtuose Besetzungsdisposition von Gloria und Credo.[15] Was bleibt, ist ein simpler akkordischer Satz, der von der Kunstfertigkeit der Vorlage kaum mehr etwas erkennen läßt:

Anerio/Palestrina: *Missa Papae Marcelli*, Gloria, T. 1—11

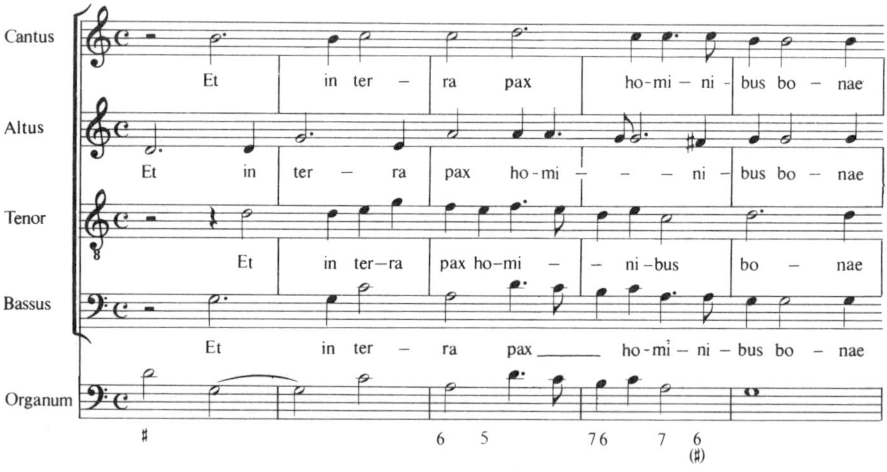

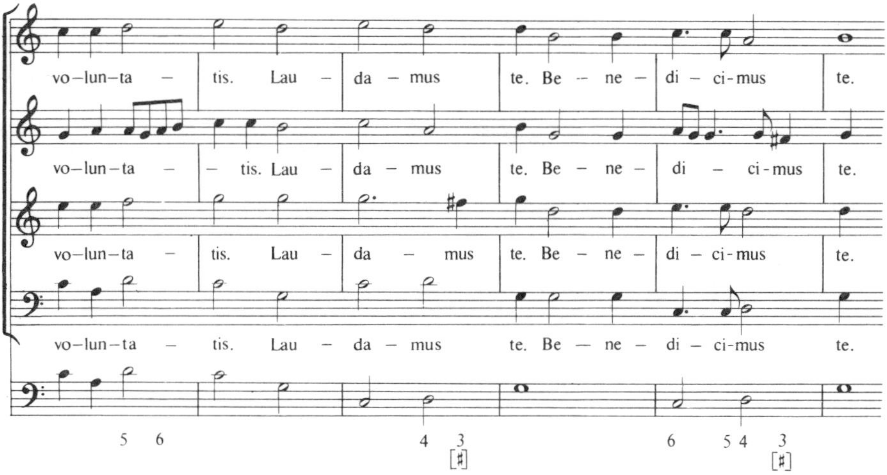

Geschickter dagegen nutzte Francesco Suriano, ein weiterer der wenigen nachweisbaren Schüler Palestrinas, die vor allem in Gloria und Credo angelegte Chorteilung zu einer doppelchörigen Bearbeitung der *Missa Papae Marcelli*. Doch auch hier gelingt eine Umsetzung nur partiell, der hochdifferenzierte Wechsel in Stimmenzahl und Register wird einem oft stereotypen Schema geopfert:

Suriano/Palestrina: *Missa Papae Marcelli*, Gloria, T. 1—12

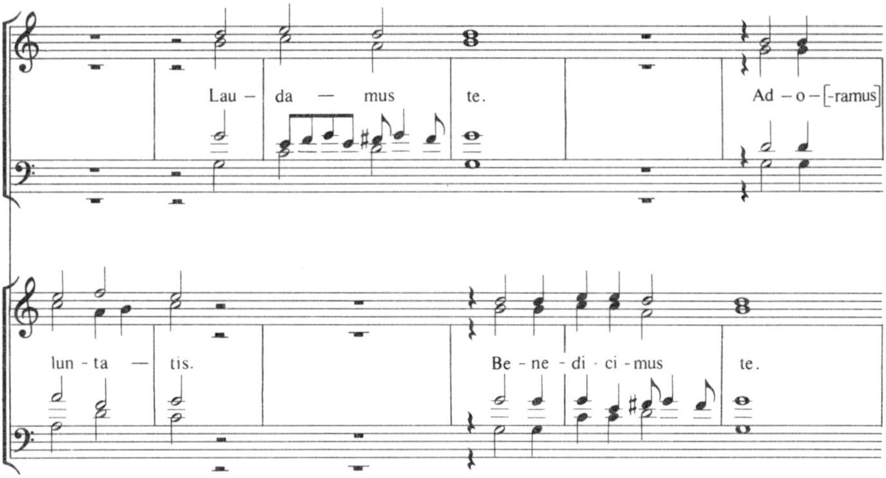

Unentschieden mag bleiben, ob diese Adaptionen dem Bemühen entsprangen, einem zentralen Werk des renommierten Lehrers durch eine Aktualisierung einen Platz in der Praxis der Gegenwart zu Beginn des 17. Jahrhunderts zu sichern, oder nicht vielmehr von eher eigennützigen, merkantilen Beweggründen intendiert sind. Unübersehbar aber ist, daß das Verständnis für die konzise kontrapunktische Arbeit, die in der *Missa Papae Marcelli* zwar nicht explizit demonstriert, dennoch mehr als nur im Schlußteil des Agnus Dei konstitutiv ist, zunehmend schwindet gegenüber einer einseitigen Betonung der vertikalen Dimension des Tonsatzes. So unattraktiv nicht nur diese Komposition Palestrinas unter solch eingeschränktem Blickwinkel wird, so sehr sicherte diese Reduktion dem Werk eine kontinuierliche Überlieferung — wenngleich weniger der Originalgestalt als einem Mythos, mit dem sich — bis weit ins 19. Jahrhundert hinein — mitunter zweifelhafte Bearbeitungen verbanden.[16]

Anmerkungen

1 Peter Griesbacher, *Kirchenmusikalische Stilistik und Formenlehre*, Band 3, Regensburg 1913, S. 386.

2 Vgl. etwa Siegfried Hermelink, *Dispositiones modorum. Die Tonarten in der Musik Palestrinas und seiner Zeitgenossen*, Tutzing 1960, S. 127 (= *Münchner Veröffentlichungen zur Musikgeschichte* Band 4).

3 Nach Joseph Samson, *Palestrina ou la poésie de l'exactitude*, Genf 1950, S. 176f., jedoch von ihm selbst bereits 1931 im *Bulletin de la Societé Palestrina* vorgetragen.

4 Vgl. Walter Haaß, *Studien zu den L'homme armé-Messen des 15. und 16. Jahrhunderts*, Regensburg 1984, S. 9f. (= *Kölner Beiträge zur Musikforschung* Band 136).

5 Vgl. zur Geschichte des *L'homme armé*-Liedes und seiner kompositorischen Verwendung Otto Johannes Gombosi, *Bemerkungen zur „L'homme armé"-Frage*, in: *Zeitschrift für Musikwisssenschaft* 10 (1928), S. 609—612; Lewis Lockwood, *Aspects of „L'homme armé"-Tradition*, in: *Proceedings of the Royal Musicological Association* 100 (1974), S. 97—122; William F. Prizer, *Music and Ceremony in the Low Countries: Philip the Fair and the Order of the Golden Fleece*, in: *Early Music History* 5 (1985), S. 113—153; Ludwig Finscher, *Die Musik des 15. und 16. Jahrhunderts*, Band 1, Laaber 1989, S. 223—226 (= *Neues Handbuch der Musikwissenschaft* Band 3.1); William Elders, *Musik, Macht und Mäzenatentum in der Renaissance*, in: Norbert Dubowy u. Sören Meyer-Eller (Hrsg.), *Festschrift Rudolf Bockholdt zum 60. Geburtstag*, Pfaffenhofen 1990, S. 129—140 sowie — grundlegend — Walter Haaß, *Studien zu den L'homme armé-Messen des 15. und 16. Jahrhunderts*, Regensburg 1984 (= *Kölner Beiträge zur Musikforschung* Band 136).

6 Die von Samson vorgetragene These, die *Missa Papae Marcelli* sei eine Parodiekomposition, angelegt über das Lied „L'homme armé" (vgl. Anm. 3), kann nur aufrecht erhalten werden, so man die Motivik des Christe-Binnenabschnitts der Messe auf den zweiten Teil der Liedmelodie zurückbezieht. Dies ist jedoch schon im Kyrie nur mit Schwierigkeiten und einigen Ad-hoc-Hypothesen durchführbar und wird um so problematischer in den Folgesätzen. Weitere melodische Partien der Vorlage schließlich sind noch weniger spezifisch (Tonleiterausschnitte etc.), als daß sie ebenso zweifelsfrei wie zwangsläufig zu identifizieren wären. Rücksichtlich der Beobachtung, daß Palestrina nicht nur in seinen explizit als *L'homme armé*-Parodien ausgewiesenen Messen über Themen dritter stets konsequent das vorgegebene Material in allen Teilsätzen, zudem streng chronologisch (s. u.), verwertete, wird die Argumentation von Samson, wie bereits Knud Jeppesen (*Marcellus-Probleme*, in: *Acta musicologica* 16 [1944], S. 11—38) nachwies, zunehmend brüchig. Vgl. ferner Karl Gustav Fellerer, *Beziehungen zwischen geistlicher und weltlicher Musik im 16. Jahrhundert*, in: John LaRue (Hrsg.), *Report of the Eighth Congress of the International Musicological Society New York 1961*, Band 1, Kassel usw. 1961, S. 203—214.

7 Den Bässen besonders prägnante Motive oder thematisches Material zuzuweisen, könnte auf das verstärkte Interesse, das man im Verlauf des 16. Jahrhunderts den tiefen Männerstimmen entgegenbrachte, zurückzuführen sein. Vgl. hierzu Lorenz Welker, *Die Musik der Renaissance*, in Hermann Danuser (Hrsg.), *Musikalische Interpretation*, Laaber 1992, S. 161f. (= *Neues Handbuch der Musikwissenschaft* Band 12).

8 Zum Vergleich von Palestrinas Verfahren, einzelne Motive vielfältig zu variieren, mit Hector Berlioz' oder Franz Liszts Technik der Thementransformation, bei der ebenfalls stets diastematische Strukturen, nicht jedoch Rhythmik oder Metrik beibehalten werden, siehe Herbert Kennedy Andrews, *An Introduction to the Technique of Palestrina*, London 1958, S. 215, sowie ferner Maurice Emmanuel, *Histoire de la langue musicale*, Band 1, Paris 1928, S. 592.

9 Vgl. Reinhold Schlötterer, *Struktur und Kompositionsverfahren in der Musik Palestrinas*, in: *Archiv für Musikwissenschaft* 17 (1960), 40ff.

10 Knud Jeppesen, *Der Palestrina-Stil und die Dissonanz*, Leipzig 1925, S. 265.

11 Peter Griesbacher, *Kirchenmusikalische Stilistik und Formenlehre*, Band 2, Regensburg 1912, S. 67.

12 Peter Griesbacher, *Kirchenmusikalische Stilistik und Formenlehre*, Band 2, Regensburg 1912, S. 173f.

13 Ebenso wie Ernst Kurth verwies auch Knud Jeppesen schon in der Vorrede zu seinem Kontrapunktlehrbuch (*Kontrapunkt. Lehrbuch der klassischen Vokalpolyphonie*, Leipzig 1935, S. IX) darauf, daß der Palestrina-Stil als Modell zum Unterricht im linearen Satz wegen seiner starken Ausrichtung an vertikalen Komponenten des Tonsatzes nur bedingt geeignet sei.

14 Helmut Hucke, *Palestrina als Klassiker*, in: Hermann Danuser (Hrsg.), *Gattungen der Musik und ihre Klassiker*, Laaber 1988, S. 25 (= *Publikationen der Hochschule für Musik und Theater Hannover* Band 1).

15 Hermann J. Busch (Hrsg.), *Giovanni Francesco Anerio and Francesco Soriano. Two Settings of Palestrina's Missa Papae Marcelli*, Madison 1973 (= *Recent researches in the music of the baroque era* Band 16). Für etliche weiterführende Informationen zu Bearbeitungen der *Missa Papae Marcelli* danke ich Herrn Prof. Dr. Busch sehr herzlich.

16 Eine vollständige Übersicht über die Vielzahl der Bearbeitungen von Palestrinas *Missa Papae Marcelli* steht noch aus. Peter Griesbacher etwa plädierte noch 1913 für Kürzungen des Werks, um es verbreitet für Aufführungen zu erschließen (*Kirchenmusikalische Stilistik und Formenlehre*, Band 2, Regensburg 1912, S. 442f.); vgl. hierzu neben seiner eigenen Bearbeitung der *Missa Papae Marcelli* auch die Ausgaben von Ignaz Mitterer, Simon Josef Nepomuk Schinhamer, Carl Thiel, Wilhelm Hohn u.a.

III. Klassizität

Daß einerseits schon zu Lebzeiten Palestrinas Bearbeitungen seiner *Missa Papae Marcelli* kursierten, die kaum mehr als den Titel mit der ursprünglichen Version gemein hatten, indem sie die komplexe polyphone Faktur auf einen schlichten, „modischeren" Satz reduzierten, andererseits aber noch etliche Jahre nach seinem Tod zahlreiche Meßkompositionen aus dem Nachlaß herausgegeben wurden, in deren Satztechnik sich nur unwesentliche Änderungen gegenüber den teilweise Jahrzehnte vorher publizierten Werken ausmachen lassen, erscheint auf den ersten Blick überraschend, ja widersprüchlich. Wenn auch derartig konventionell angelegte Kompositionen noch einen Markt fanden, so stellt sich die Frage, warum es an anderer Stelle aktualisierender Bearbeitung bedurfte.

Zunächst ist zu konstatieren, daß Veränderungen kompositorischer Praxis, wie sie in der zweiten Hälfte des 16. Jahrhunderts vielfältig diskutiert wurden und auch das Œuvre manches Komponisten der Zeit — verwiesen sei lediglich auf die schillernde Persönlichkeit Orlando di Lassos — nuancenreich schattieren, in den Werken Palestrinas nur schwache Reflexe fanden. Zweifellos war das Spektrum gestalterischer Möglichkeiten, das zur Vertonung liturgischer Texte zur Disposition stand, nach den Vorgaben des tridentinischen Konzils eher gering, zumal für einen Musiker, der schon wegen seiner exponierten Stellung an einer der römischen Hauptkirchen wie insbesondere als Komponist der päpstlichen Kapelle mustergültige und einwandfreie Werke vorzulegen hatte. Doch auch die zahlreichen Meßvertonungen, die Orlando di Lasso, Kapellmeister am Münchener Hof und der vermutlich produktivste unter den Zeitgenossen Palestrinas, schrieb, sind im Vergleich zu seinen geistlichen Madrigalen, deren farbige, kontrastreiche Harmonik ebenso wie eine Virtuosität sublimer Dissonanztechniken avantgardistische Züge tragen, eher konservativ gehalten. Kompositionen aber, die in ihrer Expressivität Lassos *Bußtränen des heiligen Petrus* zu vergleichen wären oder deren Reichtum von Klängen und harmonischen Wendungen einer etwa in den *Prophetiae Sibyllarum* gezeigten Vielfalt entspräche, fehlen im Œeuvre Palestrinas. Selbst in den Vertonungen der schwärmerischen, mitunter ekstatischen Verse des alttestamentlichen Hohen Lieds verzichtet er auf eine intensive musikalische Umsetzung einer Vorlage, deren affekt- und bilderreiche Sprache seine Kollegen zu entlegenen Klangverbindungen und riskanter, oft kaum noch Regeln und Konventionen tonsetzerischer Gestaltung entsprechender Stimmführung inspirierte. Von all diesen Kunstfertigkeiten, in deren nicht selten übersteigerter Anwendung seine Zeitgenossen Luca Marenzio, Luzzasco Luzzaschi, Cipriano de Rore neben zahlreichen anderen wetteiferten, findet sich auch in Palestrinas Madrigalen kaum eine Spur. So wirkt das Repertoire musikalischer Mittel, über das er bei der Vertonung eines Textes verfügt, vergleichsweise gering, und dieselbe Zurückhaltung, die bei der Komposition liturgischer Musik erforderlich schien, kennzeichnet auch seine weltliche.

Ungeachtet einer — zunächst überraschenden — Vielzahl von Madrigalen wie auch zahlreicher geistlicher Werke, bei denen wegen ihrer Bindung an vorgegebene Cantus firmi oder der Berücksichtigung bestimmter Aufführungskonventionen, etwa Alternatimpraktiken, die Gestaltungsmöglichkeiten eingeengt waren, gewinnt somit das Gesamtschaffen Palestrinas eine ungewöhnliche Geschlossenheit, die nicht allein darauf zurückzuführen ist, daß es ausschließlich Vokalkompositionen waren, die er veröffentlichen ließ. (Ob Palestrina während der Zeit seiner Anstellung als Organist an der Kathedrale seines Heimatortes auch Orgelwerke schrieb oder sich als Kapellmeister der d'Estes mit Kompositionen für das vielgerühmte dortige Orchester beschäftigte, ist nicht belegt, steht aber immerhin zu vermuten; Rückschlüsse auf eine etwaige Entwicklung seines Stils sind jedoch mangels einer Überlieferung entsprechender authentischer Werke kaum zu ziehen.)

Dieser Eindruck großer Homogenität in seinem Werk dürfte auf ein satztechnisches Verfahren zurückzuführen sein, das Palestrina bis etwa 1560 ausbildete und anschließend nur noch in geringem Umfang modifizierte.[1] Identisch scheint seine Praxis der Vertonung von Texten unterschiedlichster Art, von Bibelversen und Gebeten, Meßformularen und Dichtungen, und der Versuch, ein Werk Palestrinas aufgrund kompositionstechnischer Merkmale zu datieren, gelingt nur selten.

Lediglich ein Frühwerk wäre in seinem Schaffen zu differenzieren: In seinem ersten, 1554 veröffentlichten Messenbuch ist der Einfluß traditioneller Verfahren strenger Durchimitation nicht zu übersehen, welche er wenige Jahre später — nicht zuletzt im Kontext der Entstehung der *Missa Papae Marcelli* — reflektiert und mit den Erfordernissen einer Vernehmbarkeit des Textes vermittelt. Die von ihm in einer Krise der Komposition liturgischer Musik präsentierte Lösung, die Kristallisierung einer Satztechnik, in der artifizielle Polyphonie in einem klangvollen, auf Artikulation und Verständnis gesungenen Wortes zielenden Tonsatz aufgehoben war, gerann zu einem Paradigma von Kirchenmusik, das auch für ihn selbst weder hintergehbar noch weiterzuentwickeln war. Dabei mag unentschieden bleiben, ob Palestrina seinerseits eine Fixierung solchen kompositorischen Verfahrens forcierte oder die Vorgabe eines Rahmens gestalterischer Möglichkeiten als Einengung individuellen künstlerischen Potentials empfand. Immerhin schuf die Festlegung eines von höchster kirchlicher Autorität sanktionierten Kompositionsprinzips die Basis, nach einer stets gleichen Methode eine Vielzahl von Werken zu produzieren, deren Publikation sicheren Profit versprach. Palestrina, offenkundig in Geldangelegenheiten ebenso penibel wie versiert, dürfte den Wert dieser Quelle ständiger zusätzlicher Einnahmen kaum verkannt haben, zumal er in mitunter wirtschaftlich schwieriger Zeit eine vielköpfige Familie zu versorgen hatte. Außerdem war die Position, die er im Vatikan einnahm, mindestens zeitweise keineswegs so ungefährdet, wie es rückblickend erscheinen mag. Die verheißungsvollen Perspektiven etwa, die sich dem römischen Kapellmeister im Frühjahr 1555 mit dem Beginn des Pontifikats Marcellus' II. eröffneten, wurden rasch hinfällig, als nur wenige Monate später Paul IV. rigide Reformbestimmungen durchsetzte, die ihm als verheiratetem Musiker einen weiteren Verbleib in päpstlichen Diensten verwehrten. Wiewohl Palestrina, saldiert man seine Einkünfte, auch in dieser Zeit keine Not litt und keineswegs subalterne Dienste zu übernehmen gehalten war, wird es doch verständlich, daß er mit großer Intensität die Entwicklung, Etablierung und geschickte Nutzung eines kompositorischen Verfahrens betrieb, um sich erneut für attraktivere musikalische Ämter zu qualifizieren und zugleich eine gewisse wirtschaftliche Unabhängigkeit zu erwerben. Umgekehrt deutet die Tatsache, daß er selbst bei kompositorischen Aufgaben, wo man größere künstlerische Freiheit hätte walten lassen können, auf gleichsam gesichertem Terrain blieb und selbst als arrivierter Musiker im letzten Abschnitt seines Lebens eher satztechnische denn unternehmerische Wagnisse scheute, auf einen Zug von Konservativismus seiner Person hin, einen offensichtlichen Verzicht auf Innovation und Experiment — mithin auf Kategorien, die nach dem weithin verbreiteten Verständnis der Musikgeschichtsschreibung eigentlich als zentrale Kriterien für die historische „Größe" eines Komponisten gelten. Dennoch ist die Bedeutung, die Palestrina schon in seiner Zeit erlangte, nicht nur ein Rezeptionsphänomen. Ihm gelang, nachdem insbesondere Josquin die Bedingungen und Möglichkeiten einer kompositorischen Methode fokussiert und mit seiner Individualität vermittelt hatte, deren erneute und verbindliche Objektivierung, damit zugleich — wie Diether de la Motte erkannte — deren universelle Verfügbarkeit: „Palestrina [...] hat lediglich eine Sprache geglättet und verfeinert, die der über 70 Jahre ältere Josquin erstmals in ihrer ganzen Ausdrucksfähigkeit entfaltet hatte; ja Palestrinas weltmännische Souveranität machte diese Sprache gerade dadurch zu einer *gleichsam dialektfreien Weltsprache,* daß Josquins ungestümer Expressionismus zurückgenommen wurde, daß auf Josquins

Reichtum der Erfindung von Werk zu Werk verschiedener überraschender Ausdrucksmittel verzichtet wurde.“[2]

Die Grammatik dieser Tonsprache ließ sich um so leichter formulieren, je umfangreicher das Repertoire war, das ihren Prinzipien folgte. Daß dabei das Gesamtwerk Palestrinas, dessen Stil innerhalb eines Zeitraumes von mehr als 30 Jahren offensichtlich von modischen Tendenzen weitgehend unbeeinflußt geblieben war, als Bezugsgröße diente, lag allein aus methodischen Gründen nahe. So gerierte der römische Kapellmeister zum Exponenten eines kompositorischen Verfahrens, zur Symbolfigur eines Stils, den man bereits um 1650 „alt“ nannte und dennoch nicht nur aus didaktischen Gründen weiterhin pflegte. Vielmehr gewann Palestrina schon in dieser Zeit die Position eines „classicus auctor“, seine Kirchenmusik aber eine Vorbildfunktion[3], deren Überzeitlichkeit noch stärker betont wurde, als man die bunte Vielschichtigkeit musikalischer Produktion des ausgehenden 16. Jahrhunderts in den Blick bekam. Sich auf Palestrina bei der Formulierung grundlegender kontrapunktischer Regeln zu berufen, war demnach auch um 1730 keineswegs so anachronistisch, wie Hugo Riemann es Johann Joseph Fux vorwerfen zu können glaubte[4]: Dem Wiener Hofkapellmeister dürfte sehr wohl bewußt gewesen sein, daß mittels der in seinem Lehrbuch *Gradus ad Parnassum* zusammengestellten Regeln die Musik seiner Gegenwart weder analytisch noch in produktionsästhetischer Hinsicht allgemein zu fassen war; doch war seine weitverbreitete Studie auch nicht der Versuch eines Historikers, ein satztechnisches Verfahren der Vergangenheit zu beschreiben. Vielmehr formulierte er die Grundzüge einer kontrapunktischen Kompositionsweise, deren Relevanz aus der Vokalpolyphonie insbesondere Palestrinas zu ersehen war und die als Leitlinien idealer — was meint: überzeitlicher — Kirchenmusik vornehmlich römisch-katholischer Prägung vorgegeben werden konnten. Als Folge dieser sukzessiv verstärkten Identifizierung von Palestrinastil mit Kontrapunkt schlechthin, wie sie letztlich bis hin zu den Studien von Knud Jeppesen immer wieder in Lehrbüchern und Unterrichtswerken noch aufscheint, geriet die historische Gestalt des römischen Kapellmeisters vorübergehend aus dem Blickfeld. Mit der Überzeitlichkeit, die man seinem Stil zusprach, erlangte Palestrina selbst gleichsam eine exterritoriale Position; unbeachtet konnte bleiben, inwieweit seine Musik repräsentativ für seine Zeit war oder gegebenenfalls Wechselwirkungen mit Werken anderer Komponisten zu verzeichnen sind, aber auch, ob innerhalb seines Schaffens Entwicklungslinien aufgezeigt werden können.

Hier setzte Giuseppe Baini an. In seiner großangelegten Studie zu Leben und Werk Palestrinas, des berühmtesten seiner Vorgänger auf dem Posten des päpstlichen Kapellmeisters, versuchte er, zehn musikalische Stile in dessen Œuvre zu differenzieren, wobei er biographische Motive, gattungsgeschichtliche Aspekte und kompositionstechnische Kategorien sehr konzis verschränkte:

„1. Den Stil seiner ältesten Werke. Hier ist fließender Gesang, gute Unterlegung der Worte, eine harmonische Musik von bestimmter gleichmäßiger Färbung. Aber kein Verständnis des Wortes, keine Darstellung seines Sinnes; alle Fehler der früheren Zeit; Verbindung verschiedener, aufeinander nicht unmittelbar bezüglicher Texte, Vermischung des Maßes in den zusammenklingenden Stimmen, häufige Kanons.

2. Nach seiner Vertreibung aus der päpstlichen Kapelle, in seiner dürftigen Stellung beim Lateran, der Betrübnis über mangelnden Unterhalt für Weib und Kinder, ging ihm ein neuer Stern im Innern auf. Einsam, an den Grenzen Roms, von allem Geräusche entfernt, wurde ihm Muße, die Werke des Costanzo Festa und anderer tüchtiger Meister zu studieren, an ihnen als lebendigen Vorbildern zu lernen. Hier entstanden, seiner trüben Stimmung gemäß, seine Lamentationen. Hier ist er ganz Natur, in seinen früheren Messen war er ganz Kunst. Dort war er ganz Spielerei, hier ist er ganz Ernst; dort kalt, unbedeutend, hier voll Feuer, Seele, Wahrheit; dort voll Mühe und Zwang, hier fließend, ohne Schwierigkeit oder Hemmung; dort Nachahmer fremder Manieren, hier Nachahmer der Natur auf eine ihm völlig eigene Weise. Dieses sein zweiter Stil.

3. Den dritten zeigen zunächst seine auf die gregorianische Psalmodie gesetzten Magnificat. Ihre Behandlung gründet sich auf C. Festa und Morales, läßt durch Reichtum und Sangbarkeit der Bässe jedoch diese Vorbilder weit hinter sich zurück. Die vielen Künste (artifizj), die er in diesem Stile anbrachte, hinderten ihn nicht, den Fußstapfen der Natur zu folgen; so eben hatte er den innigsten Freundschaftsbund mit ihr geschlossen, auf beredte Weise die Ehre des allmächtigen, barmherzigen Armes seines Herrn mit ihr erhoben. Hierher gehören auch seine Hymnen, nur daß in ihnen die Modulationen mannigfaltiger, auserlesener, kraftvoller, die Melodien von durchaus neuem Charakter sind.

4. Seine meisten Motetten, Messen, viele seiner Madrigale sind in dem vierten Stile gesetzt. Er ist ein künstlicher, aber höchst natürlicher, leichter, anmutiger, seelen- und gefühlvoller Stil. Man sieht ihn hier oft auf Josquins Spuren, nur daß er von künstlichen Verflechtungen da allein zu einfacher, nachdrucksvoller Verbindung aller Stim-

men, Note gegen Note übergeht, wo bedeutungsvolle Worte ihm dazu Anlaß geben; daß solche Stellen durch einen majestätischen Baß, eine kraftvolle Harmonie hervorgehoben werden. Durch den Wechsel des Kunstreichen und Einfachen weiß er hier zu wirken, jene Wirkungen aber in jedem einzelnen seiner Werke dennoch eigentümlich zu erhalten. Ja, die Sonderbarkeiten seiner Vorgänge, ihre Kanons, ihre Vermischungen des Maßes und verschiedener Texte weiß er zu Schönheiten umzubilden.

5. Kurz, fließend, mäßig, ausdrucksvoll ist sein fünfter Stil, von so erlesener Natürlichkeit, daß die Werke desselben mehr Natur- als Kunsterzeugnisse scheinen, und doch Hervorbringungen der vollendetsten Kunst, ein höchst schweres Leichte sind.

6. Die Werke seines sechsten Stiles sind der Miniatur ähnlich. Viele vierstimmige Motetten zu gleichen Stimmen, einige Verse der Magnificat und Hymnen, einzelne drei- und vierstimmige Stellen der Messen sind in diesem Stile gesetzt. Wie schön ist er nicht! Der Gesang ist höchst angenehm und natürlich, die künstlichen Verflechtungen sind klar, wohlgeordnet, rein und zierlich; höchst ergötzlich die Harmonie, die Akkorde oft neu und unerwartet, wenig Ausweichungen, unerschöpfliche Mannigfaltigkeit, eine gefeilte Nachahmung der Natur. Und wenn dieser Stil sich manchmal erkräftigt und erhebt, um gleichen Schrittes den heiligen Gedanken zu folgen, denen er sich anschließt, so ist der Reiz seiner Bewegung, die Anmut seiner neuen ehrwürdigen Erscheinung so groß, daß er die Hörer nur noch mehr anzieht, sie bezaubert, statt sie zu überraschen.

7. Wer sollte es glauben? sähe er die Hand des Fiesole an dem jüngsten Gerichte der Sixtina, oder den Buonarroti beschäftigt, auf dem Titelblatte eines Chorbuches einen Käfer, einen Schmetterling, einen Zweig fein auszumalen? Und doch ist es so. Palestrina's Feder, in dem vorangehenden Stile treue Nachahmerin der Natur in ihren zartesten Formen, schärft sich riesenmäßig in diesem siebenten, und schreibt mit Einfalt, Klarheit, Natürlichkeit, Adel, Großartigkeit, unerdachter Erhabenheit die Messe des Papstes Marcellus. Sie ist die einzige Hervorbringung Palestrina's in diesem Stile; daß sie die erste und einzige solcher Art ist, setzt sie der Iliade gleich.

8. Konnte Palestrina auch denselben Gipfel nicht wieder erreichen, so suchte er doch nach Kräften zu der Höhe eines gegenüberliegenden den rauhen Pfad zu ebnen. Sein achter Stil ist klar, leicht, großartig, majestätisch, gleich dem der Messe des Papstes Marcellus, doch nicht gleich jenem von unwandelbarem Ernste, unnachahmlicher Strenge;

hier richtet er sich nach Wort und Sinn, schmiegt auf würdige Weise sich allen Formen an. So in den achtstimmigen Messen, vielen Motetten und Sequenzen ebenfalls zu acht Stimmen, in einigen dreichörigen Kompositionen. Damit aber diesem Stile in Nachahmung der Natur nichts abgehe, damit, wenn es sein müsse, die Überraschung der Zuhörer um so größer, unwiderstehlicher sei, erfand er die schwere Kunst, zwei Chöre von abgestufter Höhe miteinander zu verbinden.

9. Der neunte Stil ist von Palestrina selber mit dem Beiwort *alacrior* [=lebhafter] bezeichnet. In ihm hat er das Hohelied, viele geistliche Madrigale und einen großen Teil der Messe *„Assumpta est"* gesetzt. Er ist natürlich, einfach, doch edel, gedankenreich und erhaben, voll von Kraft und Süßigkeit. Bald erhebt er sich, bald läßt er sich herab; bald schmeichelt er, bald donnert er, immer aber mit Würde. Die kontrapunktischen Künste verhüllen ihn nicht, sonden leihen ihm glänzenden Schmuck; die häufige Vereinigung der Stimmen schwächt ihn nicht, sondern erhöht seine Gewalt und Kraft. Die Kunst ist allezeit von der Natur bedeckt, die Natur stets der Kunst vermählt; Wort und Sinn, welche deutlich vernommen werden, erhalten jenes Einschmeichelnde, das ergötzt und überzeugt.

10. Der zehnte Stil ist eine Verschmelzung des zweiten, achten und neunten. Meist sind Worte hier behandelt, die Schmerz, Leiden, Reue, Bitten, Furcht, Tod ausdrücken, deswegen nimmt dieser Stil, der sonst mit dem neunten übereinkommt, viel von dem zweiten (dem der Lamentationen) an und borgt von dem achten gesuchtere, gedrängtere, heftigere, kraftvollere, unvorhergesehene und doch unglaublich natürliche Ausweichungen; und so entsteht ein strenger, ernster, düsterer, tiefer, von dem vorigen höchst verschiedener Stil, obgleich aus ihm und zwei anderen zusammengeschmolzen. Wort und Sinn, die auch hier auf das deutlichste hervortreten, gewinnen dadurch jenes Durchdringende, das, ohne einer Bühne, eines Schauspiels, der Zurüstungen, der Gebärden, Kleider und Täuschung zu bedürfen, mit den Waffen der Melodie und Harmonie allein auf ergötzliche Weise rührt und überredet."[5]

Dies reich gegliederte System Bainis fand schon bei den Zeitgenossen, etwa Moritz Hauptmann, dem Leipziger Thomaskantor, nur bedingte Zustimmung[6], und insbesondere den Versuch, mit dem Nachweis souveräner Beherrschung einer Fülle unterschiedlicher musikalischer Gestaltungsmittel Palestrina zur überragenden Künstlerpersönlichkeit der zweiten Hälfte des 16. Jahrhunderts zu stilisieren, unterzog Carl von Winterfeld, ein dem römischen Kollegen ebenbürtiger Kenner der italienischen Musikgeschichte, schon kurze Zeit später einer umfassenden Kritik. Vor allem die Bainis Auflistung folgenden abwertenden Urteile über die Kompositionen von Zeitgenossen Palestrinas hielt er für wenig angemessen, zumal ihr Zweck allzu offensichtlich war; anderes, so Palestrinas vorgeblichen Primat, bei mehrchörigen Werken unterschiedlich besetzte Chorgruppen disponiert zu haben, wußte er zu korrigieren, indem er Adrian Willaert, den Kapellmeister des Venezianer Markusdomes, als Urheber benannte.

Kern der Kritik Carl von Winterfelds aber war die vielfältige Differenzierung musikalischer Stile, die ihm trotz der zahlreichen mitunter phantasievollen Attribute und weitschweifenden Assoziationen sachlich zu wenig begründet erschien. Lediglich die frühen Kompositionen Palestrinas, namentlich das erste Messenbuch, wollte er von einem kompositorischen Verfahren, das er im Gros dessen Schaffens als einen spezifischen Personalstil zu beschreiben können glaubte, unterschieden wissen. Die Reduktion der Zehnzahl mehr oder minder divergierender Stile, die Baini in Palestrinas Œuvre ausmachte, begründete er nicht nur mit eigener sorgfältiger Sichtung des überlieferten Bestandes, sondern sah sie auch in den Ausführungen des römischen Kollegen bereits angelegt. Immer wieder, so Winterfeld, verwende Baini zur Beschreibung der Kompositionen Palestrinas den Begriff Natur nebst abgeleiteten Wortformen und lediglich den zuerst genannten Stil der frühesten Werke setze er davon ab. Mithin könne man nur zwei grundsätzlich verschiedene kompositorische Verfahren Palestrinas einander kontrastieren und ein von komplizierten Kanontechniken dominiertes einem anderen gegenüberstellen, in dem die Demonstration dieser Kunstfertigkeiten fehle. In der Sache grundsätzlich zutreffend, unangemessen höchstens insofern, als Winterfelds propagierte Dichotomie „Natur—Kunst" eingestandenermaßen von Hegelschen Philosophemen geprägt war, gelingt doch eine Anwendung dieser Begriffe, um Palestrinas Œuvre zu differenzieren, nurmehr bedingt.

Zweifellos bezeichnen Durchimitation und strenge Kanonik eine Tradition kompositorischer Praxis, die Palestrina zunächst wenig reflektiert — Baini zufolge „mit allen Fehlern der früheren Zeit" — übernahm und erst nach der vehementen Kritik des Klerus nicht zuletzt mit der Vorlage „neuer" Werke, darunter die *Missa Papae Marcelli*, zu modifizieren wußte. Doch bedeuten diese Reformkompositionen keineswegs einen harschen Bruch mit Konventionen, infolgedessen komplexe Kontrapunktik selbst für den liturgischen Gebrauch fundamental diskreditiert gewesen sei. Gerade im Gegenteil wirkt es bisweilen, als habe Palestrina sich gescheut, jene Konsequenzen, die sich aus einer engen Orientierung von Musik an Sprache ergaben, zu ziehen und in seinen späteren Kompositionen entschieden umzusetzen. Die Vernehmbarkeit des Textes, vermutlich die wichtigste Forderung der Konzilsväter an liturgische Musik, ist in seinen Kompositionen zweifellos gewährleistet, indem melodische und rhythmische Schwerpunkte mit Wortbetonungen und Sinnakzenten kongruieren. Schon dies bezeichnet eine neue Qualität kompositorischen Wort-Ton-Verhältnisses gegenüber den Vokalwerken Josquins, erst recht im Vergleich zu den Kontrapunktisten des 15. Jahrhunderts, deren Partituren nach den Worten Ernst Blochs von „eitlem Kalkül", nicht einer „seelischen und textlichen Notwendigkeit" bestimmt sind: „Einflußlos steht der Text da und fruchtlos bleibt die ungeheure Verstandesarbeit in sich selbst verschlossen. Es ist der Bleistift, der selbst rechnen möchte, und der verschlungene Achter, der nichts trifft."[7] Doch kaum mehr als über eine prosodisch richtige Behandlung des Textes gelangt auch Palestrinas Musik nicht hinaus, eine Leidenschaftlichkeit in der Deutung selbst affektiv reicher Vorlagen ist selten zu verspüren, schon eine Differenzierung der Satztechnik gemäß dem Charakter zu vertonender Worte bleibt aus: Zahl und Verwendung von Dissonanzen etwa können, wie Knud Jeppesen exemplarisch ermittelte, selbst in so unterschiedlichen Partien wie des Crucifixus und Benedictus innerhalb derselben Messe identisch sein.[8]

Andererseits verzichtete Palestrina selbst in seiner *Missa Papae Marcelli* nicht auf komplexe Kanontechniken. Gerade in den Schlußteil, ein zweites, siebenstimmiges Agnus Dei, fügte er einen konsequent durchgeführten, doppelten Quintkanon ein und demonstrierte damit, daß es sehr wohl möglich sei, traditionelle imitatorische Satztechniken weiterzuführen, ohne doch die zwischenzeitlich inkriminierten Mängel unzureichender Textdeklamation und kompositorischer Selbstgenügsamkeit wiederholen zu müssen. Ähnlich motiviert dürfte auch die Aufnahme einer explizit auf Verfahren strenger Kanonführungen basierende *Missa Ad Fugam* in sein zweites Messenbuch sein, einen Band also, an dessen Schluß mit der nach Papst Marcellus benannten Messe ein Beispiel des „neuen" Kompositionsstils stand. Und noch im dritten, weitere drei Jahre später vorgelegten Buch mit Meßvertonungen findet sich mit der *Missa Repleatur os meum* ein Werk, dessen Gesamtkonzeption darauf beruht, in den Einzelsätzen Möglichkeiten kanonischer Verwendung eines Themas in verschiedenen, systematisch gestaffelten Intervallen und Zeitabständen vorzustellen:

	Intervall	Einsatzfolge (in Takten)
Kyrie	Oktave	4
Christe	kleine Septime	3,5
Kyrie II	kleine Sexte	3

Gloria	Quinte	2,5
Credo	Quarte	2
Sanctus	kleine Terz	1,5
Osanna	große Sekunde	1
Agnus Dei I	Prime	0,5 (augmentiert)
Agnus Dei II	Oktave u. Quint	4 u. 6 (dreifach)

Nach vergleichbaren Gestaltungsprinzipien ist auch die 1599, im neunten Messenbuch veröffentlichte *Missa sine nomine* angelegt[9], und selbst wenn der Nachweis gelänge, daß diese posthum edierte Komposition bereits einer früheren Schaffensperiode zuzurechnen sei, so bleibt doch die Argumentation, daß Palestrina ein überkommenes Verfahren strenger Durchimitation zu einem bestimmten Zeitpunkt zugunsten eines freieren Individualstils aufgegeben habe, brüchig.

Was jedoch Palestrinas solcherart kanonisch strukturierte Kompositionen von ähnlich angelegten Werken früherer Zeiten unterscheidet, ist nicht nur eine diskrete klangliche Vermittlung strenger Kontrapunktik, die auch schon in Messen von Nicolaus Gombert und Heinrich Isaac zu finden ist. Vielmehr werden die virtuosen kombinatorischen Kunststückchen nun nicht mehr unmittelbar erkennbar, weder drängen sie sich dem Hörer auf noch lassen sie sich hinter einer Fassade spröder Klanglichkeit vermuten. Kontrapunkt und Kanon werden zum Mittel, sind nicht mehr Zweck einer Komposition, deren Ziel, die bewußte Darstellung von Kunstfertigkeit, zunehmend kritisiert wird. Die Bemerkung Heinrich Glareans in seinem 1547 veröffentlichten *Dodekachordon*, daß eine „ostentatio ingenii", ein Erweis der intellektuellen Fähigkeiten eines Komponisten, nicht der Gegenstand eines musikalischen Werks sein solle[10], spiegelt ein Motiv tridentinischer Konzilsväter, die vielleicht nicht einmal zu Unrecht argwöhnten, allzu artifizielle Musik könne im Gottesdienst gegebenenfalls die Aufmerksamkeit des Hörers auf die individuelle Leistung des Autors hin richten, mithin vom liturgischen Geschehen ablenken. Palestrina seinerseits entspricht diesen einflußreichen Gedanken und Vorstellungen nun allerdings nicht, indem er in der Kombination verschiedener Stimmen auf jegliche Kunstfertigkeit verzichtet, sondern sie kaschiert in einem Tonsatz, der sich den Anschein gibt, daß er weniger dem Diktat einer Eigengesetzlichkeit musikalischen Materials folge als vielmehr durch die kaum verbindliche Reihung motivischer Varianten konstituiert werde. Wenn „Kunst" jedoch solchermaßen suggeriert, „Natur" zu sein, wird die ehedem von Baini eingeführte Unterscheidung, die Carl von Winterfeld aufgriff, hinfällig, zugleich aber auf eine andere Ebene transponiert, die Palestrinas individuelle, vielleicht sogar singuläre Position verdeutlicht.

Nicht also widerspricht das von Palestrina in der absoluten Mehrzahl seiner Werke verwendete kompositorische Verfahren, dessen Prinzipien in Regeln destilliert werden konnten und das nicht nur Baini als „naturgemäß" erschien, einer Satztechnik, die wegen ihrer artifiziellen Strukturen in Mißkredit geraten war; diese aufgreifend und modifizierend, bereitet er stattdessen eine Möglichkeit ihrer Bewahrung. Und insofern, als die Natur nach zeitgenössischem Verständnis als größte Künstlerin in der Erfindung von Formen galt, konnte Palestrina als „grande imitatore della natura"[11] firmieren. Sein Tonsatz war mit einem Naturvorgang zu vergleichen: „Er ist wie ein Sinnbild der Natur, der leblosen Natur. Das Element verhält sich wie ein lebloses Ding; es wird durch äußere Einwirkungen in Bewegung gesetzt. Diese Einwirkung, der Grund der Bewegung, ist exakt feststellbar, somit sind es auch die Folgen. So scheint alles, was im Palestrina-Satz geschieht, berechenbar, wie auf Grund eines Kausalgesetzes. Die Satzkunst Palestrinas bietet eine Analogie zur klassischen Naturwissenschaft. Wir finden in seiner Musik keine Zielstrebigkeit, keine innere Tendenz, nichts Teleologisches, keine Organismentätigkeit, keine Analogie zum ‚Organischen'. Wenn also der Satz Palestrinas ‚natürlich' wirkt [...], wenn er mit Natur, mit Naturphänomenen verglichen wird, so hat dies seine tiefere Berechtigung. Der Satz Palestrinas erinnert an kristallklares Wasser, an reine Kristalle, an Wunder der Natur. Er ist nicht ‚lebendig', nicht ‚organisch', sondern ‚natürlich'."[12]

Demnach stehen sich auch im zweiten und dritten Messenbuch nicht Exemplifikationen grundsätzlich divergierender kompositorischer Praktiken gegenüber, wenn Palestrina die Anlage einzelner der hier aufgenommenen Vertonungen nach rationalen Schemata organisiert. Vielmehr demonstriert er ein breites Spektrum zumeist konventioneller gestalterischer Möglichkeiten, deren eine auf Techniken strenger Imitation rekurriert. Diese Kanonführungen aber werden in einen Tonsatz eingebunden, in dem horizontale und vertikale Strukturen sich durchdringen und so das an dieser Stelle genuin konstruktive Moment der Imitation in den Hintergrund rückt. Und nicht nur hier ist das für eine Komposition gewählte Gestaltungsprinzip nicht mehr unmittelbar zu ersehen. Auch das kompositorische Verfahren von anderen der in diese Sammelbände aufgenommenen Vertonungen des Ordinarium missae ist nicht auf den ersten Blick offenkundig, wiewohl Palestrina sich ausschließlich traditioneller Methoden bedient. So basieren die beiden ersten vierstimmigen Vertonungen des zweiten Messenbuches — *Missae De Beata Virgine* und *Inviolata* — auf Melodien des gregorianischen Choral-Repertoires, eine *Missa Sine nomine* dürfte, wie üblich, wenn die Vorlage nicht ausgewiesen wird, auf ein eigenes Thema oder ein Lied mit möglicherweise wenig gesellschaftsfähigem Text zurückgreifen. Das Material der vierten Messe, deren Titel — *Ad Fugam* — das Konstruktionsprinzip des Kanons explizit ausweist, ist ebenso wie die Thematik des Schlußstückes, der *Missa Papae Marcelli*, von Palestrina selbst erfunden, während zwei fünfstimmige Vertonungen — *Missae Aspice Dominum* und *Salvum me fac* — auf Motetten des Mantuaner Kapellmeisters Jachet de Wert fußen. Ein noch breiteres Spektrum, diverse Vorlagen zur Gestaltung von Meßkompositionen zu nutzen, zeigt das dritte, 1570 veröffentlichte Messenbuch: Wieder dient eine Motette Jachets als Basis einer vierstimmigen Messe — *Spem in alium* —, thematisches Material eines anderen Werks desselben Komponisten als Grundlage einer kanonisch konstruierten Vertonung (*Repleatur os meum*). Jeweils zwei weitere nutzen wiederum gregorianische Vorlagen (*Missae De feria* und *De Beata Virgine*) oder greifen weltliche Gesänge auf — *Io mi son giovinetta* und *L'homme armé* —, wobei letztere die Liedmelodie als Cantus firmus im Tenor führt und somit eine traditionelle Bearbeitungstechnik der Kirchenmusik an einem zeitgenössischen Schlager demonstriert. Von Palestrina selbst dürften die Themen der *Missa Brevis* stammen, deren Titel auf die Länge der Einsatznoten aller Stimmen im Kyrie zurückzuführen ist, nicht auf eine im Vergleich zu den anderen hier zusammengestellten Kompositionen mindere Ausdehnung. Die letzte, sechsstimmige Messe dieses Bandes schließlich basiert auf einem Skalenmodell — *Ut re mi fa sol la* —, das auch zahlreichen Parallelvertonungen der Zeitgenossen zugrunde liegt und mittels dessen Palestrina die universelle Verwendbarkeit seines Verfahrens noch einmal unter Beweis stellen kann.

Kompositorisches Anliegen dieser wie auch der späteren, kaum weniger vielfältigen Messenbücher ist es somit, traditionelle Methoden der Vertonung des Ordinarium missae aufzugreifen und gegebenenfalls neu zu formulieren, dabei zu zeigen, daß es mittels einer — von oberster kirchlicher Instanz approbierten — musikalischen Sprache eines Tonsetzers möglich werden könne, unterschiedliche Gestaltungsformen zu erfüllen. Man mag Palestrina das Attribut eines Reformers zuerkennen, ein Neuerer ist er nicht, noch kaum selbst ein Kritiker von Konventionen. Ihm gelang, noch einmal die Summe einer Vielfalt kompositorischer Praktiken zu ziehen, doch die Methode, die er als Synthese vorlegte, variierte er nurmehr in Nuancen. Dies blieb schon zu seinen Lebzeiten nicht ohne Kritik, verhinderte wohl auch, daß ihm — anders als Lassus — ein Hauptwerk zu schreiben glückte. Er wiederholte stets dieselben Verfahren kontrapunktischer Verarbeitung, legte immer neue Varianten eines Modells vor und übersah doch dessen schwindende Aktualität. Von den Neuerungen seiner Zeitgenossen, von der Entwicklung neuer Formen und Gattungen, die am Ende des 16. Jahrhunderts sich abzeichnen, findet sich kein Reflex in seinem Schaffen; ob er das, was man in

Venedig oder Florenz über ein modernes Verhältnis von Musik und Sprache dachte und kompositorisch umzusetzen versuchte, noch zur Kenntnis nahm, ist ungewiß. Er kultivierte eine Kompositionsweise, die um 1560 innovativ war, doch außerhalb eines engen kirchlich-traditionalistischen Umfeldes zunehmend obsolet schien. Dort, wo die Vertonung liturgischer Texte aufgegeben war, geriet seine Sprache zum Vorbild, er selbst zum Klassiker, zur musikalischen Integrationsfigur des römischen Katholizismus; andernorts aber wurde er, nur schwer zu übersehen, zum Epigonen seiner selbst, den man auch als Lehrer kaum noch suchte. Fraglich bleibt, ob ihm diese Tendenz zunehmender Stilisierung zuwider lief; zweifellos verhinderte sie eine Entwicklung seines eigenen kompositorischen Stils, von der noch nicht einmal fest steht, ob er sie forcierte. Modern war Palestrinas Musik schon an seinem Lebensende nicht mehr, nicht zuletzt, weil sie einen Anspruch auf Klassizität erhob.

Dies bestätigt letztlich noch Herbert Birtner, der jene oft genug gerühmte Tendenz Palestrinas[13], in seinem Werk eine Summe kompositorischer Möglichkeiten und satztechnischer Verfahren seiner Zeit zu ziehen, erheblich relativierte. Für ihn, dem Glareans Apologie Josquins als beredestes Zeugnis kompositorisch-künstlerischen Selbstverständnis des 16. Jahrhunderts erschien, rückte Palestrina, der, indem er sich für die katholische Kirchenmusik entschieden habe und deren „eigentlicher" Begründer geworden sei, lediglich Teilmomente einer ehedem klassischen, weil umfassenderen Kunst aufgenommen habe, in eine periphere musikgeschichtliche Position: „Palestrina ist — auch innerhalb der eigenen Dynamik der Musikgeschichte — kein wirklicher Kulminationspunkt der Musik im Zeitalter der Renaissance. [...] Er steht am Ende einer Epoche, und dieses Ende verkörpert er sogar nur zum Teil. Ihm fehlt alles Vorwärtsweisende. Ja, bis zu gewissem Grade ist er epigonal. Seine Retrospektivität ist unverkennbar."[14] In bezug auf den Tonsatz aber bedeute seine Akzentuierung einzelner Aspekte gegenüber Josquin den Verzicht, ja nichts weniger als die Preisgabe eines Ideals von Ausgeglichenheit, mithin von Klassizität selbst: „Josquins Chorklang gelangt zu ‚klassischer' Geschlossenheit durch die Synthese von in sich selbständigen Teilen. Die Einheit des Gesamtklanges ist ihm dabei nicht vorgegeben. Sie ist zwar nicht zufälliges Ergebnis, aber auch nicht primär konzipiert. D.h. der ‚Klang an sich' hat keinen selbständigen Wert. Er ist bis ins Letzte strukturgebunden, ein Transparentwerden des polyphonen Geschehens und in eben diesem Sinne von einzigartiger Plastizität, von innen her erfühlt und aufgebaut. In diesem Einswerden von Struktur und Klang beruht seine Klassizität. — Bei Palestrina hingegen gelangt der Klang zum Selbstwert. [...] Nicht nur die Ausdrucksbedeutung der Dissonanz, sondern mit ihr und darüber hinaus der K l a n g- und A u s d r u c k s wert des A k k o r d s ist hier erkannt. Damit aber ist die Einheit von Klang und polyphoner Struktur gelockert. Die lineare Entfaltung der Einzelstimme wird vom Selbstwert des Klanges her umgedeutet. Die Klangschönheit und Klangsinnlichkeit der Akkordfolgen verdeckt die polyphone Struktur. Die lineare Bewegung der Einzelstimme wirkt dagegen oft nur wie eine Auflockerung des Klanges. Musikalische Substanz und Klang befinden sich nicht mehr im Zustand des Gleichgewichts. Ein Grundmerkmal ‚klassischer' Gestaltung trifft auf Palestrina also nicht zu."[15]

Mit der Übernahme kunsthistorischer Theoreme insbesondere Max Dvořaks und Theodor Hetzers[16], zugleich eine einige Jahre zuvor von seinem Lehrer Theodor Kroyer vorgetragene Position entgegnend[17], versuchte Birtner, Palestrinas Werk als aus einer manieristischen Haltung erwachsend zu deuten: „Im Manierismus [...] zeugt sich eine neue Seelenstimmung von ‚Andacht, Meditation und Gefühlserhebung', eine neue Verinnerlichung des religiösen Bewußtseins, in dem der welterobernde, umfassend optimistische Wille der hohen Renaissance zurücktritt. Fast möchte man sagen, daß dieses neue Weltgefühl nirgends so reinen Ausdruck fand wie in der Musik, und zwar in Palestrina. Die manieristische Seelenstimmung führte bei Palestrina nicht wie in der bildenden Kunst zum Anaturalismus. Seine Klangsprache in ihrer andächtigen, Weihrauchduft verbreitenden Weichheit und farbigen Fülle ist die des manieristischen Spiritualismus. Diesem Spiritualismus gibt Palestrina eine Ausprägung von zugespitzter Einseitigkeit. Damit treffen wir zugleich den Punkt, von dem aus die ‚Klassizität' Palestrinas von der kritischen Forschung bis zur äußersten Grenze relativiert werden muß."[18]

Birtners Interpretation, basierend auf historiographischer Methodologie entstammenden Überlegungen, daß Teilmomente aus Zeiten von Klassik durch Übersteigerung zu Manierismen verfielen[19], zielt nichtdestoweniger auf eine Sonderstellung Palestrinas, was ihn selbst — in den Augen Victor Ravizzas — als „Opfer verfehlter Aufführungspraxis oder eines verspäteten Cäcilianismus" ausweist.[20] Doch wollte Birtner weder Palestrina und sein Werk in den Kontext einer von übersteigerter Individualität und exuberantem Subjektivismus geprägten Kunst einreihen[21], noch — wie etwa Heinrich Besseler[22] — für die gesamte Epoche, deren Beginn Josquins Tod bezeichnet und die, Palestrinas wie Lassos Lebenszeit umfassend, mit der Wende zum 17. Jahrhundert endet, in primär pragmatischer Intention einen Begriff etablieren, dessen geringe Tauglichkeit schon rasch offenbar werden würde.[23] Vielmehr versuchte er, jene — nach Worten Leo Schrades[24] — „Maniera" Palestrinas zu fokussieren und vor dem Hintergrund einer seinerzeit noch allseits verbindlichen Poetik die Nuancen seines individuellen Stils zu beschreiben, der, wie selbst Karl Gustav Fellerer bemerkte, „nicht ‚der objektive‘ des 16. Jahrhunderts [ist], wie er in der Zeit des Cäcilianismus vielfach bezeichnet wurde, sondern sein persönlichster Ausdruck, der sogar in Gegensatz zu den verbreitetsten Richtungen seiner Zeit steht“.[25]

Diese Ablösung Palestrinas und seiner Musik von kompositorischen Trends gegen Ende des 16. Jahrhunderts forcierte nicht nur den Eindruck einer Überzeitlichkeit, die eine ungebrochene Rezeption seines Œuvres ebenso begründet wie sie als — abkünftig gegenwärtig bleibende — Erfahrung von Geschichtlichkeit das Dispositiv des produzierenden Künstlers erweitert: Neben dem Neuen, das man allerorten und seit je in Vorreden zu Notendrucken und anderen Publikationen annoncierte, wird nun auch „Altes“ als Möglichkeit kompositorischen Verhaltens verfügbar. Dieses Angebot aber, ein traditionelles satztechnisches Verfahren weiterhin und ungeachtet jeweiliger Gegenwart zu nutzen, verband sich — in nachgerade klassischer Weise — mit dem Namen Palestrinas.

Anmerkungen

1 Vgl. Jerome Roche, *Palestrina*, London 1971, S. 20 (= *Oxford Studies of Composers* Band 7)

2 Diether de la Motte, *Kontrapunkt. Ein Lese- und Arbeitsbuch*, Kassel 1981, S. 148.

3 Artusi etwa nennt Palestrina Kompositionen „degni di essere imitati“; vgl. Giovanni Maria Artusi, *L'Artusi overo delle imperfettioni della moderna musica ragionamenti dui*, Venedig 1608, Ragionamento secondo, S. 41f.

4 Vgl. Hugo Riemann, *Lehrbuch des einfachen, doppelten und imitierenden Kontrapunkts*, Leipzig [4–6]1921, S. VII.

5 Zit. nach Carl von Winterfeld, *Johannes von Pierluigi von Palestrina, seine Werke und deren Bedeutung für die Geschichte der Tonkunst mit Bezug auf Bainis Forschungen,* Breslau 1832, S. 48—50; leichterer Lesbarkeit wegen wurde die Orthographie an einigen Stellen modernisiert.

6 Brief von Moritz Hauptmann an Franz Hauser, 27. Dezember 1834: „Baini giebt 10 verschiedene Style an, in welchen P. componirt habe, das möchte zuvörderst verwirrend sein, aber 3 Arten lassen sich bei näherer Bekanntschaft leicht unterscheiden. In der e r s t e n kommt er den Niederländern seinen Vorgängern noch nahe, sie bezeichnet sich für u n s r e O h r e n durch Harmonie m a n g e l ; die Melodien gehen ihren Gang neben einander fort, ohne eigentlich zum Accord zu verschmelzen, harmonisch gehört sind sie trocken, schwerfälig und unfügsam, diese sind durchaus canonisch und fugirt. Die a n d e r e ist, entgegengesetzt blos in simultaner Bewegung bestehend, für alle Stimmen, unserm Choral ähnlich; hier sind die Stimmen wohl, wie sich von selbst versteht, stets cantabel, aber die Bedingung der Melodie ist hier, wie dort der Harmonie, mehr eine negative, durch Ungehöriges nicht störend zu werden. Die d r i t t e ist dann die Verbindung beider genannten zum Besten und Schönsten, was es in dieser Sphäre wohl geben kann und die wohl eben den

Palestrina so hoch für alle Zeiten hingestellt hat: in diesem Style ist die Missa Papae Marcelli geschrieben. Sehr schöne Sachen aber giebt es auch im zweiten Style, z.B. das Improperia in der Musica sacra (bei Kühnel), was mich immer von Grund aus erquickt in seiner Simplizität." Zit. nach Alfred Schöne (Hrsg.), *Briefe von Moritz Hauptmann an Franz Hauser*, Band 1, Leipzig 1871, S. 150f.; vgl. ferner Karl Gustav Fellerer, *Palestrina-Studien*, Baden-Baden 1982, S. 181.

7 Ernst Bloch, *Geist der Utopie*, München und Leipzig 1918, Reprint Frankfurt/M. 1977, S. 84.

8 Knud Jeppesen, *Der Palestrina-Stil und die Dissonanz*, Leipzig 1925, S. 257.

9 Vgl. Herbert Kennedy Andrews, *An Introduction to the Technique of Palestrina*, London 1958, S. 158 und 162.

10 Vgl. Ludwig Finscher (Hrsg.), *Die Musik des 15. und 16. Jahrhunderts*, Band 1, Laaber 1989, S. 222 (= *Neues Handbuch der Musikwissenschaft* Band 3,1).

11 Zit. nach Vincenzo Galilei, *Fronimo...*, Venedig 1568, S. 51; vgl. ferner Heinrich Poos, *Das Kyrie I der Messe Quem dicunt homines von Palestrina*, in: ders. (Hrsg.), *Chormusik und Analyse. Beiträge zur Formanalyse und Interpretation mehrstimmiger Vokalmusik*, Band 1: *Texte*, Mainz 1983, S. 133ff.

12 Thrasybulos Georgiades, *Musik und Sprache. Das Werden der abendländichen Musik*, Berlin, Heidelberg, New York 1954, ^{2}1984, S. 107.

13 Knud Jeppesen, *Der Palestrina-Stil und die Dissonanz*, Leipzig 1925, S. IX.

14 Herbert Birtner, *Renaissance und Klassik in der Musik*, in: Hermann Zenck u.a. (Hrsg.), *Theodor Kroyer-Festschrift zum sechzigsten Geburtstag am 9. September 1933*, Regensburg 1933, S. 47 und 48; vgl. ferner Heinrich Besseler, *Die Musik des Mittelalters und der Renaissance*, Potsdam 1931, S. 291 (= *Handbuch der Musikwissenschaft* Band 1).

15 Herbert Birtner, *Renaissance und Klassik*, a.a.O., S. 45f.

16 Max Dvořak, *Kunstgeschichte als Geistesgeschichte*, München 1924; Theodor Hetzer, *Italienische Architektur*, Stuttgart 1990, S. 330 (= *Schriften Theodor Hetzers* Band 6).

17 Theodor Kroyer, *Zwischen Renaissance und Barock*, in: *Jahrbuch der Musikbibliothek Peters 34* (1927), S. 45—54; vgl. ferner Curt Sachs, *Barockmusik*, in: *Jahrbuch der Musikbibliothek Peters* 26 (1919), S. 7—15.

18 Herbert Birtner, *Renaissance und Klassik*, a.a.O., S. 47.

19 Vgl. Hellmut Federhofer, *Zum Manierismus-Problem in der Musik*, in: *Renaissance-Muziek 1400—1600. Donum natalicum René Bernard Lenaerts*, Leuven 1969, S. 105—119 (= *Musicologica Lovaniensia* Band 1); Frits Noske, *Manierismus als Desintegrationserscheinung musikgeschichtlicher Perioden*, in: Rudolf Pečman (Hrsg.), *Colloquium Musica Bohemica et Europaea Brno 1970*, Brno 1972, S. 121—126; Friedhelm Krummacher, *Klassizismus als musikgeschichtliches Problem*, in: Henrik Glahn u.a. (Hrsg.), *Report of the Eleventh Congress of the International Musicological Society Copenhagen 1972*, Bd. 2, Kopenhagen 1974, S. 518—526; Carl Dahlhaus, *Musikalischer Humanismus als Manierismus*, in: *Die Musikforschung* 35 (1982), S. 122—129.

20 Victor Ravizza, *Manierismus — ein musikgeschichtlicher Epochenbegriff?*, in: *Die Musikforschung* 34 (1981), S. 279; vgl. ferner Hellmut Federhofer, *Ist Palestrina ein Manierist?*, in: Heinrich Hüschen und Dietz-Rüdiger Moser (Hrsg.), *Convivium musicorum. Festschrift Wolfgang Boetticher zum sechzigsten Geburtstag am 19. August 1974*, S. 44—51.

21 Fritz Baumgart, *Renaissance und Kunst des Manierismus*, Köln 1963; Ludwig Finscher, *Gesualdos „Atonalität" und das Problem des musikalischen Manierismus*, in: *Archiv für Musikwissenschaft* 29 (1972), S. 1—16; Siegfried Schmalzriedt, *Manierismus als Kunst des*

„Überbietens". Anmerkungen zu Monteverdis und d'Indias Madrigalen „Crude Amarilli", in: Rudolf Faber u.a. (Hrsg.), *Festschrift Ulrich Siegele zum 60. Geburtstag*, Kassel 1991, S. 51—66.

22 Heinrich Besseler, *Das Renaissance-Problem in der Musik*, in: *Archiv für Musikwissenschaft* 23 (1966), S. 1—10; Leo Schrade, *Renaissance: The Historical Conception of an Epoch*, in: Ernst Lichtenhahn (Hrsg.), *Leo Schrade. De Scientia Musicae Studia atque Orationes*, Bern und Stuttgart 1967, S. 311—325.

23 Vgl. Hellmuth Christian Wolff, *Manierismus und Musikgeschichte*, in: *Die Musikforschung* 24 (1971), S. 245—250; Edward E. Lowinsky, *The Problem of Mannerism in Music: An Attempt at a Definition*, in: *Studi musicali* 3 (1974), S. 131—218; Héctor Edmundo Rubio, *Der Manierismus in der Vokalpolyphonie des 16. Jahrhunderts*, Tutzing 1982 (= *Frankfurter Beiträge zur Musikwissenschaft* Band 5); Wolfgang Treu, *Maniera und Manierismus im Musikschrifttum*, Diss. Freiburg i. Br. 1987, Karlsruhe 1987.

24 Leo Schrade, *Von der „Maniera" in der Komposition in der Musik des 16. Jahrhunderts*, in: *Zeitschrift für Musikwissenschaft* 16 (1934), S. 3—20, 98—117 und 152—170.

25 Karl Gustav Fellerer, *Palestrina-Studien*, Baden-Baden 1982, S. 305.

IV. Tu es Petrus

Parallelvertonungen geistlicher Texte, häufig zu finden in Palestrinas umfangreichem Œuvre, entstanden in jener Zeit weniger, um ein veraltetes Werk abzulösen und durch eine modernere Fassung zu ersetzen, sondern vielmehr eines großen Bedarfes an Varianten wegen, damit liturgische Feiern ihrer Bedeutung entsprechend zu differenzieren waren. Dem Komponisten bot sich so zugleich die Gelegenheit, unterschiedliche musikalische Mittel zu disponieren, dem jeweiligen Anlaß gemäß den kompositorischen Aufwand zu variieren und seine souveräne Beherrschung verschiedener satztechnischer Verfahren vorzustellen.

Unter den Texten, die Palestrina mehrfach vertonte und deren Musik er weiteren Bearbeitungen zugrundelegte, findet sich auch jener Vers aus dem Evangelium nach Matthäus (Kap. 16, Vers 18), in dem die Gründung der Kirche durch Jesus gefaßt ist: „Du bist Petrus, und auf diesen Fels will ich meine Kirche bauen." Plaziert in der Liturgie am Gedenktag des Heiligen Petrus sowie zum Fest der Kathedra Petri, daneben auch in jeder Messe, die für den Papst gelesen wurde, als Antiphon verwendet[1], widmete man diesem Text in Rom, wo die Intentionen dieser Feste am Petersdom ebenso offenkundig wie unmittelbar präsent waren, besondere Aufmerksamkeit, die sich weniger in einer Vielzahl als in der vergleichsweise reichen Besetzung entsprechender Vertonungen Palestrinas manifestiert: Die erste Version in einer von Palestrina nur selten aufgebotenen Siebenstimmigkeit wurde 1569 veröffentlicht, eine weitere für sechs Stimmen wenige Jahre später; letztere fungierte auch als Grundlage einer Messe, von der eine Bearbeitung für achtzehn Stimmen in drei Chören vorliegt — die umfangreichste Besetzung[2], in der ein Werk Palestrinas überliefert ist. Daneben entstand im Kontext des Offertorienzyklus eine fünfstimmige Fassung, ferner eine zweite Messe für sechs gemischte Stimmen, die Material der gregorianischen Antiphon benutzt.

Diese Melodie aus dem traditionellen Repertoire des römischen Kirchengesangs, die Palestrina in den Motiven seiner Motetten über den Text „Tu es Petrus" aufgreift, ist vergleichsweise einfach strukturiert:

Gregorianisch

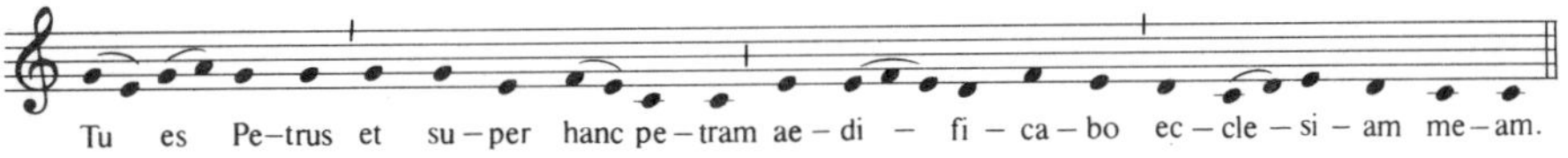

Zunächst wird eine Tonstufe vorgestellt und mit Nebennoten bestätigt; durch die nachfolgende Dreiklangsbrechung erscheint sie dominantisch gegenüber einem Ruhepunkt, der mit dem Wort „petram" erreicht ist. Der zunächst rasche Abstieg im Quintrahmen wird im zweiten Teil der Antiphon ausführlich wiederholt, die Terz kadenziell akzentuiert und die bereits angeklungene Finalis gesichert.

Vergleicht man nun die Motive, auf denen Palestrinas siebenstimmige Motette basiert, mit der gregorianischen Antiphon, so wird die Intensität der Orientierung an der einstimmigen Vorlage rasch deutlich. Die diastematische Struktur der Eingangsphrase wird übernommen, dabei das etwas verspielte Melos der Antiphon durch eine prägnante, signalartige Formel ersetzt. Zugleich erscheint mit der unmittelbar anschließenden Quintimitation der tonale Rahmen sofort definiert und so der anfängliche Einsatz in der obersten Stimme als dominantisch gedeutet. Ferner entsteht durch die Dehnung dieser Eingangstöne ein signifikanter rhythmischer Kontrast zu späteren ornamentalen und kadenziellen Wendungen, der erneute Einsätze dieses Motivs markant hervortreten läßt:

Palestrina, *Tu es Petrus*, Motette à 7, Altus I, T. 3—9 und 23—27

Um Akzent und Wortbedeutung der Präposition „super" zu unterstreichen, versieht Palestrina die zweite Phrase mit einer auftaktigen Note, die den Quintambitus des Motivs verdeutlicht. Doch ist die ursprüngliche Dreiklangsbildung nun durch Durchgangstöne verschleiert, und ähnlich erschweren auch in der nachfolgenden Phrase Skalenbewegungen einen unmittelbar faßlichen Rückbezug zur gregorianischen Vorlage. Immerhin bleibt die Kadenz auf der dritten Stufe und damit deren hier konstitutive Funktion erhalten. Absteigende Sekundintervalle, die auch am Ende der Antiphon stehen, greift Palestrina für eine Schlußwendung auf, deren Quintrahmen wieder auf das zweite Motiv Bezug nimmt; so wird neben einer semantischen Verbindung auch musikalisch größere Kohärenz gestiftet, was um so wichtiger ist, als Formverläufe von Motetten in jener Zeit kaum verbindlich geregelt sind.[3] Als leitendes Prinzip der Komposition polyphoner Motetten gilt lediglich die — mehr oder minder strenge — Imitation eines Motivs, das, in Anlehnung an einen vorgegebenen Cantus firmus oder frei erfunden, einer Textpassage zugeordnet wird und diese gegebenenfalls auch musikalisch illustriert. Der Struktur der literarischen Vorlage entsprechend, konstituiert sich die Form einer Komposition aus der Reihung zahlreicher kleiner, üblicherweise mit deutlichen Kadenzen beschlossener Abschnitte, deren Ausdehnung und satztechnische Dichte individuell zu bestimmen ist. Bietet also nicht schon der Text wiederkehrende Elemente, die in der Musik lediglich aufgegriffen werden müssen, um auch hier eine Form zu runden, so wird der Komponist gehalten sein, Bezüge, die sich zwischen einzelnen Worten oder Passagen herstellen lassen, mit verwandten Motiven zu unterstreichen, um der Gefahr einer unverbindlichen Reihung heterogener Teile zu entgehen.

Palestrina rekurriert in seiner Motette nicht nur auf die bereits in der Antiphon angelegten textlich-musikalischen Beziehungen, sondern entwickelt sie im weiteren, um neue Motive auch für die anschließenden Bibelverse zu generieren, die in der gregorianischen Vorlage fehlten, nun aber auch polyphon gefaßt werden sollten. Es mag hier genügen, die einzelnen, neu gewonnenen musikalischen Gedanken kurz zusammenzustellen, deren Abhängigkeit und Verwandtschaft zu den im ersten Teil exponierten Motiven leicht erkennbar sein dürfte:

Tu es Petrus Motette à 7, Altus II, T. 41—45

ebd., Altus II, T. 59—62

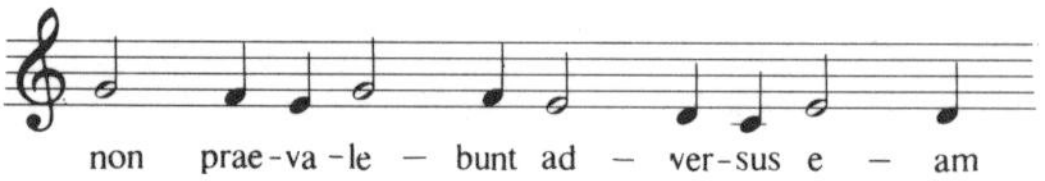

ebd., Altus I, T. 74—82

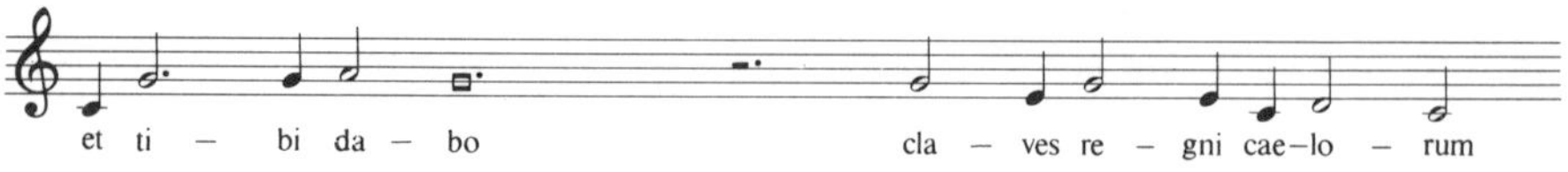

Art und Weise der imitatorischen Durchführung wie auch die Bildung zahlreicher neuer Varianten im Verlaufe eines Abschnitts entsprechen einem Verfahren, wie es in bezug auf die *Missa Papae Marcelli* bereits dargestellt wurde. Doch sind hier, da die intensive kontrapunktische Arbeit nirgends durch homorhythmische oder akkordisch konzipierte Passagen unterbrochen wird, mitunter die Kadenzen weniger verschleiert, um ein neues Motivs in dünnstimmigerem Satz nachdrücklicher einzuführen und gleichzeitig Binnenzäsuren stärker noch zu verdeutlichen.

In der Faktur sehr ähnlich ist die aus dem Nachlaß Palestrinas 1601 herausgegebene Messe *Tu es Petrus* angelegt, die ihr motivisches Material ebenfalls aus der gregorianischen Antiphon bezieht. Deren melodische Gestalt, aus der Palestrina einzelne Motive requiriert, wird im Schlußsatz, dem zweiten Teil des Agnus Dei, ersichtlich, wo der erste Tenor den Cantus firmus augmentiert, in „Pfundnoten", vorträgt. Nicht jedoch wird mehr, wie noch in der Eröffnungskomposition seines allerersten Messenbuches von 1554, der *Missa Ecce sacerdos magnus*, die gregorianische Weise in Verbindung mit ihrem originalen Text eingefügt; im Gegenteil führt die Adaption des Agnus Dei-Rufes im zweiten Teil zu einer Verwischung der ursprünglichen musikalischen Phrasen, einem typischen, gleichwohl elementaren Phänomen kompositorischen Parodierens:

Missa Tu es Petrus (1601), Tenor I

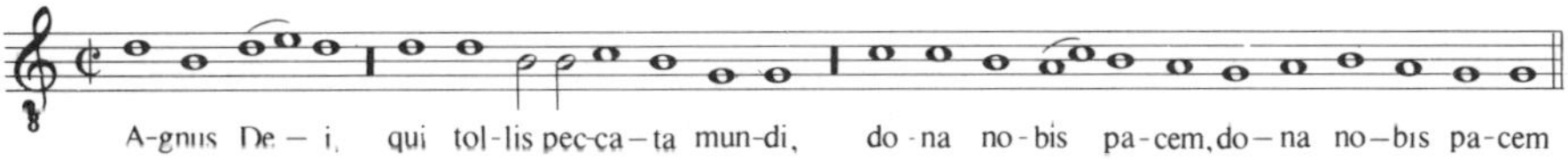

Mit dem Zentrum eines solchen, in ausgedehnten Noten präsentierten Cantus firmus ist musikalische Form leicht zu konstituieren, indem die vorgegebene Melodie mit ihren Zäsuren bereits den Verlauf der Komposition regelt, den die Nachbarstimmen, durch ihre Motivik meist zusätzlich an die Vorlage gebunden, lediglich nachvollziehen müssen. In den anderen Sätzen ist die Bindung an den Cantus firmus der gregorianischen Antiphon ebenfalls unmittelbar ersichtlich, da die Eingangsmotive sich stets, nicht nur im Kyrie, auf die erste Phrase der Vorlage beziehen.

Weiteres Material der Antiphon disponiert Palestrina sehr ökonomisch: Erst zu Beginn neuer, oft selbständiger Abschnitte der einzelnen Sätze stehen Motive, die auf späteren Phrasen der Vorlage basieren. Für das Christe eleison etwa nutzt er den zweiten Gedanken der Antiphon[4], die absteigende Dreiklangsbrechung, und in der Wiederholung des Kyrie ist ein aus dem Schlußteil der gregorianischen Vorlage entwickeltes Motiv konstitutiv:

I *Missa Tu es Petrus* (1601), Kyrie, Cantus, T. 30—32

II ebd., Kyrie, Altus I, T. 61—64

Um das motivische Material der kleinen Antiphon nicht schon im Eingangssatz zu erschöpfen, flicht Palestrina in die einzelnen Anrufungen weitere musikalische Gedanken ein, teilweise als Kontrapunkt zu Partien des Cantus firmus, teils auch frei gewählte. Die Wiederaufnahme solcher sekundären Motive bei gleichem Text oder sinnverwandten Worten kann zugleich weitere Einheitlichkeit und Geschlossenheit der Konzeption bewirken, wenn etwa die allen Kyrie-Rufen gemeinsame Bitte um Erbarmen kompositorisch in ähnlicher Weise gestaltet wird. Diese Idee, das ostinate „eleison" bei Vertonungen des Kyrie durch eine Formel aufzugreifen, die nach unterschiedlichen Kopfmotiven unverändert wiederkehrt, findet sich bereits gelegentlich im gregorianischen Repertoire; dabei diente auch hier schon die Adaption sprachlicher Strukturen zur Abrundung von Form. Die nicht nur in dieser Messe Palestrinas zu beobachtende Technik aber, lediglich am Anfang eines (Teil-)Satzes ein signifikantes Motiv zu exponieren, um im weiteren auf neue, gegebenenfalls völlig unabhängige musikalische Gedanken zurückzugreifen und diese fast im Sinne eines Refrains zu nutzen, ist jedoch nicht allein im Bemühen um eine befriedigende Architektur begründet; sie erleichtert auch die vielfache Vertonung desselben Textes, wenn lediglich die Hauptmotive zu erfinden oder zu übernehmen sind, für die anschließende Gestaltung indes die Verwendung desselben Materials weder verbindlich noch notwendig erscheint.

Andererseits ermöglicht die Einführung eines selbständigen Motivs, das in allen Abschnitten einer Komposition mit nur marginalen Änderungen beibehalten wird, eine Kohärenz — hier zwischen den drei Teilen eines Kyrie-Satzes —, die eine Verwendung einzelner Partikel eines Cantus firmus gelegentlich kaum leisten kann, wenn ein Konnex nicht unmittelbar ersichtlich ist. Konkret: Der Bezug zur gregorianischen Antiphon *Tu es Petrus* ist zu Beginn der gleichnamigen Messe Palestrinas zunächst nur aufgrund der Konfiguration der ersten Töne nachzuvollziehen, jedoch — nicht zuletzt wegen der freimotivischen Fortführung — keineswegs zwingend. Dementsprechend wird man den Anfang des Christe als Alternative einer imitatorischen Eröffnung verstehen und im erneuten Einsatz des zweiten, eher sekundären Gedankens die Wiederaufnahme eines für alle Teile konstitutiven Themas vermuten. Die Annahme, daß das essentielle musikalische Material in den einzelnen Abschnitten des Kyrie stets erst nach einer nur episodischen Exposition unterschiedlicher Motive präsentiert werde, scheint sich auch im Schlußteil zunächst zu bestätigen. Hinfällig wird sie dort, wo Palestrina abschließend in das dichte kontrapunktische Gewebe von melodischen Gestalten, die teils auf den gregorianischen Cantus firmus bezogen, teils selbständig sind, die hier konstitutive zweite Hälfte der Antiphon in einer augmentierten Fassung einfügt. Unzweifelhaft ist nun ausgewiesen, daß eine vorgegebene Melodie die Grundlage der Komposition bildet; zugleich wird eine Technik vorgestellt, die auch das Agnus Dei, den Finalsatz des somit zyklisch verstandenen Werkes prägt. Das ehedem eingeführte, von der gregorianischen Vorlage unabhängige Motiv aber diente lediglich dazu, innerhalb des Kyrie mit seinen Teilsätzen größere Kohärenz zu stiften.

Ähnlich ist im Gloria die Abhängigkeit des melodischen Materials von der Antiphon zunächst nur mittelbar ersichtlich. Zwar nimmt der Tenor II, also gerade diejenige Stimme, die im voraufgehenden Schlußteil des Kyrie den Cantus firmus in Pfundnoten vorgestellt hatte, in seiner ersten Phrase auf den Beginn der gregorianischen Vorlage Bezug, und der Cantus greift dieses Motiv auch auf:

I *Missa Tu es Petrus*, Gloria, Tenor II, T. 1—5

II ebd., Gloria, Cantus, T. 5—7

Doch im anschließenden kleingliedrigen Wechsel vornehmlich durch in der Besetzung differenzierte Phrasen verliert sich die eingangs angeklungene Motivik, und nur mit Mühe sind melodische Ausschnitte als deren Varianten oder Ableitungen zu identifizieren. Erst nach einer markanten Zäsur lassen sich zu Beginn eines zweiten Großteils wieder leicht Rückbezüge zur gregorianischen Vorlage herstellen:

I ebd., Gloria, Cantus, T. 53—55

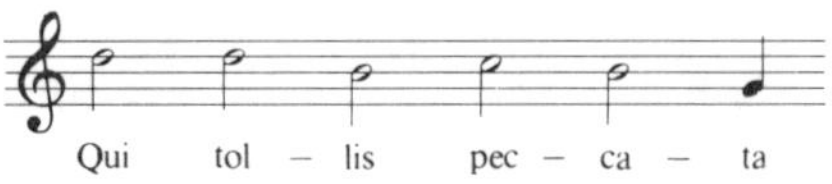

II ebd., Gloria, Tenor I, T. 60—65

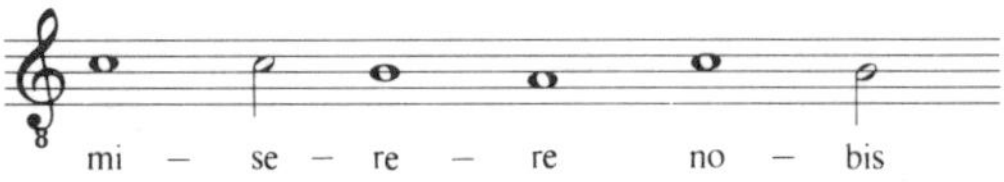

Wieder spiegelt Palestrina Strukturen des Textes in seiner Vertonung, indem er diese Passage dreifacher Apostrophierung und Bitte innerhalb des Gloria von dessen Rahmenteilen absetzt und auch in der Faktur dem Kyrie angleicht. Dem imitatorischen Beginn über ein Motiv der Vorlage — „qui tollis peccata mundi" — folgt hier jeweils ein akkordisch verdichteter Satz, der die Intention des Anrufs bündelt und ihr besonderen Nachdruck verleiht, zumal an diesen Stellen auch die melodischen Spitzentöne erreicht werden.

Vergleichbar dem ersten Abschnitt verzichtet Palestrina im Schlußteil des Gloria, quasi einer Stretta mit einer weiteren Folge rühmender Metaphern, auf eindeutige motivische Reminiszenzen. Das melodische Material der Antiphon hatte nun bereits vollständig Verwendung gefunden, es scheint, zumindest für diesen Satz, verbraucht. Doch mit der Möglichkeit, die kurzatmig alternierenden Phrasen des Eingangsteils wiederaufzunehmen, kann kompositorisch eine Rahmenbildung gelingen, die bereits der Text nahelegte. Dabei werden die divergierenden Passagen von Lob und Bitte auch in der Faktur deutlich unterschieden und gegenüber den eher akkordisch und freimotivischen Rahmenpartien knüpft der Mittelteil durch seine intensivere Rückbindung an den Cantus firmus wieder deutlich an das Kyrie an, dessen Semantik er ebenso teilt wie seine Struktur.[5]

Auch im Credo bezeichnen Motive, die sich in direkter Linie aus dem Material der Antiphon ableiten lassen, den Beginn neuer Abschnitte oder dienen der Hervorhebung zentraler Aussagen des Textes. Wieder stehen am Anfang des Satzes unschwer zu identifizierende Varianten der ersten Phrasen der gregorianischen Vorlage:

I ebd., Credo, Cantus, T. 3—5

II ebd., Credo, Cantus, T. 11—14

Und in einer Technik, die auch im Gloria-Satz zu beobachten war, wird der umfangreiche Text des Credo im schnellen Wechsel klanglich sehr differenzierter akkordischer Abschnitte vorgetragen. Erst anfangs eines durch Reduzierung der Stimmenzahl deutlich abgesetzten Teiles ist der Rückbezug melodischer Gestalten wieder eindeutig:

ebd., Credo, Cantus, T. 80—83

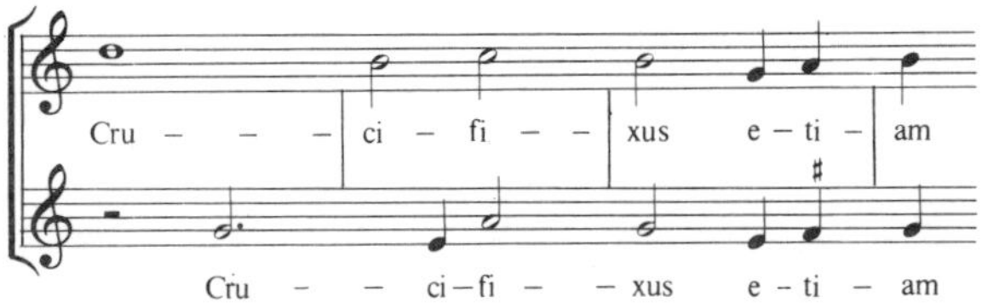

Andere Motive lassen ihre Herkunft aus einzelnen Phrasen der gregorianischen Antiphon nur dann erkennen, wenn man voraussetzt, daß Palestrina auch Umkehrung und Krebsgang als Möglichkeiten der Variantenbildung verwandte. Auffällig ist, daß — ungeachtet aller gegebenenfalls ergänzend eingeführter musikalischer Gedanken — die Folge von Motiven, die auf die Vorlage zu beziehen sind, stets der chronologischen Ordnung des Modells entspricht.[6] Nirgends wird zudem das Kopfmotiv der Antiphon erneut zitiert, wenn das melodische Material bereits erschöpft schien — es sei denn, in abgeleiteten Bildungen des Krebs oder der Umkehrung. Um dennoch ausgedehnte Formen mit Varianten der *Tu es Petrus*-Motivik zu gestalten, bedarf es einer sorgsamen Disposition der wenigen signifikanten Passagen der Vorlage, die vorzugsweise am Beginn neuer (Binnen-)Teile eingesetzt werden. Dies bedingt umgekehrt eine freimotivische Gestaltung selbst vergleichsweise ausgedehnterer Partien, die ihrerseits durch homogene, mitunter auch unspezifische Motive strukturiert werden und denen gegenüber der Wiedereinsatz des originären Materials um so deutlicher hervortritt.

Zur Vertonung der Teile des Ordinarium Missae dagegen, die aufgrund ihrer geringeren Textmenge auch in der Musik weniger Raum und Material benötigen, ist die Motivik der gregorianischen Antiphon hinreichend. So bedarf es weder im Sanctus noch im Agnus zur Akzentuierung einzelner Teile mehr als jener melodischer Gestalten, deren Herkunft nicht zu verkennen ist:

I ebd., Sanctus, Cantus, T. 1—3

II ebd., Sanctus, Altus II, T. 15—18

III ebd., Sanctus, Altus II, T. 28—32

IV ebd., Agnus I, Cantus, T. 1—3

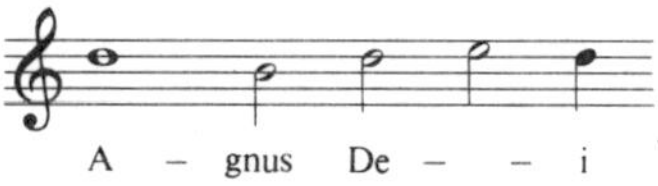

V ebd., Agnus I, Cantus, T. 14—17

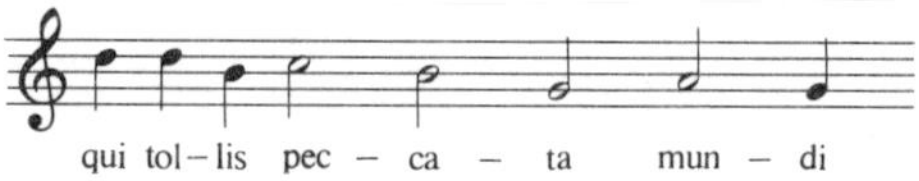

VI ebd, Agnus I, Altus II, T. 29—33

Lediglich im Benedictus wird ein Gedanke, der bereits kurz zuvor zu den Worten „Hosanna in excelsis" als Gegenstimme angeklungen war, aufgenommen und selbständig weitergeführt. Hier findet sich ein weiteres Motiv, dessen Intervallfolge von großer Sekunde und kleiner Terz letztlich auf das Initium der Antiphon rekurriert und das in unterschiedlichen Konfigurationen auch in anderen Sätzen der Messe für einzelne Passagen konstitutiv war. Mithin ist der Konnex dieser zyklischen Komposition nicht ausschließlich in der im Titel vorgegebenen Thematik begründet.

Für die Gewinnung spezifischer Motive ist zudem offensichtlich nur die diastematische Struktur der Antiphon relevant. Ligaturen wie gegebenenfalls lediglich ornamental intendierte Figurationen werden aufgespalten, jede einzelne Note erhält gleiches Gewicht, was insbesondere an den Stellen zu ersehen ist, wo eine augmentierte Version des Cantus firmus im Tenor präsentiert wird. Mitunter verschieben sich bei dieser Vorgehensweise melodische Schwerpunkte gegenüber der Vorlage: So klang die obere Nebennote zur zentralen, dominantisch verstandenen Tonstufe in der ersten Phrase der Antiphon eher beiläufig an, während sie in einer auf die bloße Intervallfolge reduzierten Fassung eine herausgehobene Position gewinnt und ihr folgerichtig die betonte Silbe der adaptierten Textpassage zugeordnet wird. Um diesen Akzent bei verschiedenen Wortfolgen jeweils richtig zu plazieren, bedarf es bisweilen der Verdoppelung einzelner vorangehender Tonstufen. Die Idee, vorgegebenes melodisches Material für eine neue Komposition zu nutzen, bedingt demnach eine Reduktion auf deren diastematische Basis ohne Berücksichtigung von Akzenten und immanenten Schwerpunkten. Die Preisgabe solcher Elemente einer Vorlage aber erlaubt dann jedoch auch die Verwendung weltlicher Gesänge und modischer Lieder als melodisches Material eines geistlichen Werks, da Rhythmus und Metrik nivelliert werden und in der Adaption lediglich eines Gerüsts identischer Intervalle das signifikante Modell oft kaum noch erkennbar ist.[7]

Ein anderes, im 16. Jahrhundert weit verbreitetes Verfahren, sich vorgefertigten Materials für eigene Kompositionen zu bedienen, bestand darin, nicht nur an einem gregorianischen Cantus firmus oder — vom Tridentinum besonders heftig kritisiert — der Melodie eines populären Liedes anzuknüpfen, sondern umfangreichere Partien des Tonsatzes eines bereits vorliegenden Werkes zu übernehmen. Gegenüber der allerdings simplen Methode, mitunter nur einzelne Worte einer Vokalkomposition auszutauschen und auf diese Weise rasch neue geistliche Musik zu gewinnen, bezeichnet die Übernahme einzelner, auch mehrstimmiger Passagen aus einer anderen Komposition und deren individuelle Gruppierung und Einrichtung nach den Erfordernissen des gewählten Textes eine zweifellos intensivere künstlerische Auseinandersetzung mit vorgegebenem Material. Dieses mindestens partiell sehr komplexe Bearbeitungsverfahren[8] ist einerseits als Hilfestellung für den Komponisten zu werten, der etwa bei der erwünschten wiederholten Vertonung eines Meßformulars zahlreiche Anhaltspunkte für die melodische ebenso wie die harmonische Gestaltung gewann; es bedeutete andererseits auch eine gewisse Herausforderung, ein Werk, das abgeschlossen vorlag, wieder aufzugreifen und umzuformen, indem man einzelne konstitutive Motive kristallisierte[9] und ihre Verwendbarkeit auch innerhalb des neuen Kontextes zeigte. Hierin lag ein Aspekt von — häufig genug bewußtem — Traditionsbezug und doch als notwendig empfundener Erneuerung, und sich auf eine konkrete Komposition eines Kollegen zu beziehen, mag eine Hommage gewesen sein, ein Zeichen von Verehrung, die man einer Autorität zu schulden glaubte, enthielt aber — vielleicht nur unterschwellig — eine Dimension wenn nicht von Kritik, so mindestens der Konkurrenz, die Bearbeitungen eines selben Themas zu motivieren vermochte. Darüberhinaus schuf die Komposition einer Messe — nunmehr in einer Folge von Variationen eines „Themas“ als Zyklus verstanden — beispielsweise über eine Motette zu einem Fest- oder Gedenktag die Möglichkeit, die gottesdienstliche Feier mit Musik zu versehen, die immer wieder auf eine spezifische Motivik rekurrierte, solchermaßen die aktuelle Intention vielfach verstärkte und nicht zuletzt darin ein homogenisierendes, mitunter fast „akademisches“ Moment barg.[10]

Vielfältige Gründe also sind zu nennen, die auch einen Palestrina veranlassen konnten, mit vorgegebenem Material weiterzuarbeiten und aus Motetten und Madrigalen, eigener wie fremder Provenienz, Meßkompositionen zu entwickeln. Dabei beschränkte er sich jedoch nicht, wie zahlreiche Assoziationen schon bei hörendem Vergleich der abgeleiteten Werke mit dem originalen Tonsatz oder die Beschreibung des kompositionstechnischen Prinzips vermuten ließen, auf eine schlichte Adaption und Neugruppierung einzelner Teile; im Vergleich zu Parodiekompositionen Josquins wie besonders von Orlando di Lasso, die sich beide von ihren Vorlagen mehr inspirieren ließen und gelegentlich auch frei und selbständig weiterkomponierten, folgt Palestrina oft lediglich schematisch dem Modell, eventuelle Brüche und Härten von Stimmführung und Satzgestaltung glättend, ja nivellierend.[11]

Um nun die Komplexität seines Bearbeitungsverfahrens zu ermessen, bedarf es am Beispiel zunächst einer Sichtung und Abgrenzung jener Elemente einer Vorlage, die sich für eine Übernahme anboten. Durchaus naheliegend ist es, wenn Palestrina die parataktische Anlage der sechsstimmigen Motette *Tu es Petrus* für eine Gestaltung der vieltextigen Teile seiner gleichnamigen Messe nutzt. Doch reiht er nicht nur Passagen, die leicht eine Adaption des neuen Textes zuließen, in wenig verbindlicher Weise aneinander, sondern versucht, darüberhinaus auch Formkonzepte aufzugreifen.

Hier bot die Vorlage einige Anknüpfungspunkte. Vermutlich wegen des gegenüber den Parallelfassungen erweiterten Textes — in der sechsstimmigen Version wird auch der nachfolgende Vers des Matthäusevangeliums (Kapitel 16, Vers 19) polyphon gefaßt — gliederte Palestrina seine Komposition in zwei Teile, die nicht nur mit analoger Motivik strukturiert sind, sondern an deren Enden eine textlich wie musikalisch gleiche Passage steht.[12]

Pars prima: „Tu es Petrus,
et super hanc petram aedificabo ecclesiam meam,

et portae inferi non praevalebunt adversus eam.
Et tibi dabo claves regni coelorum.

Pars secunda: Quodcumque ligaveris super terram erit ligatum in coelis,
et quodcumque solveris super terram, erit solutum in coelis.
Et tibi dabo claves regni coelorum.“

Die im zweiten Teil verwendeten musikalischen Gedanken sind fast alle leicht als Varianten zuvor aufgestellter Motive zu erkennen, wobei etliche wenig verbindliche Formeln — Tonleiterausschnitte, Wechselnoten etc. — eine Abgrenzung mitunter erschweren, andererseits zahlreiche weitere Bezüge herzustellen erlauben:

I *Tu es Petrus*, Motette à 6, Cantus I/II, Altus I, T. 1—3 und Altus II, T. 3—5

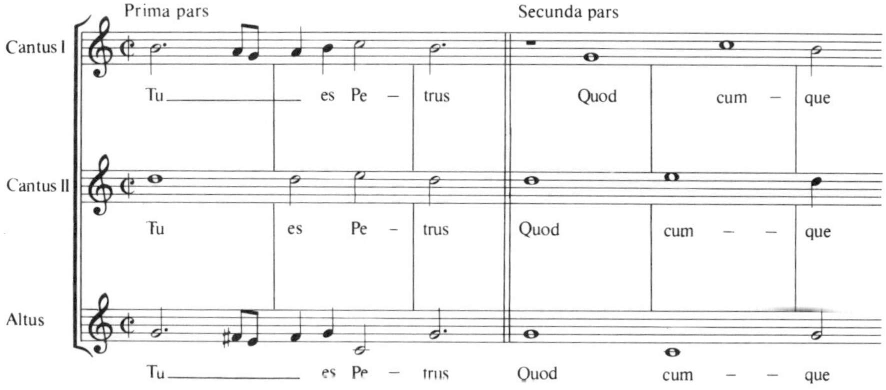

II ebd., Cantus I, T. 3—6 ebd., Cantus I, T. 15—18

III ebd., Bassus I, T. 15—20 ebd., Sextus II, T. 25—29

IV ebd., Cantus II, Bassus II, T. 40—41 ebd., Cantus II, Bassus II, T. 33—34

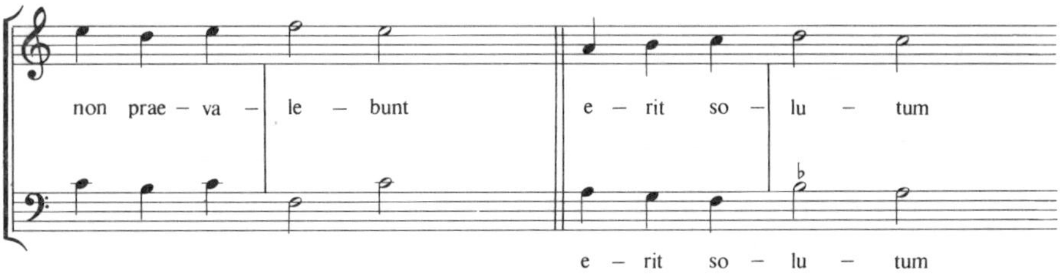

V ebd., Bassus I, T. 51—53 ebd., Bassus I, T. 46—48

Als charakteristische Merkmale dieser Motive, die ihre Identifizierung in der Messe zulassen werden, können (I) ein dichter dreistimmiger Satz mit zwei parallelen schnellen Wechselnoten, (II) aufsteigender Tonleiterausschnitt im Quartrahmen, (III) Quartsprung mit nachfolgender Abwärtsbewegung, (IV) Wechselnote mit anschließendem abspringendem Intervall sowie (V) Quartsprung mit Tonwiederholung und oberer Nebennote bestimmt werden, wobei meist die signifikantere Führung der Unterstimme eine Festlegung erleichtert.[13] In der Gegenüberstellung entsprechender Motive beider Teile sind die mit nur geringem kompositorischen Aufwand erzielten Variantenbildungen mühelos zu erkennen; lediglich vor dem identischen Schlußabschnitt wird in der zweiten Hälfte eine prägnante Unterstimme zu einer schon vorher verwendeten Floskel eingeführt, deren emphatischer, weil auf einer Alteration gegründeter Binnen-Quartsprung im Verlauf längerer Sätze der Messe nicht nur zur Hervorhebung semantisch wichtiger Passagen dient, sondern auch eindeutige Rückschlüsse auf die jeweilige Station des Adaptionsprozesses ermöglicht. Das Verfahren kompositorischer Parodie, der Übernahme vorgefertigten Materials in einen veränderten Kontext, ist um so schwieriger zu rekonstruieren, je ähnlicher einzelne Motive und Varianten gestaltet sind, so daß sie in ihrer Aufeinanderfolge, wiefern nicht exakt der Vorlage entsprechend, im abgeleiteten Werk kaum noch differenziert werden können.

Am Beginn eines jeden Teiles der Missa *Tu es Petrus* ist der Bezug zur gleichnamigen Motette offensichtlich. Stets dient ein im engen akkordischen Satz benachbarter Stimmen gefaßtes Motiv der Eröffnung, immer wird die dreistimmige, nur im Sanctus zur Vierstimmigkeit erweiterte Phrase unmittelbar anschließend in kontrastierender Lage wiederholt. Nicht also beschränkt sich Palestrina bei seiner Parodie auf die Übernahme einzelner musikalischer Gedanken, sondern greift auch weiterreichende konzeptionelle Elemente auf.[14]

Bereits im Kyrie zeigt sich jedoch schon bald, daß ein in der Motette konstitutives Verfahren kleingliedriger Parataxe selbständiger motivisch geprägter Abschnitte in unterschiedlichsten Besetzungen nur am Anfang erinnert wurde. Nach der Exposition des Kopfmotivs der Motette in zwei alternierenden Chorgruppen scheinen die Linien, die Verbindungen zwischen Vorlage und Parodie indizieren könnten, dünner zu werden, da weder die sehr ökonomische Disposition einzelner Stimmen im folgenden zu finden ist noch weiteres melodisches Material exponiert wird. Neue Motivik war jedoch in der Motette an veränderten Text gebunden, und richtig zeigt sich, daß Palestrina erst im Mittelteil des Kyrie auf weitere Elemente der Vorlage zurückgreift. Hier aber, wo derselbe Ruf vielfach wiederholt wird, präsentiert er lediglich Varianten eines Motivs, kombiniert zweifach je andere Stimmen in parallel geführten Terzen und Dezimen. Nur schwach klingen die vielfältigen Besetzungsalternativen der Motette noch an; wird zwar am Ende des Teilsatzes erst die Fülle des sechsstimmigen Chorklanges demonstriert, so hatten doch zuvor schon alle Stimmen am imitatorischen Spiel notwendig und integrativen Anteil. Nur einmal noch reflektiert Palestrina die Gegenüberstellung dreier hoher und tiefer Stimmen, und dort auch, gleichwohl latent, findet sich ein zweites Motiv der Vorlage, die Folge vier diatonisch aufsteigender Töne.

Polyphone Faktur aber, vielfältige Imitationen eines musikalischen Gedankens, bestimmt den Schluß dieses ersten Teilsatzes. In ähnlicher Weise, ausgehend von einem Motiv der Vorlage, das in akkordischem Satz eingangs präsentiert wird, dann jedoch eine isolierte melodische Formel zur Basis eines reich imitatorisch durcharbeiteten Satzes nehmend, sind auch die beiden anderen Abschnitte des Kyrie angelegt. Wiederum bleibt die Chronologie einzelner Gedanken der Motette erhalten, auch die Vierstimmigkeit der ursprünglichen Version des entsprechenden Motivs ist im Teilsatz des Christe bewahrt.

Doch ist das Verfahren von Parodie, das Palestrinas sechsstimmige Messe *Tu es Petrus* an die gleichnamige Motette bindet, nur auf den ersten Blick ähnlich jener Technik, die in den zunächst beschriebenen, vom Cantus firmus der gregorianischen Antiphon geprägten Sätzen Adaption und Weiterverarbeitung musikalischen Materials bezeichete. Gemeinsam ist lediglich die enge Anlehnung an die Vorlage zu Beginn von Teilsätzen und Binnenabschnitten. Während in der auf die einstimmige Melodie bezogenen Messe jedoch schon im Kyrie weitere Motive eingeführt werden mußten, die einerseits das wenig vielfältige Material der Antiphon entlasteten und sorgsamer disponieren ließen, andererseits neue Bezüge zwischen den einzelnen Teilsätzen schufen, bleibt die Bindung jener Messe, die in Passagen den vollständigen Tonsatz von einer Motette entlehnt, enger. Allerdings beschränkt sich Palestrina nicht auf solche Umstrukturierung und Neuordnung übernommener Partien, sondern demonstriert die Eignung verschiedener adaptierter Motive zu imitatorisch dichter Verarbeitung. Deren strukturelle Ähnlichkeit, die mitunter eine schnelle Identifizierung erschwert, stiftet im Gegenzug einen Zusammenhang einzelner Abschnitte und Sätze, der in den auf den gregorianischen Cantus firmus rekurrierenden Messe erst anderweitig, durch zusätzliche Motive, hergestellt werden mußte.

Auch im Gloria dieser seiner zweiten sechsstimmigen *Tu es Petrus*-Messe verzichtet Palestrina auf die Einführung oder Generierung neuen musikalischen Materials. Alle Motive, wenngleich mit Varianten und des umfangreicheren Textes wegen häufig wiederholt, sind leicht rückzubeziehen, auch ist die Chronologie, wie sie die Motette vorgab, erhalten. Und wieder steht am Anfang das Eingangsmotiv der Vorlage, das auch bei der Vielzahl der nachfolgenden Akklamationen weitere Verwendung findet:

Missa Tu es Petrus, Gloria, T. 1—11

In ähnlicher Weise führt Palestrina auch in den nachfolgenden Abschnitten des Gloria eine zentrale Gestaltungsidee des Kyrie dieser Messe weiter, zunächst ein Motiv der Motette unverändert oder mit nur geringen Modifikationen zu übernehmen, dann jedoch eine Passage polyphoner Verarbeitung anzuschließen. Nach der markanten Zäsur einer Generalpause beginnt ein neuer Teil wiederum mit einem Motiv der Vorlage, ein weiteres steht zu den Worten „Domine Deus“ am Anfang eines späteren Binnenabschnitts, der ebenfalls durch eine vollständige Kadenz vom voraufgehenden geschieden ist.

Damit stellen vier der für den ersten Teil der Motette konstitutiven Motive in analoger Folge auch das Material für das Gloria der Messe, das, der Vorlage entsprechend, ebenfalls in zwei Hälften gleichen Umfangs gegliedert ist. Mehr aber noch zeigt sich beim Vergleich beider Teile des Messensatzes auch eine Adaption der formalen Konzeption, da dessen zweite Hälfte in der Reihung von Varianten anfangs exponierter Motive ebenso auf Gestaltungsmittel der Motette zurückgreift wie mit der Schlußbildung eines gemeinsamen, hier rhythmisch pointierten Gedankens, der an dieser Stelle jedoch nicht wörtlich wiederholt wird und freilich nur bedingt in seiner Substanz auf Elemente der Vorlage Bezug nimmt. Unterstützt wird dieses Prinzip, den Messensatz nicht nur in der Übernahme einzelner Motive, sondern auch in seiner Anlage als Parodie der Motette auszuweisen, durch etliche Details von Satz- und Variantenbildungen, die gerade im zweiten Teil des Gloria unmittelbar das Modell erkennen lassen. So wird nicht nur das Kopfmotiv übernommen, sondern auch dessen im Rhythmus profiliertere Gestalt, die am Beginn des zweiten Teils der Motette stand:

Missa Tu es Petrus, Gloria, Cantus I/II, Altus, T. 67—70

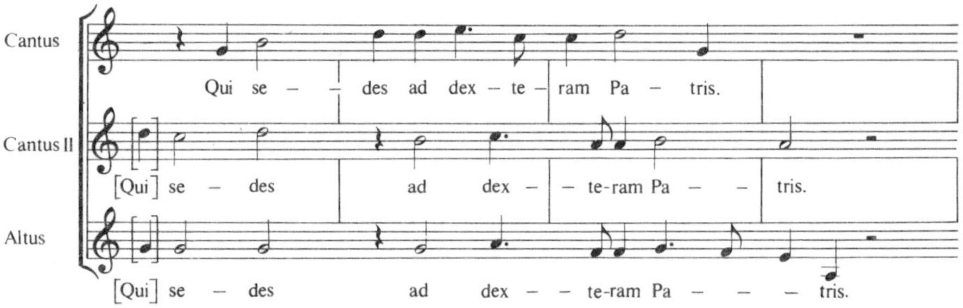

Tu es Petrus, Motette, Cantus I/II, Altus, T. 3—9

Zudem findet sich kaum zufällig hier erst jenes Motiv der Vorlage, dessen Binnenquart eine signifikante Alteration erforderte.

War im Gloria neben der Vielzahl von Motiven auch die zweiteilige Form der Motette adaptiert worden, so ist es deren parataktische Anlage und der damit verbundene reiche Wechsel unterschiedlichster Besetzungen, der das Credo prägt. Wie in der Vorlage sind einzelne, meist nur wenige Takte umfassende Glieder in akkordischem Satz aneinandergereiht, Imitationen und selbst Ansätze polyphoner Faktur bleiben Episode. Wiederum entspricht die Folge der übernommenen Motive dem in der Motette vorgegebenen Verlauf, einzelne Partien werden gelegentlich wiederholt, um inhaltliche Zusammenhänge auch in der Musik zu verdeutlichen. Jeweils der Beginn eines neuen Artikels des Credo wird auf diese Weise durch die Übernahme eines weiteren Gedankens der Vorlage kompositorisch markiert. Da allerdings der sehr umfangreiche liturgische Text zahlreiche Zäsuren und Einschnitte aufweist, deren unterschiedlichem Sinn gemäß jeweils neue Motive herangezogen werden müßten, andererseits aber Palestrina am Prinzip einer konsequenten Orientierung der Aufeinanderfolge der musikalischen Gedanken an einer in der Motette vorgefundenen Ordnung festhält, muß etliches Material der Vorlage an verschiedenen Stellen eingesetzt werden. Doch organisiert er weniger die Motive so, daß die Beziehungen sinnverwandter Abschnitte des Textes in der Musik gespiegelt würden, vielmehr folgt er bei der Adaption einzelner Passagen des Modells streng dessen Verlauf. Sukzessiv werden Motive und ganze Partien des Tonsatzes aus der Motette in die Meßkomposition übernommen. Da aber der letzte musikalische Gedanke, den die Vorlage bot, schon bald, zu den Worten „et propter nostram salutem, descendit de coelis“, disponiert wurde und auch mittels der im zweiten Teil der Motette gewonnenen Varianten nicht der gesamte Text des Credo kompositorisch strukturiert werden kann, muß Palestrina eine erneute Durchführung aller Motive vornehmen. Dabei verzichtet er zugunsten solch konsequenter Orientierung an der Vorlage auf die Möglichkeit, neue Formteile jeweils durch das Eröffnungsmotiv einzuleiten; andererseits erübrigt sich wegen der stets präsenten Motivik der Motette die Einführung weiterer, unabhängiger musikalischer Gedanken. Lediglich eine einzige kleine Passage dieses Credo ist motivisch nicht abzuleiten: Zum Text „per quem omnia facta sunt“ disponiert Palestrina vermutlich kaum zufällig und vielleicht als eine dezente Huldigung das Kopfmotiv aus der gregorianischen Antiphon[15]:

Missa Tu es Petrus, Credo, Tenor, T. 38—39

Freies, nicht in der Motette aufzufindendes Material findet sich daneben lediglich im Benedictus, dessen imitatorisch reicher vierstimmiger Satz sich somit deutlich nicht nur vom Kontext des Sanctus abhebt, sondern innerhalb des gesamten Meßzyklus eine Sonderstellung einnimmt. Sanctus und Agnus Dei allerdings sind in ihrer Anlage wiederum fast überdeutlich von der Struktur der Vorlage geprägt: Textlich unterschiedlichen Passagen entspricht die konsequente Zuordnung neuer Motive, und die liturgische Vorgabe einer Wiederholung des „Hosanna“-Abschnittes dürfte hier die Verwendung jenes musikalischen Gedankens begründen, der auch in der Motette das Ritornell kennzeichnete.

Das Angebot für Komponisten jener Zeit, das Material einer vorgegebenen Komposition auch für weitere Vertonungen zu verwenden, nutzte Palestrina, wie bereits diese wenigen Bemerkungen verdeutlichen sollten, keineswegs in stereotyper Manier, um lediglich rasch doch nur scheinbar originäre Werke zu produzieren. Neben dem relativ simplen Verfahren der Adaption auch ganzer Tonsatzpassagen, die dem veränderten Text unproblematisch anzupassen waren, werden in seiner mitunter komplexen Neuorganisation des musikalischen Materials dessen implizite Möglichkeiten erkennbar. Erst in der Vielzahl von Varianten, Kombinationen und Besetzungsalternativen scheint das Potential zunächst schlicht wirkender Motivik auf, deren Reichtum zu entfalten Aufgabe des Komponisten ist und nicht zuletzt zum Kriterium der Bewertung seiner handwerklichen wie künstlerischen Qualitäten wird.

Anmerkungen

1 Vgl. Andrea Adami del Bolsena, *Osservazioni per ben regolare il coro de i cantori della Cappella Pontificia*, Rom 1711, S. 13.

2 Zur Echtheit der 18stimmigen Version von Palestrinas *Missa Tu es Petrus* vgl. Knud Jeppesen, [Artikel] *Giovanni Pierluigi da Palestrina*, in: Friedrich Blume (Hrsg.), *Die Musik in Geschichte und Gegenwart*, Band 10, Kassel 1962, Sp. 690.

3 Vgl. zur Gestaltung von Motetten, insbesondere bei Palestrina, Heinrich Rahe, *Der Aufbau der Motetten Palestrinas*, in: *Kirchenmusikalisches Jahrbuch* 35 (1951), S. 54—83; Wolfgang Boetticher, *Geschichte der Motette*, Darmstadt 1989, S. 97—100 (= *Erträge der Forschung Band 268*) sowie Peter Ackermann, *Studien zur Gattungsgeschichte und Typologie der römischen Motette im Zeitalter Palestrinas*, Habil. Schr. Frankfurt/M. 1991, Tutzing 1994. — Für die freundliche Überlassung eines Typoskript-Exemplars seiner Studie sowie zahlreiche weitere Informationen danke ich Herrn Dr. Peter Ackermann auf das herzlichste.

4 Vgl. Johannes Klassen, *Das Parodieverfahren in der Messe Palestrinas*, in: *Kirchenmusikalisches Jahrbuch* 38 (1954), 53—62.

5 Sorgfältige Architektur und ökonomische Disposition kompositorischer Mittel konstatierte insbesondere für die Gloria-Sätze von Palestrinas Messen bereits Knud Jeppesen; vgl. Knud Jeppesen, *Der Palestrina-Stil und die Dissonanz*, Leipzig 1925, S. 35.

6 Vgl. zur chronologisch konsequenten Übernahme Palestrinas von Themen und Motiven der Vorlage in die Parodiekompsition Johannes Klassen, *Zur Modellbehandlung in Palestrinas Parodiemessen*, in: *Kirchenmusikalisches Jahrbuch* 39 (1955), S.41f.; ferner Michael Haller, *Analyse der Missa: „O admirabile commercium" von Giov. Pierluigi da Palestrina*, in: *Kirchenmusikalisches Jahrbuch* 9 (1894), S. 69—76.

7 Zum Verlust des „weltlichen" Charakters von Liedmelodien etc. bei Nivellierung des Metrums vgl. Henry Coates, *Palestrina*, London 1938, S. 165.

8 Vgl. Herbert Kennedy Andrews, *An Introduction to the Technique of Palestrina*, London 1958, S. 199.

9 Zu Zusammenhängen zwischen Parodie und motivischer Arbeit vgl. Lewis Lockwood, *On „Parody" as Term and Concept in 16th-Century Music*, in: John LaRue (Hrsg.), *Aspects*

of Medieval and Renaissance Music. A Birthday Offering to Gustave Reese, New York 1966, S. 560—575.

10 Vgl. Ludwig Finscher (Hrsg.), *Die Musik des 15. und 16. Jahrhunderts,* Laaber 1989, Band 1, S. 235f.; Band 2, S. 282 (= *Neues Handbuch der Musikwissenschaft* Bände 3,1 und 3,2).

11 Vgl. Wolfgang Boetticher, *Geschichte der Motette*, Darmstadt 1989, S. 99 (= *Erträge der Forschung* Band 268); Carl Dahlhaus, *Studien zu den Messen Josquin des Prez*, Diss. Göttingen 1952, S. 550; Rufina Orlich, *Die Parodiemesse von Orlando di Lasso*, München 1985, S. 52ff. (= *Studien zur Musik* Band 4).

12 Nach Besseler „zweiteilige Reprisenmotette"; vgl. Heinrich Besseler, *Die Musik des Mittelalters und der Renaissance*, Potsdam 1931, S. 253 (= *Handbuch der Musikwissenschaft* Band 1).

13 Vielleicht kaum zufällig sind die prägnantesten Motive der Baßstimme zugewiesen; vgl. Kap. II, Anm. 7.

14 Nach Knud Jeppesen träfe der in Anlehnung an Bearbeitungsverfahren Franz Liszts geprägte Begriff „Transkriptionsmesse" den Sachverhalt kompositorischer Parodie genauer; vgl. Knud Jeppesen, *Kontrapunkt. Lehrbuch der klassischen Vokalpolyphonie*, Leipzig 1935, S. 210.

15 Johannes Klassen machte des weiteren auf eine enge Anlehnung der Passage „et unam sanctam ecclesiam" an die Wendung „aedificabo ecclesiam" der Motette aufmerksam; vgl. Johannes Klassen, *Zur Modellbehandlung in Palestrinas Parodiemessen*, in: *Kirchenmusikalisches Jahrbuch* 39 (1955), S. 41; ferner Wilhelm Kurthen, *Ein Zitat in einer Motette Palestrinas*, in: *Kirchenmusikalisches Jahrbuch* 29 (1934), S. 50—53, sowie Willem Elders, *Studien zur Symbolik in der Musik der alten Niederländer*, Bilthoven 1968, S. 76.

V. Individualität

Rom, 2. Februar 1568. Palestrina schreibt einen Brief nach Mantua, bittet Herzog Guglielmo Gonzaga um die Präzisierung eines Auftrags. Er möchte wissen, wie der Fürst die bei ihm bestellten Meßkompositionen ausgeführt wünscht. Mehrere Möglichkeiten der Gestaltung bietet er an, zunächst den äußeren Umfang der Vertonungen betreffend, doch scheint er auch verschiedene satztechnische Verfahren zur Wahl zu stellen: Der Fürst möge belieben, ihm mitzuteilen, ob die erbetenen Werke kurz oder ausgedehnt sein sollen oder aber so, daß man den Text verstehen könne.[1]

Dieses Schreiben, das den Beginn einer langjährigen, fast freundschaftlich zu nennenden Verbindung zwischen dem römischen Kapellmeister und dem Mantuaner Fürsten bezeichnet, ist nicht nur eines der wenigen handschriftlichen Dokumente, die von Palestrina überliefert sind, sondern gibt zudem in vielfältiger Weise Aufschluß über seine Praxis kompositorischer Produktion.

Zunächst ist auffällig, daß Palestrina verschiedene Techniken der Vertonung des Ordinarium missae zur Disposition stellt, unter denen jene, bei der die Verständlichkeit des Textes oberstes Gebot und Anliegen des Komponisten ist, lediglich als Alternative erscheint. Noch einige Jahre nach der Komposition der *Missa Papae Marcelli* und der anschließenden Präsentation weiterer, nach den Maßgaben des Reformkonzils gestalteter Messen war die dort einhellig begrüßte und von päpstlicher Autorität sanktionierte Methode, die liturgischen Worte zu vertonen, für Palestrina offensichtlich nur eine Variante innerhalb eines in seiner Breite schwer einzuschätzenden Spektrums satztechnischer Möglichkeiten. Obsolet geworden waren traditionelle Techniken strenger, kanonischer Imitationen, die doch kurze Zeit zuvor für die Liturgie als wenig geeignet empfunden worden waren, demnach keineswegs. Vielmehr demonstriert Palestrina in den Messen, die er am Ende der 1570er Jahre dem Mantuaner Fürsten vorlegte, eine Kunstfertigkeit des polyphonen Satzes, dessen artifizielle Struktur um so mehr überrascht, als er im Kontext früherer Publikationen von Meßkompositionen jenen „neuen" Gestaltungsmodus annonciert hatte, der doch vermutlich gerade diese inzwischen preziös erscheinende Schreibweise ersetzen sollte. Selbst wenn der Nachweis zu führen ist, daß Palestrina mit der hier bewußt verwendeten, eher retrospektiven Kompositionstechnik einem Wunsch Guglielmo Gonzagas entsprach und diese nichts weniger als eine Zurücknahme des ehedem im Kontext der

Schlußsitzung des Tridentinums entwickelten Programms bezeichnet, muß es verwundern, einen der renommiertesten Komponisten jener Zeit künstlerische Mittel disponieren zu sehen, die weniger vom subjektiven Gestaltungswillen des Autors als durch Vorgaben des Auftraggebers bestimmt werden. Das Argument, die Freiheit des Künstlers sei noch im 16. Jahrhundert lediglich eine Funktion gesellschaftlicher Bedingungen gewesen und die verwendeten Mittel stets determiniert von Adressat und Zweck, könnte hier zur Erklärung dienen, würde es nicht rücksichtlich etlicher zeitgenössischer Nachrichten vom selbstbewußten Handeln anderer Maler, Bildhauer und Musiker erheblich relativiert. Vom fast sprichwörtlich scheinenden Stolz und mitunter outrierten Verhalten Josquin des Prez' etwa weiß schon Heinrich Glarean etliche Beispiele zu geben, die noch Friedrich Wilhelm Marpurg annähernd zweihundert Jahre später gerne wiederholt.[2] So wird überliefert, daß man Herzog Hercole d'Este zu bedenken gab, als er vor der Entscheidung stand, Josquin oder Heinrich Isaac als Kapellmeister seines Hofes zu verpflichten: „Es stimmt, daß Josquin besser komponiert, aber er tut es, wenn ihm danach zumute ist, nicht, wenn er dazu aufgefordert wird."[3] Und Giorgio Vasari berichtet von Donatello, der einen gut dotierten Auftrag ablehnte und einen schlechter bezahlten annahm, um sich als freier Mann zu erweisen.[4] Kaum vorstellbar aber, daß jemand, der in finanzieller Hinsicht ebenso seine Souveranität demonstrierte wie hinsichtlich dienstlicher Obliegenheiten, die Auswahl zu verwendender Gestaltungsmittel dem Auftraggeber anheim stellte.

Ähnliche Nachrichten und Anekdoten ließen sich auch von anderen Künstlern in nicht geringer Zahl anführen[5], und doch scheint es weder Zufall noch mangelnde Überlieferung zu sein, wenn über Palestrina nichts dergleichen mitzuteilen ist. Selbst der zeitweise rasche Wechsel seiner Anstellungen an verschiedenen Kirchen und Institutionen Roms dürfte zumeist nicht in günstigeren Rahmenbedingungen für sein Komponieren oder besseren Rezeptionsmöglichkeiten seiner Werke andernorts begründet sein, und kaum hätte er vermutlich eine Position aufgegeben, weil etwa Aufführungen eigener Werke nicht seinen Vorstellungen entsprechend zu realisieren gewesen wären. Eher war es ein attraktiveres Gehalt, teilweise auch schwer zu quantifizierende Sach- und Dienstleistungen, die ihn ebenso wie etliche seiner Kollegen zu vielfältig wechselnden Engagements veranlaßten. Von hier aus jedoch auf ein gesteigertes Selbstbewußtsein Palestrinas zu schließen, wäre vorschnell, ist doch in etlichen Briefen und Schriftstücken, die er an Vorgesetzte und Auftraggeber richtete, eine Unterwürfigkeit zu erkennen, die mit seinem auch von Zeitgenossen bestätigten Rang nur schwer in Übereinstimmung zu bringen ist. In Widmungsvorreden einen Bescheidenheitstopos einzufügen und die Qualitäten des Adressaten überschwenglich zu rühmen, mag einer Konvention entsprochen haben, doch mutet es seltsam, ja mitunter fast peinlich devot an, wenn Palestrina auch in eher privaten Schreiben an einen Fürsten seine eigenen kompositorischen Fähigkeiten als nachgerade unbedeutend einstuft und suggeriert, daß er sich nicht nur dem kritischen Urteil des musikliebenden Dilettanten stelle, sondern auch schon bei der Ausarbeitung gerne auf dessen Erfahrung und Rat hätte zurückgreifen mögen.[6] Will man als Erklärung für dieses eher konformistische Verhalten Palestrinas nicht Charakterzüge von Opportunismus, die sich vielfach in den überlieferten authentischen Dokumenten nachweisen ließen, konzedieren, so bleibt kaum mehr als die Annahme, er selbst sei sich des Kunstwertes mancher seiner Kompositionen nicht sicher gewesen. Der vermeintliche Widerspruch löst sich jedoch rasch, sobald man die Prämisse preisgibt, es sei Palestrinas Intention gewesen, einmalige und unwiederholbare Werke vorzulegen.[7] Vielmehr wirkt es oft, als habe auch Palestrina selbst seine Kompositionen als Produkte betrachtet, die nicht nur reihenweise oder als zyklische Vertonungen liturgischer Textsammlungen herzustellen waren, sondern ebenso nach Prinzipien des Marktes abgesetzt werden mußten. In solchem Kontext können einige Briefe Palestrinas fast als — allerdings sehr beflissene — Rückfragen eines Handwerkers angesehen werden, der sich nach erbrachter Leistung der Zustimmung und Befriedigung seines Auftraggebers vergewissern will, um dessen freundliche Aufnahme des gelieferten Werks zur Grundlage von Honorarforderungen zu machen.

Die Einsicht aber, daß Palestrina über verschiedene musikalische Gestaltungsebenen verfügte, die er den Wünschen eines Auftraggebers anpassen und dem Zweck eines Werks gemäß modifizieren konnte, erschwert nicht nur den Versuch, eine kompositorische Biographie des römischen Kapellmeisters zu schreiben; die Rücksichtnahme auf den Adressaten und seine Vorgaben macht zugleich verständlich, warum er seine Kompositionen lediglich innerhalb jenes stilistischen Spektrums schrieb, das man mit seinem Namen verband und das nur in geringem Maße extravagante Wendungen erlaubte: Mit der Bestellung eines Werkes oder einer Serie von Kompositionen bei Palestrina verband sich vermutlich eine Erwartungshaltung an bestimmte, eher konventionelle Gestaltungsmomente, die der römische Kapellmeister selten modifizierte. Noch der Verzicht aufs Experiment resultiert aus ökonomischem Kalkül. Und das „Neue“, das er gelegentlich in Titel oder Vorrede seiner Publikationen ankündigte, erscheint eher als Legitimation der Veröffentlichung oder werbewirksamer Zusatz, dem keineswegs immer — nicht nur in dieser Zeit — eine avancierte Gestaltung der dort zusammengefaßten Kompositionen entsprach.

Dennoch ist die Zurückhaltung Palestrinas, in seine Werke auch „moderne" Elemente zu integrieren, nur schwer nachzuvollziehen. Unbeteiligt an einer musiktheoretischen Auseinandersetzung, die — wie es im Rückblick scheint — im Italien der zweiten Hälfte des 16. Jahrhunderts mindestens zeitweise mit großer Vehemenz geführt wurde, verfertigte er eine Vielzahl von Werken, die kaum erkennen lassen, daß ihm die viel und kontrovers diskutierte Problematik einer engeren Verbindung von Musik und Sprache bewußt war. Die Fragestellung, ob das traditionelle Vokabular des Kontrapunkts noch angemessen sei, nicht nur die Struktur, sondern auch den Affektgehalt von Texten zu fassen, gewinnt in seinem Œuvre kaum Virulenz. Daß das überkommene satztechnische Regelwerk modifiziert werden müsse, um Ausdruckswerten literarischer Vorlagen musikalisch adäquat Gestalt zu verleihen, findet nur schwache Reflexe in wenigen seiner Madrigale. Und von den ambitionierten Versuchen Nicola Vicentinos, unter Rückgriff auf Theoretiker der griechischen Antike Vierteltöne für die Musik der Gegenwart nutzbar zu machen, scheint er nicht einmal Kenntnis genommen zu haben.

Zweifellos war der Spielraum musikalischer Mittel, den Palestrina als Komponist der päpstlichen Kapelle nutzen konnte, gering, und die Musik, die man von ihm für die Liturgie an St. Peter erwartete, sollte zwar weder archaisierend noch allzu konventionell sein; doch forcierte man ebensowenig avantgardistische Tendenzen. So bestand kaum Veranlassung, weniger noch die Notwendigkeit, im Vatikan mit experimenteller geistlicher Musik aufzuwarten, zumal Palestrina ein Verfahren, liturgische Texte gemäß den Vorstellungen des Klerus nach größtmöglicher Verständlichkeit des gesungenen Wortes zu vertonen, zur allgemeinen Zufriedenheit präsentiert hatte.

Mag es Tendenzen zu Bewahrung und Vereinheitlichung, aber auch zu Restriktion und verstärkter Abgrenzung, die den römischen Katholizismus in dieser Zeit gegenreformatorischer Bestrebungen vielfältig kennzeichnen, entsprochen haben, daß auch Palestrina eine Methode konservierte, Musik für die Liturgie zu schreiben, so verwunderlich bleibt der freiwillige Verzicht auf eine individuelle Gestaltung anderer seiner Werke. Fraglich etwa ist, ob er für jene Messen, die er als Repräsentationsmusik für den Gottesdienst des Mantuaner Hofes verfertigte[8], notwendigerweise eine derart konventionelle Satztechnik hätte verwenden müssen; die Tatsache aber, daß er sich bei seiner Ausarbeitung den Wünschen und Vorstellungen des Herzogs unterwarf, ist jedoch vermutlich ebenso bezeichnend für seine Persönlichkeit wie sein künstlerisches Selbstverständnis: Kaum kann man sich vorstellen, daß Claudio Monteverdi, der nur wenige Jahre später ebenfalls für die Gonzagas tätig sein würde, sich versagt hätte, auch in liturgisch gebundener Musik mindestens einzelne subjektive Momente zu disponieren.

Berücksichtigt man zudem, daß die Möglichkeiten eines Komponisten, seine Subjektivität ins Werk zu setzen, ungleich größer waren im Vergleich etwa zu bildenden Künstlern, die oft genug gehalten waren, vom Auftraggeber bereitgestellte kostbare Grundstoffe und hochwertige Materialien nicht zu leichtfertig für ungewöhnliche oder innovative Projekte zu verwenden, so wirkt Palestrinas vorsichtiges, jedes Risiko auch der satztechnischen Gestaltung sorgsam meidendes Agieren noch kleinmütiger. Gegenüber dem Maler, der den Einsatz mitunter teurer Farben oder von Blattgold ebenso zu verantworten hatte wie der Bildhauer die Verwendung eines nur mit großem Aufwand zu beschaffenden Marmorblocks, war der Komponist ungleich freier in seinem Vorgehen, verbanden sich mit der Anfertigung eines Musikstückes zunächst doch nur unbedeutende Kosten. Zudem war die existentielle Grundlage der meisten Musiker durch feste Anstellungen in kirchlichen Diensten oder am Hof gesichert, so daß auch hier — wiederum im Gegensatz zu bildenden Künstlern, die ihre Werke einem in jener Zeit sich bereits entfaltenden, vergleichsweise freien Markt aussetzen mußten[9] — wenig Hinderungsgründe vorlagen, gelegentlich auch unkonventionelle Kompositionen zu verfertigen. Ob schließlich ein extravagantes Werk vom Auftraggeber zurückgewiesen worden wäre, mithin die Leistung eines Künstlers von unbezweifeltem Rang ohne Honorar blieb, ist fraglich, letztlich jedoch wenig wahrscheinlich, hätte es doch einem allgemein akzeptierten Verhalten eines Fürsten prinzipiell widersprochen, sich nicht als Freund und Förderer der Künste zu gerieren. Vielmehr wetteiferten Höfe und Städte auch auf kulturellem Sektor, waren nicht nur machtpolitische Rivalen; mancher Fürst suchte auch international renommierte Künstler zu verpflichten, um seinen exklusiven Geschmack zu demonstrieren und sich selbst als großzügigen Mäzen und versierten Kenner darzustellen. Während solche Konkurrenz der Auftraggeber die Produktion neuartiger Kunstwerke durchaus forcierte, erweiterte Palestrina selbst bei Kompositionen, deren Gestaltung nicht durch liturgische Vorgaben eingeengt war, sein Repertoire musikalischer Mittel nur unwesentlich. Hinreichend groß wäre die Zahl von Texten gewesen, die sich als geistliche Kammermusik zur Vertonung anboten und deren expressive Sprache auch die Verwendung avancierter Kunstmittel ebenso nahegelegt wie legitimiert hätte. Doch die Versuche, die Palestrina in diesem Genre unternahm, blieben, gemessen am Umfang seines erhaltenen Œuvres, sparsame Ausnahmen, und ihre Faktur weicht nur in Nuancen von jenem satztechnischen Verfahren ab, daß er in Messen und anderen Motetten zu disponieren wußte.

Noch einmal ist an Orlando di Lasso zu erinnern, Palestrinas vermutlich bedeutendsten Zeitgenossen, in dessen Werk sich nicht nur eine ähnlich große Zahl von Meßkompositionen findet, sondern auch einige kompositorisch äußerst virtuose geistliche Madrigale. Der Kapellmeister des bayrischen Herzogs nutzte in seinen Zyklen von Kompositionen für den Hofgottesdienst ebenso wie seiner paraliturgischen Andachtsmusik für die fürstliche Kammer alle ihm zu Gebote stehenden künstlerischen Mittel und verband Elemente auch volksmusikalischer Provenienz mit Traditionen kontrapunktischer Motetten in einer artifiziellen Satztechnik, deren Subtilität nur der ästhetisch gebildete Hofmann angemessen zu würdigen verstand. Zwar ist auch die Mehrzahl seiner Meßkompositionen in einer Faktur gehalten, deren Bindung an Konventionen der Gestaltung liturgischer Musik einen vergleichsweise geringen Spielraum bei Vertonungen des Ordinarium missae verrät, doch werden dort, wo weder kirchliche Vorgaben noch die Geschichte einer Gattung die kompositorischen Möglichkeiten determinierten, innovative Züge sichtbar, die Lasso offensichtlich im selben Maße forcierte wie Palestrina sie vermied. Nirgends finden sich im Œuvre des römischen Kapellmeisters Kompositionen von vergleichbarer satztechnischer Extravaganz, wie sie der Münchener Kollege mit seinen expressiven Vertonungen von Bußtexten und apokalyptischen Visionen vorlegte, obwohl doch in Rom, wo an den Palästen zahlreicher Kardinäle und mindestens zeitweise auch im Vatikan die Kultur der Lebensführung und der Luxus des Haushalts dem Prunk eines deutschen Fürstenhofes in nichts nachstanden, sicherlich auch ein geeigneter Adressat zu finden gewesen wäre, der die Kunstfertigkeit solcher Werke angemessen zu schätzen gewußt hätte. Zu konstatieren ist, daß Palestrina darauf verzichtete, in ähnlicher Weise spektakuläre Zyklen oder exzeptionelle Einzelwerke vorzulegen, deren Anlage auffällig subjektive Züge zeigte.[10] Nur mutmaßen läßt sich über die Gründe, die ihn bewegten, kompositorische Konventionen weiterzuführen und ein relativ kleines, verbindliches satztechnisches Repertoire nur noch in geringem Umfang zu entwickeln. Individuelle Charakterzüge könnten diese Zurückhaltung motiviert haben, weniger wohl ein mangelndes Vermögen, Gestaltungsmittel, die aus der Musik der Zeitgenossen zu ersehen war, sich künstlerisch anzueignen und produktiv umzusetzen. Wahrscheinlicher aber noch resultiert der Verzicht, ein singuläres Werk zu exponieren, aus der Überlegung, mit allzu prononcierter Subjektivität den Anspruch von Allgemeingültigkeit anderer seiner Kompositionen zu verlieren, der weite Verbreitung und zugleich nicht unerhebliche Einnahmen garantierte. Zahlreiche Nachdrucke und Neuauflagen seiner Messenbüchern und Motettensammlungen, daneben die häufige Aufnahme einzelner Kompositionen in zeitgenössische Anthologien spiegeln eine Universalität seiner Werke, die durch einen prägnanten, innovativen oder schlicht nur ambitionierten Personalstil durchkreuzt worden wäre. Das Fehlen des Spezifischen ist die Kehrseite des Versuchs, größtmögliche Verbindlichkeit zu erzielen.

So homogen Palestrinas Œuvre wirkt, so sehr entbehrt es doch des auffälligen Einzelwerks: Ein Opus magnum ist nicht auszumachen, und die Ausnahmestellung, die man der *Missa Papae Marcelli* zuzuweisen geneigt wäre, ist eher rezeptionsgeschichtlich denn ästhetisch zu legitimieren. Wenngleich schon die Zeitgenossen die unverkennbar hohe handwerkliche Qualität von Palestrinas Kompositionen vorbehaltlos anerkannten, so sah sich doch keiner der Dienstherren und Auftraggeber des römischen Kapellmeisters veranlaßt, für irgendeines der ihnen vorgelegten Musikstücke einen besonderen Rang zu reklamieren. Niemand scheint je intendiert zu haben, etwa von einem singulären Werk Palestrinas eine Prachthandschrift anfertigen zu lassen, wie sie der bayrische Herzog Albrecht V. für die *Psalmi poenitentiales* Orlando di Lassos in Auftrag gab; gleichzeitig reservierte er diese Bußpsalmen für seine Hofkapelle, indem er Publikation und alle Aufführungen an anderem Ort zu seinen Lebzeiten untersagte. Eine nur annähernd vergleichbare Wertschätzung wurde keinem Werk Palestrinas in Rom zuteil, wiewohl ähnliche Sperrklauseln und Schutzmechanismen, die stets die Berühmtheit einer Komposition zu steigern vermochten, durchaus auch hier angewandt wurden, wie allein das Beispiel des ein halbes Jahrhundert später entstandenen *Miserere* von Gregorio Allegri zu illustrieren vermag.

Ebenfalls nur geteilte Aufmerksamkeit widmeten die römischen Kirchenfürsten der Verbreitung der liturgischen Kompositionen ihres Kapellmeister. Zwar erhielt er für etliche seiner Werke Druckprivilegien, die vor unautorisierten Vervielfältigungen schützten, doch die Kosten für Produktion und Vertrieb der Musikalien oblagen Palestrina allein. Zweifellos stand schon seinerzeit außer Frage, daß eine Drucklegung seiner Kompositionen für den römischen Kapellmeister keine Verluste zeitigen würde und sich nicht erst nach etlichen Neuauflagen und Nachdrucken rechnete, zumal aus Widmungen und der Präsentation einzelner Exemplare an hochstehende Persönlichkeiten weiterer, nicht unbeträchtlicher Gewinn zu erzielen war. Gleichwohl bleibt bemerkenswert, lediglich Palestrina selbst mit der Verbreitung eigener Werke befaßt zu sehen, die doch in musterhafter Weise Kirchenmusik nach den Wünschen der katholischen Kirche verkörpern sollten.

Verschiedentlich artikulierte Palestrina seinen Unmut über die vermeintlich unzureichende Unterstützung seiner Aktivitäten durch kirchliche Dienstherren, vielleicht am vehementesten in der Vorrede seiner 1588 veröffentlichten Lamentationen, wo er Papst Sixtus V. auf seine eigene, wenig vorteilhafte finanzielle Situation nachhaltig hinweist. Wenngleich man rücksichtlich der rekonstruierbaren Einkünfte des römischen Kapellmeisters, der Bezüge aus aktuellen Dienstverhältnissen wie auch von zwischenzeitlich besetzten Positionen, der Einnahmen aus Widmungen und vielfach nachgedruckten

Publikationen, schließlich auch der Gewinne aus landwirtschaftlichen Unternehmungen, Kürschnereibetrieb und nicht zuletzt Immobiliengeschäften kaum zu dem Schluß gelangen kann, daß Palestrina zu diesem Zeitpunkt materielle Not litt, lassen doch einige Indizien die Probleme erkennen, die eine Veröffentlichung von Notenbänden mitunter bereitete.[11] Auffällig insbesondere ist die sehr unregelmäßige Folge der Publikation von Sammelbänden mit Werken Palestrinas, die nur bedingt mit einer zu bestimmten Zeiten größeren Produktivität zu erklären sein wird. Leicht nachzuvollziehen ist das abrupte Abbrechen von Neuerscheinungen eigener Kompositionen im Anschluß an Palestrinas Entlassung aus päpstlichen Diensten 1555 und eine sukzessiv intensivierte Produktion nach der erfolgreichen Vorstellung einiger den Wünschen der Konzilsväter entsprechenden Messen zu Beginn der 1560er Jahre. Doch die schnelle Veröffentlichung einer Vielfalt von Musikalien insbesondere in seinen letzten Lebensjahren, zudem eine erst von seinem Sohn Iginio aus dem Nachlaß herausgegebene Unzahl von Meßkompositionen läßt sich kaum nur mit einer gesteigerten Nachfrage nach Werken des römischen Kapellmeisters begründen, der allerdings das kompositorische Metier schließlich so perfekt beherrschte, daß er eine vollständige Vertonung des Ordinarium Missae in lediglich zehn Tagen vorlegen konnte.[12] Vielmehr deutet die zeitliche Koinzidenz einer zunehmend dichteren Folge von Notenpublikationen nach 1580 und Palestrinas erneuter Heirat daraufhin, daß ihm nun, nach der Hochzeit mit Virginia Dormoli, der Witwe eines vermögenden Pelzhändlers, hinreichend Kapital zur Verfügung stand, bislang zurückgestellte Projekte zu realisieren. So konnte Palestrina kurz vor seinem Tod Iginio, dem einzig ihm verbliebenen Sohn, ein finanzielles Konzept vorlegen, das die Edition bislang ausstehender Werke gesichert erscheinen ließ und das die Anfrage der Nachkommen, dennoch weitere Druckkostenzuschüsse für die Publikationen des Nachlasses von päpstlichen Stellen zu gewinnen, als Versuch schnöder Täuschung und dreister Übervorteilung entlarvt.

Ähnlich eilfertige Bemühungen, seine wirtschaftlichen Verhältnisse in nicht immer unzweifelhafter Weise zu optimieren, lassen sich auch in Palestrinas eigener Biographie nur schwer leugnen. So mußte sein Gesuch, nach dem Tod seiner ersten Frau Lucrezia Kleriker zu werden, dem Papst schon deshalb willkommen sein, da ein langjähriges Ärgernis, das ehedem zum Ausschluß Palestrinas als verheiratetem Sänger aus der päpstlichen Kapelle führte, nun zu beseitigen war. Ihn mit einer gut dotierten Pfründe zu versehen, schien ein angemessenes Zeichen der Dankbarkeit eines Papstes, da ein zentrales Motiv ständiger Querelen in seinem Sängerchor gegenstandslos wurde. Um so peinlicher aber war es, schon wenige Wochen, nachdem Palestrina die priesterlichen Weihen erhalten hatte, erfahren zu müssen, daß der Kapellmeister nicht nur eine erneute Verehelichung plante, sondern abseits der Öffentlichkeit bereits vollendete Tatsachen geschaffen hatte. Kaum zu Unrecht fühlte man sich im Vatikan düpiert, und vielfältige weitere Eskapaden des Kapellmeisters, fast immer im Zusammenhang mit Kompetenzrangeleien, Gehaltsforderungen oder wegen Bewerbungen an andere Orte, wo bessere Anstellungsbedingungen zu erwarten waren, die gegenüber den aktuellen Konditionen hoch ausgereizt wurden, waren Veranlassung häufiger Streitereien, die Palestrina, nicht nur in finanziellen Dingen stets auf seinen Vorteil bedacht, oft genug selbst verursachte.[13]

Vergleicht man allerdings die Gesamtsumme aller Einkünfte Palestrinas, soweit sie sich aus den einschlägigen Archivalien rekonstruieren lassen, mit den gewaltigen Beträgen, die an der römischen Kurie etwa im Zusammenhang mit der Kreierung von Kardinälen oder zur luxuriösen Ausstattung der Hofhaltung eines Kirchenfürsten bewegt wurden, so erscheinen die Honorare, um die der römische Kapellmeister feilschte, und die Gewinne, die er bei privaten geschäftlichen Transaktionen erwirtschaftete, eher gering. Zweifellos war Palestrina zumindest in seinen letzten Lebensjahren wohlhabend, er verfügte über vielfältigen Haus- und Grundbesitz und seine Aktivitäten im Pelzhandel, den er zusammen mit seiner Frau und einem Teilhaber weiterführte, waren ebenso erfolgreich wie der Verkauf der Früchte jener Ländereien in der Umgebung Roms, die durch Erbschaft, Dotation oder als Teil von Mitgiften in seinen Besitz gekommen waren. Doch selbst wenn man seine Bezüge aus den Diensten als päpstlicher Kapellmeister sowie die Erträge aus Produktion und Vermarktung seiner Kompositionen hinzurechnet, addieren sich seine jährlichen Einkünfte zu einer kaum dreistelligen Summe, gerechnet in der zeitüblichen Währung des (Gold-) Scudi. Allerdings waren die wenigsten dieser Einnahmen abhängig von Unwägbarkeiten insbesondere der Witterung und wurden, da zum größten Teil auf Dienstleistungen für vermögende Institutionen beruhend, auch in lediglich geringem Maße selbst in Zeiten von Krieg, Plünderung und allgemeiner Not, deren unmittelbare Auswirkungen auf das tägliche Leben vielfach dokumentiert sind, in ihrer Höhe variiert. Zu finanzieren war andererseits ein weitläufiger Haushalt, dem neben den Familienmitgliedern und dem Dienstpersonal auch einige Kapellknaben angehörten, deren Unterbringung und Versorgung Teil der Verpflichtungen eines Kapellmeisters und in seinem Honorar bereits bedacht waren. Die nicht unbeträchtlichen Kosten für eine gediegene Ausbildung seiner Kinder konnte Palestrina dagegen minimieren, indem er zu gegebener Zeit eine Anstellung am Collegium Romanum antrat, wo man seine beiden ältesten Söhne zu günstigen Bedingungen aufnahm. Allerdings benötigte man etliches Kapital zur Produktion der Musikalien, das jedoch zumindest in späteren Jahren kaum je fehlinvestiert gewesen sein dürfte.

Trotz mancher Klagen Palestrinas über seine wenig befriedigende wirtschaftliche Situation und ungeachtet seiner permanenten Bemühungen, seine Einnahmen zu verbessern, fehlen alle Anzeichen, daß er durch seine zahlreichen geschäftlichen Aktivitäten je in finanzielle Bedrängnis geraten wäre. Selbst in Jahren, die minutiösen sozialgeschichtlichen Forschungen zufolge als Not- und Krisenzeiten in Rom angesehen werden müssen, konnte Palestrina seine Projekte mit unverminderter Intensität fortführen.[14] Gleichwohl scheint sein Wohlstand nie eine bestimmte Schwelle überstiegen zu haben: Die Notizen über Honorare, die man ihm für die Anfertigung einzelner Kompositionen zukommen ließ, weisen meist kleinere Beträge auf; so erhielt er aus Mantua für die Übersendung schließlich eines halben Dutzends Messen 100 Scudi[15], geringere Zahlen sind für kompositorische Arbeiten und den Verkauf einzelner Werke im römischen Kontext zu finden. Dem stehen vielstellige Summen, oft Millionenbeträge gegenüber, die einzelne Kardinäle für ihre luxuriöse Hofhaltung, den Bau prächtigster Paläste und die Honorierung bildender Künstler auszugeben bereit waren, ganz abgesehen von den erheblichen Mitteln, die notwendig waren, um Kurienpositionen zu beschaffen und zu pflegen.[16] In diesem Umfeld konnte die vermutlich ebenfalls kaum schlichte Lebensführung eines leitenden Musikers einer römischen Hauptkirche mindestens subjektiv als sehr bescheiden empfunden werden.

Vielleicht erklärt sich so der aus zahlreichen Dokumenten unschwer zu ersehende Zug Palestrinas, den persönlichen Vorteil, meist untrennbar verbunden mit finanziellem Nutzen, zu suchen, selbst um den Preis fragwürdiger Praktiken. Sein Eintritt in den Klerikerstand ist zweifellos primär auf opportunistische Motive zurückzuführen, hatte neben der ihm überlassenen Pfründe den nicht zu unterschätzenden Vorzug, weltlicher Gerichtsbarkeit entzogen zu sein.[17] Der Lebensstil selbst brauchte seinerzeit nach der Weihe nicht geändert zu werden, und so nahm man wohl weniger moralischen Anstand am Pseudo-Priestertum Palestrinas als seiner kühl berechnenden Ausnutzung kirchlicher Strukturen. Ebenso wird zu überdenken sein, ob Palestrinas Engagement in Bruderschaften, die neben wohltätigen Aufgaben auch die berufsständische Vertretung übernahmen, von karitativen Motiven geleitet war oder vielmehr dem Bemühen entsprang, Beziehungen herzustellen, die politischen Einfluß und damit zugleich Aufträge garantieren konnten.[18]

Diplomatisches Geschick und große Umsicht bekundet auch die Auswahl derjenigen Kirchenfürsten, denen Palestrina eine Publikation widmete. Nicht immer sind es Päpste und Kardinäle, denen er als Dienstherren verpflichtet war und deren Gunst er sich zu bewahren suchte, wobei nicht selten in einer Zueignung ein persönliches Anliegen bereits mitschwang. Mitunter wählte er Personen, deren Reichtum eine besonders großzügige Gratifikation versprach, suchte Widmungsträger, die — wie Andreas Báthory, der Neffe des polnischen Königs, oder Ippolito d'Este, der zugleich Erzbischof von Esztergom war[19] — zugleich die Funktion eines Primas versahen und die eine weitere Verbreitung seiner Werke auch in entfernten Ländern würden ermöglichen können. Zudem besaß die Zueignung einer Publikation an einen Kardinal die interessante Option, im Falle dessen Wahl zum Papst sich seines Wohlwollens bereits im Vorfeld versichert zu haben[20]; somit ist manche Widmung nicht nur eines musikalischen Kunstwerks auch als Indiz zu werten, welcher Kirchenfürst seinerzeit als papabel galt.

Berechnung und geschicktes Taktieren kennzeichnen auch Palestrinas Vorgehen im Zusammenhang mit seinen Bewerbungen um die Kapellmeisterpositionen in Mantua sowie am Wiener Hof. Beide Male aber scheint er seine Möglichkeiten überreizt zu haben, da man auf seine Forderungen nicht einging. Unentschieden aber muß bleiben, ob man die vakanten Stellen nicht im von Palestrina vorgeschlagenen Umfang dotieren wollte oder aber seine Honorarvorstellungen oberhalb dessen lagen, was man einem Musiker seines Ranges zu zahlen bereit war. Die an seiner Statt schließlich engagierten Musiker — Philipp de Monte als Hofkapellmeister in Wien, Gian Giacomo Gastoldi in Diensten der Gonzagas in Mantua — wurden keineswegs schlecht für ihre Dienste entlohnt, so daß die Vermutung sich aufdrängt, Palestrina habe seine Fähigkeiten ebenso wie seine Möglichkeiten schlicht überschätzt.

Palestrina, der überlegt und mit klugem Kalkül seine Publikationen plazierte, erwies sich nicht weniger geschäftstüchtig, als er den Auftrag, die gregorianischen Gesänge nach den Maßgaben des Tridentinischen Konzils zu redigieren, übernahm. Denkbar ist, daß er das Projekt vernachlässigte, weil um 1580 bereits einige private Reformausgaben des Graduale publiziert worden waren und somit für seine Version nurmehr begrenzte Absatzmöglichkeiten sich finden lassen würden. Erst mit dem von Leonardo Parasoli entwickelten Verfahren, großformatige Chorbücher zu drucken, schien das Projekt auch finanziell lukrativ werden zu können, allerdings nur, falls die neue Ausgabe vom Papst nicht nur approbiert, sondern ihr Gebrauch im Gottesdienst der römisch-katholischen Kirche verpflichtend würde. Doch verzichtete die Kurie auf eine entsprechende Erklärung, veranlaßte vielmehr — um die Wende zum 17. Jahrhundert, also bereits nach Palestrinas Tod — eine Untersuchung, in deren Verlauf sich herausstellte, daß große Teile des vorgeblich von Giovanni Pierluigi redigierten Graduale von Iginio, dessen einzigem hinterbliebenen Sohn, unterschoben worden waren.[21]

Verlagsgeschäfte und Editionstätigkeit von Iginio Pierluigi nach dem Tod seines Vaters erscheinen jedoch nicht nur hier dubios. Skepsis erwächst, daß Palestrina, wiewohl in seinen letzten Lebensjahren publizistisch ungewöhnlich aktiv, in solch großer Zahl insbesondere Meßvertonungen hinterließ, von denen einige, die als besonders kunstvoll und typisch für seinen Stil angesehen werden, nur handschriftlich überliefert wurden und erst nach Jahrhunderten gedruckt Verbreitung fanden. Die Authentizität all dieser Werke verbürgt, da Autographe Palestrinas bis auf wenige, eher unbedeutende Schriftstücke fehlen und Originalpartituren, zumeist auf erneut verwendbarem Material notiert, nach der Drucklegung der Einzelstimmen obsolet waren, lediglich die Autorität Iginios sowie lokale Tradition. Rücksichtlich dessen, daß Palestrina gelegentlich auch Werke seiner Söhne und Schüler in eigene Publikationen aufnahm (dort allerdings auch auswies), andererseits die Popularität des römischen Kapellmeisters gegen Ende des 16. Jahrhunderts einen ersten Höhepunkt erreichte, scheint es nicht undenkbar, möglicherweise Iginio selbst aktiv zu sehen, vornehmlich aus materiellen Gründen etliche Werke zu lancieren, die im leicht zu imitierenden Stil des Vaters gehalten oder als Parodie von dessen Motetten angelegt waren. Argwohn muß es erwecken, wenn einige nach dem Urteil von Musikforschern des 19. und 20. Jahrhunderts besonders gelungene, da stilreine Messen Palestrinas weder zu Lebzeiten noch im Kontext der Edition von Werken aus dem Nachlaß gedruckt wurden und ihre Provenienz nur lückenhaft zu verfolgen ist; oft genug mündet sie in handschriftlichem Material von Sammlern des 18. und 19. Jahrhunderts und die Vorlagen, die man angibt, eingesehen zu haben, sind bisweilen kaum weniger zweifelhaft. Bedauerlicherweise fanden Textvergleiche und Lesartenermittlungen auch bei der Erstellung der neuen Gesamtausgabe von Palestrinas Werken (*Opere complete*) in zu geringem Maße statt, als daß stilkritische Überlegungen historisch fundiert werden könnten.[22]

Wenn es denn ein Konzept Palestrinas war, eine Technik polyphoner Komposition vorzulegen, die universell verwendbar ist, so bedingt deren Objektivierbarkeit eine Preisgabe von Individualität. Was im 16. Jahrhundert noch ein auch wirtschaftlich lohnendes Ziel sein konnte — die Etablierung eines Namens als Markenzeichen, dessen charakteristische Eigenschaften ein Auftraggeber im Werk wiederfinden wollte —, verstellt den Blick auf den Urheber, sobald die Bedingungen, die das Produkt reproduzierbar machen, erkannt und mit den unterschiedlichsten Intentionen — auch in Bearbeitungen — genutzt werden. Offen muß jedoch bleiben, ob Palestrina diese Entwicklung nicht schon selbst zu Lebzeiten forciert hat.

Anmerkungen

1 Brief Palestrinas an Herzog Guglielmo von Mantua vom 2. Februar 1568: „Illmo et Ecc.^{mo} Signor Colendissimo. Son certo che il mio poco saper non arriua al molto volere che tengo di servire l'Ecc.^{a} V.^{ra}: tutta volta mi è parso più tosto eleggere di mostrargli la mia insufficienza, che per asconderla, rimaner mal creato, essendomi comandato da sì Eccellente Signore et per mano di Virtuoso così raro M. Giacches di far questa messa, qui inclusa la quale ho fatto così come mi ha instrutto M. Aniballe Cappello, se in questa prima uolta non haurò soddisfatta la mente di V.^{ra} Ecc.^{a} se li piacerà comandarmi, come la uoglia, o, breve o longa, o che si sentan le parole, io mi prouarò seruirla secondo il mio potere, il quale tutto spenderò sempre in seruitio dell'Eccellenza V.^{ra} alla quale humilmente bascio le Ill.^{me} et Ecell.^{me} mani." Zit. nach Antonio Bertolotti, *Musici alla Corte dei Gonzaga in Mantova dal secolo XV al XVIII. Notizie e documenti raccolti negli Archivi Mantovani*, Mailand 1890, S. 47f.

2 Heinrich Glarean, *Dodekachordon*, Basel 1547, passim; Simeon Metaphrastes (= Friedrich Wilhelm Marpurg), *Legende einiger Musikheiligen. Ein Nachtrag zu den musikalischen Almanachen und Taschenbüchern jetziger Zeit*, Cölln 1786, Reprint Leipzig 1980, S. 77f., 109ff. u.ö.

3 Peter Burke, *Die Renaissance in Italien. Sozialgeschichte einer Kultur zwischen Tradition und Erfindung*, Berlin 1984, S. 82 und 107.

4 Peter Burke, *Die Renaissance in Italien*, a.a.O., S. 84.

5 Mitteilungen wie über Orlando di Lasso, der für die Hochzeit des bayrischen Erbprinz Wilhelm mit Renata von Lothringen nicht nur etliche Kompositionen schrieb, sondern auch als Harlekin in Stegreifkomödien auftrat, fehlen zu Palestrina vielleicht nicht zufällig, fügten sie sich doch schwer in jenes Bild des von allem Weltlichen abgewandten Kirchenmusikers, das der römische Kapellmeister — etwa mit der Vorrede zu seinem zweiten Buch vierstimmiger Madrigale (s.u.) — durchaus zu forcieren suchte. Vgl. Wolfgang Boetticher, [Artikel] *Orlando di Lasso*, in: Friedrich Blume (Hrsg.), *Die Musik in Geschichte und Gegenwart*, Band 8, Kassel 1960, Sp. 258f.

6 Vgl. Brief Palestrinas an Herzog Guglielmo von Mantua vom 31. Juli 1584; s.o. *Chronik*, Anm. 7.

7 Zum — vermutlich bewußten — Verzicht Palestrinas auf Originalität in seinen Werken, ob aus Bescheidenheit, dem Bemühen um Allgemeinverständlichkeit oder schlicht merkantilen Erwägungen vgl. Knud Jeppesen, *Kontrapunkt. Lehrbuch der klassischen Vokalpolyphonie*, Leipzig 1935, S. 17f., sowie besonders Klaus Hortschansky, *Die Rolle des Komponisten*, in: Ludwig Finscher (Hrsg.), *Die Musik des 15. und 16. Jahrhunderts*, Band 1, Laaber 1989, S. 104ff. (= *Neues Handbuch der Musikwissenschaft* Band 3,1).

8 Zu den Mantuaner Messen Palestrinas vgl. Knud Jeppesen, *The recently discovered Mantova Masses of Palestrina*, in: *Acta musicologica* 22 (1950) S. 36—47, und Ermenegildo Paccagnella, *Palestrina. Il linguaggio melodico e armonico*, Florenz 1957, S. 103ff. (= *Historiae musicae cultores Biblioteca* Band 7).

9 Vgl. Peter Burke, Die Renaissance in Italien, a.a.O., S. 85 und 105.

10 In einer Gegenüberstellung von Palestrina und Orlando di Lasso, die sich vielfach in der Literatur findet und aufgrund der exponierten Position beider im Musikleben ihrer Zeit ebenso anbietet wie ihres gemeinsamen Todesjahres wegen, erscheint der römische Kapellmeister stets als der Zurückhaltendere, als der „Beter" gegenüber dem „Prediger" (Fellerer), als „Raffaelsche" gegenüber einer „Rembrandtschen" Natur (Bloch), als ein „Richard Wag-

ner“ seiner Zeit gegenüber einem „Richard Strauß“ (Griesbacher); vgl. Karl Gustav Fellerer, *Palestrina*, Regensburg 1930, S. 51; Ernst Bloch, *Geist der Utopie*, München und Leipzig 1918, Reprint Frankfurt/M. 1977, S. 85; Peter Griesbacher, *Kirchenmusikalische Stilistik und Formenlehre*, Bd. 4, Regensburg 1916, S. 393.

Im kaum selteneren Vergleich Palestrinas mit Josquin scheint auch dieser das Postulat zeitgenössischer Kunsttheorie, noch das Einzelwerk ebenso originär wie individuell zu gestalten, angemessener eingelöst zu haben; vgl. Knud Jeppesen, *Der Palestrina-Stil und die Dissonanz*, Leipzig 1925, S. 8; Diether de la Motte, *Kontrapunkt. Ein Lese- und Arbeitsbuch*, Kassel 1981, S. 54ff., sowie Peter Burke, *Die Renaissance in Italien*, a.a.O., S. 103 und 196.

11 Vgl. zu Palestrina als Produzent seiner Druckveröffentlichung und Tendenzen des zeitgenössischen Kunstmarktes Alberto Cametti, *Palestrina*, Mailand 1925, S. 211f. und 275; Henry Coates, *Palestrina*, London 1938, S. 38, sowie Peter Burke, *Die Renaissance in Italien*, a.a.O., S. 289ff.

12 Vgl. Henry Coates, *Palestrina*, a.a.O., S. 38.

13 Vgl. zur Diskussion um Palestrinas Mitarbeit am Oratorium Filippo Neris sowie einer Musikerschule Naninos Karl Weinmann, *Palestrina und das Oratorium des hl. Filipppo Neri*, in: *Bericht über den I. Musikwissenschaftlichen Kongreß der Deutschen Musikgesellschaft in Leipzig 1925*, Leipzig 1926, S. 323—328; Knud Jeppesen, *Über einen Brief Palestrinas*, in: Karl Weinmann (Hrsg.), *Festschrift Peter Wagner zum 60. Geburtstag*, Leipzig 1926, S. 100—107; Karl Gustav Fellerer, *Palestrina-Studien*, Baden-Baden 1982, S. 388, sowie Argia Bertini, *Palestrina e l'ambiente filippino*, in: Francesco Luisi (Hrsg.), *Atti del convegno di Studi Palestriniani 28 settembre — 2 ottobre 1975*, Palestrina 1975, S. 378ff., und Agostino Ziino, *Testi laudistici musicati da Palestrina*, ebd., S. 388.

Vgl. ferner zu — schon für manche Zeitgenossen nur schwer nachvollziehbaren — Einkünften Palestrinas aus kompositorischer Tätigkeit Richard Sherr, *A Letter from Paolo Animuccia. A Composer's response to the Council of Trent*, in: *Early Music 12* (1984), S. 75ff.

14 So galt das Jahr 1591, in dem Palestrina die seit ca. zehn Jahren intensivierte Publikationspraxis mit unverminderter Intensität fortsetzte, als das schwärzeste Jahr des Jahrhunderts; vgl. Jean Delumeau, *Rome au XVI Siècle*, Paris 1975, S. 157.

15 Knud Jeppesen, *Pierluigi da Palestrina, der Herzog Guglielmo Gonzaga und die neuaufgefundenen Mantovaner-Messen Palestrinas*, in: *Acta Musicologica 25* (1953), S. 174f.

16 Vgl. Jean Delumeau, *Rome au XVIe Siècle*, Paris 1975, 109ff., 186ff. und 227; Eugenio Garin (Hrsg.), *Der Mensch der Renaissance*, Frankfurt und New York 1990, S. 98ff. sowie Volker Reinhardt, *Rom. Kunst und Geschichte 1480—1650*, Freiburg i. Br. 1992, S. 218.

17 Peter Burke, *Die Renaissance in Italien*, a.a.O., S. 239.

18 Vgl. zu den Bruderschaften Peter Wagner, *Die römische Musikerzunft unter Gregor XIII. und Sixtus V.*, in: *Zeitschrift für Musikwissenschaft* 1 (1918/1919), S. 644; Karl Gustav Fellerer, *Palestrina-Studien*, Baden-Baden 1982, S. 198; Peter Burke, *Die Renaissance in Italien*, a.a.O., S. 222, sowie Remo Giazzotto, *Giovanni Pierluigi da Palestrina, Quinzio Solini, Tarquinio Merula: Cinque documenti inediti*, in: *Nuova Rivista Musicale Italiana* 25 (1984), S. 625f.

19 Vgl. zu Ippolito d'Este: Eric Cochrane, *Italy 1530—1630*, London und New York 1988 (= *Longman History of Italy* Band 4), S. 125.

20 Vgl. etwa zu Rodolfo Pio di Carpi: Alberto Cametti, *Palestrina*, Mailand 1925, S. 76; zu Antoine de la Baume: Lino Bianchi, *Antoine de la Baume ultimo mecenate del Palestrina*, in: *Nuova Rivista Musicale Italiana* 25 (1992), 85ff.

21 Vgl. zu Palestrinas Beteiligung an der *Editio Medicaea*: Franz Xaver Haberl, *Giovanni Pierluigi da Palestrina und das Graduale Romanum der Editio Medicaea von 1614. Ein Beitrag zur Geschichte der Liturgie nach dem Trienter Concil*, Regensburg 1894, sowie grundlegend Raphael Molitor, *Die nachtridentinische Choral-Reform zu Rom*, 2 Bände, Leipzig 1901 und 1902.

22 Zur Echtheit der posthum veröffentlichten Werke Palestrinas vgl. Karl Gustav Fellerer, *Palestrina*, Düsseldorf ²1960, S. 133, Knud Jeppesen, [Artikel] *Giovanni Pierluigi da Palestrina*, in: Friedrich Blume (Hrsg.), *Die Musik in Geschichte und Gegenwart*, Band 10, Kassel 1962, Sp. 689ff.; vgl. ferner zum Problem von Authentizität und Werküberlieferung: Wim van Dooren, *General Problems of the Authenticity in the Context od Renaissance Philosophy*, in: Willem Elders, *Proceedings in the International Josquin Symposion Utrecht 1986*, Utrecht 1991, S. 15—23.

VI. Umgangsmusik

„Auch hier ist das Musikalische nur Schmuck und Steigerung einer außermusikalischen Grundhaltung, des Betens, und die angemessene Zugangsweise zur Musik das Mitvollziehen dieser Grundhaltung, das Mitbeten. Nicht die Musik als solche ist gemeint, sondern durch sie hindurch der Gegenstand des Glaubens."[1] Kirchenmusik, genauer: liturgisch gebundene Musik, wies so Heinrich Besseler einem Oberbegriff von Umgangsmusik zu, dem auch Tanz und Arbeiterlied zuzurechnen seien: „Im Chorbuch wird der Dienst an der Liturgie sichtbar; die Unterordnung der ästhetischen Kategorie unter die religiöse. Der Meßzyklus genügt nicht sich selbst, ist nicht autonome, sondern ‚dienende Kunst'."[2] Ihr kontrastiere schon seit der Ars nova des 14. Jahrhunderts eine Darbietungsmusik, eine autonome, sich selbst genügende Kunst, die einem Publikum von zunehmend professionalisierten Musikern konzertmäßig präsentiert werde: „Das eigenständige Hören, das sich auf die erwähnte ästhetische Gegenständlichkeit der Musik richtet, steht nicht mehr in einem Zweckzusammenhang wie das alltägliche Zuhören, ist auch nicht mehr von konkreten Bedürfnissen getragen wie das umgangsmäßige Vollziehen. Ihm liegt nur die allgemeine Erwartung eines ‚ästhetischen Genießens' zugrunde."[3]

Besselers Differenzierung, deren Intention der Nachweis war, daß profane Kompositionen des 16. Jahrhunderts, konkret: Madrigale, nicht von Berufsmusikern einem Publikum vorgeführt, sondern von gebildeten Laien selbst musiziert wurden, offenbart ihre Konstruktion als Gegenüberstellung von — zweifellos nützlichen — Idealtypen unmittelbar, wenn die Zuordnung einzelner Gattungen zu den beiden einander konträren Kategorien geschichtlichem Wechsel unterliegt. Kirchenmusik kann — ebenso wie Tanz und Lied — zur Repräsentation tendieren, wird dann jedoch, wie Carl Dahlhaus erkannte, als Zeremoniell „gegenständlich" und somit einem ästhetischen Urteil zugänglich: „Ein Versuch, die Bedingungen des Kunstcharakters von Kirchenmusik zu beschreiben, müßte sowohl die Geschichte der Liturgie und der Frömmigkeit als auch die Entwicklung der musikalischen Technik und des ästhetischen Bewußtseins berücksichtigen. Konvergieren die verschiedenen Momente in den glücklichen Epochen einer musikalisch-liturgischen Gattung, so klaffen sie in den dürftigen auseinander — zu erwarten, daß der ‚Geist der Zeit' sie stets gleichmäßig erfülle, wäre eine Illusion. Gemessen aber an der Möglichkeit, Kunst zu sein, verfällt liturgische Musik, die es nicht ist, dem Urteil, daß sie trivial sei."[4]

Daß die Kategorien von Funktionalität und ästhetischem Rang, die Besseler und Dahlhaus je unterschiedlich akzentuierten, sich einander überlagern können, ohne jedoch notwendigerweise deckungsgleich zu werden, läßt sich in Palestrinas Œuvre an zahlreichen Beispielen belegen. Insbesondere in einigen seiner Messen — und nicht zuletzt der *Missa Papae Marcelli* — zeigt sich, daß jener günstige Augenblick, den Dahlhaus anspricht, die Konstituierung eines Werkes ermöglichte, das den Ansprüchen kompositorischer Qualität ebenso entsprach wie der Erwartungshaltung des Klerus. Zugleich gelang Palestrina hier eine — allerdings im folgenden nicht mehr weiterentwickelte — Lösung des vieldiskutierten Problems eines befriedigenden Wort-Ton-Verhältnis, so daß weder die Musik als Funktion der Sprache wirkte, noch die Komplexität der kompositorischen Konzeption die Textverständlichkeit verhindere; trotz der Berücksichtigung sprachlicher Strukturen, der sorgfältigen Beachtung von Wortakzenten und Satzschwerpunkten, bleibt in der Vertonung ein Teil jenes Numinosen gewahrt, das katholischer Liturgie eignet und nicht nur historischer Frömmigkeitshaltung adäquaten Ausdruck verleiht. (Palestrinas individuelle Einstellung zu Fragen von Religion und Glaubenspraxis zu rekonstruieren, ist mangels einschlägiger Dokumente ebenso unmöglich wie nur auf der Basis seiner Kompositionen durchzuführen methodologisch fragwürdig.)

Andererseits rückt bei etlichen Meßkompositionen Palestrinas die musikalische Gestaltung in den Vordergrund, sei es — etwa in den Messen für den Mantuaner Hof — wegen ihrer streng rationalisierten Konstruktion, sei es aufgrund einer Handwerklichkeit, die jedoch ebensowenig ihre liturgische Funktionalität diskreditiert. Umgekehrt steht der Kunstanspruch zahlreicher kleinerer Werke Palestrinas nicht schon deshalb zur Diskussion, weil er, ebenfalls kirchlichen Vorschriften folgend, nur bescheidenere kompositorische Mittel verwandte. Der bewußte Verzicht auf elaborierte Techniken, etwa um Musik für den kirchenmusikalischen Alltag gegenüber der Komposition für den Festgottesdienst abzusetzen, rechtfertigt den Trivialitätsverdacht keineswegs, noch impliziert er ihn. Kirchenmusik, die als Umgangsmusik in ihrer Ausführung sich erschöpft und in ihrem Verweisungszusammenhang selbstreferentiell ist, kann aus liturgischen wie auch aus pastoralen Motiven schlicht gehalten sein, ohne ins Banale abzugleiten oder anbiedernd wirken zu müssen.

Vor diesem Hintergrund erst kann die musikalische Gestalt jener mehrstimmigen Fassungen zahlreicher Kirchengesänge — Lamentationen, Hymnen, Litaneien und Magnificat-Vertonungen — verständlich werden, die Palestrina während seiner Tätigkeit an St. Peter anfertigte und in seinen letzten Lebensjahren teilweise in Druck gab. Sie waren publikationsfähig als abgeschlossene Werke, und da sie nicht nur anderen Komponisten als Modell entsprechender Vertonungen dienen konnten, sondern wegen ihrer vergleichsweise schlichten Satztechnik leicht ausführbar waren, schien ihre Veröffentlichung auch sinnvoll. Diese beiden Aspekte einer Publikation, einerseits mustergültige, vollendete Musikstücke vorzulegen, die zum anderen auch Aufführungen außerhalb ihres Entstehungskontextes zuließen, waren stets bei der Vorbereitung einer Drucklegung zu berücksichtigen; sie begründen zugleich, warum Palestrina nur den kleineren Teil seiner mehrstimmigen Litaneien, Lamentationen und Magnificat-Vertonungen veröffentlichte und dabei die kompositorisch reicheren Fassungen mitunter zunächst zurückhielt.

Die Differenz zwischen noch von Palestrina publizierten und nur handschriftlich überlieferten Versionen ist bei den Serien der Magnificat-Vertonungen besonders auffällig. Veröffentlicht wurde 1591 lediglich ein erstes Buch, in dem, den gebräuchlichen Kirchentönen entsprechend und mit Rücksicht auf eine Alternatim-Aufführungspraxis, zweifach acht Fassungen des Canticum Mariae zusammengestellt sind. Während in der ersten Folge jeweils die ungeraden Verse mehrstimmig gefaßt wurden, die mit choraliter gesungenen ergänzt werden müssen, sind im zweiten Teil gerade diese Textpassagen polyphon vertont, so daß in einer Kompilation auch die Aufführung einer motettisch durchkomponierten Fassung denkbar wird. Die kurzen, selten mehr als 25 Takte umfassenden vierstimmigen Sätze nutzen stets das Material des gregorianischen Psalmtones, doch wird das Melodiemodell weder als Cantus firmus mit langen Noten in verschiedenen Stimmen vorgestellt, noch dem Diskant allein zugewiesen, der es ornamental variierte. Vielmehr nutzt Palestrina die wenigen signifikanten Glieder der gregorianischen Formel, deren Initium, gegebenenfalls auch ihre Mittel- und Schlußkadenzwendungen, um einen motettischen Satz zu konstituieren. Dabei erstaunt die Vielfalt der Varianten und Imitationsmöglichkeiten, die er dem schlichten melodischen Material abzugewinnen weiß, indem er Einsatzfolgen und -intervalle nie schematisch handhabt und auch das Melodiemodell nur in seinen Gerüsttönen als obligat erachtet.[5] So ist etwa schon in dem knappen, der einstimmigen Intonation sich anschließenden Halbsatz des Magnificat im sechsten Ton aus der ersten Serie der Vertonungen zwar die gregorianische Formel deutlich zu erkennen; sie wird in der Fortführung jedoch melismatisch erweitert:

Erstes Buch vierstimmiger *Magnificat*-Vertonungen, I. Sexti Toni, 1. Anima mea

Wie hier rekurriert auch in den nachfolgenden Sätzen der Anfang des Cantus, getreu der ursprünglichen Gestalt des Psalmtones, stets auf die Finalis des sechsten Tones; wurde eingangs das Melodiemodell im dorischen Kontext gedeutet, so klingt — bedingt durch die veränderten Einsatztöne der Begleitstimmen — zu Beginn des zweiten Satzes ein mixolydischer Modus an:

ebd., 3. Quia respexit, T. 1—4

Auch im dritten Satz kann zunächst die Harmonik des sechsten Tones durch die anfängliche Oktavimitation verborgen und für einen Augenblick sogar hypodorisch als Grundtonart suggeriert werden:

ebd., 5. Et misericordia, T. 1—9

Erst im vierten wie auch den beiden letzten Sätzen ist der sechste Kirchenton auch harmonisch konstitutiv. Hier gewinnt Palestrina weitere Varianten, indem er mitunter zwei Stimmen phrasenweise in Terz-/Dezimen-Parallelen aneinander koppelt, einzelne Abschnitte mit unterschiedlicher Einsatzfolge eines obligaten Motivs verlängert oder die Schlußworte im akkordisch verdichteten Satz wiederholt.[6]

Alle diese Elemente disponiert Palestrina sehr ökonomisch, verteilt die unterschiedlichen Gestaltungsideen auf die einzelnen Sätze und erzielt auf diese Weise ein Maximum an Varianten eines auf den ersten Anschein hin wenig ergiebigen Materials, zumal auch die imitatorische Anlage des meist vierstimmigen Satzes und dessen Finalis stets verbindlich bleiben.

Keineswegs also beschränkte sich Palestrina darauf, lediglich den gregorianischen Psalmton mit Akkorden zu versehen und gemäß der unterschiedlichen Länge der einzelnen Verse in einer „strophischen Anlage" einzurichten.[7] Weder usuelle Mehrstimmigkeit eines mit einfachen Mitteln zu adaptierenden Modells noch auch die mehrfache Wiederholung einer motettischen Fassung, die ebenfalls mit nur geringem Aufwand dem jeweiligen Text anzupassen wäre, demonstrieren diese Magnificat-Vertonungen Palestrinas die vielfältige kompositorische Verwendbarkeit einer schlichten melodischen Formel, die in wechselndem modalen Licht inszeniert, unterschiedlich imitatorisch umrahmt und in stets anderem satztechnischen Kontext gezeigt wird. Nur scheinbar sind demnach die kompositorischen Mittel der kurzen Sätze reduziert, und doch ist — ungeachtet aller Kunstfertigkeit in einer subtilen Disposition der wenigen Möglichkeiten, die vierstimmige Versetten mit einer obligaten Bindung an die melodische Struktur eines Psalmtones bieten — eine außerliturgische Verwendung undenkbar. Funktionalität, die in Alternatim-Vertonungen von Psalmen und Cantica vielleicht noch vorrangiger erscheint als in Meßkompositionen, wird auch hier nicht durchkreuzt von einem eminenten kompositorischen Anspruch; andererseits verzichtet Palestrina selbst bei Musik, deren Gebrauchscharakter ebenso intendiert war wie er zugleich außer Frage steht, weder auf eine minutiöse Ausarbeitung auch des Details noch eine Architektur, in deren Ordnung die auf den ersten Blick unverbindlich wirkende Folge von kontrapunktischen Variationen über das Psalmtonmotiv gefaßt ist.

Keine Berücksichtigung allerdings finden — fast notwendig bei solcher Prononcierung der Finessen imitatorischer Satztechnik — affektive Qualitäten des Textes. Um eine korrekte Skansion zu erreichen, wird der Psalmton nun metrisch, den einzelnen Versen folgend, definiert, doch weder in der gelegentlich variierten Besetzung noch den zeitweise auch kadenziell befestigten Modi neben der letztlich stets eindeutig fixierten harmonischen Basis scheint ein Bezug zum Text intendiert zu sein — auch dies wieder durchaus im Gegensatz zu Vertonungen des Magnificat von Orlando di Lasso, der Klangfarbe und Tonartenkontraste als Mittel der Deutung auch des liturgischen Wortes nutzte und nicht zuletzt aus diesem Grunde mitunter einzelne Passagen in akkordischem Satz hervorhob.

Palestrina seinerseits änderte das in den vierstimmigen Vertonungen des Magnificat präsentierte satztechnische Verfahren auch in den beiden Serien des Canticums, die er für vier bis sechs, in Schlußsätzen mitunter auch für sieben gemischte Stimmen setzte, nicht grundlegend. Virtuoser noch behandelt er hier den Cantus firmus des gregorianischen Psalmtones, dessen melodisches Material nun deutlich umfangreicheren Motetten zugrundeliegt.

Alle diese unveröffentlicht gebliebenen Magnificat-Versionen sind ebenfalls als Alternatim-Kompositionen angelegt, wobei Palestrina stets lediglich die geraden Verse vertonte, entsprechend einer — auch statistisch anhand des überlieferten Gesamtrepertoires belegbaren[8] — häufigeren liturgischen Verwendung. Die singuläre Position einer achtstimmigen durchkomponierten Fassung des Canticum Mariae verweist auf einen besonderen Anlaß, bei dem nicht nur größerer kompositorischer Aufwand, sondern auch ein Doppelchor präsentiert werden sollte. In ähnlicher Weise bezeichnen weitere Magnificat-Vertonungen für vier gleiche Stimmen auf bestimmte Aufführrungsbedingungen und Sondertraditionen des päpstlichen Sängerchores, die an andern Orten kaum zu finden gewesen wären und somit eine Publikation wenig sinnvoll erscheinen ließen. Aus demselben Grund verzichtete Palestrina vermutlich auch auf eine Veröffentlichung seiner anderen Serien der Magnificat-Kompositionen, da man einer Vielzahl in Besetzung und Umfang, kompositorischer Komplexität und künstlerischem Anspruch differenzierter Fassungen dieses Canticums nur dort bedurfte, wo die Vesper je nach Rang des Festtages mit unterschiedlichem Aufwand gehalten wurde. Für den Gottesdienst in der sixtinischen Kapelle, wo mit der Anwesenheit von Papst und Kardinälen die Bedeutung einer Feier unterstrichen werden konnte, hatte Palestrina daher verschiedene Vertonungen der liturgischen Texte anzufertigen, die sich nur teilweise zu einer Verbreitung im Druck anboten, da sie bisweilen auf die besonderen Aufführungsmöglichkeiten des päpstlichen Sängerchores zugeschnitten waren oder aufgrund von lokalen Sondertraditionen andernorts keine Verwendung finden konnten. So beruht Palestrinas wie seiner Nachkommen Verzicht auf eine Publikation dieser zweiten und dritten Bücher mit Magnificat-Vertonungen nicht auf der Einsicht, daß diese Musik wegen ihrer funktionalen Bindung eines Kunstanspruchs entbehrte, sondern vermutlich eher auf dem nüchternen Kalkül, eine Veröffentlichung sei mangels Nachfrage wenig ratsam, da unrentabel — zumal mit den vierstimmigen Fassungen des Canticum Mariae bereits Kompositionen dieses Textes von der Hand des renommierten römischen Kapellmeisters greifbar waren.

Auf ähnliche Motive, Kompositionen wirtschaftlich möglichst vorteilhaft zu verwerten, dürfte es zurückzuführen sein, daß Palestrina nur einen geringen Teil seiner Vertonungen von Litaneien und der Lamentationen veröffentlichte, die vergleichsweise kunst- und anspruchsvolleren Fassungen aus der Praxis der päpstlichen Kapelle hingegen nicht zur Publikation vorsah.[9] Wiederum gab er lediglich seine schlichteste, vierstimmige Version der Gesänge für die Karwoche in Druck, einfache, akkordische Sätze, die den Vorgaben nach Textverständlichkeit ebenso genügten wie in bezug auf geringen gestalterischen Aufwand, entsprechend den Wünschen für die Liturgie der Heiligen Woche, wie sie Jahrzehnte zuvor Papst Marcellus formuliert hatte. Jene Fassungen aber, in denen er Ritornelle und Schlußpartien reicher besetzte, ließ er unveröffentlicht, wohl wiederum, da nur an den wenigsten Orten eine solche Vielzahl von Sängern vorausgesetzt werden konnte, die eine angemessene Wiedergabe erforderte.[10]

Ebenso ist es kaum zufällig, daß lediglich zwei vierstimmige marianische Litaneien zu Palestrinas Lebzeiten gedruckt erschienen; wieder sind Fassungen für fünf und mehr Stimmen nur handschriftlich überliefert. Leicht wären jedoch aus den beiden doppelchörigen Vertonungen dieses Textes weitere, publikationsfähige vierstimmige Fassungen zu gewinnen, und umgekehrt könnten die veröffentlichten Versionen mühelos doppelchörig arrangiert werden. Nur einige wenige Passagen sind real achtstimmig geführt, zumeist wird die alternierende Struktur der Litanei, die wechselnden Apostrophierungen bei stets identischem Responsum, in den im Manuskript gebliebenen explizit zwei Chören zugewiesen, während die Druckfassung sie — vielleicht nur aus ökonomischen Gründen — in einer Vierstimmigkeit bündelt. Wie schon in den Magnificat-Vertonungen Palestrinas und kaum anders als in seinen Lamentationen findet der Gehalt des Textes auch hier keine adäquate musikalische Umsetzung; lediglich seine Struktur scheint gespiegelt, wenn die ostinate Formel, die einzelnen Anrufen antwortet, auch in der Komposition unverändert bleibt. Und nur in abschließenden Vertonungen des englischen Grußes weicht Palestrinas zugunsten motettisch konzipierter Teile, deren Material auf die gregorianische Vorlage des „Ave Maria" rekurriert, von einem sonst stets verbindlichen akkordischen Tonsatz ab.

Lediglich auf den ersten Blick überraschend ist es auch, daß Palestrina etliche Male die Lauretanische Litanei vertonte und einige dieser Fassungen publizierte, seine Musik zu zahlreichen weiteren Litaneien, eucharistischer Intention wie zum Namen Jesu, aber unveröffentlicht ließ. Nicht zuletzt im Kontext gegenreformatorischer Bestrebungen nämlich hatte die Marienverehrung eine Konjunktur erfahren, verstärkt noch durch die Nachricht wundersamer Hilfe der Mutter Gottes in der Seeschlacht von Lepanto, wo dank ihres Eingreifens die türkische Flotte vernichtend geschlagen werden konnte, mithin der jahrzehntelangen Bedrohung der Christenheit durch den Islam zunächst — wenngleich, wie sich zeigen sollte, nur vorübergehend — Einhalt geboten war.[11] Lokalisiert wurde die Marienverehrung vornehmlich in Loreto, wohin legendärer Überlieferung nach das Haus aus Nazareth, in dem Maria geboren wurde und Jesus mit seinen Eltern nach der Rückkehr aus Ägypten gewohnt hatte, auf wunderbare Weise von Engeln übertragen worden war, als es am Ende des 13. Jahrhunderts, nach der Eroberung Palästinas durch die Mohammedaner, in Gefahr geriet, für die Christenheit verloren zu sein. Der seit je aufwendige Kult um eine Reliquie, die als eines der bedeutendsten Heiligtümer der katholischen Kirche gilt, erfuhr in der zweiten Hälfte des 16. Jahrhunderts machtvollen Auftrieb, der eine noch prächtigere Ausstattung der um die *Casa Santa* errichteten Basilika motivierte und schließlich 1586 in der Erhebung zum Bischofssitz durch Papst Sixtus V. gipfelte. Somit ist die Publikation einiger Vertonungen jener Litanei, deren Text die lauretanische Marienverehrung spiegelt, 1593 nicht nur als Beitrag Palestrinas zu einer aktuellen Frömmigkeitshaltung anzusehen, der er als päpstlicher Kapellmeister künstlerisch adäquaten Ausdruck verleihen wollte, sondern bezeichnet zugleich den — im übrigen sehr naheliegenden — Versuch, einen populären Trend katholischer Religiosität auch geschäftlich zu nutzen.[12]

Offensichtlich zielte Palestrinas Bemühen in seinen letzten Lebensjahren darauf, möglichst alle Gesänge der römischen Liturgie in eigenen Vertonungen vorzulegen, dabei jedoch weniger die Fassungen, die an St. Peter gebräuchlich waren, zu dokumentieren als vielmehr exemplarischen Kompositionen eine weite Verbreitung zu bereiten. So wird zugunsten einer Funktionalität, die kirchlicherseits erfordert war, eine ostentative Kunstfertigkeit liturgischer Musik reduziert, nicht zuletzt, um einer Praxis Zugang und Aufführung zu erleichtern. Gleichwohl bleiben, wiewohl subtiler, kompositorischer und künstlerischer Anspruch gewahrt, indem auch mit den relativ schlichteren satztechnischen Mittel ein Optimum an Variabilität vorgeführt wird. Wenn jedoch im Zentrum von Vermarktungsstrategien eher das Ziel eines größtmöglichen Absatzes stand als das Motiv, singuläre und exzeptionelle Kompositionen in Erinnerung eines bestimmten Anlasses, zur Ehre bedeutender Zeitgenossen oder zum Ruhm des Komponisten selbst in Druck zugeben, war es wenig verwunderlich, daß sich weder ein Papst noch ein anderer Dienstherr Palestrinas gehalten sah, lediglich dessen geschäftliche Ambitionen, die überdies sicheren Gewinn versprechen würden, noch zu fördern.

Auffälligerweise fehlen in Palestrinas Œuvre geschlossene Vertonungen vollständiger Psalmen, deren man ebenfalls beim festlichen Vespergottesdienst bedurft hätte, weitestgehend; lediglich handschriftlich sind einige mehrchörige Kompositionen überliefert, die jedoch kaum einen Vergleich mit der kunstvollen Architektur zur gleichen Zeit in Venedig entstandener Psalmkonzerte aushalten. Berücksichtigt man aber, daß man zeitgenössischen Berichten ebenso wie Repertoire-Untersuchungen zufolge in der Offiziums-Liturgie der sixtinischen Kapelle nur sehr selten minutiös durchkomponierte Psalmen zur Aufführung brachte, mithin kaum Bedarf bestand, diese Texte vielstimmig oder gar in Fassungen für mehrere Chöre auszuarbeiten, so kann verständlich werden, warum Palestrina diese Gattung nur wenig kultivierte; zugleich könnte eine Konjunktion der Motive von — möglichst überregional — intendierter Verbreitung und der — zumindest in Rom — fehlenden Notwendigkeit artifizieller musikalischer Ausarbeitung von Psalmen erklären, daß Palestrina auf eine Publikation seiner wenigen, mehrchörig gefaßten Psalmen auch verzichtete, um eine direkte, für ihn gegebenenfalls wenig vorteilhafte Konkurrenz mit den auf diesem Gebiet ungleich versierteren venezianischen Kollegen zu vermeiden.[13]

Im Gegensatz zum Magnificat, mit dessen unterschiedlich aufwendigen mehrstimmigen Fassungen die Bedeutung von Festtagen zu differenzieren war, scheint man sich in der sixtinischen Kapelle zum Vortrag auch der Vesper-Psalmen meist der schlichten Psalmtöne bedient zu haben; daneben sind Falsobordone-Versionen einzelner Psalmen und Cantica zu belegen, akkordische Fassungen der genuin einstimmigen Psalmodie, und wieder wird in solchen schlichten Tonsatz-Modellen, die von Palestrina selbst stammen, deutlich, wie sehr er sich noch in Nuancen um eine künstlerische Differenzierung der starren Formel bemühte[14]:

Canticum Simeonis, 2. Quia viderunt

Redundant wäre es gewesen, Muster derartiger Akkordfolgen zu publizieren, unmöglich dagegen, alle Varianten erschöpfend aufzulisten: Das zahlreiche Veröffentlichungen Palestrinas motivierende Bemühen, das Repertoire des römischen Kirchengesangs vollständig in mehrstimmigen Vertonungen vorzulegen, mußte hier an Grenzen stoßen.

Eine ähnliche Tendenz zur Systematik, wie sie die letzten Veröffentlichungen Palestrinas kennzeichnet, war ehedem nur in seinen ersten Publikationen festzustellen gewesen. Lediglich das 1563 im Druck erschienene Buch vierstimmiger Motetten für alle Feste des Kirchenjahres einschließlich der Gedenktage der Heiligen folgte im Aufbau konsequent einer zyklischen Ordnung, gegenüber der die Anlage späterer Motettenbücher Palestrinas wenig verbindlich wirkt, scheinen die einzelnen Kompositionen doch — wie auch in den Sammelpublikationen der Messen — meist nur nach äußerlichen Prinzipien, der Zahl der disponierten Stimmen etwa, aneinandergereiht zu sein.[15]

Die Tendenz der letzten Publikationen Palestrinas, nicht mehr lediglich Vertonungen einzelner Bibelverse zu verschiedenstem kirchlichen Gebrauch im Druck vorzulegen, sondern Sammlungen, deren Konzept und Intention fest umrissen war, entsprach den Bemühungen um eine Vereinheitlichung der Riten, die insbesondere Papst Sixtus V. forcierte, indem er nach der Einführung des tridentinischen Meßbuches nun auch die Redaktion weiterer liturgischer Bücher forcierte. Zugleich konnte so die Veröffentlichung vollständiger Zyklen von Offertorien — jenem Teil des Proprium Missae, das schon im gregorianischen Repertoire neben den Zwischengesängen besonders reich und kunstvoll vertont worden war — und Hymnen den Charakter offizieller Publikationen gewinnen, gleichsam als musikalische Gegenstücke zu den Textsammlungen, deren Revision nach dem Reformkonzil notwendig geworden war.

Satztechnisch und funktional ist eine Differenz zwischen Palestrinas Offertorien und anderen seiner Motetten ebensowenig zu fassen wie in bezug auf den Zyklus der Hymnen, die in ihrer Bindung an einen Cantus firmus, ferner einer Alternatim-Konzeption sich an die Magnificat-Vertonungen anschließen. Auch hier prägen fast stereotype Gestaltungselemente die Folge der drei oder vier polyphonen Fassungen der gregorianischen Melodie. Zunächst dienen stets ihre einzelnen Phrasen als motivische Basis, die Gliederung des motettischen Satzes folgt getreu den Zäsuren des Cantus firmus und nur gelegentlich wird ein Abschnitt mittels längerer Imitationen eines musikalischen Gedankens weiter ausgedehnt (siehe Beispiel S. 164).

Waren hier alle Stimmen in gleicher Weise aus dem Material des Cantus firmus entwickelt, so verschiebt sich diese Relation im zweiten Satz deutlich, indem einer Mittelstimme der Vortrag der gregorianischen Melodie zugewiesen wird, die hier nur an Phrasenenden ornamental erweitert erscheint, während die anderen Partien weniger mit strenger Imitation als in freier Aufnahme einzelner motivischer Partikel der Vorlage den kontrapunktischen Satz

Pange lingua (V. 1), T. 1—12

komplettieren. Eher akkordisch geprägt, in größerer klanglicher Fülle verweist der Schlußsatz dann auf weitere Möglichkeiten der Choralbearbeitung; wieder rahmen den starren Cantus firmus im Tenor selbständig geführte, rhythmisch belebtere Außenstimmen, deren Motivik nur gelegentlich auf die gregorianische Vorlage rekurriert.

Von einigen wenigen vielstrophigen Hymnen vertonte Palestrina eine vierte Strophe, wobei er noch andere Varianten polyphoner Ausarbeitung gregoranischen Materials demonstrierte. Mitunter reduziert er in Binnensätzen die Stimmenzahl, integriert kanonische Führungen des Cantus firmus, die auch im Schlußsatz nicht selten zu finden sind. Die letzte Variation in einer solchen Folge von Bearbeitungen desselben Themas wird daneben meist in der Besetzung gesteigert, seltener auch durch ein Dreiermetrum hervorgehoben.[16]

Wie bereits bei Palestrinas Vertonungen des Magnificat fehlen Einflüsse etwa einer affektiven Situation des Textes auf die musikalische Gestaltung weitestgehend, und kaum wird man glauben machen können, daß die klanglich und oft auch kompositorisch reichere Fassung der Schlußstrophe einer an dieser Stelle üblichen Doxologie korrespondiere. Solch mangelnder intimer Wort-Ton-Bezug, zudem die metrisch gleiche Struktur aller Strophen eines Hymnus erlauben jedoch die schnelle Adaption unterschiedlicher Texte zu einer musikalischen Bearbeitung; damit ist nun, wiewohl in logischer Folge konzipiert, zugleich die Möglichkeit gegeben, auch einzelne polyphone Fassungen des Cantus firmus aus den Hymnen-Vertonungen Palestrinas herauszulösen, andere Strophen zu unterlegen und neuen Verwendungen zuzuführen. Wenngleich von Palestrina nicht explizit artikuliert, dürfte doch das Angebot, diesen Sammelband mit seiner Vielzahl verschiedenster Fassungen gregorianischer Vorlagen als Kompendium anzusehen und für die individuelle Praxis zu verwerten, zusätzlich einer weiteren Verbreitung des Druckes förderlich gewesen sein.

Die Überlegung, es sei eine von Palestrinas Intentionen gewesen, seine Kompositionen nicht allzu individuell zu gestalten, um eine möglichst vielfältige Verwendung nicht zu behindern, kann gestützt werden hinsichtlich einzelner Werke, deren Faktur von der Norm eines Sammelbandes ebenso überraschend wie mit Grund abweicht. So ist die Gestaltung der Schlußstrophe des Hymnus *Vexilla regis prodeunt* schon auf den ersten Blick differenzierter als die Mehrzahl der in diesem Zyklus publizierten Kompositionen. Wenig ungewöhnlich erscheint zunächst der Beginn des fünfstimmigen Satzes, der über den gregorianischen Cantus firmus im Tenor II angelegt ist:

Vexilla regis prodeunt (V. IV), T. 1—8

Doch die Fortführung im Dreiermetrum — sicherlich motiviert durch den Text — ist ebenso auffällig wie das Aussetzen der bis dahin zentralen Stimme, der die Hymnen-Melodie zugewiesen war. (Den rhythmisch den anderen Stimmen angeglichenen Cantus firmus übernimmt innerhalb der kurzen Passage der Cantus.)

Vexilla regis prodeunt (V. VI), T. 9—13

In der Folge wird sodann die anfängliche Faktur wiederaufgegriffen, die Notenwerte des Cantus firmus jedoch halbiert:

Vexilla regis prodeunt (V. VI), T. 14—18

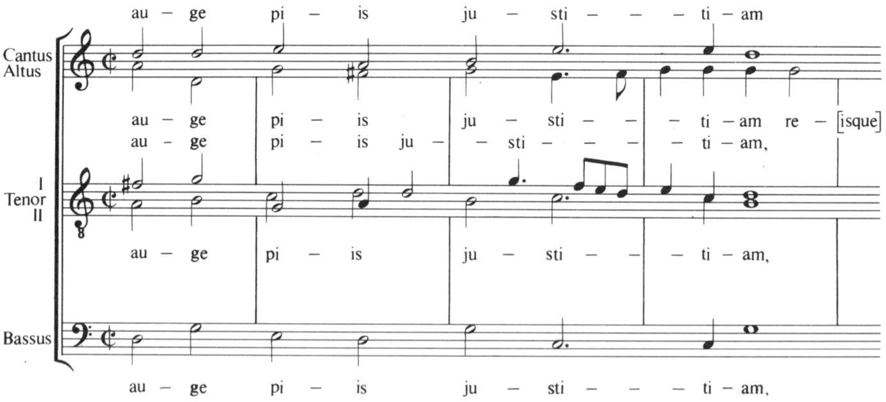

Im Wissen um eine Aufführung gerade dieser Komposition im Jahre 1586 anläßlich der Aufstellung des aus Ägypten überführten Obelisken auf dem Petersplatz, einem der Höhepunkte des Pontifikats Sixtus' V., kann die ungewöhnliche Gestaltung dieses Verses verständlich werden.[17] Bezogen sich die Anfangsworte auf das Kreuz an der Spitze des Monolithen, das den vermeintlich endgültigen Sieg des Christentums über Türken und Islam markieren sollte und nunmehr ehrfürchtig fast apostrophiert wurde, so bringt der bewegtere Mittelteil ein wenig von der Freude dieses Heilsereignisses zum Ausdruck; im Schlußteil mit einigen Bitten wird sodann der gemessenere Gestus des Beginns aufgenommen.

Aus gegebenem festlichem Anlaß wußte Palestrina demnach sehr wohl differenzierte musikalische Mittel einzusetzen, deren Bezug zur Struktur des Textes ebenso offensichtlich ist wie zu dessen Semantik. Die Tatsache aber, daß er sich ähnliche Möglichkeiten intensiverer Textdeutung, über die er offensichtlich doch verfügen konnte, bei der Mehrzahl seiner Kompositionen versagte, deutet einerseits auf eine Virulenz kirchlicher Vorgaben, die eine allzu subjektive Gestaltung geistlicher Musik nur aus besonderem Anlaß zuließen und denen Palestrina geflissentlich nachkam. Andererseits wäre es jedoch auch als ein weiteres Indiz zu werten, daß er auf ausgeprägte oder gar extravagante Vertonungen verzichtete, da alles zu Individuelle einer prätendierten Universalität hinderlich sein könnte, mithin auch einer Verbreitung und Vermarktung.

Palestrinas eigene Position in diesem Spannungsfeld von bewußter und vorgeschriebener Vermeidung des allzu Subjektiven, von freiwilliger und erforderter Reduktion der Kunstmittel zu verorten, dürfte nur sehr schwer möglich werden. Kunstvolle Detailarbeit, nicht unmittelbar ersichtlich, entlarvt, daß kaum eine seiner Komposition lediglich Umgangsmusik ist, die sie zu sein scheint. Gleichwohl leugnet sie ihre Funktionalität nirgends.

Anmerkungen

1 Heinrich Besseler, *Grundfragen des musikalischen Hörens*, in: ders., *Aufsätze zur Musikästhetik und Musikgeschichte*, Leipzig 1978, S. 39.

2 Heinrich Besseler, *Umgangsmusik und Darbietungsmusik im 16. Jahrhundert*, in: ders., *Aufsätze zur Musikästhetik und Musikgeschichte*, Leipzig 1978, S. 305.

3 Heinrich Besseler, *Grundfragen des musikalischen Hörens*, a.a.O., S. 49.

4 Carl Dahlhaus, *Trivialmusik und ästhetisches Urteil*, in: ders., *Klassische und romantische Musikästhetik*, Laaber 1988, S. 188.

5 Vgl. Carl Heinz Illing, *Zur Technik der Magnificat-Kompositionen des 16. Jahrhunderts*, Wolfenbüttel 1936, S. 39ff.

6 Vgl. hierzu die Möglichkeit der ambivalenten Modusbestimmung im Kyrie von Palestrinas *Missa Panis, quem ego dabo* in den anonym veröffentlichten Ausführungen des portugiesischen Königs Johann IV. (*Dubii, quali furono proposti sopra la Messa Panis quem ego dabo del Palestina; che và stampata nel quinto libro delle sue Messe. A quali si risponde in forma di Dialogo*, Rom 1655 [zuerst Lissabon 1654]); s. Karl Gustav Fellerer, *Palestrina-Studien*, Baden-Baden 1982, S. 239—245.

7 Winfried Kirsch, *Die Quellen der mehrstimmigen Magnificat- und Te Deum-Vertonungen bis zur Mitte des 16. Jahrhunderts,* Tutzing 1966, S. 46.

8 Vgl. Winfried Kirsch, *Die Quellen...*, a.a.O., S. 45.

9 Vgl. zu Entstehungsbedingungen von Palestrinas Lamentationen sowie liturgischen und aufführungspraktischen Besonderheiten der päpstlichen Kapelle Wilhelm Bäumker, *Palestrina. Ein Beitrag zur Geschichte der kirchenmusikalischen Reform des 16. Jahrhunderts*, Freiburg i. Br. 1877, S. 46f.

10 Wohl ebenfalls mit Eigentraditionen der Musik an St. Peter ist das fast vollständige Fehlen von Te Deum-Vertonungen oder darauf bezüglichen Kompositionen Palestrinas zu erklären; vgl. Winfried Kirsch, *Die Quellen...*, a.a.O., S. 70ff.

11 Vgl. zur verstärkten Entwicklung des Marienkultes gegen Ende des 16. Jahrhunderts Piero Damilano, *Liturgia e musica nell'epoca palestriniana*, in: Francesco Luisi (Hrsg.), *Atti del convegno di Studi Palestriniani 28 settembre — 2 ottobre 1975*, Palestrina 1977, S. 315—325, sowie Peter Burke, *Die Renaissance in Italien*, Berlin 1984, S. 220.

12 Die Lauretanische Litanei erhielt 1587 von Gregor XIII. die päpstliche Approbierung, weitere Litaneien zum Namen Jesu sowie zur Eucharistie wurden wie die „40-stündige Anbetung" 1592 von Sixtus V. zugelassen. Ein Jahr später erschien ein erstes Buch mit Litaneivertonungen Palestrinas im Druck. Vgl. Joachim Roth, *Zum Litaneischaffen G. P. da Palestrinas und O. di Lassos*, in: *Kirchenmusikalisches Jahrbuch* 44 (1960), S. 44ff.

13 Vgl. zu Psalmengesang und Aufführungen mehrchöriger Werke in der sixtinischen Kapelle Klaus Fischer, *Die Psalmkompositionen in Rom um 1600 (ca. 1570—1630)*, Regensburg 1979.

14 Vgl. zu Falsobordone-Vertonungen als Reduktionsform der Psalmkomposition aufgrund liturgischer Vorgaben Klaus Fischer, *Die Psalmkomposition in Rom...*, a.a.O., S. 140; ferner Knud Jeppesen, *Palestriniana: ein unbekanntes Autograph und einige unveröffentlichte Falsobordoni des Giovanni Pierluigi da Palestrina*, in: *Miscalenea en homenaje a Monsenor Higinio Anglés*, Barcelona 1958, S. 417—432.

15 Zu Aufbau und tonaler Ordnung von Palestrinas Offertoriums-Zyklus vgl. Harold S. Powers, *Modal Representation in Polyphonic Offertories*, in: *Early Music History 2* (1982), S. 59ff., sowie Bernhard Meier, *Zu den „in mi"-fundierten Werken aus Palestrinas Offertoriums-Motettenzyklus*, in: *Die Musikforschung* 37 (1984), S. 215—220.

16 Vgl. Winfried Kirsch, *Zur Funktion der tripeltaktigen Abschnitte in den Motetten des Josquin-Zeitalters*, in: Ludwig Finscher (Hrsg.), *Renaissance-Studien. Helmuth Osthoff zum 80. Geburtstag*, Tutzing 1979, S. 145—158 (= *Frankfurter Beiträge zur Musikwissenschaft* Band 11).

17 Zur christlichen Umwidmung antiker Denkmäler während des Pontifikats Sixtus V. vgl. Volker Reinhardt, *Rom. Kunst und Geschichte 1480—1650*, Freiburg und Würzburg 1992, S. 153ff.

VII. Madrigale

Madrigale komponiert und veröffentlicht zu haben, sei ein Fehler gewesen, der auf seine Unerfahrenheit zurückgeführt werden müsse: 1584, in der Vorrede zu seinem vierten Buch fünfstimmiger Motetten, versucht Palestrina, Papst Gregor XIII., dem Dienstherrn und Widmungsträger dieser seiner musikalischen Fassung des alttestamentlichen *Hohen Liedes*, zu suggerieren, daß er sich von der Vertonung weltlicher Texte nicht nur rückblickend distanziere.[1] Ähnlich hatte er sich schon 1569, anläßlich der Publikation eines ersten Buches fünf- bis siebenstimmiger Motetten, geäußert[2], und doch offenbart ein Blick in das Verzeichnis seiner Werke sehr rasch, welch geringe Verbindlichkeit Palestrinas Ansätzen zur Selbstkritik in dieser Hinsicht zuzumessen ist.

Nicht erst Alfred Einstein verwies auf die mangelnde Konsequenz Palestrinas, der nicht nur 1586, also lediglich zwei Jahre nach seiner reumütigen Absage an die Vertonung allzu weltlicher Texte ein weiteres Madrigalbuch mit einer Zueeignung an den Fürsten seiner Heimatstadt, Giulio Cesare Colonna, vorlegte.[3] Bereits mehr als ein halbes Jahrhundert zuvor hatte August Wilhelm Ambros auf diesen Widerspruch im Verhalten des römischen Kapellmeisters aufmerksam gemacht[4], den Franz Xaver Haberl durch einen Nachweis, daß Palestrinas Anthologie einzelne in den Vorjahren entstandene Madrigale enthalte und vermutlich schon 1584 abgeschlossen vorgelegen habe, zu entkräften versuchte; überdies — so Haberl, der sich nicht nur an dieser Stelle bemüßigt sah, seine Vorstellung vom aufrichtigen Menschen und genuinen Kirchenmusiker Palestrina zu verteidigen — beschränke sich der Inhalt von dessen Madrigalen „auf die mehr abgeschmackten als leichtsinnigen oder verführerischen Schwärmereien und Liebesseufzer Petrarca's und der unzähligen Menge seiner Nachahmer, unterscheidet sich vortheilhaft von schlimmeren Produkten seiner Zeitgenossen (Arcadelt, Cypriano de Rore u.A., auch Orlando di Lasso nicht ausgenommen), und kann im Vergleiche mit ähnlichen Dichtererzeugnissen der Neuzeit als unschuldige Mondscheinpoesie gelten.“[5]

Doch verging auch nach 1584 in der Folge kaum ein Jahr, in dem nicht weitere Madrigale Palestrinas als Beiträge zu Sammelbänden mit Kompositionen von verschiedenen Autoren veröffentlicht wurden. Wiederum ist man geneigt, Palestrinas Verhalten opportunistisch zu nennen, da er einerseits seinem kirchlichen Dienstherrn gegenüber den Eindruck zu erwecken sucht, die musikalische Gestaltung von Gedichten, in denen metaphorisch und doch unverhohlen Freude und Leid der Liebe thematisiert wurden, sei fragwürdig, zum anderen aber nur wenige Gelegenheiten ausläßt, aus der Publikation von Vertonungen gerade solcher, kurz zuvor noch als zweifelhaft apostrophierter Texte finanziellen Vorteil zu ziehen. Immerhin scheint ihm die Problematik bewußt gewesen zu sein, auf einem kompositorischen Gebiet zu agieren, das er, als Kapellmeister der Cappella Giulia zugleich Repräsentant des römischen Katholizismus', kraft seines Amtes kaum hätte kultivieren sollen.[6] Doch findet sich der Zug, in fortgeschrittenerem Alter allzu „weltlichen" Jugendwerken selbstkritisch gegenüberzutreten, in ähnlicher Weise auch bei manchem seiner Zeitgenossen und nicht nur bei Musikern.[7]

Andererseits fanden die vielfältigen Aktivitäten Palestrinas, seine liturgischen Kompositionen zu veröffentlichen, nur eine geringe, eher zögerliche Unterstützung seitens der Kurie, so daß es verständlich wird — und gegebenenfalls zur Entschuldigung anzuführen ist —, wenn Palestrina auch mit der Publikation von Madrigalen seine Einnahmen zu verbessern suchte. Dennoch dürfte der zu erwartende Gewinn aus der Verbreitung seiner weltlichen Werke nicht der einzige Grund gewesen zu sein, warum Palestrina sich auch als Autor in einem Genre auswies, das seine Position als genuiner Kirchenkomponist kompromittieren konnte. Vielmehr war hier, bei der musikalischen Umsetzung affektiv reicher lyrischer Texte, kompositorische Kompetenz auch in einem anderen, freizügigeren Genre zu demonstrieren, indem man mehr als Kenntnis und Beherrschung elementarer Regeln des Metiers deren ebenso souveräne wie individuelle Handhabung in der subjektiven Deutung der literarischen Vorlage bewies.[8]

Die Virulenz dieser Konzeption des Madrigals nahm ihren Ausgangspunkt von den programmatischen Schriften Kardinal Pietro Bembos, der 1525 in seiner Studie *Prose della volgar lingua* Bedingungen und Möglichkeiten volkssprachlicher Dichtungen formulierte und die Werke Petrarcas zum Vorbild und Paradigma erklärte. Diese in ihrer metrischen Struktur ebenso wie durch ihre emotional reiche und bildhafte Sprache anspruchsvollen Texte, deren einzelne Wörter auch in ihren Klang- und Ausdrucksqualitäten mit dem Inhalt korrelieren sollten, in Musik zu übersetzen, bedeutete gegenüber den in Form und literarischer Qualität eher schlichten Vorlagen von Frottola und Strambotto eine Herausforderung, der sich avancierte Komponisten um so lieber annahmen, als nunmehr Gedichte vorlagen, deren affektuöser Gehalt die Disposition artifizieller satztechnischer Mittel nicht nur erlaubte, sondern forcierte: Bereits 1530 erschien in Rom ein erster Sammelband mit Madrigalen, der in der Verbindung künstlerisch geformter Texte mit polyphon strukturiertem Tonsatz das erste Dokument einer literarisch-musikalischen Gattung bezeichnet.[9]

Der affektreichen Sprache musikalisch adäquate Gestalt zu verleihen schien das enge Regelwerk kontrapunktischer Satztechnik kaum hinreichend; die Vorgabe jedoch, die Nuancen des Textes in der Vertonung möglichst differenziert nachzuzeichnen, legitimierte nicht nur Abweichungen von Richtlinien des Kontrapunkts, sondern förderte die Entwicklung immer riskanterer Wendungen, die mitunter nur noch mühsam auf verbindliche Normen zurückgeführt werden konnten. Nicht allein die korrekte Anwendung tradierter Regeln war mehr das entscheidende Kriterium der Qualität einer Komposition, vielmehr geriet die neuartige und subjektive Interpretation satztechnischer Mittel nach den Maßgaben des Textes zunehmend in den Blickpunkt des Interesses eines gebildeten Publikums, das über Formelhaftigkeit und Individualität, Konventionen und Neubildungen, Stil und Manier eines Werks kenntnisreich zu urteilen wußte.

Allerdings blieb die Ausweitung eines Regelsystems, wie sehr sie auch immer durch eine Orientierung an den affektiven Vorgaben eines Textes begründet sein mochte, nicht ohne Kritik, galt doch Musik zunächst noch als höhere Form der Mathematik, deren Gesetzmäßigkeit eine transzendentale Ordnung reflektierte. Das komplexe Wirkungsgefüge, demgemäß die einfachen Proportionen musikalischer Intervalle mit den Abständen der Planeten übereinstimmten, würde durchbrochen, wenn auch mittels anderer Zahlenverhältnisse, denen in der Musik Dissonanzen entsprächen, Kompositionen sinnreich strukturiert werden könnten. So aber schon an einer Stelle die universal geglaubte Ordnung diskreditiert wäre, ständen in der Folge auch andere Autoritäten, die ihre Legitimation aus transzendentalem Verweis bezögen, zur Disposition. Demnach war die Skepsis, die man seitens der Kirche gegenüber Überlegungen zur Erweiterung von Tonsystem und gestalterischen Möglichkeiten hegte, durchaus berechtigt und resultierte nicht allein aus der Sorge um eine allzu subjektive, zunächst musikalische Interpretation liturgischer Texte und göttlichen Wortes: In der Orthodoxie des Tonsatzes war zugleich die Reinheit theologischer Lehre aufgehoben. Dem entsprachen musiktheoretische Versuche, jeweilige Neuerungen auf bewährte Leitsätze zurückzuführen und mit der Kondensierung elementarer Richtlinien die Rahmenbedingungen für einen kirchlich approbierten Kompositionsstil zu formulieren, der als eine „prima prattica" der Satztechnik, später Stylus Gravis, Stile Antico oder Stilus ecclesiasticus genannt, überdauerte. Je deutlicher deren fundamentale Regeln fixiert waren, je variabler war eine aktuale Ausprägung: Sicherung und allgemeine Akzeptanz verbindlicher Grundsätze schufen die Voraussetzung individueller Interpretation.

Palestrinas Formulierung, errötend und mit Schmerz betrachte er aus einem Abstand von annähernd dreißig Jahren sein erstes Madrigalbuch von

1555, ist zwar im Kontext der Widmung eines Sammelbandes mit geistlicher Musik an Papst Gregor XIII. sicherlich auch als Bekenntnis zu einer autoritativen Ordnung zu verstehen und nicht nur als Floskel; vor dem Hintergrund sehr viel eindrucksvollerer kompositorischer Umsetzungen der Zeitgenossen und teilweise derselben literarischen Texte, die Palestrina als Beiträge für Madrigalbücher vertont hatte, wäre es zudem denkbar, in jenen fast zerknirscht klingenden Sätzen ein Eingeständnis zu sehen, seinerzeit nicht alle schon verfügbaren musikalischen Gestaltungsmittel eingesetzt zu haben — wenn er denn in anschließend entstandenen Madrigalen den Nachweis erbracht hätte, daß er tatsächlich über eine annähernd virtuose Dissonanztechnik und ein ähnlich breites Spektrum von Klängen und Farben wie seine Kollegen verfügte.

Denn das sind seine Madrigale sicherlich nicht: Kühne oder gar experimentelle Vertonungen eines literarisch versierten Komponisten, der Texte sorgfältig auswählte, mit einem vielfältigen Repertoire insbesondere harmonischer Finessen minutiös und subtil Nuancen der Vorlage auslotete und so den Kennern, Freunden und Kollegen musterhafte Beispiele kunstvollster Vertonungen wie auch Anregungen zu eigener Gestaltung gab. Entsprechend unvorteilhaft ist meist das Urteil der Musikhistoriker, und allein Baini, der eifrigste Apologet des römischen Kapellmeisters, pries die Madrigale Palestrinas — wie immer — sehr beredt.[10] Alfred Einstein, der Verfasser einer voluminösen Gattungsgeschichte des Madrigals, verwies dagegen auf das Ungeordnete und Zufällige im Aufbau von Palestrinas erstem Madrigalbuch, das in Anlage und Inhalt schwerlich einen Vergleich mit den Werken seiner Zeitgenossen aushalte, und nannte es überholt schon zum Zeitpunkt seiner Drucklegung.[11] Immerhin konzedierte er jedoch, daß Palestrina, selbst wenn er die von Costanzo Festa und Giacomo Arcadelt etwa zwanzig Jahre früher vorgezeichneten Bahnen kaum überschreite, seinen Tonsatz besonders klangschön organisiere und sich um Klarheit der harmonischen Disposition bemühe.

In ähnlicher Weise rühmte Einstein auch den Klang der im zweiten, 1586 veröffentlichten Madrigalbuch enthaltenen Sätze. Doch sein abschließendes Urteil über diese späten vierstimmigen Madrigale war noch ungünstiger als in bezug auf Palestrinas erste weltliche Kompositionen. Allein der Verzicht auf die in jener Zeit übliche Fünfstimmigkeit lasse erkennen, in welch geringem Maße Palestrina an der aktuellen kompositorischen Diskussion teilhabe; allenfalls aus didaktischen Motiven sei der vierstimmige Satz gegen Ende des 16. Jahrhunderts noch zuzugestehen, doch insbesondere der Vergleich mit Werken Luca Marenzios zeige, wie anachronistisch und letztlich völlig veraltet Palestrinas Madrigale seien. Während Marenzio einen polyphon reich strukturierten Tonsatz zu gestalten wisse und selbst enharmonische Verwechslungen in kühnen harmonischen Konstellationen nicht scheue, disponiere Palestrina kaum mehr als sehr konventionelle Vorhalte; entsprechend bescheiden seien die Ausdruckswerte, die mittels ebenso regelgerecht eingeführter wie aufgelöster Dissonanzen von Septime und None zu erzielen sind.[12]

Widersprüchlich aber und nicht nur in Einsteins Ausführungen ohne Erklärung bleibt, daß Palestrinas Madrigale trotz ihrer schlichten Faktur und einer anachronistischen, ja auf den ersten Blick fast atavistischen Simplizität des Satzes weite Verbreitung fanden. Der Nachweis zahlreicher Nachdrucke und teilweise erweiterter Auflagen des ersten Madrigalbuches bis zum Beginn des 17. Jahrhunderts entlarvt zudem Palestrinas Selbstkritik aus dem Jahre 1584 erst recht als Pose, die kaum plausibel zu machen ist und einen wenig vorteilhaften Zug seines Charakters illustriert. Dennoch überrascht, daß Palestrinas Madrigale, wiewohl sie kaum dem kompositionstechnischen Standard zumindest am Ende des 16. Jahrhunderts entsprachen, beim Publikum ebenso freundliche Aufnahme fanden wie auch Kollegen und Verleger einen Beitrag des römischen Kapellmeisters zu Sammelbänden nicht ablehnten. Die glücklose Publikation des zweiten vierstimmigen Madrigalbuches allerdings, das als eines der wenigen Werke Palestrinas keine Nachdrucke oder weitere Auflagen erfuhr, belegt die Richtigkeit der Prämisse, daß Neuartigkeit und kompositorische Raffinesse sehr wohl Kategorien waren, die man beachtete und in Kennerkreisen diskutierte; gleichwohl waren diese Kriterien, wie die vielfachen Neuauflagen der frühen Madrigale Palestrinas bekunden, weder ausschließlich noch notwendig Voraussetzungen, die Erfolg verbürgten.

Auch Karl Gustav Fellerer konnte nicht umhin, die schlichte Faktur von Palestrinas späten Madrigalen zu konstatieren. Doch nannte er Ausdrucksmittel, die er in einigen Vertonungen des ersten Buches fand, „Unebenheiten, die in den späteren Madrigalen in der Bewegtheit des Satzes wieder ausgeglichen werden“[13], hielt in der Petrarca-Vertonung *Nessun visse giammai* Dissonanzen und Durchgänge, die durch entsprechende Passagen des Textes oder einzelne Worte begründet sind, für „störende Reibungen“, die sich „aus der Eigenart der ungelenken imitatorischen Stimmführung“ ergeben.[14]

Die große Verbreitung von Palestrinas erstem Madrigalbuch wie auch die zahlreichen Beiträge zu Sammelbänden nicht nur in Italien wertete Fellerer als Indiz für die Aktualität und den kompositorischen Rang der weltlichen Werke des römischen Kapellmeisters. Den im Vergleich zu Kompositionen der Zeitgenossen allerdings unübersehbaren Verzicht auf die Integration ausdrucksstarker Wendungen in seinen fünfstimmigen geistlichen Madrigalen aber hielt Fellerer ebenfalls für eine Tugend Palestrinas: „Das Wort wird durch die Musik gesteigert, ohne daß durch Madrigalismen, wie sie im weltlichen Madrigal der Zeit entwickelt wurden, der geschlossene Aufbau der Sätze gestört wird. [...] Palestrina ist in seiner Bindung an die polyphone Grundlage weder dem Ausdrucksexperiment des weltlichen Madrigals seiner Zeit noch dieser monodischen Dramatisierung [der in Florenz 1589 von Marenzio und Malvezzi vorgestellten Intermedien] gefolgt, sondern hat eine ideale Abklärung der Mittel gefunden, die den im Geiste des Oratoriums Filippo Neris gestalteten Text zu weihevoller, ausgeglichener Gestalt brachte."[15] Mag man Palestrinas Tendenz zu einer Rücknahme ungewöhnlicher satztechnischer Mittel in seinen geistlichen Madrigalen durchaus mit einem Verweis auf seine möglicherweise mehr als episodische, allerdings nicht zu belegende Mitarbeit am Oratorium Filippo Neris und dessen ästhetische Prinzipien begründen[16], so bleibt doch offen, warum eine in nur schwer zu fixierenden Nuancen abweichende Faktur des zweiten Madrigalbuches, wo weder Vorgaben zu beachten noch Kompromisse gegenüber Auftraggeber oder Aufführungsort einzugehen waren, ebenfalls einem aktuellen Trend entsprochen haben sollte. Während in den Ausführungen Karl Gustav Fellerers der Widerspruch nicht aufgelöst wird, daß vergleichsweise unvollkommenere Werke Palestrinas — sein erstes Buch vierstimmiger Madrigale — eine breite zeitgenössische Rezeption erfuhren, dahingegen die späteren, deren ausgeglichene Faktur ein wesentliches Merkmal hoher kompositorischer Qualität bilde, eine eher zurückhaltende Aufnahme beim Publikum fanden, gelingt Alfred Einstein keine schlüssige Erklärung für den Ruhm des päpstlichen Kapellmeisters auch als Madrigalkomponist, wiewohl doch seine in diesem Genre vorgelegten Werke zumindest nach den Maßstäben des Musikhistorikers kaum konkurrenzfähig hätten sein dürfen.

Wenn es denn ein Kriterium für die kompositorische Qualität eines Madrigals ist, einzelne Worte musikalisch abzubilden — sei es, indem Bewegungsmomente und -richtungen in melodischen Linien eine Entsprechung finden, sei es, daß affektive Ausdrucksformen in der Musik erst eigentlich sinnenfällig werden —, so lassen sich in Palestrinas erstem Madrigalbuch von 1555 zahlreiche Beispiele finden, die von eingehender Auseinandersetzung des Komponisten mit der literarischen Vorlage Zeugnis geben. Auffällige musikalische Wendungen, weniger ungewöhnliche Dissonanzen denn eine vom Kontext abweichende Faktur, bezeichnen einzelne Worte, in denen der Affekt einer Verszeile oder Passage verdichtet erscheint. Doch selten sind es neuartige oder extravagante satztechnische Mittel, die Palestrina zur Illustration eines Gedankens heranzieht, als vielmehr fast konventionelle Formeln, die, mitunter nur in Nuancen verändert, überraschende Wirkungen hervorrufen. So ist es lediglich eine Pause, eingeschoben in eine eher schlichte tenorisierende Kadenz, die das Liebe-schmachtende Seufzen illustriert, indem für einen Augenblick die herbe Dissonanz einer verminderten Quinte unaufgelöst bleibt:

Queste saranno ben lagrime, T. 9—16

Wie hier wird auch bei einer ähnlichen (Text-)Stelle im plötzlichen Abbruch nach voraufgehender schneller Bewegung die affektive Situation, die kaum faßliche Unvereinbarkeit von Liebe und Tod deutlich:

Che non fia che giammai, T. 33—36

Ähnliche Beispiele, im ersten Buch vierstimmiger Madrigale von 1555 häufig zu finden, lassen jedoch auch erkennen, daß solche Wendungen zu Stereotypen gerinnen konnten, die bei bestimmten Schlüsselwörtern eines Gedichtes einzusetzen waren. Bereits hier deutet sich an, daß Palestrina nicht die ungewöhnliche Akkordverbindung sucht, um einzelne Partien eines Gedichtes effektvoll hervorzuheben; auch fehlen markante Dissonanzen, schneidende Vorhaltsbildungen oder überraschende Auflösungen, die Palestrinas Zeitgenossen bei Worten von Trauer, Leid, Klage und Jammer gerne disponierten. Seine Tonsprache ist, wie sich abzeichnet, vermeintlich schlichter, da weniger reich an harmonischen Kontrasten und im weitestgehenden Verzicht auf alle chromatischen Halbtonschritte; und nur an einzelnen Stellen greift er Wendungen auf, die einem gängigen Vokabular zu entstammen scheinen, nichtsdestoweniger jedoch sehr subtil disponiert werden: Mit genauem Blick für den Aufwand, den es braucht, um gerade jene Wirkung zu erzielen, die im Kontext hinreichend auffällt.[17] Selten ist deshalb schon der Anfang eines Madrigals von Palestrina auffällig gestaltet, wäre doch ein Kontrast im folgenden nur noch negativ zu bestimmen; auch nutzt er durchaus nicht alle signifikanten Worte eines Textes, die eine plakative musikalische Umsetzung nahelegten, und entgeht so der Gefahr, in eine parataktische Kompositionsweise zu verfallen, in der jenseits der Folge gleichsam musikalischer Vokabeln der Zusammenhang eines Musikstücks zum Problem wird. Der Verzicht auf die profilierte Gestaltung aller Details ist die Kehrseite der Kohärenz einer Komposition, andererseits erlaubt erst eine sorgfältige Architektur die ökonomische Disposition des wirkungsvollen Ornaments.

So ist auch der Beginn des zweiteiligen Madrigals *Amor Fortuna e la mia mente schiava* eher unauffällig, entspricht Konventionen der Eröffnung eines polyphonen Satzes in paariger Imitation. (Das eingangs exponierte Motiv findet auch bei einem weiteren Vers, der ebenfalls mit einer Anrufung Amors beginnt, erneute Verwendung, die Anapher des Gedichts somit eine Analogie in der Vertonung.)

Amor Fortuna, T. 1—9

Nach sukzessiver Intensivierung, der Einführung kürzerer Notenwerte und immer kurzatmigerer, homorhythmisch angelegter Phrasen kulminiert der erste Teil des Madrigals schließlich in einer Wendung, die der kämpferischen Emphase des Liebenden beredt Ausdruck verleiht:

Amor Fortuna, T. 40—42

In eine spätere Auflage seines ersten Buches vierstimmiger Madrigale nahm Palestrina auch seine Vertonung eines jener Gedichte Petrarcas auf, dessen knappe Form mit einer Fülle von Antithesen zahlreiche Komponisten zu musikalischer Gestaltung herausforderte:

„Nessun visse giammai più di me lieto,
Nessun vive più trist'e giorni e notti.
E doppiand'il dolor doppia lo stile,
che trae del cor sì lagrimose rime.
Vissi di speme or vivo pur di pianto,
nè contra morte sper'altro che morte."

„Nie lebte Jemand mehr, denn ich, in Freude;
Jetzt keiner trauriger so Tag' als Nächte.
Es wächst in mir der Schmerz, mit ihm die Sprache,
Und löst vom Herzen thränenvolle Lieder.
Von Hoffnung lebt' ich; jetzo nur von Thränen,
Und gegen Sterben hoff' ich nichts, als Sterben."[18]

Nessun visse giammai

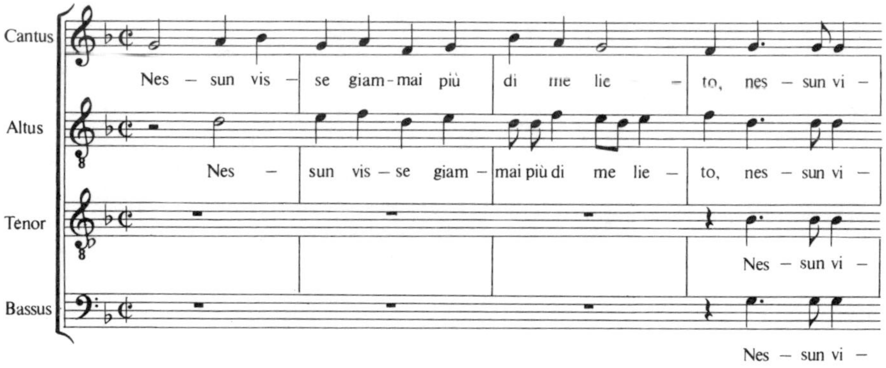

-ve più tri – st'e gior–ni e not – – ti. E doppiand'il do – lor doppia lo sti – le.
-ve più tri-sto e gior–ni e not – – ti. E doppiand' il do-lor dop–pia
-ve più tri – st'e gior–ni e not – – ti. E doppiand'
-ve più tri – st'e gior–ni e not – – ti. E doppiand'il do–
e dop-piand'il do–lor dop – pia lo sti-le che trae del cor sí
lo sti – le, dop – pia lo sti – – le che trae dal cor sí
il do–lor dop – pia la sti – – – – le
lor dop – pia lo sti – – le
la – gri-mo–se ri – me. sí la–gri-
la–gri–mo–se ri–me, si la gri–mo–se ri – me, sí la–gri-
che trae dal cor sí la – gri-mo – se ri – me, sí la–gri-
che trae dal cor sí la – gri – mo–se ri–me, sí la–gri–

-mo-se ri-me. Vis — — si di speme or vi — vo pur di pian — — to
-mo-se ri — me. Vis — si di speme or vi — vo pur di pian — to, pur di pian —
-mo-se ri — me. Vis — si di speme or vi — vo pur di
-mo-se ri — me, sí la-gri — mo—se ri — me. Vis — si di speme or vi — vo
nè con—tra mor — te sper' al — tro che mor — te al-tro che mor—te al — tro che mor—
— — to nè con—tra mor— te sper' al—tro che mor — — te, sper'
pian — — to r nè con—tra mor — — te spe — — ro al —
pur di pian—to nè con—tra mor — te sper' al —
— — — — — te nè con-tra mor — te sper' al — tro che mor — te al-tro che
al — tro che mor — — te, al—tro che mor-te nè con-tra mor— te sper' al-tro che
-tro che mor — — te, al — tro che mor-te, nè con— tra mor — — te
-tro che mor — — te, al-tro che mor — te, nè con—tra

Wieder sind die Gestaltungsmittel, die Palestrina zu Anfang disponiert, sehr sparsam: Ein schlichtes, auf den zweiten Modus bezogenes Motiv wird in den Oberstimmen imitiert, als begänne ein konventioneller polyphoner Tonsatz. Doch bleibt der zu erwartende Einsatz weiterer Stimmen mit demselben musikalischen Gedanken aus, und eine Kadenz in einem Dur-bezogenen Modus repräsentiert die flüchtige positive Erinnerung, die rückblickend auch im relativ größeren melodischen Umfang ihren Ausdruck fand: Im zweiten Vers, wo der desolate Zustand der Gegenwart anklingt, ist der Ambitus fast aller Stimmen auf ein Minimum reduziert, auch der Baß beschränkt sich auf die Grundtöne der wenigen Akkorde, die eine hypodorische Finalis befestigen. Zudem kontrastiert diese zweite Phrase durch den Einsatz der Unterstimmen auch in der Klangfarbe dem Anfang, so daß der Gegensatz, der in Petrarcas Gedicht in den ersten beiden Zeilen angesprochen wurde, nun vielfach in der Musik widerscheint.

In der dritten Zeile rekurriert Palestrina vielfältig auf zuvor exponiertes Material, verleiht dabei dem Gedanken der Verdoppelung, den schon der Text selbst zweifach bietet, sinnenfälligen Ausdruck. Er wiederholt die klangliche Disposition des Anfangs, greift auch die Kadenz zur Nebenstufe am Ende des Duos auf, verdoppelt dabei die Intensität der Bewegung: Der Zunahme des Schmerzes, den der Dichter formuliert, entspricht eine Steigerung von rhythmischer und kontrapunktischer Dichte bei weitgehend identischer Melodik und motivischer Substanz. Auch die Idee, daß die beiden Oberstimmen eine Phrase eröffnen, die vierstimmig beschlossen wird, nimmt Palestrina wieder auf; dabei verdeutlicht die Wiederholung der dritten Zeile des Gedichts noch auf einer weiteren Ebene das Moment der Verdoppelung, das im Text anklang.

Für die Gestaltung des vierten Verses nutzt Palestrina ein weiteres Mal die Möglichkeit, im vierstimmigen Satz die Besetzung zu variieren. Wieder eröffnen Diskant und Altus eine Phrase, die von den beiden Unterstimmen fast wörtlich wiederholt wird, bereichert um eine dritte Stimme, mittels derer die Akkorde vervollständigt werden. Mit einem erneuten Aufgreifen der Schlußworte dieser Zeile im vierstimmigen Satz, dessen Einsatz in klangschöner Disposition um so wirkungsvoller ist, als die tiefen Stimmen sich in dumpf tönendem Unisono trafen, wird exakt in der Mitte der Komposition eine Kadenz nach *B* ausgeprägt, gleichsam der Paralleltonart zum konstitutiven g-Modus.

Nur mit Mühe wird man eine semantische Dimension des B-Dur-Akkordes an dieser Stelle ausfindig machen können; um so leichter jedoch ist die Funktion jener Zäsur in einer sorgsam bedachten Architektur des Madrigals zu beschreiben. Zwar enthält auch die musikalische Fassung sechs Phrasen annähernd gleichen Umfangs, die allerdings nicht der textlichen Vorlage analog gegliedert sind. Schon im Eröffnungsteil wurden die beiden ersten Verse vertont, mithin bedarf es am Schluß der Komposition einer Wiederholung eines vollständigen Verses in selbständigem Abschnitt, um zwei Teile gleicher Länge zu gewinnen. Beide Hälften sind satztechnisch kontrastierend angelegt[19], intern dagegen werden die einzelnen Phrasen eng aufeinander bezogen: Im ersten Abschnitt durch das dreifache Alternieren von Duo und vollstimmigem Satz, nachfolgend durch motettische Strukturen von Imitationen, an denen alle Partien in gleicher Weise beteiligt sind. Verbindungen zwischen beiden Teilen, die einander in einer Dreiteiligkeit mit zweifacher Kadenz auf der G-Finalis entsprechen, werden durch kleinere motivische Bezüge gestiftet, vornehmlich aber mittels jenes prägnanten punktierten Rhythmus', der in der ersten Hälfte eher beiläufig anklang, dann jedoch konstitutiv wird für weitere musikalische Gedanken. Auf andere Details der Gestaltung sei nur am Rande noch verwiesen, die emphatischen, in Palestrinas Œuvre selten zu findenden Sextsprünge etwa, deren Textbezug schneller zu ersehen ist als die Bedeutung des Motivs einer Folge vier diatonisch aufsteigender Töne zu den Worten „nè contra morte", das den (chromatischen) Quartfall, kompositorisches Synonym des Todes nicht erst in späterer Zeit, beziehungsreich umgekehrt.

Palestrinas Intention bei der Vertonung solcher Texte scheint es demnach weniger gewesen zu sein, einzelne Worte in seiner Musik plastisch abzubilden oder mit auffälligen harmonischen Wendungen affektiven Situationen wirkungsvoll Ausdruck zu verleihen, als vielmehr Kompositionen vorzulegen, in denen sorgfältig gegliederte Architektur und präzis kalkulierte Disposition von Kadenzen, Klangfarben und Motiven einen Eindruck großer Geschlossenheit hervorrufen. Je homogener aber der Tonsatz angelegt ist, desto sparsamer können die Mittel gewählt werden, um einzelne Passagen hervorzuheben; des krassen, bunten Kontrastes bedarf es in einer Komposition, deren feine Zeichnung subtile Schattierungen ermöglicht, nicht. Chromatik und farbige Harmonien werden zur musikalischen Interpretation eines Textes geradezu entbehrlich, wenn etwa mit variablen Besetzungen und einer unterschiedlich intensiven kontrapunktischen Durchdringung des Tonsatzes hinreichend Möglichkeiten zur Verfügung stehen, Worten, Gedanken und Stimmungen einer literarischen Vorlage nuanciert nachzuspüren und zudem — wie in dem hier eingehender betrachteten Madrigal — auch Steigerungsmomente in einer im Verlauf des Stückes sukzessiv verdichteten Faktur zu integrieren.

Demnach gewinnt es fast den Anschein, als habe Palestrina das Angebot, bestimmte Worte in Madrigalen plakativ musikalisch umzusetzen, bewußt ignorieren können, da er über ein reiches Repertoire satztechnischer Möglichkeiten verfügte, mit denen eine weit differenziertere Vertonung vorzunehmen war. Nur gelegentlich und keineswegs konsequent finden textliche Wendungen, die andere Komponisten suchen, um außergewöhnliche Zusammenklänge und abbildende Motive zu disponieren, in seinen Madrigalen eine ähnlich direkte und sofort nachvollziehbare Umsetzung. Seufzer, Tränen, Affekte von Schmerz, Leid, Bedrängnis und Tod, die im Text angesprochen sind oder unmittelbar zum Ausdruck kommen, korrespondiert nicht zwangsläufig ein Dissonanzen-reicher Satz, und durchaus im Gegensatz zu zahlreichen Werken von Zeitgenossen implizieren in Palestrinas Vertonungen keineswegs Begriffe von Zeit und Ewigkeit, Himmel, Dunkelheit, Vielfalt etc. abbildhafte musikalische Gestalten. Wenn die „seltene" Schönheit der Geliebten thematisiert wird, hätte manch anderer Madrigalist zur ungewöhnlichen Harmonieverbindung gegriffen, „Entfernung" mit weitem Abstand zweier Stimmen oder schlicht großen Intervallen zu fassen gesucht und Zahlworten in der Besetzung, der Anzahl der Partien, oder durch eine unübersehbare Mannigfaltigkeit vieler kleiner Noten entsprochen. Auch das in jener Zeit verbreitete Verfahren, Motive und Melodien zu entwickeln, indem die in einem Text mehr oder minder zahlreich enthaltenen Solmisationssilben zu Kristallisationspunkten des musikalischen Materials werden, verfolgte Palestrina kaum, wiewohl es theoretisch von Zarlino sanktioniert worden war und vielen Musikern, nicht zuletzt Josquin, half, Themen zu generieren, die — gegebenenfalls bezogen aus dem Namen eines Dienstherrn — Huldigung und Reverenz ermöglichten. Lassen sich zwar einzelne Wendungen auch in Palestrinas Œuvre zeigen, die möglicherweise mit dieser Methode, ein in den Worten verborgenes Thema — „soggetto cavato delle parole"[20] — zu erschließen, gewonnen wurden, so ist doch rasch zu erkennen, wie wenig hinreichend dies Vorgehen ist, eine komplexe Komposition zu konturieren. Und denkbar, doch ebensowenig ergiebig wäre der Nachweis, daß Palestrina für seine Fassung des Petrarca-Madrigals *Nessun visse giammai* den zweiten Modus wählte, da im Text mehrfach das Wort „doppelt“ zu finden ist.[21]

Überblickt man nun das weitere Madrigalwerk Palestrinas, so gewinnt man den Eindruck, daß jene Vertonungen, die als Beiträge für Sammelwerke von Kollegen entstanden, weit mehr Floskeln und Stereotypen eines musikalischen Vokabulars aufwiesen als seine ausschließlich eigene Kompositionen enthaltenden Madrigalbücher. Wie die Mehrzahl seiner Zeitgenossen bedient sich Palestrina auch hier eher der naheliegenden kompositorischen Deutung bestimmter Wörter, sucht die originelle Interpretation des einzelnen Wortes und das interessante Detail, selbst auf die Gefahr einer kaum vermittelten Integration, deren Folge eine in seinem Œuvre ungewöhnliche Heterogenität ist.

Am Schluß eines 1557 in Venedig veröffentlichten Madrigals etwa findet eine antithetische Wendung eine Entsprechung im abrupten Wechsel der Faktur:

Misero stato, T. 60—67

Drei Jahre später gab Alessandro Striggio einen Sammelband mit Madrigalen heraus, zu dem auch Palestrina eine Nummer beisteuerte. Dort verleitet die Vielzahl von Metaphern, die der Sänger immer verzückter für seine Geliebte prägt, den Komponisten dazu, das ursprünglich gewählte Metrum kurzfristig zu durchbrechen:

Donna bell' e gentil, T. 50—53

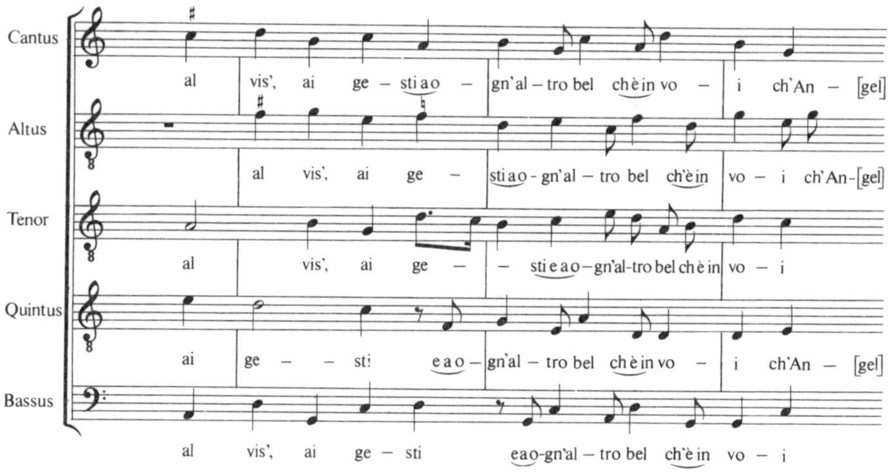

Und während etwa der Beginn des Madrigals *Dolor non fu*, eines Beitrags Palestrinas zu einem Sammelband mit Kompositionen der „hervorragendsten Musiker“, wie es im Titel heißt, noch vergleichsweise zurückhaltend ist, läßt er hier wie auch in etlichen weiteren seiner in Anthologien publizierten Vertonungen kaum eine Gelegenheit aus, geeignete Worte musikalisch abzubilden. Dabei verbindet sich nicht selten konzise Deutung einzelner Worte mit Elementen sängerischer Virtuosität in kontrapunktisch souverän geführtem Satz.[22]

Es überrascht allerdings zu sehen, daß weniger diese Vertonungen Palestrinas hohe Wertschätzung bei seinen Zeitgenossen als Komponist vorzüglicher Madrigale begründeten als vielmehr solche, deren schlichte Faktur kaum von sehr konventionellen Motetten abweicht.[23] Das seinerzeit berühmteste und aus verschiedenen Gründen in zahlreiche Lehrwerke und Anthologien übernommene Madrigal des römischen Kapellmeisters, *Vestiva i colli*, beginnt nicht nur mit einer sehr traditionellen Exposition eines kaum spektakulären Motivs im fünfstimmigen Satz, sondern weist auch im weiteren Verlauf weder harmonisch oder rhythmisch noch in der Faktur auffällig gestaltete Passagen auf.[24]

Vestiva i colli, T. 1—11

Demgegenüber bieten selbst zahlreiche Motetten Palestrinas vielfältigeren klanglichen Reichtum und größere satztechnische Variabilität, und auch in seinem ersten Buch geistlicher Madrigale weiß er bei aller Diskretion nachdrücklicher Interpretamente, feinsinniger subtile Akkordverbindungen und ökonomischer Besetzungsalternativen zu plazieren. Ebenso wirken die dreißig Sätze seines *Priego alla B. Vergine*, die Palestrina als zweite Sammlung geistlicher Madrigale veröffentlichte, lediglich auf den ersten Blick schlicht, offenbaren jedoch bei eingehenderer Analyse ein verblüffend vielfältiges Netz motivischer Beziehungen und genau kalkulierter Kontraste, das sehr genau die unterschiedlichen Schattierungen der einzelnen Gebete und Anrufungen Mariens aufnimmt; dabei verweisen häufig nervös wirkende Rhythmen auf die Intensität einer Gestaltung, die subjektive Momente birgt.

Ungleich simpler geradezu erscheint dagegen die Faktur des zweiten Buches vierstimmiger Madrigale, wo bereits die rasche imitatorische Führung von Tonleiterausschnitten im Kontext eines oft homorhythmisch geführten Satzes auffällt. Die offensichtliche Reduktion nahezu aller musikalischen Parameter in dieser Sammlung, wo weder harmonische Vielfalt, noch rhythmische Differenziertheit, am ehesten wohl klangvolle Melodien zu finden sind, aber impliziert unmittelbar die Frage, warum Palestrina eine Publikation wagte, mußten ihm doch rücksichtlich eines vertrauten Standards der Madrigalkomposition die Chancen für eine weite Verbreitung dieses Werks gering erscheinen, gemessen zudem an der Gefahr, sich nachhaltig zu kompromittieren.

Das Urteil des Musikhistorikers über Palestrinas Madrigale aber muß nicht zwangsläufig mit der Ansicht seiner Zeitgenossen konvergieren, und selbst die mitunter harsche Kritik Alfred Einstein bedeutete insgesamt nichts weniger als ein Verdikt: Immerhin rühmte auch er die Klanglichkeit noch der letzten Madrigale des römischen Kapellmeisters, erkannte sehr wohl, daß eine Stimmung des Textes adäquate musikalische Formung erfahre. Tatsächlich sind die wenigsten der Madrigale „ausdrucksvoll" im Sinne einer Plakativität, der prägnanten melodischen Formel, der farbigen harmonischen Wendung oder des effektvollen klanglichen Kontrastes. Palestrina differenziert seinen Tonsatz feinsinniger, intimer, verinnerlichter; er verzichtet im Wissen um die Möglichkeiten subtiler Varianten auf Kontrastwirkungen, die unmittelbar ersichtlich sind, doch ihres vordergründigen, weil modischen und nur auf das Neuartige zielenden Reizes schnell verlustig gehen. So ist die Rücknahme allzu aufdringlicher Farbigkeit ein Ausweis von Distinktion, der auch bei seiner späten geistlichen Musik, namentlich den Magnificat-Vertonungen, zu erkennen war; nicht zuletzt wird so zudem erklärbar, warum Palestrina selbst diese Madrigale „frutti maturi" nennen konnte[25]: Ausgereifte Werke seien es sehr wohl, kommentierte Peter Wagner, kunstvoll durchgliederte Tonsätze, in denen Palestrina eine Vermittlung gelinge „zwischen der organischen Durchbildung des ganzen Kunstwerks als musikalische Form und der Versenkung in die Einzelheiten des Textes und die ausdrucksvolle Wiedergabe desselben."[26]

Letztlich bedeutet die doch nur scheinbare Reduktion künstlerischer Mittel in seinem zweiten Buch vierstimmiger Madrigale keineswegs einen Kotau vor den Maßgaben eines Klerus, der Vokalmusik schlechthin vielleicht eher unverbindlich, leidenschaftslos wünschte. Dem entsprach Palestrina nur insoweit, als er auf drastische Wirkungen verzichtete, ihnen nachträglich und insgemein eine Absage erteilte. Doch gelang es ihm zu zeigen, daß selbst schlichte Kunstmittel höchst differenziert und kunstvoll zu arrangieren waren. Vermutlich liegt gerade in seinem Verzicht auf den extravaganten Effekt, der andererseits eine filigrane Ausformung des anscheinend schlichten Details provoziert, der Kern vermeintlich widerspruchsvoller Bewertung seines Madrigalwerks, das vordergründig einfach scheint, doch bei eingehenderer Betrachtung eine Noblesse offenbart, die der Autor, durchaus im Bemühen um eine Überzeitlichkeit seines Werkes und auf den eigenen Nachruhm sinnend, auch intendierte.

Anmerkungen

1 Vorrede Palestrinas zum *Zweiten Buch fünfstimmiger geistlicher Madrigale*, Rom 1594: „Extant nimis multa poetarum carmina, nullo alio, nisi amorum a Christiana professione, et nomine alienorum argumento: ea vera ipsa carmina hominum vere furore correptorum, ac juventutis corruptorum magna musicorum pars, artificij, industriaeque suae materiam esse voluerunt, qui quantum ingenij laude floruerunt, tantum materiae vitio apud bonos, et graves viros offenderunt. Ex eo numero aliquando fuisse me, et erubesco et doleo. Sed quando praeterita mutari non possum nec reddi infecta quae facta jam sunt, consilium mutavi. Itaque et antea elaboravi in iis, quae de laudibus Domini nostri JESU CHRISTI, Sanctissimaeque ejus matris, et Virginis MARIAE carminibus scripta erant, et hoc tempore ea delegi, quae divinum Christi, sponsaeque ejus animae amorem continerent, Salomonis nimirum cantica. Usus sum genere aliquanto alacriore, quam in caeteris Ecclesiasticis cantibus uti soleo: Sic enim rem ipsam postulare intelligebam." Zit. nach Alberto Cametti, *Palestrina*, Mailand 1925, S. 245f.

2 Vorrede Palestrinas zum *Ersten Buch fünf-, sechs- und siebenstimmiger Motetten*, Rom 1569: „Ab ea consuetudine [= durch Kompositionen Ärgernis zu geben] etiam adolescens abhorrui; studioseque cavi, ne quid a me prodiret quo quisquam deterior, atque improbior fieri posset." Zit. nach Franz Xaver Haberl (Hrsg.), *Giovanni Pierluigi da Palestrina. Werke*, Band 28, Leipzig 1884, S. III.

3 Alfred Einstein, *The Italian Madrigal*, Band 1, Princeton 1949, S. 312.

4 August Wilhelm Ambros, *Geschichte der Musik*, Band 4, Leipzig 1878, S. 52.

5 Franz Xaver Haberl, [Vorwort zu:] *Giovanni Pierluigi da Palestrina. Werke*, Band 28, Leipzig 1884, S. III. Vgl. ferner, ein seit je konstantes Motiv der Literatur zu Palestrina aufgreifend, Knud Jeppesen, *Der Palestrina-Stil und die Dissonanz*, Leipzig 1925, S. 259: „Der, welcher ihn schätzt, hätte wohl am liebsten gesehen, daß er sich vollständig von den Übertreibungen und Äußerlichkeiten der Madrigalisten ferngehalten hätte; aber er lebte eben in einer Übergangszeit, und dies kann selbst für den Größten und Reinsten seine Schwierigkeiten haben."

6 Nach Eugen Schmitz (*Palestrina*, Leipzig 1954, S. 12) scheint es auch denkbar, daß Palestrina rückblickend Zusammenhänge konstruierte zwischen der Publikation seines (ersten) Madrigalbuches 1555 und der Entlassung aus päpstlichen Diensten im gleichen Jahr.

7 Auch Luca Marenzio äußerte sich in späteren Jahren kritisch über einige seiner Werke; Torquato Tasso schien seine Dichtung *La Gierusalemme liberata* am Ende seines Lebens nicht gottesfürchtig genug, und ähnlich bereute Bartolomea Ammandi, Nackte gemalt zu haben. Vgl. hierzu Helmuth Osthoff, *Einwirkungen der Gegenreformation auf die Musik des*

16. Jahrhunderts, in: *Jahrbuch der Musikbibliothek Peters* 46 (1939), S. 40, sowie Friedrich Blume, *Lasso und Palestrina*, in: *Deutsche Musikkultur* 8 (1943/44), S. 39.

8 Mit Kodifizierung der liturgischen Texte durch das Tridentinum wurde kompositorisch zugleich die Grenze zwischen Kirchenmusik und Madrigal bestimmt; vgl. hierzu Alfred Einstein, *The Italian Madrigal,* Band 1, Princeton 1949, S. 29, sowie Helmut Hucke, *Über Herkunft und Abgrenzung des Begriffs „Kirchenmusik"*, in: Ludwig Finscher (Hrsg.), *Renaissance-Studien. Helmuth Osthoff zum 80. Geburtstag*, Tutzing 1979, S. 122f. (= *Frankfurter Beiträge zur Musikwissenschaft* Band 11).

9 Vgl. Bernhard Janz, *Die Petrarca-Vertonungen von Luca Marenzio*, Tutzing 1992, S. 29ff. (= *Frankfurter Beiträge zur Musikwissenschaft* Band 22).

10 Giuseppe Baini, *Memorie storico-critiche della vite e delle opere di Giovanni Pierluigi da Palestrina*, Band 1, Rom 1828, S. 46f. und Band 2, Rom 1828, S. 176ff.

11 Alfred Einstein, *The Italian Madrigal*, Band 1, a.a.O., S. 314.

12 Einstein, *The Italian Madrigal*, Band 1, a.a.O., S. 624.

13 Karl Gustav Fellerer, *Palestrina. Leben und Werk,* Düsseldorf ²1960, S. 43.

14 Karl Gustav Fellerer, *Palestrina*, a.a.O., S. 42.

15 Karl Gustav Fellerer, *Palestrina*, a.a.O., S. 151.

16 Vgl. zur umstrittenen Mitarbeit Palestrinas am Oratorium Filippo Neris Kap. 5, Anm. 13; da geistliche Madrigale nach den Bestimmungen des Tridentinums nicht mehr liturgiefähig waren, konnten sie bei den *Esercizi Spirituali* der Oratorianer zur Aufführung gelangen, ja wurden gegebenenfalls gerade für derartige Frömmigkeitsübungen angefertigt. Vgl. Helmut Hucke, *Über Abgrenzung...*, a.a.O., S. 121ff.

17 Vgl. die Diskussion ausgewählter Beispiele aus Palestrinas Madrigalen bei Jerome Roche, Palestrina, London 1971, S. 59 und 103f., sowie Knud Jeppesen, *Der Palestrina-Stil und die Dissonanz,* Leipzig 1925, S. 22ff. und 252ff. (hier auch Hinweise auf Notationsprobleme der Haberl'schen Werkausgabe); markante Passagen des Textes werden zudem — nach Peter Wagner, *Das Madrigal und Palestrina*, in: *Vierteljahrsschrift für Musikwissenschaft* 8 (1892), S. 443 — vor allem im *Zweiten Madrigalbuch* durch kontrastierende Satztechniken hervorgehoben.

18 Deutsche Übersetzung nach Francesco Petrarca, *Sämmtliche Canzonen, Sonette, Ballaten und Triumphe,* übersetzt und mit erläuternden Anmerkungen begleitet von Karl Förster, Leipzig ²1833, S. 303.

19 Vgl. zu diesem Madrigal, dessen Echtheit Baini in Frage stellte, Peter Wagner, *Das Madrigal und Palestrina*, a.a.O., S. 441.

20 Vgl. Heinrich Besseler, *Die Musik des Mittelalters und der Renaissance*, Potsdam 1931, S. 249 (= *Handbuch der Musikwissenschaft* Band 1).

21 Vgl. Bernhard Meier, *Die Tonarten der klassischen Vokalpolyphonie. Nach den Quellen dargestellt*, Utrecht 1974, S. 307 und 384.

22 Vgl. zur Frage, inwieweit durch akzidentelle Auszierung Dissonanzen verschärft oder nivelliert werden konnten Povl Hamburger, *The Ornamentations in the Works of Palestrina*, in: *Acta musicologica 22* (1950), S. 128ff. (mit Anmerkungen von Knud Jeppesen, ebd., S. 148ff.), sowie Richard Erig und Veronika Gutmann, *Italienische Diminutionen. Die zwischen 1551 und 1638 mehrmals bearbeiteten Sätze*, Zürich 1979.

23 Zur mangelnden satztechnischen Differenzierung zwischen Madrigalen und Motetten im Werk Palestrinas — einem Topos der Literatur mindestens seit Angelo Berardi, *Ragionamenti musicali*, Bologna 1681 — siehe Knud Jeppesen, *Kontrapunkt. Lehrbuch der klassischen Vokalpolyphonie*, Leipzig 1935, S. 26. Vgl. ferner Hector Berlioz, *Memoiren*: „Übri-

gens täuschen sich die Leute gewaltig, wenn sie immer noch daran glauben, Palestrina habe in dieser Weise nur geistliche Texte in Musik gesetzt, mit der Absicht und in dem Bestreben, einem frommen Ideal so nahe wie möglich zu kommen. Vermutlich kennen sie nicht seine Madrigale, in denen galante und frivole Verse mit derselben Musik bekleidet sind wie die heiligen Texte. [...] Er konnte in Wahrheit keine andere Musik schreiben." Zit. nach der Übersetzung von Elly Ellés, hrsg. von Wolf Rosenberg, Königstein 1985, S. 155f.

24 Vgl. Hans Joachim Moser, *Vestiva i colli*, in: *Archiv für Musikforschung* 4 (1939), S. 129ff.; Harold S. Powers, *The Modality of „Vestiva i colli"*, in: Robert L. Marshall (Hrsg.), *Studies in Renaissance and Baroque Music in Honour of Arthur Mendel*, Kassel usw. 1974, S. 31ff., sowie Peter Wagner, *Das Madrigal und Palestrina*, a.a.O., S. 438, und Gustave Reese, *Music in the Renaissance*, New York 1954, S. 403.

25 Palestrina, [Vorrede zu:] *Zweites Buch vierstimmiger Madrigale*, Venedig 1586: „E tanto più le deve piacere stringer veramente questi miei frutti, quanto che le vengono portati maturi già da chi per natura vive fedelissimo vassallo di V. E. Illustriss. e per elezione devotissimo servidor di lei." Zit nach Giuseppe Baini, *Memorie storico-critiche...*, Bd. 2, a.a.O., S. 177f.

26 Zit. nach Peter Wagner, *Palestrina als weltlicher Komponist*, Straßburg 1890, S. 61; zwei Jahre vermerkte Wagner jedoch am Ende einer neuerlichen Studie zu Palestrinas Madrigalen: „Palestrina bedeutet in der Geschichte des Madrigals keinen Höhepunkt; er hat seine Entwicklung nicht wesentlich gefördert, neue Elemente ihm nicht zugeführt. In allen Dingen, die für das Madrigal charakteristisch sind, haben andere Größeres geleistet."; zit. nach Peter Wagner, *Das Madrigal und Palestrina*, a.a.O., S. 448.

VIII. Stabat mater

„Wodurch gerade das ‚Stabat mater' eine so vorzugsweise Berühmtheit unter Palestrinas Werken erlangt hat, ist uns nicht ganz klar. Man findet unter den Motetten dieses enorm fruchtbaren Meisters viele, die bei demselben Klangzauber reiner Dreiklangharmonie mehr thematischen Reiz besitzen als das ‚Stabat mater' und überdies den großen praktischen Vorzug, nicht so lang zu sein."[1]

Eduard Hanslick, der streitbare Musikkritiker, war kein Historiker, der musikalischen Werken eine ästhetische Gegenwart einräumte, wenn sie seinen dezidierten Vorstellungen und Erwartungen an „große" Kunst nicht genügten. Er, der eingestand, daß er für die Kompositionen Felix Mendelssohn Bartholdys alle Werke Palestrinas ohne Zögern hingegeben hätte und lieber „den ganzen Heinrich Schütz verbrennen sehen" wollte als das *Deutsche Requiem* von Johannes Brahms[2], begegnete auch dem *Stabat mater* des römischen Kapellmeisters mit einem Unverständnis, das vielfach begründet war. Zunächst erschien ihm Palestrinas geistliche Musik fast untrennbar gebunden an den Kirchenraum: „Herausgenommen aus diesem heiligen Boden, beraubt all des poetisch-mystischen Zaubers des katholischen Gottesdienstes, rein als Musik gehört, vermag sie kaum einen lebendigen Zusammenhang mit der Jetztzeit zu finden."[3] Jenseits solcher funktionalen Bindung aber — hier wirken Hanslicks Ausführungen wie eine Exemplifikation des Hegelschen Diktums vom „Ende" der Kunst — verliert diese Musik geradezu eine Berechtigung, aufgeführt zu werden, ist sie doch mit den von ihm selbst entworfenen Kategorien, die den Wert „reiner, absoluter Tonkunst" begründen, nur unzureichend zu erfassen. Entsprechend fehlt Hanslick allein das Vokabular, Palestrinas *Stabat mater* einer kompositorischen Kritik zu unterziehen, und ihm bleibt kaum mehr, als eine Aura vergangener Aufführungssituationen zu evozieren: „Steht auch der Gegenstand zweifellos vor unseren Augen, es fehlt die unumgängliche, einzig richtige Beleuchtung. Denken wir uns eine von Kerzenschimmer matt erleuchtete Kirche, die beiden Chöre rechts und links vom Hochaltar oben, einander gegenüber postiert, unsichtbar; ihre in reinen Akkorden ätherisch zusammenklingenden Stimmen, bald unmerklich schwellend, bald absterbend, umgeben uns wie ein gestaltloses Element, wie leichter Weihrauchduft. Wir hören eine süßernste fremdartige Musik, deren Einzelheiten wir uns nicht zum Bewußtsein führen; das Ganze aber ergreift, erhebt, verklärt uns. So wirkt Palestrina in der Kirche, vor allem in Rom, wo die unnachahmliche Kunst der päpstlichen Sänger gerade diesen auf reinstem Zusammenklang beruhenden Chören die höchste Wirkung verleiht. Im Konzertsaal verlangen solche Kompositionen stets die nachhelfende Arbeit der Phantasie, die sich bemühen muß, die rechte Wirkung sich *vorzustellen*. Trotz dieser Bemühungen wird der Hörer bald inne, daß Palestrinas Musik, rein als solche, als Komposition betrachtet, uns beinahe alles das schuldig bleibt, was wir musikalische Erfindung nennen."[4] Hanslick konstatierte die artifizielle Polyphonie zahlreicher Werke Palestrinas, doch war es weniger die Kategorie motivisch-thematischer Arbeit, die er in den Kompositionen des römischen Kapellmeisters vermißte, als eine mangelnde Prägnanz der Themen sowie eine ebenso rudimentär entwickelte Periodizität in Melodik und Harmonik — „Elemente, die uns seit Bach, Händel und Mozart unentbehrlich, fast untrennbar von dem Begriff Musik sind"[5] und die nach seinem Verständnis erst Form im emphatischen Sinne konstituierten. So war ihm wie auch Hector Berlioz, der seine Auffassung teile[6], die Bewunderung, die man Palestrina als großem Komponisten entgegenbringe, kaum begreiflich, und vollends unverständlich blieb ihm die außerordentliche Bedeutung, die dessen *Stabat mater* erlangt hatte, da doch im Œuvre des römischen Kapellmeisters seinen Vorgaben gemäß gelungenere Werke zu finden gewesen wären.

Hanslick, der seinen Blick ausschließlich auf die kompositorischen Qualitäten des Werks richtete, übersah allerdings die Überlieferungsgeschichte der Komposition, die ihre Berühmtheit motiviert haben dürfte. Bereits 1711 hatte Andrea Adami da Bolsena, der das Repertoire des päpstlichen Sängerchores mitsamt dessen Aufgaben in der Liturgie während des Kirchenjahres zusammenstellte, Aufführungen von Palestrinas *Stabat mater* nicht nur am Fest der Sieben Schmerzen Mariens, dem genuinen Platz der Sequenz, nachgewiesen und empfohlen, sondern auch zu Beginn der Karwoche, als Offertorium im Gottesdienst des Palmsonntags.[7] Zusammen mit einigen weiteren Kompositionen für diese auch liturgisch bedeutsamen Tage, darunter das berühmte *Miserere* von Gregorio Allegri, das durch ein päpstliches Verbreitungsverbot legendäre Berühmtheit erlangte, wurde es als eines der ersten Werke Palestrinas von Charles Burney, dem englischen Musikhistoriker, der während einer mehrjährigen Reise durch Frankreich, Italien und Deutschland vielfältiges Material für eine umfangreiche Musikgeschichte sammelte, bereits 1771 in einer Neuedition vorgelegt.[8] Diese Publikation, ein frühes Dokument des Historismus in der Musik, das neuerliche Aufführungen des *Stabat mater* weniger intendierte als gleichwohl ermöglichte, übernahm neben Aléxandre Choron, dem in Paris vielfältig für eine Restauration der katholischen Kirchenmusik engagierten Musikhistoriker, auch der Leipziger

Verlag Peters in einer Titelauflage, die wiederum Richard Wagner im März 1848 für seine Bearbeitung des Werks gedient haben dürfte.[9] Die Version Wagners, der die Besetzung differenzierte und einzelne Passagen lediglich Halbchören und Solostimmen zuwies, blieb zunächst ungedruckt, nicht zuletzt wegen seiner Beteiligung an den nur wenige Wochen später einsetzenden Revolutionshandlungen in Dresden und seiner anschließenden Verbannung; erst 1879 fand sie vermutlich dank der Fürsprache Franz Liszts, dem Wagner sein Manuskript überlassen hatte, einen Verleger, dankbare Aufnahme, freundliche Rezensionen und weite Verbreitung.[10] Selbst Eduard Hanslick, der die aufführungspraktische Problematik einer römischen Traditionen entsprechenden Aufführung des Werks erkannte, begrüßte die Bearbeitung Richard Wagners, des „Meisters des Klangeffekts".[11] Immerhin ließe sich mittels einer solchen, klanglich differenzierten Einrichtung eine erneute praktische Realisierung der Komposition wagen; doch waren es weniger verschiedene — nach übereinstimmenden Berichten wenig glückliche — Aufführungen von Palestrinas *Stabat mater* in Wien[12], die Hanslick von seinen Vorbehalten gegenüber dem Werk nicht abrücken ließen, als kompositorische Defizite, auf denen er insistieren zu müssen glaubte, wenngleich er sie nur unzureichend artikulieren konnte.

Zweifellos hatte Hanslick recht, wenn er die singuläre Position des *Stabat mater* in Palestrinas Œuvre in Frage stellte und in etlichen anderen seiner Werke mindestens ebenso gelungene Klangverbindungen, gegebenenfalls sogar prägnantere Themen und eine differenziertere Variantentechnik entdecken wollte. Gleichwohl scheint er die frappante Wirkung jener drei einleitenden Dur-Akkorde verkannt zu haben, die im Werk des römischen Kapellmeisters keine Parallele haben und im 19. Jahrhundert zu einem Signum des Palestrina-Stils schlechthin avancierten.[13] Nicht eine Idee von Polyphonie und a-cappella-Chorsatz allein war es, womit man an „alte" Kirchenmusik anzuknüpfen gedachte, um eine zeitgenössische zu fundieren und vor den als verderblich empfundenen Einflüssen der Instrumentalmusik im allgemeinen und insbesondere der Oper zu bewahren, sondern zugleich sollte die bewußte Abkehr von einer mit Leittönen und Dissonanzen überfrachteten Harmonik, die in Wagners *Tristan* ihre bislang pointierteste Ausprägung erfahren habe, kompositionsgeschichtlich die Rückkehr in eine Zeit ermöglichen, in der die geistliche Musik nicht angekränkelt schien von einer Chromatik, die man sich nicht scheute, „ungesund" zu nennen und schließlich moralisch zu disqualifizieren. Als Paradigma von Klangverbindungen aber, die sich funktionsharmonisch nicht sinnvoll legitimieren ließen, fungierten die drei Einleitungsakkorde von Palestrinas *Stabat mater*, deren Grundtöne im Abstand großer Sekunden aufeinander folgen und die somit unmittelbar zu Beginn einer Komposition eine alternative, archaische musikalische Sphäre andeuteten.[14] Doch wird die signifikante Wendung des Anfangs im weiteren Verlauf des Werks selbst ansatzweise nicht mehr aufgegriffen, und sofern man den Grundsatz, daß aus eingangs exponiertem musikalischen Material Konsequenzen zu ziehen seien, als eine wesentliche Bedingung für die Qualität einer Komposition erachtet, bleibt kaum mehr, als Hanslicks vorsichtigem Verdikt zuzustimmen.

Rücksichtlich des Repertoires an Klängen und satztechnischen Möglichkeiten aber, die Palestrina zur Vertonung eines liturgischen Textes zur Disposition standen — zumal für eine Zeit des Kirchenjahres, in der traditionell eine Zurückhaltung musikalischer Mittel geboten war —, und mit Blick auf die gleichförmige Struktur der literarischen Vorlage wird jedoch rasch erkennbar, wie variantenreich das relativ knappe Material eingesetzt ist. Der Text des *Stabat mater*, eine Meditation des Jacopone da Todi aus dem frühen 14. Jahrhundert über das Leid Mariens angesichts der Passion ihres Sohnes, gliedert sich in zehn Strophen, deren durch das Reimschema (AAB—CCB) vorgegebene Struktur bereits die klassische gregorianische Vertonung aufgreift, indem die Melodieformel der ersten Hälfte auch den jeweils folgenden drei Versen zugrundeliegt. Diese Anlage in einer doppelchörigen Komposition aufzunehmen und einzelne (Halb-) Strophen alternierend den beiden Chorgruppen zuzuweisen, hätte nahegelegen; zentrale Passagen des Textes wären zudem im Tutti hervorzuheben gewesen. Doch zeigt Palestrinas Ansatz, nur gelegentlich auf diese Möglichkeit der Strukturierung zurückzugreifen, daß er über differenziertere Gestaltungsmittel verfügte, den Aufbau der Dichtung in seiner Komposition zu spiegeln und zahlreiche Nuancen wie auch interne Bezüge der Dichtung musikalisch auszuloten.

Bereits in den ersten Takten demonstriert Palestrina den Umfang der Besetzung und die doppelchörige Anlage seiner Vertonung, und indem er den musikalisch identisch gefaßten zweiten Vers der Eingangsstrophe einer anderen Chorgruppe zuweist, macht er zugleich deutlich, daß er die Struktur des Textes nur bedingt übernehmen wird. Auch das trochäische Metrum der Dichtung spiegelt sich nicht gleich zu Anfang im homorhythmischen Chorsatz, wohl nicht nur, um schon hier einer potentiellen Gleichförmigkeit vorzubeugen, die eine überdies leicht aufdringlich wirkende direkte Adaption des Versmaßes der Dichtung implizierte, sondern eher vermutlich, um den prägnanten Einleitungsakkorden hinreichenden Raum zur klanglichen Entfaltung zu lassen. Wichtiger aber, als daß sich mit den solchermaßen „statischen" Klängen ein vielleicht nur zufälliger Bezug zum Anfangswort der Sequenz ergibt, dürfte der Effekt sein, den der dritte Akkord bewirkt: Erst mit der Verdoppelung der zunächst wenig auffälligen plagalen Wendung wird eine Klangfarbe disponiert, die zentrale Worte der beiden Phrasen hervorhebt; zugleich kann auf diese Weise bereits mit den ersten Akkorden die Spannweite eines harmonischen Spektrums vorgeführt werden:

Stabat mater, T. 1—10

Wie im Schlußvers der ersten Halbstrophe wird auch zu Beginn der folgenden das Metrum nurmehr vermittelt musikalisch aufgenommen und einerseits in eine ritardierende Kadenzwendung eingebunden, andererseits rhythmisch weiter differenziert und damit Raum schaffend zur emphatischen Unterstreichung des ersten einer Folge von Worten, die Leid, Trauer, Schmerz und Klage Mariens bezeichnen. Und mit diesem neuen, ausgedehnten Akkord — dem längsten bis dahin disponierten Klang — wird eine weitere Farbe vorgestellt, die zugleich verdeutlicht, daß nicht nüchterner Bericht, sondern vielmehr einfühlsame Darstellung des Textes, gegebenenfalls auch die Erweckung innerer Anteilnahme die Intention der Vertonung bildet:

Stabat mater, T. 10—13

Schien es zunächst, als würde das Verfahren, im Vortrag einzelner Verse die beiden Chöre abwechseln zu lassen, im zweiten Teil der ersten Strophe fortgeführt, so zeigt sich nun, daß Palestrina auf den kleingliedrigen Wechsel der Besetzungen verzichtet, um längeren melodischen Phrasen und Ansätzen imitatorischer Entwicklung Raum zu geben. Der Gefahr, das starre Alternieren blockhaft akkordisch gesetzter Passagen könne zu einem stereotypen Gestaltungsmuster verkommen, wird somit schon an dieser Stelle begegnet[15], zugleich mit der filigranen Faktur eines polyphonen Abschnitts ein satztechnischer Kontrast geschaffen, nach dem der erneute homorhythmische Einsatz nunmehr beider Chöre im ersten Tutti dieser Komposition um so eindrucksvoller wirkt.

Doch nur die erste Zeile dieser zweiten Strophe der Sequenz, in der nach dem einleitenden Bericht, einer Schilderung der Trauer Mariens unter dem Kreuz, die affektive Situation gebündelt erscheint — „O quam tristis et afflicta fuit illa benedicta mater unigeniti“ —, weist Palestrina dem achtstimmigen Doppelchor zu, die Fortsetzung übernimmt ein einzelner Chor in schlichtem homorhythmischen Satz. Sehr subtil greift Palestrina hier ein Strukturmoment des Textes auf, das in seiner Vertonung noch profilierter hervortritt: Der zunächst eher schlicht gehaltenen Mitteilung von der trauernden Maria in den ersten beiden Strophen folgt ein Ausruf, der die innere Bewegung des vom Bericht solchen Leides überwältigten Erzählers verrät. Seiner Anteilnahme verleiht die Musik in der Steigerung der klanglichen Mittel nachhaltig Ausdruck, und doch sind nur die affektuösen Adjektive achtstimmig gesetzt, nicht die gesamte Strophe, deren Subjekt, wiederum Maria, damit in der ersten Zeile von Palestrinas Vertonung substituiert erscheint: Nicht die Trauer der Mutter Jesu wird artikuliert, sondern die je eigene.

Die Reihung von Verben in den letzten beiden Versen der zweiten Strophe nutzt Palestrina, um mit dem schnellen Wechsel kurzer Phrasen, die harmonisch in einer Quartschritt-Sequenz gestaffelt sind, ein weiteres typisches Element mehrchörigen Komponierens einzusetzen; dabei bedingt das konzerthafte Alternieren ein Abweichen vom Prinzip, vollständige Verszeilen einer einzelnen Chorgruppe zuzuweisen:

Stabat mater, T. 29—35

Nur an wenigen Stellen im weiteren Verlauf des Werks fügt Palestrina die beiden Chöre in ähnlich dichter Tektonik, bezeichnenderweise jeweils an den Schlüssen von großen, gliedernden Abschnitten. Dort, am Ende der vierten wie der letzten Strophe, bedarf es allerdings der Wiederholung einzelner Worte, um in der Verdichtung ein Steigerungsmoment zu bewirken, das hier bereits durch die Struktur des Textes vorgegeben und kompositorisch lediglich aufzugreifen war.[16] Die achtstimmige Vertonung des Schlußverses dieser zweiten Strophe nun ist kaum mehr als eine fast notwendige Konsequenz der klanglichen und satztechnischen Intensivierung der voraufgehenden Passagen, stiftet jedoch zugleich einen Rückbezug zu ihrem anfänglichen Tutti-Einsatz: Wie in der Dichtung, deren Aufbau schon die gregorianische Komposition adaptierte, faßt Palestrina einzelne Strophen auch musikalisch zusammen. Die Ausprägung solcher satztechnisch oder in ihrer Besetzung verbundenen Binnenabschnitte, die mitunter durch ausgeprägte Zäsuren abgegrenzt sind, erleichtert die Strukturierung einer Komposition, deren ein umfangreicher Text bedarf, so er nicht zwingend eine formale Konzeption nahelegt.

Die rhetorischen Fragen der dritten Strophe der Sequenz motivieren weitere Varianten von Besetzung und Chorwechsel. Wie zu Beginn alternieren die beiden Chöre im versweisen Vortrag des Textes, mehr aber noch markiert das Verfahren wörtlicher Wiederholung einer Phrase einen Rückbezug zu Techniken des Anfangs, den auch die zunächst identische Führung der Außenstimmen unterstreicht:

Stabat mater, T. 38—41

Der Gedanke, in dieser Strophe Gestaltungsmittel des Anfangs variativ aufzugreifen, findet seine Fortsetzung in der vierten Strophe. Der Betrachter wird nicht mehr unmittelbar angesprochen, sein Blick vielmehr zurückgelenkt zum Passionsgeschehen selbst, auf Jesu Tod am Kreuz. Dabei erleichtert die narrative Struktur des Textes eine Anlehnung an die einleitenden Verse, und deutlich nimmt Palestrina hier nun auf einzelne Elemente der zweiten Hälfte der Eingangsstrophe Bezug. Nicht allein wiederholt er die Idee, den zwischen den Chorgruppen wechselnden Vortrag der Verszeilen anscheinend weiterzuführen, auch disponiert er an analoger Stelle denselben (B-Dur-)Klang zu einem Wort des gleichen Begriffsfeldes — „Vidit Jesum in *tormentis*" — und übernimmt schließlich die Oberstimme dieses Abschnitts wörtlich zu Beginn der achten Strophe:

Stabat mater, T. 63—66

Und indem er in den Schlußteil dieses ersten Abschnitts zahlreiche Sequenzbildungen integriert — der zweite Vers wiederholt in anderer Lage die Harmonien des ersten, und die abschließende, durch Repetitionen einzelner Worte gedehnte Zeile ist als dicht gefügte, mehrfache Quartschritt-Sequenz angelegt —, greift er weitere Elemente auf, die ehedem in der zweiten Strophe finale Steigerungen ermöglichten.

So schlicht die Gliederung des ersten Teils des *Stabat mater* Palestrinas ist, da er der Struktur der textlichen Vorlage, ihren vier Strophen, folgt, so komplex sind die Bezüge, mit denen er die einzelnen Abschnitte vielfältig vernetzt. Unverkennbar ist eine Unterteilung in zwei Hälften, die sich in der Folge versweise alternierenden Vortrags zu Anfang und mittels Sequenzen gewonnenen Schlußbildungen in konzertierender Doppelchörigkeit entsprechen. Darüberhinaus werden mit der Adaption einzelner Gestaltungselemente Verbindungen gestiftet, die eine parallele Anlage von jeweils vier Terzinen anscheinend durchkreuzen, doch jenseits dessen weitere textliche Beziehungen zwischen verschiedenen Strophen offenbaren. Dabei erscheint noch das fein ziselierte Detail in einer sorgfältig gewichteten Architektur aufgehoben, die aus dem Text erwachsende Variantenbildungen ebenso integriert wie sie dem wirkungsvollen klanglichen Kontrast noch Raum läßt.

Mit der fünften Strophe einen zweiten Hauptteil ansetzen zu lassen, ist vornehmlich durch den Text motiviert, folgt doch nun, nach der Einführung in die Situation und der Betrachtung etlicher Facetten des Leidens Mariens, eine Vielzahl von Bitten und Anrufen, in denen unter dem Eindruck des zuvor erinnerten Geschehens einigen Möglichkeiten individueller Reaktion Ausdruck verliehen wird. Die Anteilnahme an Trauer und Schmerz der Mutter Jesu soll deren Fürsprache bewirken am Letzten Tag, ihre Erlösung möge wie dessen Auferstehung auch für den je einzelnen ein Weg sein, der sich qua einfühlsamer Partizipation eröffne. Diese soteriologische Intention, die der Marienverehrung im 16. Jahrhundert verstärkt zuwuchs, spiegelt sich in einer zeitgenössischen Praxis, den Namen MARIA anagrammatisch zu deuten und die Buchstaben als Abbreviaturen der fünf Stufen des geistlichen Lebens zu verstehen:

M = Memoria mortis (Eingedenk sein des Todes)
A = Abrenuntiatio omnium terrenorum (Abkehr von allem Weltlichen)
R = Rectitudo cordis (Aufrichtigkeit des Herzens)
I = Illuminatio divina (Göttliche Erleuchtung)
A = Amor (Liebe)[17]

Solcher Deutung aber fügte sich der Text des *Stabat mater* in besonderer Weise, und möglicherweise begründet sie auch mindestens jene markante Zäsur, mittels der Palestrina seine Vertonung der Mariensequenz in zwei große Teile schied: Der anfänglichen Vergegenwärtigung der Leidensgeschichte schließt sich das vielfach artikulierte Bemühen um Erkenntnis an, die sehr konkreter Nachvollzug ermöglichen soll. Und es ist lediglich eine Frage interpretatorischer Konsequenz, weiterführende Bezüge zwischen diesem Schema und der Konzeption wie der Gliederung von Palestrinas Vertonung zu kristallisieren.

Den Wechsel des ästhetischen Subjekts ab der fünften Strophe des *Stabat mater*, im Text ersichtlich in der Ersetzung des schlichten Erzählmodus durch zahllose Imperative, unterstreicht Palestrina, indem er neue Gestaltungsmittel einführt. Bewußt kontrastierend beginnt der zweite Teil im Dreier-Metrum, das den Trochäus der Dichtung ebenso leicht wie schematisch zu fassen vermag, doch nicht zuletzt wegen seiner geringen Flexibilität schon binnen Kurzem wieder aufgegeben wird. Ebenso wird zunächst ein anderer Bereich des Klangspektrums forciert und gegenüber den auffällig gedehnten B-Dur-Akkorden an markanten Stellen des ersten Teils nun mehrfach E-Dur als Zieltonart einer (Binnen-)Kadenz visiert. Doch in Anlehung an den Beginn neuer Abschnitte auch im ersten Teil suggeriert wiederum nur der Anfang einen Rückgriff auf das Verfahren, den Text versweise zwischen den Chören wechselnd vorzutragen. Und ebenso, wie die drei Schlußverse der fünften Strophe — analog der allerersten — lediglich einem Chor zugewiesen werden, bezeichnet hier auch die melodische Führung der Oberstimme eine Reminiszens an die Einleitungstakte.

Die Wiederaufnahme des Alla-Breve-Metrum markiert den Beginn eines weiteren Abschnitts, der, durch Generalpausen deutlich zäsuriert, die nächsten anderthalb Strophen umfaßt. Nicht nur der anfängliche Tutti-Einsatz der ersten Zeile, auch die Quintschritt-Sequenz des doppelchörig angelegten Schluß dieser Passage (T. 90—117) bezeichnen Parallelen zum zweiten Teil der vorderen Hälfte der Komposition, die zugleich erkennen lassen, warum Palestrina die Struktur des Textes, die Binnengliederung einer Strophe in zwei Terzinen, hier preisgibt: Eine zentrale Idee der Konzeption dieses Werks ist es, die Zweiteilung, die thematisch in der Dichtung aufscheint, umzusetzen und dabei die unterschiedliche Gewichtung beider Abschnitte kompositorisch zu relativieren. Den vier Strophen, die im ersten Teil zwanglos eine Gliederung ermöglichten, korrespondieren auch in der zweiten Hälfte vier Abschnitte, die, satztechnisch und in der Besetzung differenziert, eine jeweils unterschiedliche Zahl der verbleibenden zwölf Terzinen fassen. Das dennoch kaum vermeidbare Ungleichgewicht beider Teile wird allerdings weiter gemildert durch die Einfügung einer kurzen Partie im Dreier-Metrum, die fast den Charakter eines Intermezzo gewinnt und den neuerlichen vollstimmigen Einsatz der sechsten Strophe als Beginn eines zweiten großen Abschnitts erscheinen läßt; somit wird auch die exakte Mitte von Text und Komposition, ungeachtet inhaltlicher Schwerpunkte und entsprechender Proportionen, musikalisch unterstrichen.

Um größere Formzusammenhänge zu erschließen, verzichtet Palestrina im zweiten Teil des *Stabat mater* auf allzu kleingliedrige Wechsel der Besetzung und überläßt nicht selten den Vortrag ganzer Terzinen einem einzelnen Chor. Zugleich können so auch ausgedehntere melodische Bögen gespannt wie auch Ansätze zu gleichwohl eher rudimentären Imitationen integriert werden. Tutti-Partien dienen nicht mehr ausschließlich dem Zweck, wichtige Text-Passagen zu markieren, sondern gewinnen daneben — nicht nur in der Rahmung der fünften und sechsten (Halb-) Strophe — unverkennbar syntaktische Funktion. Sie bezeichnen etwa zu Beginn der sechzehnten Terzine das Zentrum eines weiteren Abschnitts oder die Schlüsse der beiden letzten Strophen. Darüberhinaus entstammen die ihnen zugeordneten Textpassagen ähnlichen Begriffsfeldern; doppelchörige Wendungen unterstreichen transzendentale Verweise — „donec ego vixero“ (T. 114—117), „ad palmam victoriae“[18] (T. 170—173), „paradisi gloria“ (T. 182—187) — oder intensivierte Anrufungen Mariens (T. 90—93; 138—141) und korrespondieren somit auch in ihrer Position analogen Stellen der ersten Hälfte der Komposition.

Mit Beginn der vierzehnten Terzine greift Palestrina den Gedanken, jeweils zwei Dreizeiler zusammenhängend zu vertonen, wieder auf, doch variiert er nun in auffälliger Weise die Besetzung. Die doppelchörige Faktur, die im chorischen Wechsel von Halbstrophen und Zeilen, gelegentlich auch nur einzelnen Worten eine minutiöse klangliche Differenzierung des Textes ermöglicht hatte, wird vorübergehend aufgegeben, und der gesamte folgende Abschnitt einem Quartett zugewiesen, das sich aus je zwei Stimmen beider Chöre konstitutiert. Diese neue, helle Klangfarbe, eingesetzt weniger, um einzelne Worte oder Inhalte zu nuancieren, als vielmehr, da die Variationen doppelchörigen Alternierens weitgehend ausgereizt erschienen, bedarf zunächst keiner Modifikation, bietet ihrerseits jedoch mit der phasenweise Imitation der zwei Sopranstimmen satztechnische Möglichkeiten, die Palestrina sogleich nutzt:

Stabat mater, T. 121—128

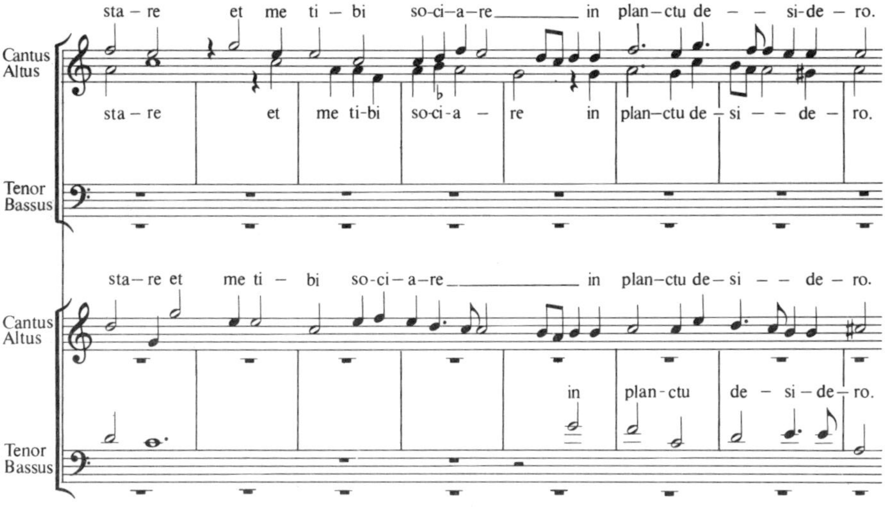

Nach einem Tutti-Passus, in dem die Essenz der Bitten konzis gefaßt ist — „Fac, ut portem Christi mortem" (T. 138—141) —, setzt Palestrina ein weiteres vierstimmiges Ensemble ein, das er wiederum aus einzelnen Stimmen beider Chöre zusammenfügt. Doch nur wenige Zeilen weist er diesem Tiefchor zu (Alt, zwei Tenöre, Baß), dem um so wirkungsvoller das schon zuvor disponierte Quartett von vier hohen Stimmen gegenübersteht.[19] Hätten ehedem die Worte „Virgo virginum praeclara" (T. 128—130) einen Anhaltspunkt geboten, der die Verwendung eines hellen Chorklanges motivieren konnte, so enthält der Text der folgenden, in ihrer Besetzung reich differenzierten Strophen keine signifikanten Wendungen, die den Einsatz bestimmter Stimmgruppen nahelegten. Wenn es aber eine Intention Palestrinas war, mit solcher klanglichen Variabilität Möglichkeiten zu zeigen, wie die acht Stimmen eines Doppelchors zu arrangieren waren, so erscheint der Ansatz Richard Wagners, die Kontraste in der Besetzung noch zu verschärfen und Soli, Halbchor und das Tutti eines „imposanten Gesangspersonals" für seine Dresdner Aufführung aufzubieten, fast kontraproduktiv[20]: Eine Interpretation des *Stabat mater* als großflächiges Kolossalgemälde mußte — nicht nur Eduard Hanslick — den Blick auf die subtilen Schattierungen, die Palestrina mit einer kleinen Besetzung zu erzielen wußte, verwehren. Die feinsinnigen Varianten nicht allein dieses Werks des römischen Kapellmeisters, die sich weder unmittelbar aufdrängen noch flüchtigem Blick sogleich erschließen, werden, als scharfe Kontraste gedeutet, geradezu konterkariert.

Nach diesem immerhin zwei vollständige Strophen der Dichtung umfassenden Binnenabschnitt, in dem mit der Vorstellung neuer, unverbrauchter Klangfarben wie auch der einheitlichen Struktur des Textes wegen kleingliedrige Wechsel der Besetzung ebensowenig erforderlich wurden wie nahelagen, gerät die Wiederaufnahme der Technik, die beiden Chöre im Vortrag einzelner Zeilen alternieren zu lassen, besonders eindrucksvoll, zumal Palestrina den Beginn dieses Schlußteils gegenüber den voraufgehenden, eher melodisch profilierten Passagen mit knappen, schärfer akzentuierten Akkorden einleitet.

Mit der wörtlichen Wiederholung eines Tonsatzes, den der zweite Chor zu Beginn der zehnten Strophe vorgestellt hatte, zum folgenden Vers in der anderen Sängergruppe wie der Engführung beider Chöre bei der Schlußzeile erinnert Palestrina gegen Ende der Komposition noch einmal Gestaltungsmittel des Anfangs und Momente finaler Verdichtung. Fast als Appendix erscheint schließlich die letzte Terzine, die isoliert wirkt durch die verschobene Strophen-Gliederung der zweiten Hälfte wie auch den Text, wo — singulär hier in ihrer Konkretion — die eschatologische Perspektive aufleuchtet; satztechnisch ist dieser Abschnitt dagegen analog den beiden vorangehenden angelegt, so daß ein früherer, ebenfalls anderthalb Strophen des Textes umfassender Abschnitt hier sein Pendant erhält.

Das Problem, eine derart umfangreiche literarische Vorlage mittels letztlich nur sehr begrenzter kompositorischer Mittel und einer auf den ersten Blick wenig variablen Besetzung zu vertonen, löst Palestrina demnach, indem er gemäß den inhaltlichen Schwerpunkten eine Zäsur markiert, die zwei Hauptteile allerdings ungleicher Länge scheidet. Um eine befriedigende Relation beider Hälften zu gewinnen, versucht er, eine Gliederung in vier Binnenabschnitte, die sich zwanglos im ersten Teil analog der Strophen-Anlage der Dichtung ergibt, auch dem restlichen Text zu substruieren. Dies gelingt um so einfacher, als er zunächst einzelne Strophen in einem metrisch kontrastierenden Mittelteil absetzt und nachfolgend großräumigere Abschnitte generiert, in denen — um den Preis eines Verzichts der Adaption von Formstrukturen des Textes — mehrere Terzinen zusammengefaßt werden. Gleiche Gestaltungsmittel an korrespondierenden Stellen beider Teile verweisen auf eine Parallelität des Aufbaus, die durch eine Markierung textlich verwandter Passagen ebensowenig durchkreuzt wird wie durch eine im Verlauf der Komposition stets subtiler noch disponierte Besetzung. Standardisierte Techniken doppelchörigen Komponierens, der alternierende Vortrag von (Halb-) Strophen oder einzelner Verse etwa, nutzt Palestrina nicht schematisch zur Vertonung großer Textmengen, vielmehr versucht er meist, kohärente Gedanken in derselben Klangfarbe zu vertonen. Mitunter verweist der Wandel der

Besetzung allerdings auch auf einen Wechsel des ästhetischen Subjekts, der gelegentlich von Palestrina stipuliert wird und als seine individuelle Interpretation des Textes angesehen werden kann. In ähnlicher Weise bezeichnen Tutti-Stellen nicht notwendig semantisch wichtige Partien, sondern sind lediglich syntaktisch motiviert, abgeleitet aus einer Architektur, die nicht nur die Gesamtanlage der Komposition ordnet, sondern auch das anscheinend unbedeutende Detail flexibel einbindet.

Diese außerordentlich komplexe Verwendung nur auf den ersten Blick typisierter Gestaltungsmittel, deren Funktion und Bedeutung in einem Tonsatz Palestrinas lediglich aktual zu bestimmen ist, prägt auch seine Vertonungen anderer Sequenzen, die nach den Bestimmungen des Tridentinischen Konzils liturgisch noch zugelassen waren. In gleicher Weise, wie er den sechsstimmigen Satz seiner Messen zu differenzieren weiß und für einzelne Abschnitte in umfangreichen Teilen auch dort eine Binnen-Mehrchörigkeit generiert, fügt er in die genuin doppelchörige Faktur Passagen, die real vielstimmig konzipiert sind und eine räumlich getrennte Aufstellung der Chorgruppen kaum zulassen.[21] So wenig diese Ambivalenz der Faktur bei Aufführungen seiner Werke beim päpstlichen Gottesdienst in der vergleichsweise kleinen sixtinischen Kapelle ein Problem bedeutete, so hinderlich war sie einer Verbreitung solcher Kompositionen im Druck: Die Vielfalt der Möglichkeiten doppelchöriger Satztechnik, des Alternierens zweier Chorgruppen oder ihr konzertierendes Miteinander, ferner die Integration real achtstimmiger Partien, in einer einzigen Komposition zu demonstrieren, konnte sinnvoll sein lediglich an einem Ort, wo nicht nur leistungsfähige Sänger zur Verfügung standen, sondern auch dem Komponisten Auflagen zur Gestaltung liturgischer Musik gemacht wurden, die ihn veranlaßten, in der Beschränkung äußerlicher Mittel ein Optimum an Variabilität zu erzielen.

Auditiv zu rezipieren ist solche Vielfalt der Disposition unterschiedlichster kompositorischer Parameter vielleicht nicht; doch selbst wenn Palestrinas Finesse der satztechnischen Organisation nicht in allen ihren Dimensionen bewußt wurde, so war sie dennoch — mindestens in ihren Konsequenzen für die Komponisten des 19. Jahrhunderts — zu ahnen: „Bei ihm sind die Töne stiller geworden und mit der herrlichsten Neigung zum mehr akkordischen Zusammentreffen und Ausruhen geführt. Wie hier die wenigen Menschenstimmen gruppiert werden, bald, wie in den römischen Chorälen, zur innigsten harmonischen Schlichtheit zurückführend, bald wieder, wie sein Stabat mater und noch mehr die berühmte Missa Papae Marcelli beweisen, in die unendlichste Raumgewalt der Tongänge, der sich selbst homophon kolorierenden Tongänge hineinführend: das ist bereits so außerordentlich harmonisch, nicht harmonisch-dramatisch, sondern harmonisch im Sinne des noch rhythmuslosen Seraphischen gedacht (ein Teppich für Bruckner und Wagner), daß nur mehr das akkordische Hören, also das unten vertikale und allein noch oben, wo sich der Gesamteindruck des Melodischen zuträgt, horizontale Vereinheitlichen als die adäquate Erfassung dieser Kompositionen gelten kann."[22]

Anmerkungen

1 Eduard Hanslick, *Palestrina: „Stabat mater"*, in: ders., *Vom Musikalisch Schönen. Aufsätze. Musikkritiken*, hrsg. von Klaus Mehner, Leipzig 1982, S. 237.

2 Eduard Hanslick, *Musikkritik*, in: ders., *Vom Musikalisch Schönen. Aufsätze. Musikkritiken*, a.a.O., S. 209.

3 Eduard Hanslick, *Palestrina: „Stabat mater"*, a.a.O., S. 236.

4 Eduard Hanslick, *Palestrina: „Stabat mater"*, a.a.O., S. 236f.

5 Eduard Hanslick, *Palestrina: „Stabat mater"*, a.a.O., S. 237.

6 Hector Berlioz, *Memoiren*, hrsg. von Wolf Rosenberg, Königstein 1985, S. 155.

7 Andrea Adami da Bolsena, *Osservazioni per ben regolare il coro dei cantori della Cappella Pontificia*, Rom 1711, S.33.

8 Charles Burney, *La Musica Che si Canta Annualmente nelle Funzioni della Settimana Santa nelle Cappella Pontificia. Composta dal Palestrina, Allegri e Bai,* London 1771.

9 *Musica sacra, quae cantatur quotannis per hebdomadam sanctam Romae in sacello pontificio*, Leipzig (Peters) 1819; eine Ausgabe des *Stabat mater*, besorgt von Aléxandre Choron, erschien in dessen *Collection des Pièces de Musique religieuse,* Paris um 1809/10.

10 Vgl. zu Wagners Bearbeitung des *Stabat mater* Wilhelm Kleefeld, *Richard Wagner als Bearbeiter fremder Werke*, in: *Die Musik* IV.2, Band 14 (1904), S. 232f. und 236; ferner zur Erstaufführung dieser Fassung im Königlich Sächsischen Hoftheater, Dresden, am 8. März 1848 Helmut Kirchmeyer, *Situationsgeschichte der Musikkritik und des musikalischen Pressewesens in Deutschland, dargestellt vom Ausgange des 18. bis zum Beginn des 20. Jahrhunderts. IV. Teil. Das zeitgenössische Wagner-Bild. Dritter Band. Dokumente 1846—1850,* Regensburg 1968, Sp. 403ff. (= *Studien zur Musikgeschichte des 19. Jahrhunderts* Band 7).

Das Autograph von Wagners Bearbeitung kam in Liszts Besitz, der es seinerseits Witt übergab; die deutsche Textfassung stammt von Carl Riedel, wurde jedoch von Wagner nach unbedeutenden Änderungen autorisiert. Vgl. Franz Xaver Witt, [Rezension von] *Carl Heinrich Bitter, Eine Studie zum Stabat mater, Leipzig 1883*, in: *Kirchenmusikalisches Jahrbuch* 1 (1886), S. 79ff. sowie Peter Ackermann, *Ästhetische und kompositionstechnische Aspekte der Palestrina-Rezeption bei Franz Liszt*, in: Winfried Kirsch (Hrsg.), *Palestrina und die Idee der Klassischen Vokalpolyphonie im 19. Jahrhundert*, Regensburg 1989, S. 247f. (= *Palestrina und die Kirchenmusik im 19. Jahrhundert* Band 1).

11 Eduard Hanslick, *Palestrina: „Stabat mater",* a.a.O., S. 238.

12 Vgl. einen Bericht über die auch von Hanslick besprochene Aufführung des *Stabat mater* in: *Musica sacra* 12 (1879), S. 82.

13 Die Eingangsakkorde von Palestrinas *Stabat mater*, satztechnisch eine „Trugcadenz". nannte Ambros ein „Wahrzeichen des Palestrina-Stils"; vgl. August Wilhelm Ambros, *Geschichte der Musik*, Band 4, Leipzig 1878, S. 49.

14 Mit explizitem Bezug auf Palestrinas Werk disponierte Franz Liszt z.B. am Schluß des *Stabat mater* in seinem *Christus*-Oratorium eine Folge von allerdings nun sechs Grundakkorden über in Ganztönen abwärts geführtem Baß; weniger eindeutig sind ähnliche Wendungen in Wagners *Parsifal* rückzubeziehen. Vgl. Elmar Seidel, *Über die Wirkung der Musik Palestrinas auf das Werk Liszts und Wagners*, in: Serge Gut (Hrsg.), *Franz Liszt und Richard Wagner. Musikalische und geistesgeschichtliche Grundlagen der Neudeutschen Schule. Referate des 3. Europäischen Liszt-Symposiums Eisenstadt 1983,* München u. Salzburg 1986, S. 162ff. (= *Liszt-Studien* Band 3), sowie Liviu Comes, *La melodia Palestriniana e il canto gregoriano*, Venedig 1974/75, S. 16. Vgl. ferner den — freilich anachronistischen — Versuch Ulibischeffs, den Anfang der Oberstimme von Palestrinas *Stabat mater* mit den Vorgaben funktionaler Harmonik zu begleiten: Alexander Ulibischeff, *Mozarts Leben*, Band 2, Stuttgart 1847, S. 85f.; siehe hierzu Jürgen Blume, *Geschichte der mehrstimmigen Stabat mater-Vertonungen*, München und Salzburg 1992, Band 1, S. 57f. und Band 2, S. 32ff. (= *Musikwissenschaftliche Schriften* Band 23)

15 Vgl. Hugo Leichtentritt, *Geschichte der Motette*, Leipzig 1908, S. 172, sowie Karl Gustav Fellerer, *Der Palestrinastil und seine Bedeutung in der vokalen Kirchenmusik des 18. Jahrhunderts*, Augsburg 1929, S. 62.

16 Vgl. zu weiteren doppelchörigen Werken Palestrinas Klaus Düwell, *Studien zur Kompositionstechnik der Mehrchörigkeit im 16. Jahrhundert. Dargestellt an Werken von Lasso, Palestrina, Victoria, Handl und Giovanni Gabrieli*, Köln 1963, S. 69ff.

17 Vgl. Peter Burke, *Die Renaissance in Italien. Sozialgeschichte einer Kultur zwischen Tradition und Erfahrung*, Berlin 1984, S. 181 und 219f.

18 Zu Varianten des *Stabat mater*-Textes vgl. Jürgen Blume, *Geschichte der mehrstimmigen Stabat mater-Vertonungen*, a.a.O., Band 1, S. 18f.

19 Palestrina besetzt den Hochchor hier allerdings in einer Variante, nunmehr — neben den beiden Sopranstimmen — mit dem Altus des zweiten Chores und dem Tenor des ersten.

20 Richard Wagner, *Mein Leben*, hrsg. von Martin Gregor-Dellin, München 1963, S. 371.

21 Vgl. Klaus Ulrich Düwell, *Studien zur Kompositionstechnik der Mehrchörigkeit...*, a.a.O., S. 5f. und 106ff., sowie Laurence Feininger, *Raum und Architektur in der vielchörigen römischen Kirchenmusik des 17. Jahrhunderts*, in: *Bericht über den Internationalen Kongreß der Gesellschaft für Musikwissenschaft Köln 1958*, Kassel usw. 1959, S. 100.

22 Ernst Bloch, *Geist der Utopie*, München und Leipzig 1918, Reprint Frankfurt/M. 1977, S. 85f.

IX. Wahre Kirchenmusik

Antonio Eximeno, ein aus Spanien gebürtiger Jesuit, provozierte die Musiktheoretiker seiner Zeit, der zweiten Hälfte des 18. Jahrhunderts, mit Überlegungen, unter denen die These vielfältige Aufmerksamkeit erregte, daß ein Unterschied zwischen geistlicher und weltlicher Musik, zwischen Opern und Werken für den Gottesdienst der katholischen Kirche, produktionsästhetisch nicht zu formulieren sei.[1] Insbesondere Padre Martini, der in Bologna wirkende Musikhistoriker und Kompositionslehrer, wandte sich gegen Eximenos Auffassung, der subjektive Rezeptionsmodus allein konstituiere die Differenz verschiedener musikalischer Genera, war doch so seinem Bemühen, die für einzelne Gattungen verwendbaren kompositorischen Parameter und Prinzipien möglichst genau zu bestimmen, die Grundlage entzogen. Zugleich würde auch sein Ziel diskreditiert, einen Kirchenstil zu restaurieren, für den er die Kompositionen Palestrinas als Muster und deren Satztechnik, in lehrbare Regeln gefaßt, als verbindlich erklären wollte.[2]

Die Positionen beider, so unvereinbar sie waren, trafen sich jedoch in einem gemeinsamen Bezugspunkt, den das Werk Palestrinas bildete. Padre Martini ersah in der polyphonen Satztechnik des römischen Kapellmeisters ein Ideal von katholischer Kirchenmusik schlechthin, deren Verfall bereits kurz nach dem Tod Palestrinas eingesetzt habe. Zwar seien dessen Schüler bemüht gewesen, Einflüsse von Madrigal und Oper von Kompositionen für die Kirche fernzuhalten, doch habe ein mühsam im Verlaufe des 17. Jahrhunderts etabliertes System nach Gattungen und Aufführungsorten differenzierter kompositorischer Stile seine Gültigkeit zwischenzeitlich weitestgehend eingebüßt. Nunmehr sei die desolate Situation zu konstatieren, daß alle musikalischen Gestaltungsmittel in jedem Werk, ungeachtet seiner Funktion und seines Anlasses, verwendet würden, mithin man zwischen Oper und geistlicher Musik kompositionstechnisch keinen Unterschied ausmachen könne. Demjenigen, der Musik für die Kirche schreibe, sollten, so forderte Padre Martini, Polyphonie und Kontrapunktik palestrinensischer Prägung Leitbild und Verpflichtung sein; andernfalls prognostiziere er der Kirchenmusik einen baldigen und vollständigen Ruin.[3]

In bezug auf Einfachheit, Natürlichkeit und Eleganz der Stimmführung bei gleichzeitiger Wahrung einer klaren, doch vielfältigen Harmonik nannte auch Eximeno die Werke Palestrinas im Stile a cappella überzeitlich und musterhaft. Zugleich verwies er aber mit Blick auf Parallelen in der Literatur auf die Problematik von Stilkopien, hielt es für unangemessen, individuelle Kunstwerke lediglich nach Handwerksregeln zu beurteilen, und zieh schließlich jene Kontrapunktiker der Lächerlichkeit, die „mit dem Palestrina in der Hand“ jedwede Komposition kritisieren wollten.[4]

Zu unterschiedlich, so begründete Eximeno seine Auffassung, seien die geographischen und historischen Kontexte, in denen Musik bestimmte Wirkungen erzielen sollte, als daß insbesondere Kirchenmusik, deren Ziel es nicht nur sei, Andacht zu erwecken, sondern auch, das Großartige religiöser Ideen zu illustrieren[5], sich auf den kleinen Nenner einer singulären Kompositionsweise reduzieren lasse. Folgerichtig firmiert in seinen Ausführungen auch Pergolesis *Stabat mater*, das Padre Martini als Kirchenmusik disqualifizierte, da weder klanglich noch satztechnisch ein Unterschied zu dessen *La serva padrona* festzustellen sei, als Beispiel hervorragender geistlicher Musik.

Die Diskussion, ob die Komponisten katholischer Kirchenmusik sich auf eine wenig flexible Palestrina-Nachfolge verpflichten sollten oder die Integration von Momenten der Musik jeweiliger Gegenwart mindestens partiell zu tolerieren sei, begann keineswegs erst in der zweiten Hälfte des 18. Jahrhunderts, erreichte hier jedoch ihre vermutlich größte musikgeschichtliche Virulenz. Bereits 1638 hatte Agostino Agazzari Palestrinas Verdienst einer „Rettung“ der Kirchenmusik nur noch unter historischen Aspekten gelten lassen wollen: Dessen Werke entsprächen zeitgenössischen Maßgaben und Vorstellungen eines wort- und affektbetonten Komponierens nicht mehr.[6] Gegenüber Agazzari, der sich auch gegen eine Adaption monodischer Techniken bei Kompositionen für die Liturgie wandte und ein Ideal der Kirchenmusik aus antiken und biblischen Vorstellungen ableiten wollte, formulierte Marco Scacchi, der als Schüler Giovanni Francesco Anerios eine unmittelbare Palestrina-Sukzession für sich reklamieren konnte, um die Mitte des 17. Jahrhunderts ein vielfältig gestaffeltes System verschiedener kompositorischer Stile, das auf der Basis eines von Zarlino theoretisch und in Werken Palestrinas exemplifizierten kontrapunktisch streng geregelten Satzes ruhte. Dieses Modell, demzufolge ein hier zum ersten Mal explizit „alt“ genanntes kompositorisches Verfahren für die Kirchenmusik als verbindlich erklärt wurde und selbst für protestantische Komponisten Relevanz gewann, war noch hundert Jahre später mindestens unterschwellig virulent. Johann Joseph Fux, dem Scacchis Gedanken durch dessen Schüler Angelo Berardi, seinen Lehrer, vermittelt wurde, bezog sich bei der Formulierung seiner Kontrapunktlehre ebenso auf einen Primat des strengen Satzes wie Padre Martini, und noch Johann Matthesons Anmerkung, daß „freylich Kunst dazu [gehöret,] eines jeden Styli rechte Art zu treffen / und darinn etwas zu setzen“[7], weist auf die Gültigkeit eines Systems verschiedener kompositorischer Stile, das allerdings hier auch schon durch die Kategorie des Geschmacks relativiert wird.

Die Idee, an einen explizit „alten" Stil anzuknüpfen, den man mit Bezug auf die spezifische, rein vokale Aufführungstradition der Sixtina a cappella oder in Erinnerung an seinen prominentesten Vertreter alla Palestrina nannte, hatte demnach eine Tradition, die Padre Martini mit seinem Versuch, die katholische Kirchenmusik scharf von der Oper seiner Zeit abzugrenzen, weiterführen konnte. Doch entsprach die kontrapunktische Satztechnik, deren handwerkliche Außenseite Johann Joseph Fux und neben ihm seine italienischen Kollegen Giovanni Paolucci, Francescantonio Vallotti und Padre Martini in Lehrbüchern zu fassen suchten, nur in groben Umrissen einer kompositorisch ungleich größeren Variabilität, die selbst in Palestrinas geistlicher Musik zu konstatieren ist. Und nicht nur solche ästhetischen Prinzipien und pädagogisch-propädeutischen Intentionen reflektieren die musikalische Gegenwart des 18. Jahrhunderts, auch blieb der als traditionell propagierte vokalpolyphone Satz nicht frei von zeitgenössischen kompositorischen Elementen, die vermutlich zu selbstverständlich waren, als daß man ihre Inadäquanz in bezug auf eine „alte" Satztechnik bemerkte. Die vermeintlich historische Satztechnik gerann zu einer historisierenden.[8] Bezeichnenderweise ist die Bearbeitung, die Johann Sebastian Bach von Palestrinas *Missa sine nomine* anfertigte, deutlich unterschieden von jenen Passagen und Teilsätzen seiner Werke, die er in einem „stile antico" schrieb. Dissonanzen und deren Auflösung unterliegen nun der Ordnung des Akzentstufentaktes, und noch das Melos wird — gänzlich anders als in den Werken des römischen Kapellmeisters — von der Metrik strukturiert, ungeachtet aller harmonischen Implikationen.[9]

Gerade die Tatsache, daß man auch in Italien die Werke Palestrinas weniger in der Originalfassung aufführte als vielmehr in Bearbeitungen, deren mitunter zweifelhafte Qualität manchem Reisenden Anlaß zu verwundertem Bericht gab[10], verweist auf die Differenz zwischen dem Plan einer Restauration der Kirchenmusik und einer Pflege der Werke des römischen Kapellmeisters. Die Bemühungen im Zuge eines auch die Musik nicht auslassenden Historismus', die Kompositionen Palestrinas zu erfassen, flankieren die Idee einer Erneuerung kirchlicher Musik im 18. Jahrhundert, ohne daß zunächst zu erkennen wäre, inwieweit sie einander sich bedingten und förderten. Und Charles Burneys Edition der römischen Karwochengesänge, die neben Palestrinas *Stabat mater* und seiner ebenfalls achtstimmigen Abendmahls-Motette *Fratres, ego enim accepi* sowie den Improperien Werke von Gregorio Allegri und Tommaso Bai umfaßte, entstand vermutlich nicht nur als musikgeschichtliche Dokumentation, sondern auch, um dem klassizistischen Impuls eines von Inigo Jones inaugurierten Palladio-Kultes in England ein musikalisches Pendant zu verschaffen.

Die Konjunktion von „Palestrina" und restaurativen Tendenzen der katholischen Kirchenmusik erscheint widersprüchlich geradezu unter dem Aspekt, daß man weniger die Figur des römischen Kapellmeisters als vielmehr ein vergleichsweise eng umrissenes, keineswegs aber aus seinen Werken deduziertes satztechnisches Ideal propagierte, ohne zugleich schon die Aufführung seiner geistlichen Musik zu forcieren; sie kann jedoch verständlich werden, wenn man die theologischen, patriotischen und geschichtsphilosophischen Motive berücksichtigt, die sich bereits bei Padre Martini andeuten, jedoch ungleich größere Virulenz im 19. Jahrhundert gewinnen. Die Adaption von Elementen der Oper für die Kirchenmusik, von virtuosem Sologesang und farbenreich disponiertem Orchester, hatte im Verlauf des 18. Jahrhunderts zu einer Nivellierung der kompositorischen Differenzen geführt, die — wie geschildert — nicht ohne Kritik blieb und auch die römisch-katholische Autorität zur Stellungnahme herausforderte. Am 19. Februar 1749 erließ Papst Benedikt XIV. eine Enzyklika, deren Ausführungen zur Kirchenmusik den einschlägigen Bestimmungen des Tridentinischen Konzils ähnelten. Wieder wurde die Darstellung des Wortes, seine deutliche Vernehmbarkeit, ins Zentrum von Richtlinien gestellt, begleitende Instrumente nur insoweit konzediert, als sie dieser Intention der Textverständlichkeit dienten. Oboen, Streicher und Orgel, nicht aber Pauken, Trompeten, Hörner und Flöten erschienen für die gottesdienstliche Musik geeignet, die sich deutlich von einem „Stilus theatralis" unterscheiden sollte. Diese Idee, Kirchenmusik unter Verweis auf historische Muster als Alternative zur weltlichen zu definieren, begründet die extreme Forderung nach einer grundsätzlichen Trennung von Oper und musikalischen Werken für die Liturgie, die so weit ging, daß Vallotti — dasselbe Postulat von Anton Friedrich Justus Thibaut um fast ein halbes Jahrhundert vorausnehmend — 1779 die Komponisten auf lediglich ein Genre festlegen und ihnen untersagen wollte, auch im jeweils anderen Bereich aktiv zu werden.[11] Die Vorgabe solcher Differenz kirchlicher und weltlicher Musikpraxis, wiewohl weder bedingungslos noch strikt je befolgt, implizierte dennoch, daß selbst Komponisten von Rang in ihren Werken für den Gottesdienst der katholischen Kirche eher konventionelle Gestaltungsmittel disponierten. Der befohlene Verzicht auf die Integration aktueller kompositorischer Techniken und Tendenzen, die verpflichtete Orientierung an Überkommenem bei der Vertonung liturgischer Texte, forcierte die Entwicklung einer „zweiten" musikalischen Sprache, die nicht selten einer in anderen Werken zu beobachtenden avancierten Kompositionsweise desselben Künstlers seltsam kontrastiert.[12] Dort aber, wo etwa Beethoven und Bruckner wie insbesondere Franz Liszt einem begrenzten Vokabular und einer schematisierten Syntax neue Ausdrucksmittel abzugewinnen suchten, stießen ihre ebensowenig kritisch wie höhnisch gemeinten Versuche auf Unverständnis, häufig genug auch auf Argwohn, Skepsis und Ablehnung.[13]

Die Affinität von Kirchenmusik und Oper, unverfänglich im Barock und noch im frühen 18. Jahrhundert, wurde zum Problem mit dem Wandel einer Frömmigkeitshaltung, innerhalb derer Musik — wie Kunst insgesamt — die Funktion zukam, sich individuell eines religiösen Gefühls zu versichern. Der genuin theologische Begriff der „Andacht" aber, die geistliche Musik evozieren soll, wurde andererseits genutzt, um generell eine Zugangsweise zu Kunst zu beschreiben. Dem Postulat von ästhetischer Kontemplation, das Herder, Wackenroder und Tieck als angemessene Rezeptionshaltung gegenüber Musik als Kunst formulierten, vermochten die vokalpolyphonen Kirchenkompositionen des 16. Jahrhunderts in hervorragender Weise zu genügen. Unbekümmertem Genießen, bloßer Unterhaltung oder gar zweifelhaftem Divertissement würden die Werke nicht nur Palestrinas verwehrt bleiben, die zu einer „Musik aus der andren Welt" avancieren konnten — womit der Kontrast zu den Genres Lied, Schauspielmusik und Oper hinreichend bestimmt war.

Zusätzlich gewann die Diskussion um „wahre" Kirchenmusik eine patriotische Dimension, als Padre Martini die Vokalpolyphonie Palestrinas als genuin italienische Musik reklamieren wollte und sie der französischen gegenüberzustellen glaubte, die seit Rameau eher von der Harmonik geprägt sei. Der Blick auf diesen Nebenschauplatz eines ungleich größere Aufmerksamkeit erregenden Streits um die europäische Vorherrschaft der Oper Italiens und Frankreichs vermag zugleich verständlich zu machen, warum man sich im Paris des beginnenden 19. Jahrhunderts verstärkt um eine Pflege der Werke Palestrinas bemühte: Nicht nur liturgiegeschichtliche Motive, begründet in der Reform der (neo-)gallikanischen Riten, sondern auch der zeitweise forcierte Anspruch, Paris als „neues Rom" zum Zentrum von Künsten, Wissenschaften wie auch des Katholizismus auszubauen, können die Aktivitäten um eine Renaissance der Kirchenmusik insbesondere des 16. Jahrhunderts erklären, die etwa mit der Gründung der „Institution royale de musique classique et religieuse" durch Aléxandre Étienne Choron institutionalisierte Formen gewannen.[14]

Die Empfehlung eines intensiveren Studiums der Werke Palestrinas und seiner Zeitgenossen steht auch am Ende der Ausführungen zu „Alter und neuer Kirchenmusik", die E. T. A. Hoffmann 1814 verfaßte, um dem offenkundigen Verfall der Tonkunst in den Kirchen des katholischen Deutschlands wie selbst in Italien zu wehren.[15] Gleichwohl war ihm bewußt, daß die Werke jener Komponisten einer Zeit angehören, die unwiederbringlich vergangen sei: „Rein unmöglich ist es wohl, daß jetzt ein Komponist so schreiben könne, wie Palestrina, Leo, und auch wie später Händel u.A. — Jene Zeit, vorzüglich wie das Christentum noch in der vollen Glorie strahlte, scheint auf immer von der Erde verschwunden, und mit ihr jene heilige Weihe der Künstler."[16] Hoffmann präzisierte seine Überlegungen mit Blick auf die Werke Palestrinas, den er einen „Altvater der Musik" nannte: „Am reinsten, heiligsten, kirchlichsten muß daher die Musik sein, welche nur als Ausdruck jener Liebe aus dem Innern aufgeht, alles Weltliche nicht beachtend und verschmähend. So sind aber Palestrinas einfache, würdevolle Werke in der höchsten Kraft der Frömmigkeit und Liebe empfangen, und verkünden das Göttliche mit Macht und Herrlichkeit. Auf seine Musik paßt eigentlich das, womit die Italiener das Werk manches, gegen ihn seichten, ärmlichen Komponisten bezeichneten; es ist wahrhafte Musik aus der andern Welt (*musica dell' altro mondo*). Der Gang der einzelnen Stimmen erinnert an den *Canto fermo*; selten überschreiten sie den Umfang einer Sexte, und niemals kommt ein Intervall vor, das schwer zu treffen sein, oder, wie man zu sagen pflegt, nicht in der Kehle liegen sollte. Es versteht sich, daß Palestrina, nach damaliger Sitte, bloß für Singstimmen, ohne Begleitung irgendeines Instruments, schrieb: denn unmittelbar aus der Brust des Menschen, ohne alles Medium, ohne alle fremdartige Beimischung, sollte das Lob des Höchsten, Heiligsten strömen."[17] So sei mit Palestrinas Kompositionen, konkret der *Missa Papae Marcelli*, „auf immer [...] die Musik der eigentlichste Kultus der katholischen Kirche" geworden[18], wobei freilich der Zusammenhang der Werke des römischen Kapellmeisters mit der Liturgie ebenso notwendig sei wie in der Gegenwart indes verloren: „Abgesehen davon aber, daß die für den Kultus bestimmte Musik ohne denselben bedeutungslos bleibt — denn diese Musik ist ja der Kultus selbst, und daher eine Missa im Konzert, eine Predigt im Theater: so ist es auch unmöglich, daß bei Konzert-Aufführungen, selbst guten, das Gemüt, durch tausend Dinge zerstreut, so in Andacht entzündet werden kann, als in der Kirche durch den feierlichen Kultus. Das Hervorrufen der alten Werke im Konzert ersetzt daher keineswegs ihr Verschwinden aus den Kirchen."[19]

Doch beabsichtigte E. T. A. Hoffmann weder vermehrte Aufführungen von Palestrinas Werken in der Liturgie der katholischen Kirche, noch propagierte er den vokalpolyphonen Stil des 16. Jahrhunderts als Vorbild für die Komponisten von geistlicher Musik. Vielmehr intendierte er eine Erneuerung jener Konjunktion von Musik und Kult, die er in Palestrinas Kompositionen ersah. Hoffmann, der geschichtsphilosophisch argumentierte und deshalb auch nicht unproblematische theologische Implikationen riskierte, wollte diese metaphysische Qualität von Musik, die eine „neue“ Kirchenmusik ebenso konstituieren wie sie der in ähnlicher Weise in Verfall geratenen Opera seria eine Zukunft sichern könne, der Symphonik seiner Zeit zuschreiben: „Daß in der Gegenwart, einer ‚dürftigen Zeit‘, die religiöse Substanz der Kirchenmusik und ebenso der romantische Charakter der Oper geschrumpft erscheinen, ist jedoch, wie Hoffmann glaubt, insofern kein Grund zur Resignation, als das metaphysische Wesen der Musik in einer anderen Gattung, der Symphonie, gewissermaßen ‚aufgehoben‘ ist, und zwar im Hegelschen Sinne des Wortes. Hoffmann, der selbst Kirchenmusik und Opern komponierte, war von der Idee besessen, daß es möglich sein müsse, die wahre Kirchenmusik und die wahre Oper aus dem Geiste der absoluten Instrumentalmusik zu restituieren. Und die Vermutung, daß der Panegyrikus auf die Symphonie — der aus dem ästhetischen Kontext, in dem er bei Hoffmann steht, nicht herausgelöst werden darf — letzten Endes auf die Bedeutung der absoluten Musik für die Erneuerung von Oper und Kirchenmusik zielt, ist, so befremdend sie zunächst wirken mag, durchaus nicht abwegig.“[20]

Richard Wagner war es, der die Argumentation E. T. A. Hoffmanns mit fast identischen Formulierungen aufnahm und weiterführte: „Mit Palestrinas Musik war auch die Religion aus der Kirche geschwunden, wogegen nun der künstliche Formalismus der jesuitischen Praxis die Religion, wie zugleich die Musik kontrereformierte.“[21] Er nannte den Verfall vokalpolyphoner Satztechniken in Italien, der durch die Entwicklung der Opernmelodie hervorgerufen worden sei, einen „Rückfall in den Paganismus“[22] und hielt es für schlechterdings unmöglich, wie jemand „nach einer Anhörung des ‚Stabat mater‘ von Palestrina [...] die Meinung aufrechterhalten können wird, daß die italienische Oper eine legitime Tochter dieser wundervollen Mutter sei.“[23] Nicht nur nahm Wagner Palestrina von seiner ebenso ästhetisch wie nationalistisch intendierten Polemik gegen italienische Musik schlechthin aus, mehr noch versuchte er, in einer komplexen geschichtsphilosophischen Konstruktion eine eigene kompositorische Genealogie zu entwerfen, die, rückverlängert über Beethoven und Bach, geradewegs zum Werk des römischen Kapellmeisters führte.[24] Die essentiellen Elemente deren Komponierens, so Wagners Überzeugung, seien in seiner Konzeption des Musikdramas aufgenommen, vermittelt und — für die Gegenwart relevant — reformuliert worden. Glaubte er, auf diese Weise das nach-Beethovensche Problem großer Form und der Idee des Symphonischen gelöst zu haben, so wollte er die Technik musikalischer Prosa, die für seine Dichtung ebenso unabdingbar war wie sie lediglich mittels einer Durchbrechung der „Quadratur des Tonsatzes“ gelingen konnte, in Bachschen Werken, mehr aber noch in Vokalkompositionen Palestrinas vorgebildet wissen, die er rezeptionsästhetisch sehr konzis beschrieb: „Hier ist der Rhythmus nur erst noch durch den Wechsel der harmonischen Akkordfolgen wahrnehmbar, während er ohne diese, als symmetrische Zeitfolge für sich, gar nicht existiert; hier ist demnach die Zeitfolge noch so unmittelbar an das, an sich zeit- und raumlose Wesen der Harmonie gebunden, daß die Hilfe der Gesetze der Zeit für das Verständnis einer solchen Musik noch gar nicht zu verwenden ist. Die einzige Zeitfolge in einem solchen Tonstücke äußert sich fast nur in den zartesten Veränderungen einer Grundfarbe, welche die mannigfaltigsten Übergänge im Festhalten ihrer weitesten Verwandtschaft uns vorführt, ohne daß wir eine Zeichnung von Linien in diesem Wechsel wahrnehmen können. Da nun diese Farbe selbst aber nicht im Raume erscheint, so erhalten wir ein fast ebenso zeit- als raumloses Bild, eine durchaus geistige Offenbarung, von welcher wir daher mit so unsäglicher Rührung ergriffen werden, weil sie uns zugleich deutlicher als alles andere das innerste Wesen der Religion, frei von jeder dogmatischen Begriffsfiktion, zum Bewußtsein bringt.“[25] Lösung vom Metrum, minutiös nuancierte Klangfarben, die Technik, aus einer motivischen Keimzelle zahllose Varianten zu generieren, nicht zuletzt eine sorgfältige musikalische Behandlung des Textes: vielfältig konnte Wagner auf kompositorische Prinzipien Palestrinas verweisen, um seine eigenen historisch zu legitimieren.

Unmittelbarer als Wagner, in dessen *Parsifal* Gestaltungsmittel Palestrinas widerscheinen[26], nahm Franz Liszt in einigen seiner späten geistlichen Kompositionen Bezug auf Werke des römischen Kapellmeisters. Doch erschöpfte auch er sich keineswegs in Stilkopien, sondern versuchte, eine ähnlich andächtig-verhaltene Stimmung, wie er sie in den Werken Palestrinas ersah, mit Chorkompositionen zu erzielen, deren a-cappella-Satz, allenfalls von einer Orgel sparsam gestützt, er indes dissonanzenreicher gestaltete. In der Erweiterung des harmonischen Repertoires des 16. Jahrhunderts, nicht in einer Verdichtung der kontrapunktischen Strukturen, glaubte Liszt — der die geschichtsphilosophische Konstruktion seines Freundes Richard Wagner teilte, wiewohl er andere Lösungen favorisierte —, der Vokalpolyphonie palestrinensischer Provenienz ästhetische Gegenwart verleihen zu können. Drastisch nannte er, von der Notwendigkeit einer Aktualisierung traditioneller kompositorischer Techniken überzeugt, die Kontrapunktik der Epigonen Bachs und Palestrinas eine „alte, ungesalzene, ungepfefferte Wurst“.[27] Doch seine Versuche, schlichte Chorsätze harmonisch anspruchsvoller zu gestalten, verfielen dem Verdikt, die als lasziv empfundene Chromatik des „Venusbergs“ aus Wagners *Tannhäuser* für die Kirche adaptieren zu wollen, und ebenso fand die äußerste Reduktion musikalischer Mittel, die er in den für die römische Liturgie geschriebenen Zyklen *Rosario* und *Via crucis* disponierte, das Mißfallen der kirchenmusikalischen Öffentlichkeit. Selbst Franz Xaver Witt, der die ersten seiner späten geistlichen Werke noch überaus freundlich rezensiert hatte und dem Liszt als Partner im Bemühen um liturgiegerechte und doch nichtsdestoweniger kunstvolle Kompositionen die Leitung einer Abteilung für Kirchenmusik an der neugegründeten Hochschule in Budapest antrug, distanzierte sich schließlich und begegnete — vielleicht nur aus parteitaktischen Gründen — den letzten Chorsätzen des ehemals verehrten Freundes mit kaum verhohlenem Unverständnis. Die Radikalität, mit der Liszt Passionstexte expressiv deutete, irritierte ebenso wie der Versuch, die Folge der drei Durakkorde, wie Palestrina sie zu Beginn des *Stabat mater* verwandte, sequenzierend fortzuführen, da die Reihung von Klängen, deren Bässe sich zu einer Ganztonleiter formieren, sich funktionsharmonisch nicht mehr deuten ließen.[28] Liszt erkannte, daß an Palestrina anzuknüpfen — jenseits simpler Stilkopien und epigonaler Adaption — nur heißen konnte, eine differenziertere Harmonik mit möglichst selbständig geführten Stimmen zu verbinden; die komplexe Kombinatorik artifizieller Imitationen erschien ihm, da er sie aus den Werken Palestrinas eben so ersah wie er sie in den Rätselkanons Carl Friedrich Weitzmanns bewunderte, weder entwicklungsfähig noch vermutlich auch kompositorisch sinnvoll verwendbar. Liszts Palestrina-Rezeption, sein Bemühen, an das Werk des römischen Kapellmeisters anzuschließen und es weiterzuführen, wird jedoch in ihrer Vielschichtigkeit erst verständlich vor dem Hintergrund seiner bereits in die Pariser Jahre zurückreichenden Ideen zu einer Reform der katholischen Kirchenmusik wie insbesondere aber rücksichtlich des Plans, selbst am Petersdom die Position eines leitenden Musikers zu übernehmen. Nicht nur seine Übersiedlung nach Rom, mehr noch der enge Kontakt, den Liszt zu Pius IX. suchte, indem er dem anfänglich liberal gesonnenen, doch zunehmend autokratischen und kraß autoritären Papst seltsam hymnische Huldigungsmusiken widmete[29], zeigen ebenso wie sein Eintritt in den Klerikerstand, mit dem er im Wissen um den Ausschluß Palestrinas als verheiratetem Sänger aus dem päpstlichen Chor eine wesentliche Bedingung zur Übernahme des Kapellmeisteramtes an St. Peter zu erfüllen glaubte, wie umsichtig er das Projekt einer individuellen Palestrina-„Nachfolge" im wörtlichen Sinne verfolgte, dem vermutlich schon wegen seiner sehr prononcierten Auffassung von katholischer Kirchenmusik kein Erfolg beschieden war.

Liszts Ideen zu einer „zukünftigen Kirchenmusik", die er 1834 in Paris entwickelte, sind weniger von Tendenzen einer Renaissance und Neubelebung der Kompositionen Palestrinas und seiner Zeitgenossen geprägt als Philosophemen Saint-Simonistischer Provenienz, nach denen ein weitgefaßter Begriff von Kirchenmusik auch Elemente der Kompositionen für Theater und Oper umgreift, um eine größtmögliche appellative und suggestive Wirkung zu erzielen.[30] Verbunden mit einer rigiden Kritik an den als sinnentleert empfundenen Riten der katholischen Kirche, konzipierte Liszt eine Menschheitsmusik („musique humanitaire“), die kompositorisch eher vage umrissen ist, in ihren geschichtstheoretischen Grundzügen jedoch ebenfalls Gedanken E. T. A. Hoffmanns zu korrespondieren scheint. Ohne Pflege und Studium der „Meisterwerke“ der Musikgeschichte zu vernachlässigen, wird doch als Aufgabe nicht nur für die Komponisten der Gegenwart das endlose Reproduzieren des Immergleichen strikt abgelehnt.

Der Entwurf einer zukünftigen Kirchenmusik kontrastierte jenen Bestrebungen, die im Œuvre Palestrinas ein überzeitliches Ideal von Musik für die katholische Kirche erachteten und in einer als krisenhaft empfundenen Zeit deren Erneuerung nur in Restauration und Rückgriff auf die Werke des römischen Kapellmeisters als möglich erachteten. Im frühen 19. Jahrhundert war es insbesondere der Heidelberger Rechtsgelehrte Anton Friedrich Justus Thibaut, der in seiner programmatischen Schrift „Ueber Reinheit der Tonkunst“ das Leitbild Palestrinas emphatisch proklamierte. Der musikliebende Jurist lud schwärmerische Zeitgenossen in sein Haus, um Kirchenkompositionen aus dem 16. und 17. Jahrhundert, die er — wie Fortunato Santini und Georg Poelchau ein begeisterter Sammler „alter“ Musik — mit erheblichem finanziellen Aufwand in Italien abschreiben ließ, auch zum Erklingen zu bringen. Das überaus langsame Zeitmaß, das man nicht nur hier bei der Ausführung von polyphonen Werken und Chorälen wählte, entsprang weniger einem mangelhaften Verständnis der Notation des 16. Jahrhunderts als vielmehr einer — auch von E. T. A. Hoffmann geteilten — Überzeugung, getragener Duktus und verhaltene Atmosphäre seien notwendig mit dem Kirchenstil verknüpft. Wenig verwunderlich ist es daher, daß Thibaut, der in seinem Buch die kompositorische Bildung an traditionellen Mustern propagiert hatte, mit Unverständnis und fast unwillig gegenüber Neuproduktionen im Bereich der Kirchenmusik reagierte: Den geistlichen Werken Bernhard Kleins etwa, den er selbst zeitweise gefördert hatte und den man um 1830 den „Palestrina Berlins“ nannte[31], begegnete er kritisch, sofern sie nicht unverkennbar und überdeutlich einem als alt, daher erhaben und ehrwürdig geltenden Stil verpflichtet waren.

Neben Thibaut, dessen Programmschrift weite Verbreitung und nachdrücklichste Empfehlung auch Robert Schumanns fand[32], hatte sich Carl Friedrich Zelter Verdienste um Palestrina erworben, als er bereits 1801 einzelne Kompositionen mit der Singakademie in Berlin studierte; ähnlich bemühten sich auch in anderen deutschen Städten gesellschaftlich ambitionierte oder akademische Chöre um das Œuvre des römischen Kapellmeisters.[33] Schon hier zeichnet sich ab, daß es nicht nur katholische Kreise waren, denen die Pflege der Werke Palestrinas ein besonderes Anliegen war: Die Signalwirkung, die eine Aufführung des *Miserere* von Gregorio Allegri unter Leitung von Kaspar Ett in der Münchener St. Michaels-Hofkirche, einem ersten Zentrum kirchenmusikalischer Erneuerungsbewegungen[34], am Karfreitag 1816 gewann, ist zwar ebenso unübersehbar wie die Bedeutung des Wirkens von Johann Michael Sailer, der als Bischof von Regensburg und mit Unterstützung Ludwigs I. den 1837 renovierten, in seinen „ursprünglichen" Zustand rückversetzten Dom zu einer Stätte intensiver praktischer Bemühungen um das Werk Palestrinas stilisieren wollte. Doch gelang es den katholischen Kirchenmusikern und Münchner Kapellmeistern jener Jahre — unter ihnen Johann Baptist Schmid, Johann Kaspar Aiblinger, Anton Schröfl und Johann Hartmann Stuntz — nicht, auf breiter Basis eine Palestrina-Renaissance zu initiieren. Bereits 1821 regte Giuseppe Baini, der Verfasser jener bis heute grundlegenden Studie zu Leben und Werk Palestrinas, eine Ausgabe sämtlicher Werke seines Amtsvorgängers aus dem 16. Jahrhundert an, die in Frankreich mit Unterstützung Chorons erstellt werden sollte, jedoch bis 1838 lediglich das Interesse von siebzehn Subskribenten fand.[35] Und auch der Plan, das Projekt beim Leipziger Verleger Breitkopf & Härtel zu realisieren, scheiterte trotz des Engagements des Historikers Christian Karl J. von Bunsen.[36] Daß sich deutsche, genauer: protestantisch-preußische Kreise[37] solcher Bemühungen um Dokumentation und Gesamtausgabe der Werke Palestrinas annahmen, wird verständlich auf dem Hintergrund einer Begeisterung für römische Antike und italienische Renaissance, die bereits am Ende des 18. Jahrhunderts zur Bildung einer später von Wilhelm von Humboldt geförderten Künstlerkolonie in Rom geführt hatte und 1828 mit der Gründung eines Archäologischen Instituts eine vom deutschen Kronprinz, dem nachmaligen König Friedrich Wilhelm IV.[38], protegierte und von päpstlicher Seite zunächst beargwöhnte Fortsetzung fand.

Die musikhistorische Erforschung alter Zeiten im frühen 19. Jahrhundert nahm nachhaltigen Aufschwung, als das „Koninklijk Nederlandsee Instituut van Wetenschapen, Letterkunde en Schoone Kunsten" zur Frage nach dem Einfluß niederländischer Komponisten des 14. bis 16. Jahrhunderts in Italien einen Wettbewerb ausschrieb.[39] In der 1829 veröffentlichten preisgekrönten Schrift Raphael Georg Kiesewetters, der sich bereits seit 1816 um die Pflege von Palestrinas Œuvre in Wien verdient gemacht hatte[40], wie auch den kenntnisreichen Studien Carl von Winterfelds wurde das historische Umfeld Palestrinas, Einflüsse auf sein Werk wie auch die Kompositionen seiner Vorgänger, Zeitgenossen und Schüler eingehend untersucht. Trotz des Nachweises eines reichen künstlerischen Kontextes, der Dokumentation von Leben und Schaffen etlicher zeitgenössischer Komponisten, deren Bedeutung schwerlich zu bestreiten war, blieb die Ausnahmestellung unangefochten, die man Palestrina aufgrund mangelnder Kenntnis von Werken, ja selbst der Namen seiner komponierenden Kollegen ehedem zuwies: In den Darstellungen der Musikgeschichte von August Wilhelm Ambros und Franz Brendel, den zu ihrer Zeit einflußreichsten und meistgelesenen Historikern des Faches, kulminiert im Œuvre Palestrinas die vokalpolyphone Satztechnik des 16. Jahrhunderts: „Der grosse Schritt aus den Vorstufen der Kunst in das innere Heiligthum derselben war gethan.“[41] Auch Orlando di Lasso und Tomás Luis de Victoria, deren geistliche Musik — abgesehen von der Vielfalt ihres sonstigen Œuvres — kaum minder qualitätvoll als Palestrinas Messen und Motetten anzusehen ist, nahmen nur nachgeordnete Plätze ein, und die Kenntnis der Mehrzahl ihrer Werke blieb Spezialisten vorbehalten, wenngleich man sich etwa in München mindestens temporär um eine Wiederbelebung einzelner Kompositionen des ehemaligen Hofkapellmeisters bemühte.

Zur Verbreitung der Werke älterer Kirchenmusik bediente man sich Anthologien, unter denen die Sammelbände von Georg von Tucher, Friedrich Rochlitz, Siegfried Dehn, Franz Commer und Karl Proske auch etliche Kompositionen Palestrinas enthielten und weite Verbreitung fanden. Eine wesentlich umfangreichere Auswahl von Werken des römischen Kapellmeisters legte Pietro Alfieri zwischen 1841 und 1846 in sieben großformatigen Bänden vor. Doch das Projekt einer Gesamtausgabe des Œuvres von Palestrina stagnierte weiterhin, und auch Franz Xaver Haberls 1878 wiederholter Aufruf zur Subskription einer Edition sämtlicher Werke hatte zunächst nur bescheidenen Erfolg, vermutlich nicht allein wegen des relativ hohen Verkaufspreises: Lediglich 74 statt der erforderlichen 300 Exemplare waren bis dahin als Bestellung zur Fortsetzung gezeichnet worden.[42]

Die geringe Anteilnahme am Projekt dieser Gesamtausgabe überrascht um so mehr, als das Werk Palestrinas in zahlreichen kirchenmusikalischen Richtlinien, Verordnungen und Empfehlungen als mustergültig und vorbildhaft deklariert worden war. Zudem waren die Bemühungen einzelner Chorleiter, Kapellmeister, aber auch Historiker, Sammler und Komponisten um das Werk Palestrinas in einem *Allgemeinen Cäcilienverein für die Länder deutscher Zunge* (ACV) zusammengefaßt worden, der unter Leitung von Franz Xaver Witt 1868 institutionalisierte Gestalt gewann; sechs Jahre später gründete Franz Xaver Haberl in Regensburg eine dem ACV assoziierte Kirchenmusikschule. Dem Anliegen kirchenmusikalischer Reform konnte nun mit den *Fliegenden Blättern für katholische Kirchenmusik* sowie der Zeitschrift *Musica sacra* auch publizistisch Nachdruck verliehen und in einem Vereinskatalog „würdige" Kirchenmusik zusammengestellt werden.[43]

Das Dilemma dieser cäcilianistischen Bewegung für die Komponisten aber war, daß die Orientierung an einem satztechnischen Ideal, das sich mit dem Namen Palestrina verband, nicht nur eine prinzipielle Vorgabe war, sondern auch den Dispositionsspielraum einzelner kompositorischer Parameter stark einengte. Nur ein geringes harmonisches Repertoire wurde konzediert, ebensowenig war rhythmische Vielfalt erwünscht und nahezu jedwede Chromatik, ja schon komplexere diatonische Vorhaltsbildungen wurden gemieden, konnten sie doch allzuleicht Assoziationen zu weltlichen Gattungen, insbesondere an Opern, evozieren. So war der verfügbare Rahmen, individuelle künstlerische Konzeptionen vorzulegen, gering; umgekehrt mangelte es den vom Cäcilienverein empfohlenen Kompositionen — notwendigerweise — an charakteristischer Differenzierung, und vielfältige Kritik an der tristen Uniformität der im Vereinskatalog zusammengestellten Motetten und Messen wuchs auch intern sehr rasch. Von der Unzahl der unter solch rigiden Präliminarien verfertigten Kompositionen haben nur wenige ihre Entstehungszeit überdauert, und lediglich die Werke von Michael Haller und Franz Xaver Witt dürften neben einigen anderen einer kritischeren Sichtung Stand halten. Beispielhaft für die kleinmütige und engstirnig erscheinende Einstellung der Leitung des Cäcilienvereins ist jedoch nicht nur die begrenzte Bereitschaft, Werke von Liszt, Bruckner und selbst Rheinberger zu approbieren, sondern auch Franz Xaver Haberls Eingreifen in die Gestalt von Kompositionen Palestrinas. Nicht selten sind auch aufgrund fehlerhafter Übertragungen einzelne Wendungen in Werken des römischen Kapellmeisters, die Haberl in der Gesamtausgabe vorlegte, rhythmisch und melodisch geglättet und harmonisch „bereinigt".[44]

Der Cäcilienverein geriet schließlich um die Wende zum 20. Jahrhundert in eine doppelte Krise, als der von Haberl propagierten *Editio Medicaea*, der vorgeblich auf Palestrinas Redaktion zurückgehenden Ausgabe der gregorianischen Gesänge, die päpstliche Approbation verweigert wurde, da ihre philologischen Schwächen nicht zu übersehen waren. Überdies wandte sich ein nicht unbeträchtlicher Teil seiner Mitglieder von der Idee unbedingter Palestrina-Nachfolge ab, um eine zeitgemäße Kirchenmusik durch Neuformulierung in der Sprache der Gegenwart zu gewinnen und nicht in epigonaler Kopie zu suchen.[45] Peter Griesbacher, der scharfzüngige Vertreter dieser Gruppe, legte eine vierbändige Einführung in die kirchenmusikalische Stilistik und Formenlehre vor, in der er mit Hohn und Spott die Maßgaben der Cäcilianer geißelte, doch vermochte er seinerseits ebensowenig eine konsistente Ästhetik katholischer Kirchenmusik vorzulegen, die mehr als eine eklektizistische Kompilation einzelner geistlicher Kompositionen verschiedener Zeiten sowie eine emphatische Eloge der Harmonik und Leitmotivtechnik Richard Wagners gewesen wäre.

Das Ende der Virulenz cäcilianistischer Vorgaben zeichnete sich ab, als nach einigen Verlautbarungen der Ritenkongregation im Umfeld des 300. Todesjahres Palestrinas Papst Pius X. 1903 ein Motu proprio zur Kirchenmusik veröffentlichte, in dem zwar der gregorianische Choral (in der von den Mönchen in Solesmes erarbeiteten Fassung) wie auch die Mehrstimmigkeit Palestrinas die dem katholischen Gottesdienst angemessensten Formen der Kirchenmusik genannt wurden. Doch insofern, als auch zeitgenössische Neukompositionen, sofern sie der Würde von Anlaß und Ort nicht widersprächen, konzediert wurden, eröffneten sich neue Wege, die neben einer auf Palestrina zurückgeführten Kontrapunktik auch andere historische Satztechniken verfügbar werden ließen.

Die Abkehr von einem im 19. Jahrhundert prädominanten Palestrina-Ideal für die Komposition mehrstimmiger katholischer Kirchenmusik erlaubte andererseits eine erneute kritische Befragung und Erforschung des historischen Befundes. Vielleicht kaum zufällig entstanden im ersten Drittel des 20. Jahrhunderts nicht nur im deutschen Sprachraum eine Vielzahl von biographischen Studien zu Palestrina wie auch seinen in Italien wirkenden niederländischen Kollegen im 16. Jahrhundert. Historisch und systematisch wurde nunmehr zudem der kontrapunktische Stil Palestrinas eingehend untersucht, damit zugleich eine Tradition des Unterrichts im polyphonen Tonsatz, die noch das Lehrbuch Heinrich Bellermanns in die Nachfolge der propädeutischen Werke von Fux und Albrechtsberger rückt, aufgegeben zugunsten des Versuchs, den Individualstil des römischen Kapellmeisters zu erfassen[46]; zugleich gerieten so weitere Facetten von Werk und Person Palestrinas in den Blick, die andere, individuelle Rezeptionsweisen ermöglichten.[47]

Die Pflege und Erforschung des Œuvres Palestrinas blieb nunmehr auch in Italien nicht mehr ausschließliche Angelegenheit der Kirche. Am 26. November 1938 wurde in Rom das *Istituto Italiano per la Storia della Musica* gegründet, nicht zuletzt mit dem Ziel, eine neue kritische Gesamtausgabe der Werke Palestrinas vorzubereiten. Unter der Ägide von Raffaello De Rensis konnte Raffaele Casimiri schon im folgenden Jahr den ersten Band einer Edition sämtlicher Kompositionen präsentieren (*Opere complete*), die seit kurzem abgeschlossen vorliegt. Zwanzig Jahre später, am 21. Juni 1958, wurde in Palestrina eine *Accademia Giovanni Pierluigi da Palestrina — Centro Studi Palestriniani* gegründet, deren Aufgabe in der Verbreitung und Erforschung der Werke des römischen Kapellmeisters liegt.

Unbeschadet aller historischen Erkundung aber bleibt der Mythos, der sich mit dem Namen Palestrina verbindet, der Geschichte von der Entstehung der *Missa Papae Marcelli*, die im Oratorium Carl Loewes wie den Opern von Melchior Sachs und insbesondere Hans Pfitzners künstlerische Gestaltung fand. Doch um das Werk des römischen Kapellmeisters wurde es um so stiller, je mehr man von den Kompositionen seiner Zeitgenossen zur Kenntnis nahm; auch die im Zweiten Vatikanischen Konzil eröffnete Möglichkeit, die Landessprache in der Liturgie zuzulassen, dürfte einer fortgesetzten Pflege der Werke Palestrinas wie allerdings lateinischer Kirchenmusik schlechthin wenig förderlich sein. Diese Entfunktionalisierung seiner Musik jedoch gibt andererseits den Blick frei auf Palestrina als Komponisten von Musik, die nunmehr als Kunst ihre Autonomie unter Beweis stellen kann.

Vielleicht liegt hierin, in der Erkenntnis der Feinheiten satztechnisch variabler Gestaltung, eine Möglichkeit erneuerten Zugangs zu seinem Werk auch für die Komponisten, die, wie es scheint, auch im Bereich der katholischen Kirchenmusik das Vorbild Palestrina im 20. Jahrhundert eher selten unter zahlreichen Angeboten traditioneller Bezüge wählen. Dies ist um so weniger verwunderlich, als das schmale Repertoire seiner Harmonik im Cäcilianismus weitestgehend ausgereizt wurde und für polyphone und imitatorische Techniken andere Orientierungspunkte näher lagen. Palestrinas „eigentliche“ Zeit, die Periode seiner größten geschichtlichen Wirksamkeit, war, wie sich mehr und mehr abzeichnet, das 19. Jahrhundert, zumal — nach Rudolf Stephan — die Geschichte der Kirchenmusik, als für die Geschichte der Tonkunst bedeutsam, heute nunmehr beendet ist.[48]

Anmerkungen

1 Antonio Eximeno, *Dubbio ... sopra il saggio fondamentale pratico di contrappunto del ... Martini*, Rom 1775, S. 30: „Or la Musica non fa la scelta degli oggetti: ella solamente muove gli affetti; se questi si rapportano ad un soggetto sacro, la Musica è sacra; se gli affetti se rapportano ad un oggetto profano, la Musica è profana.“

2 Vgl. Renate Groth, *„La vera musica sarà affatto perduta“. Über Kirchenmusik und Kirchenstil in der italienischen Musiktheorie des 18. Jahrhunderts*, in: Hermann Danuser u.a. (Hrsg.), *Das musikalische Kunstwerk. Geschichte, Ästhetik, Theorie. Festschrift Carl Dahlhaus zum 60. Geburtstag*, Laaber 1988, S. 403—412.

3 Vgl. Brief Padre Martinis an Girolamo Chiti aus dem Jahre 1746 in Renate Groth, *„La vera musica sarà affatto perduta“...*, a.a.O., S. 403f.

4 Antonio Eximeno, *Dell'origine e delle regole della musica colla storia del suo progresso, decadenza, e rinnovazione*, Rom 1774, Reprint Hildesheim 1983, S. 257: „L'istesso per l'appunto è il Palestrina: egli è l'originale più degno di studiarsi ed imitarsi per acquistar la sem-

plicità, naturalezza, ed eleganza dello stile a cappella; ma lo rendono ridicolo quei Contrappuntisti, che col Palestrina alla mano vogliono criticare ogni sorte di composizioni."

5 Antonio Eximeno, *Dell'origine e delle regole della musica*, a.a.O., S. 395f.: „Su questo esempio la Chiesa, conservando da una parte il canto semplice della Liturgia atto a fomentare i sentimenti di Religione, permette dall'altra nelle gran Solennità come un allettamento del popolo, la Musica di strepito, la quale colla rimanente pompa del culto imprime in quello un'idea grande della Religione."

6 Vgl. Karl Gustav Fellerer, *Agostino Agazzaris „Musica ecclesiastica" 1638*, in: Detlef Altenburg (Hrsg.), *Ars Musica. Musica Scientia. Festschrift Heinrich Hüschen zum 65. Geburtstag am 2. März 1980*, Köln 1980, S. 128—136 (= *Beiträge zur Rheinischen Musikgeschichte* Band 126).

7 Johann Mattheson, *Das Beschützte Orchestre*, Hamburg 1717, S. 113.

8 Vgl. insbesondere Karl Gustav Fellerer, *Der Palestrinastil und seine Bedeutung in der vokalen Kirchenmusik des achtzehnten Jahrhunderts*, Augsburg 1929, sowie zu Jan Dismas Zelenkas und Joseph Haydns Auseinandersetzung mit Werken Palestrinas und altklassischer Vokalpolyphonie Hubert Unverricht, *Ablehnende Bewertung der orchesterbegleiteten Kirchenmusik der Klassik. Voraussetzungen und Parallelitäten der Palestrina-Renaissance um 1800?*, in: Winfried Kirsch (Hrsg.), *Palestrina und die Idee der klassischen Vokalpolyphonie im 19. Jahrhundert. Zur Geschichte eines kirchenmusikalischen Stilideals*, Regensburg 1989, S. 105—113 (= *Palestrina und die Kirchenmusik im 19. Jahrhundert* Band 1).

9 Vgl. Karl Gustav Fellerer, *Johann Sebastian Bachs Bearbeitung der Missa sine nomine von Palestrina*, in: *Bach-Jahrbuch* 24 (1927), S. 123—132, sowie Christoph Wolff, *Bach and the Tradition of the Palestrina Style*, in: ders., *Bach. Essays on his life and music*, Cambridge und London 1991, S. 84—104.

10 Vgl. Julius Amann, *Allegris Miserere und die Aufführungspraxis in der Sistina nach Reiseberichten und Musikhandschriften*, Regensburg 1935 (= *Freiburger Studien zur Musikwissenschaft* Band 4), ferner die Berichte etwa von Louis Spohr (in: *Allgemeine Musikalische Zeitung* 19 [1817], Sp. 674) und Johann Wolfgang von Goethe (*Italienische Reise*, in: *Goethes Werke* Band 11, *Autobiographische Schriften* 3, hrsg. von Erich Trunz, München [11]1982, S. 528).

11 Vgl. Renate Groth, *„La vera musica sarà affatto perduta"...*, a.a.O., S. 405.

12 Vgl. Carl Dahlhaus, *Ludwig van Beethoven und seine Zeit*, Laaber 1987, S. 241.

13 Zur Vertonung der Textstelle „Et resurrexit" in der Missa solemnis bediente sich Beethoven eines Themas von Palestrina; vgl. Elmar Seidel, *Über die Wirkung der Musik Palestrinas auf das Werk Liszts und Wagners*, in: Serge Gut (Hrsg.), *Franz Liszt und Richard Wagner. Musikalische und geistesgeschichtliche Grundlagen der Neudeutschen Schule. Referate des 3. Europäischen Liszt-Symposium Eisenstadt 1983*, München u. Salzburg 1986, S. 167 (= *Liszt-Studien* Band 3). Auch Anton Bruckner verwandte im Sanctus seiner *e-Moll-Messe* thematisches Material der *Missa Brevis* Palestrinas; vgl. Otto Ursprung, *Die Katholische Kirchenmusik*, Potsdam 1931, S. 274 (= *Handbuch der Musikwissenschaft* Band 2). In seinem Graduale *Os justi* versuchte er, jenseits von Stilkopien „alte" Satztechniken und Modi für die Kirchenmusik seiner Gegenwart zu nutzen; vgl. die — in ähnlicher Intention verfaßte — Motette *Tu es Petrus* von Felix Mendelssohn Bartholdy, sowie die Bemühungen von Johannes Brahms, Peter Cornelius u.a., durch Abschreiben von Messen Palestrinas sich im Stil altklassischer Vokalpolyphonie zu üben.

14 Gegenüber Victor Hugo, der 1837 in *Les Rayons et les Ombres* Palestrina einen „pére de l'harmonie" nennt (vgl. Michel Brenet, *Palestrina*, Paris 1906, S. 1), ist Choron in seinen

Metaphern noch überschwenglicher: „Palestrina, c'est le Racine, c'est le Raphael, c'est le Jésus-Christ de la musique." (zuerst nachgewiesen bei: Abbé Daniel, *Rapport sur le concours ouvert pour l'éloge de Choron*, Paris 1845, S. 2f.) Auch für Louis Niedermeyer war Palestrina ein Synonym für Kirchenmusik: „Pour la musique sacrée, nous disons Palestrina." vgl. Karl Gustav Fellerer, *Geschichte der katholischen Kirchenmusik*, Band 2, Kassel 1976, S. 259. Demgegenüber forderte Antoine Reicha, Kontrapunktlehrer am Pariser Conservatoire, eine Erneuerung auch des Kirchenstils, da er Palestrinas Musik nurmehr eine historische Bedeutung zumaß; vgl. Antoine Reicha, *Art du compositeur dramatique ou cours complet de composition vocale*, Paris 1833, S. 107.

15 E. T. A. Hoffmann, *Alte und neue Kirchenmusik*, in: ders., *Schriften zur Musik. Aufsätze und Rezensionen*, hrsg. von Friedrich Schnapp, München [2]1978, S. 234f.

16 E. T. A. Hoffmann, *Alte und neue Kirchenmusik*, a.a.O., S. 229.

17 E. T. A. Hoffmann, *Alte und neue Kirchenmusik*, a.a.O., S. 215.

18 E. T. A. Hoffmann, *Alte und neue Kirchenmusik*, a.a.O., S. 214.

19 E. T. A. Hoffmann, *Alte und neue Kirchenmusik*, a.a.O., S. 234.

20 Carl Dahlhaus, *„Geheimnisvolle Sprache eines fernen Geisterreichs". Kirchenmusik und Oper in der Ästhetik E. T. A. Hoffmanns*, in: ders.: *Klassische und romantische Musikästhetik*, Laaber 1988, S. 113.

21 Richard Wagner, *Beethoven*, in: ders., *Dichtungen und Schriften*, hrsg. von Dieter Borchmeyer, Band 9, Frankfurt/M. 1983, S. 63.

22 Richard Wagner, *„Zukunftsmusik"*, in: ders., *Dichtungen und Schriften*, hrsg. von Dieter Borchmeyer, Band 8, Frankfurt/M. 1983, S. 67.

23 Richard Wagner, *„Zukunftsmusik"*, a.a.O., S. 48.

24 Kaum zufällig nahm Wagner in das Programm des Konzerts am 8. März 1848, wo er seine Bearbeitung von Palestrinas *Stabat mater* vorstellt, neben einer Sinfonie von Beethoven auch Bachs Motette *Singet dem Herrn ein neues Lied* auf; vgl. Richard Wagner, *Mein Leben*, hrsg. von Martin Gregor-Dellin, München 1985, S. 371f.

25 Richard Wagner, *Beethoven*, a.a.O., S. 58.

26 Vgl. Kap. 8, Anm. 14.

27 Brief Franz Liszts an Anton Rubinstein vom 3. April 1855, in: *Franz Liszts Briefe*, hrsg. von La Mara (= Maria Lipsius), Band 1, Leipzig 1892, S. 197.

28 Vgl. Kap. 8, Anm. 14; ferner zur *Missa choralis* Anselm Hartmann, *Kunst und Kirche. Studien zum Messenschaffen von Franz Liszt*, Regensburg 1991, S. 130—154 (= *Kölner Beiträge zur Musikforschung Band 168*), sowie Dorothea Redepenning, *Meditative Musik: Bemerkungen zu einigen späten geistlichen Kompositionen Franz Liszt's*, in: *Hamburger Jahrbuch für Musikwissenschaft* 8, Laaber 1985, S. 185—202.

29 Vgl. neben dem geradezu triumphalistischen Satz *Die Gründung der Kirche* aus dem *Christus*-Oratorium (auch in Bearbeitungen für Klavier bzw. Orgel vorliegend) Liszts Umsetzung von subjektiver Religiosität und Eindrücken von Palestrinas Musik in *À la Chapelle Sixtine. Miserere d'Allegri et Ave verum corpus de Mozart.*

30 Franz Liszt, *Über zukünftige Kirchenmusik*, in: ders., *Gesammelte Schriften*, hrsg. von Lina Ramann, Band 2, Leipzig 1881, S. 55—57; vgl. Ralph P. Locke, *Music, Musicians and the Saint-Simonians*, Chicago 1986.

31 Vielfach werden im 19. Jahrhundert Kirchenkomponisten als „Palestrina" ihrer Zeit oder ihres Wirkungsortes bezeichnet; Michael Haller galt als „Palestrina des 19. Jahrhunderts", Baini nennt Matteo Simonelli den „Palestrina des 17. Jahrhunderts", Franz Nekes firmierte als „Aachener", Johann Joseph Fux als „österreichischer", Jan Trajan Turnovsky als

„böhmischer Palestrina“, Jacob Handl als „Palestrina des Nordens“, Heinrich Schütz schließlich bezeichnete man als „protestantischen Palestrina“.

32 Robert Schumann, *Musikalische Haus- und Lebensregeln*, in: *Neue Zeitschrift für Musik* Band 32, Nr. 36 (1850), Beilage.

33 Vgl. zur Palestrina-Pflege der Berliner Singakademie Georg Schünemann, *Die Singakademie zu Berlin*, Regensburg 1941, S. 24ff. u. 206.

34 Über die qualitätvollen kirchenmusikalischen Aufführungen in München um 1816 äußerte sich selbst der päpstliche Nuntius, Henry von Cassano, sehr vorteilhaft; vgl. Ferdinand Bierling, *Caspar Ett*, Ellbach 1906, S. 7.

35 Vgl. Paul Graf Waldersee, *Giovanni Pierluigi da Palestrina und die Gesammtausgabe seiner Werke*, Leipzig 1883, S. 91f. (= *Sammlung Musikalischer Vorträge* Heft 52).

36 Zu den Auseinandersetzungen Bainis mit deutschen Historikern und Musikwissenschaftlern, die eine Werkausgabe ohne die Messen Palestrinas planten, vgl. Otto Ursprung, *Palestrina und Deutschland*, in: Karl Weinmann (Hrsg.), *Festschrift Peter Wagner zum 60. Geburtstag*, Leipzig 1926, S. 208.

37 Die Petersburger Hofkapelle wie auch der päpstliche Sängerchor waren Vorbild für den Berliner Domchor, der unter Leitung von Eduard Grell für Aufführungen in der Kapelle des Charlottenburger Schlosses Palestrinas *Missa Papae Marcelli* einstudierte — mit deutschem Text: Wie in Rußland, wo Dmitrij Bortnjanskij traditionelle Melodien und Palestrinastil zu verbinden gesucht hatte, wünschte König Friedrich Wilhelm IV. auch in Preußen die Kirchenmusik historisierend umzugestalten. Die Palestrina-Verehrung des preußischen Königs wird zudem daran deutlich, daß er — auch unter dem Einfluß seines Generalmusikdirektors Gasparo Spontini — die Aufstellung einer Büste des römischen Kapellmeisters auf dem Kapitol forcierte. Vgl. hierzu die Adaption eines Falsobordone-Satzes von Palestrina zu Versen des 20. Psalms, bezeichnenderweise veröffentlicht unter der Überschrift *„Am Geburtstage des Fürsten“* in: Friedrich Wilhelm Sering, *Lehrer-Sängerunde. Männerchöre für Lehrer-Konferenzen und Lehrerseminare*, op. 111, 4. Auflage, ca. 1880, S. 76—78; ferner J. P. Schmidt, *Ueber die berühmte Missa Papae Marcelli von G. Pierluigi da Palestrina und dessen Wirksamkeit*, in: *Allgemeine Musikalische Zeitung* 45 (1843), Sp. 938.

38 Vgl. Rainer Lill, *Geschichte Italiens vom 16. Jahrhunderts bis zu den Anfängen des Faschismus,* Darmstadt 1980, S. 89f.

39 Zu bearbeiten war das Thema: „Welke verdiensten hebben zich de Nederlanders, vooral in de 14e, 15e en 16e eeuw in het vak der Toonkunst verworven; en in hoeverre kunnen de Nederlandsche kunstenaars van dien tijd, die zich naar Italien begeven hebben, invloed gehad hebben op de muziekscholen, die zich kort daarna in Italien hebben gevormd?“

40 Vgl. die Aufstellung von Werken Palestrinas, die Kiesewetter zwischen 1816 und 1820 zur Aufführung brachte, in der *Allgemeinen Musikalischen Zeitung* 22 (1820), Sp. 610, sowie Herfried Kier, *Raphael Georg Kiesewetter (1773—1850). Ein Beitrag zur Geschichte des musikalischen Historismus*, Regensburg 1968 (= *Studien zur Musikgeschichte des 19. Jahrhunderts* Band 13).

41 Franz Brendel, *Geschichte der Musik in Italien, Deutschland und Frankreich*, Leipzig [7]1889, S. 46; ähnlich August Wilhelm Ambros, *Geschichte der Musik*, Band 4, Leipzig 1878, S. 33. Gustav Schilling nennt das gesamte 16. Jahrhundert „Epoche Palestrina“ (*Encyclopädie der gesammten musikalischen Wissenschaften oder Universal-Lexicon der Tonkunst*, Band 5, Stuttgart 1841, S. 85). Vgl. hierzu Jürg Stenzl, *Palestrina als Komponist in der deutschen Musikgeschichte des 19. Jahrhundert*, in: Winfried Kirsch (Hrsg.), *Palestrina und die Idee der Klassischen Vokalpolyphonie im 19. Jahrhundert*, a.a.O., S. 35—39, sowie Albrecht

Riethmüller, *Zu den Bemühungen im 19. Jahrhundert um Palestrinas Platz in der Geschichte*, in: Winfried Kirsch (Hrsg.), *Palestrina...*, a.a.O., S. 43—52.

42 Paul Graf Waldersee, *Giovanni Pierluigi da Palestrina und die Gesammtausgabe seiner Werke*, a.a.O., S. 92f.

43 Die Maßgaben der Referenten, insbesondere aber Franz Xaver Witts, waren so eng, daß auch ca. 200 Werke Palestrinas nicht in den *Cäcilienvereinskatalog* aufgenommen wurden; vgl. Winfried Kirsch, *Aspekte der Palestrina-Rezeption*, in: ders. (Hrsg.), *Palestrina...*, a.a.O., S. 28f.

44 Vgl. Raffaele Casimiri, *Il codice 59 dell' archivio musicale lateranense, autografo di Giov. Pierluigi da Palestrina*, Rom 1919, S. 44ff. und 66—74.

45 Vgl. Joseph Kromolicki, *Palestrina-Pflege und neue Kirchenmusik*, in: *Kath. Kirchenmusikjahrbuch* 1927, S. 26—28.

46 Während Einflüsse und Modelle kontrapunktischer Satztechnik palestrinensischer Provenienz auch in den theoretischen Ausführungen Paul Hindemiths und Ernst Peppings unverkennbar sind, lehnte Arnold Schönberg eine an Palestrina orientierte Didaktik ab: „Den Kontrapunktunterricht auf Palestrina aufzubauen, ist so töricht wie es töricht ist, das Studium der Medizin auf Aesculap aufzubauen. Nichts kann seiner formalen und ideologischen Beschaffenheit nach dem zeitgenössischen Denken weiter entrückt sein als der Stil dieses Komponisten. Außerdem ist seine kontrapunktische Technik jener der niederländischen Komponisten in keiner Weise überlegen, und sie läßt auch nichts von den schwierigeren Problemen erkennen, die kurz nach ihm aufgeworfen wurden, und nichts von den Lösungen." Zit. nach Arnold Schönberg, *Vorschule des Kontrapunkts*. Eingerichtet und kommentiert von Leonard Stein, Wien 1977, S. 224. — Vgl. Anton von Webern, [Einleitung zu] ders. (Hrsg.), *Heinrich Isaac. Choralis Constantinus, II. Graduale in mehrstimmiger Bearbeitung*, Wien 1909, Reprint Graz 1959, S. VIII (= *Denkmäler der Tonkunst in Österreich* Jg. 16.1, Band 32): „In den Meisterwerken Lassos und Palestrinas erreicht der polyphone Stil seine größte Abgeklärtheit. Trotzdem ist auch hier eine genaue Abgrenzung nicht möglich, und Ysaak [= Isaac] hat vieles geschaffen, was auch in diesem Sinne die höchste Vollendung zeigt."

47 Vgl. etwa zur Palestrina-Rezeption Claude Debussys, der weniger die Kontrapunktik als Palestrinas „Arabesken", seine melodischen Linien, hervorhebt, Theo Hirsbrunner, *Claude Debussy und seine Zeit*, Laaber 1981, S. 122f.

48 Rudolf Stephan, *Die Motette im 20. Jahrhundert*, in: Herbert Schneider (Hrsg.), *Die Motette. Beiträge zu ihrer Gattungsgeschichte*, Mainz usw. 1991/92, S. 305 (= *Neue Studien zur Musikwissenschaft* Band 5).

Giovanni Pierluigi da Palestrina. Unbezeichnetes Ölgemälde vom Ende des 16. Jahrhunderts. (Archiv für Kunst und Geschichte, Berlin). Mehr als ein schlichtes Portrait, zeigt dieses Bildnis, von dem sich verschiedene zeitgenössische Fassungen in römischen Archiven nachweisen lassen, Giovanni Pierluigi, bekleidet mit einem geistlichen Gewand, bei der Niederschrift eines Musikstückes, unterstreicht mithin in auffälliger Weise seine Position als Komponist der päpstlichen Kapelle. Das Fenster eröffnet den Blick auf eine kleine, von Bergen umgebene städtische Ansiedlung, die als Palestrina, die Heimatstadt Giovanni Pierluigis in den Sabiner Bergen, zu identifizieren sein dürfte.

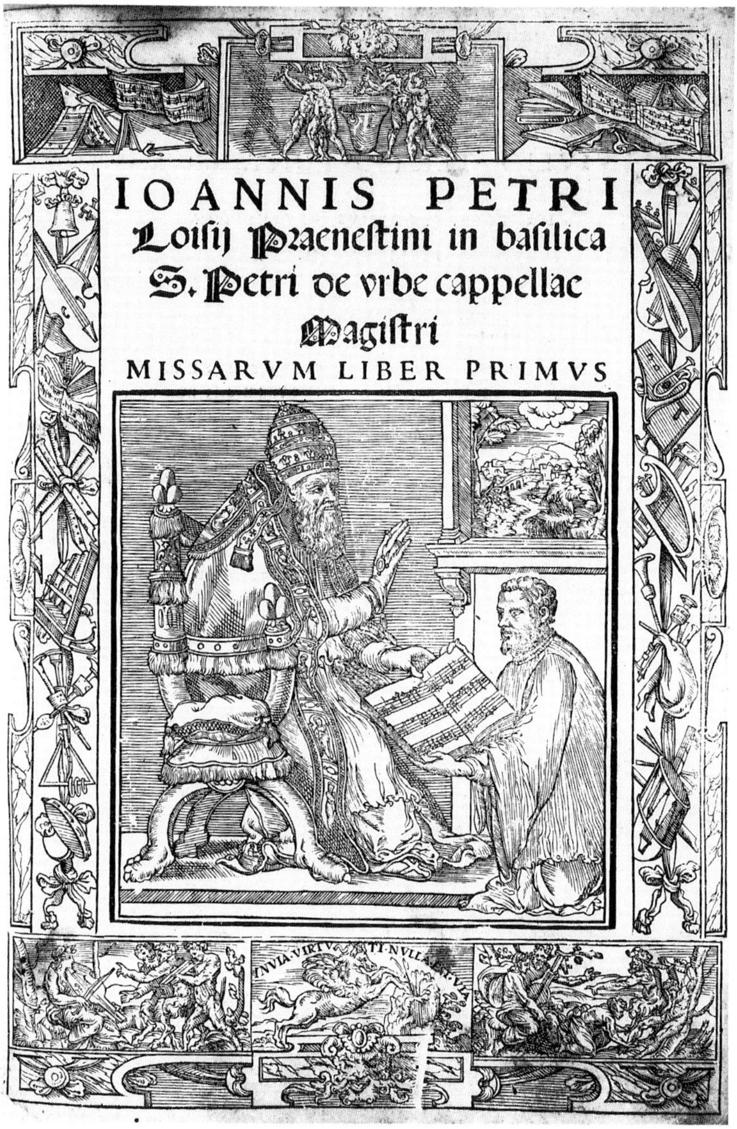

Giovanni Pierluigi da Palestrina, *Missarum liber primus*, Rom 1554, Titelblatt (Bayerische Staatsbibliothek, München, Musikabteilung). Die Widmung des ersten Messenbuches an Julius III. ist nicht nur aus dem Titelblatt ersichtlich, das, einer Darstellungskonvention folgend, den — hier nicht zweifelsfrei mit Palestrina zu identifizierenden — Komponisten vor dem Papst kniend zeigt. Neben einer schriftlichen Dedikation verweist zudem der Cantus firmus der ersten von Palestrina vorgelegten Messe — *Ecce sacerdos magnus* — auf den Widmungsträger.

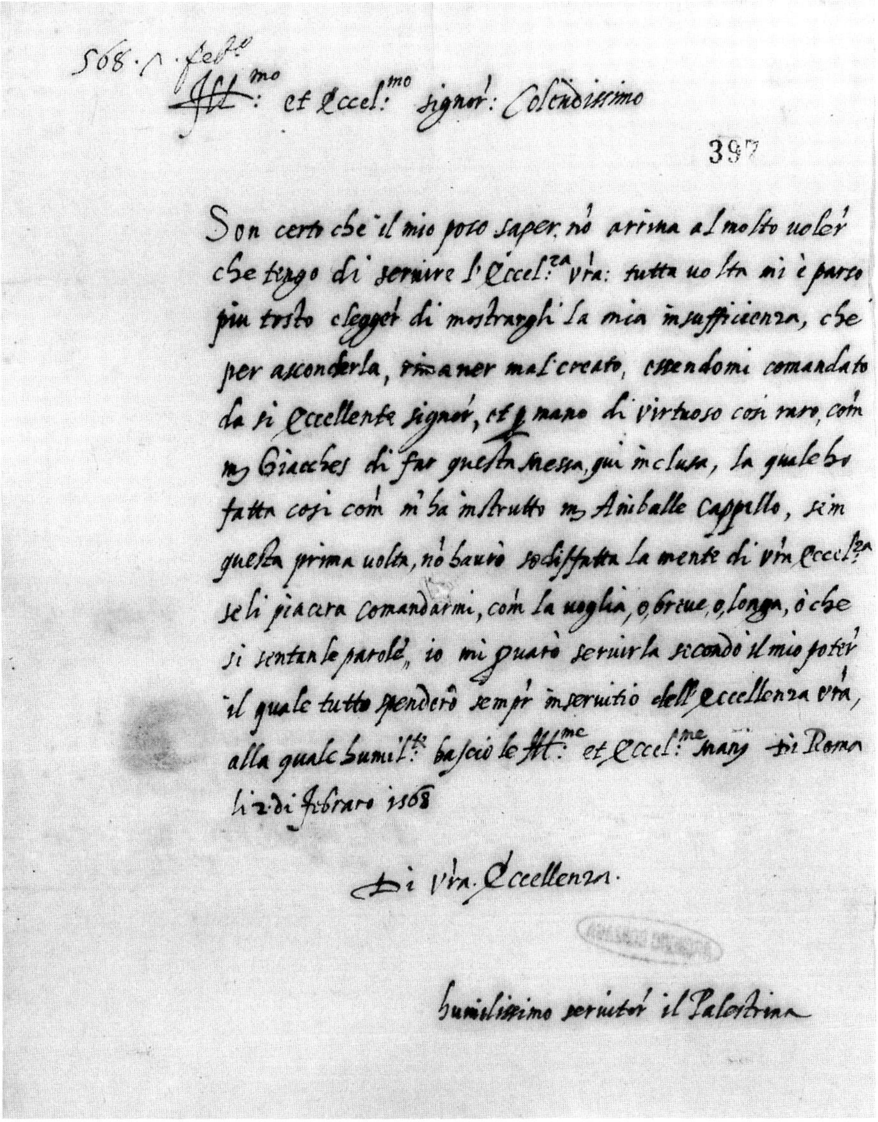
568 · 2 · febr.

Ill.mo et Eccel.mo Signor Colendissimo

397

Son certo che il mio poco saper no arriva al molto voler che tengo di servire l'Eccel.za v.ra: tutta volta mi è parso piu tosto elegger di mostrarghi la mia insufficienza, che per asconderla, rimaner mal creato, essendomi comandato da si Eccellente signor, et per mano di virtuoso cosi raro, com m. Giacches di far questa Messa, qui inclusa, la quale ho fatta cosi com mi ha instrutto m. Aniballe Cappello, se in questa prima volta, no haurò sodisfatta la mente di v.ra Eccel.za se li piacerà comandarmi, com la voglia, o breve, o longa, ò che si sentan le parole, io mi sforzarò servirla secondo il mio poter il quale tutto spenderò sempre in servitio dell'Eccellenza v.ra, alla quale humil.te bascio le Ill.me et Eccel.me mani di Roma li 2 di febraro 1568

Di v.ra Eccellenza

humilissimo servitor il Palestrina

Giovanni Pierluigi da Palestrina, *Brief* an Herzog Guglielmo Gonzaga vom 2. Februar 1568, Autograph (Archivio di Stato, Mantua). Am Anfang einer langjährigen Tätigkeit für den Mantuaner Hof bat Palestrina den künstlerisch ambitionierten Auftraggeber, seine Vorstellungen zur Kompositionsweise der für den Gottesdienst an der neuen Hofkirche S. Barbara erbetenen Vertonungen des Ordinarium missae — „o breve, o longa, o che si sentan le parole" — zu konkretisieren.

Giovanni Pierluigi da Palestrina, *Lamentationes*. Autograph, Lateran Codex 59 (Archivio Musicale Lateranense; Photo: Universitätsbibliothek Tübingen). Am Rand der ersten Seite einer Arbeitshandschrift vermerkte Palestrina die Namen einiger Sänger — Thomas [Benignius], Petrus [Ferrerius de Signia] und Nicolaus [Fiamingo] —, die 1573/74 in der päpstlichen Kapelle mitwirkten. Auf der unteren Hälfte der Seite notierte er einen falsobordone-Satz, ein Rezitationsmodell zum akkordischen Vortrag von Psalmversen.

Adrian Willaert (ca. 1480/90—1562). Unbezeichneter Holzschnitt, Frontispiz zu seiner *Septima Pars Musica Nova*, Venedig 1559. Zu den Schülern Willaerts, während dessen fünfunddreißigjähriger Tätigkeit als Kapellmeister am Markusdom Venedig zu einem Zentrum europäischer Musikkultur wurde, zählen nicht nur Cipriano de Rore und Andrea Gabrieli, sondern auch Gioseffo Zarlino und Nicola Vicentino, die in ihren musiktheoretischen Schriften je unterschiedliche Facetten des vielschichtigen Œuvres ihres Lehrers akzentuierten, die Tradition verbindlicher Kontrapunktik betonend, doch auch auf die innovativen Momente forcierter Klanglichkeit verweisend.

Hans Mielich, *Cipriano de Rore* (1516—1565). Miniatur, ca. 1558 (Bayerische Staatsbibliothek, München). Die hohe Wertschätzung, die Cipriano de Rore — nach seiner Ausbildung bei Adrian Willaert in Venedig als Hofkapellmeister in Ferrara und Parma tätig — genoß, belegt neben den Prachthandschriften, die man am Hof in München von einigen seiner Motetten anlegte, die Vielzahl von Parodien, denen seine Werke als Vorlage dienten. Auch Palestrina bezog das musikalische Material zweier seiner Messen — *Quando lieta sperai* und *Qual è il più grand'amor* — aus Madrigalen des aus den Niederlanden gebürtigen Kollegen.

Orlando di Lasso (1532—1594). Unbezeichnete Gouache um 1560 (Österreichische Nationalbibliothek, Wien). 1553 kurzzeitig als Kapellmeister am Lateran tätig — und damit dort Amtsvorgänger Palestrinas —, wirkte Lasso ab 1556 am Hof von Herzog Albrecht V. in München, wo das Gros eines kaum übersehbaren Œuvres von mehr als 2.000 Kompositionen, darunter etwa 70 Messen und ca. 1.200 Motetten, entstand.

Orlando di Lasso, *Psalmi poenitentiales*. Sogenannter *Mielich*-Kodex (Bayerische Staatsbibliothek, München, Handschriftenabteilung, Mus. Ms. A I). Um Bußfertigkeit, die ihm seine Räte 1557 nahelegten, zu demonstrieren, gab Herzog Albrecht V. seinem Kapellmeister Lasso einige Psalmkompositionen in Auftrag, die — für den privaten Gottesdienst des Fürsten reserviert, zunächst nicht zur Veröffentlichung vorgesehen — kompositorisch ebenso artifiziell gestaltet wie in einer prachtvoll illustrierten Handschrift gefaßt werden konnten.

Orlando di Lasso, *Patrocinium musices … Cantionum opus novum,* München 1573. Titelblatt (Bayerische Staatsbibliothek, München). Der Titel einer insgesamt 12 Bände umfassenden Reihe, die Lasso mit einer Motettensammlung eröffnete, bezieht sich, vermutlich singulär in der Musikgeschichte, nicht auf den Inhalt, sondern die nachgerade politische Funktion dieses Werks: Als Patrone und Schutzmächte jener kunstvollen Musik, die das Tridentinum zur Disposition stellen wollte und die in der reichen Instrumentalbesetzung der Kapelle offensiv demonstriert wird, firmieren die Fürsten und Regenten, deren Wappen das aufwendig gestaltete Titelblatt rahmen.

Heinrich Glarean, *Dodekachordon*, Basel 1547 (Bischöfliche Zentralbibliothek, Proske-Musikbibliothek, Regensburg). Einen Abschnitt seiner grundlegenden Musiklehre, in der er eine Erweiterung des überkommenen Systems der Modi auf nunmehr zwölf Tonarten proklamierte, widmete Heinrich Loriti, der sich nach seinem Geburtsort Glareanus nannte, dem kompositionstechnisch intrikaten Problem des Mensurkanons. Dieselbe satztechnische Virtuosität, die Glarean an Beispielen von Pierre de la Rue wie insbesondere Josquin des Prez demonstrierte, verdeutlichte 65 Jahre später sein spanischer Kollege Pedro Cerone in seinem monumentalen, mehr als 1.000 großformatige Seiten umfassenden Traktat *El Melopeo* an Palestrinas Missa *L'homme armé*: Der Wechsel der Bezugsperson, nicht des zu diesem Zeitpunkt eher schon obsoleten Themas, beleuchtet den Rang, den Palestrina als Autorität seit dem Ende des 16. Jahrhunderts einnahm.

Filippo Neri. Unbezeichneter Kupferstich aus dem 16. Jahrhundert. Neris Intention, weltliche Geselligkeitsformen geistlich zu überhöhen, ließ ihn 1575 die *Congregazione dei Preti dell'Oratorio* gründen, in der vermutlich auch Palestrina mitarbeitete. Einige seiner Laudi — hymnenartige Gesänge in schlichtem, drei- bis vierstimmigen Satz — könnten für die *Essercizi spirituali* entstanden sein, außerliturgische Andachten, die wegen des ungezwungenen, oft anekdotenreichen Predigtstils Neris rasch große Popularität gewannen.

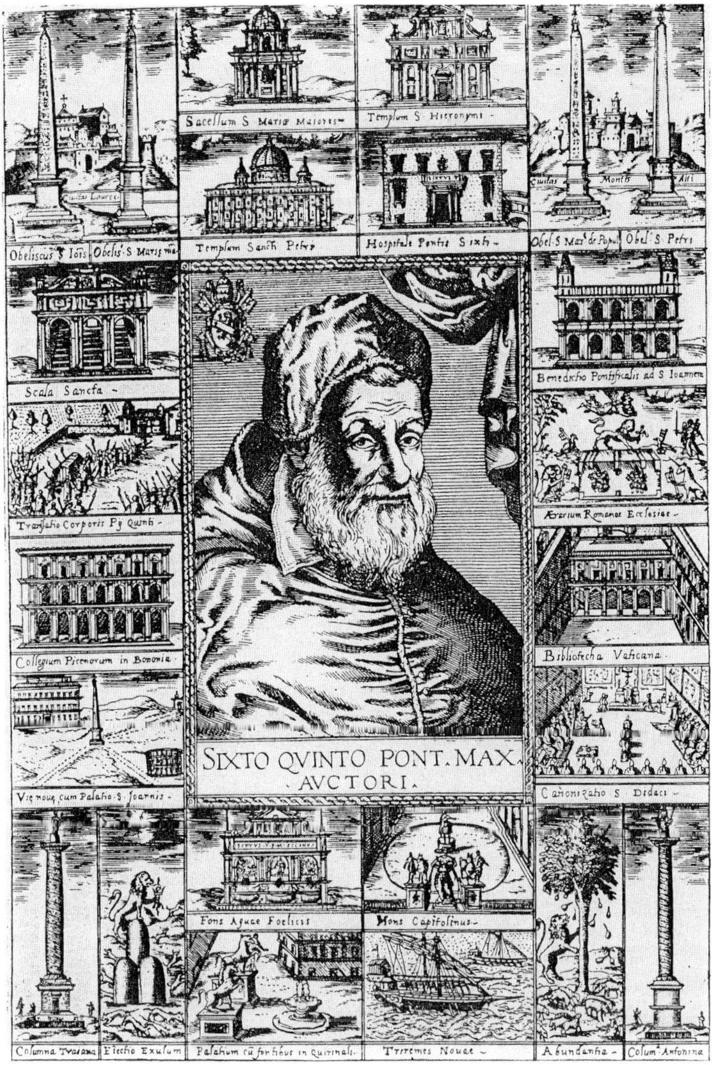

Giovanni Pinadelli, *Invicti quinarii numeri series quae summatim a superioribus pontificibus et maxime a Sixto Quinto res praeclare quadriennio gestas …* Rom 1589. Frontispiz. Das lediglich fünfjährige Pontifikat Sixtus V. ist (u.a.) geprägt von weitreichenden Eingriffen in die Architektur der Stadt und eine rege Bautätigkeit, die den Abschluß der Arbeiten an der Kuppel des Petersdomes ebenso umfaßte wie die Erweiterung päpstlicher Paläste, den Neubau von Wasserleitungen oder die Umwidmung antiker Denkmale. Für manche der oft aufwendig gefeierten Ereignisse legte Palestrina neue Kompositionen vor; so sang man zur Aufstellung eines nunmehr mit einem Kreuz bekrönten Obelisken vor St. Peter 1586 (im Bild rechts oben) seine Fassung des *O Crux ave,* eine Strophe des Hymnus *Vexilla regis prodeunt.*

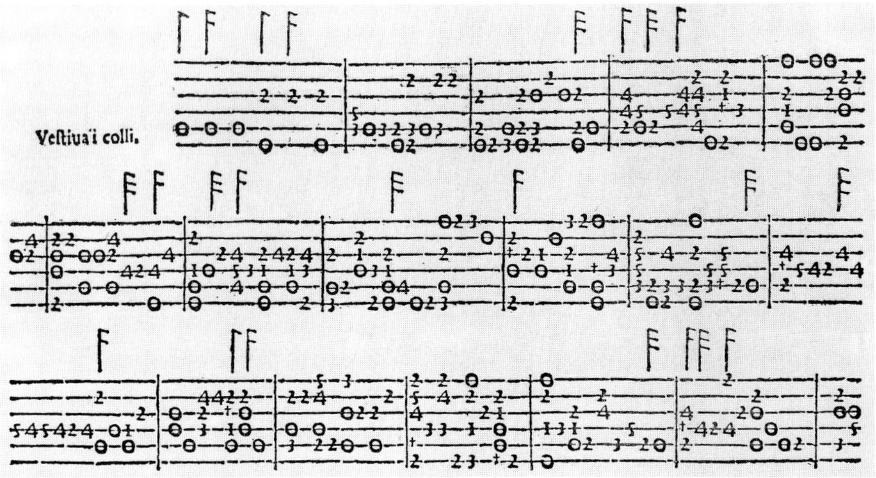

Giovanni Pierluigi da Palestrina, *Vestiva i colli*, aus: Vincenzo Galilei, *Fronimo. Dialogo sopra l'arte del bene intavolare*, Venedig ²1584. Palestrinas seinerzeit bekanntestes Madrigal fand Aufnahme in zahlreiche Sammelbände, hier in einer Intavolierung für eine Anthologie mit Lautenmusik, die Vincenzo Galilei zuerst 1568 vorlegte (vgl. Notenbeispiel S. 185).

Ruggiero Giovanelli (um 1560—1625), Kupferstich von J. Caldwall nach einer Zeichnung von P. de Petri; aus: John Hawkins, *A General History of Science and Practice of Music*, Bd. 3, London 1776. Giovanelli, möglicherweise ein Schüler Palestrinas, wurde nach dessen Tod Kapellmeister an St. Peter. So sehr er, etwa in seinen fünfstimmigen Motetten, kontrapunktische Techniken strenger Imitationen zu wahren suchte, so wenig versagte er sich, affektbetonte Monodien und ausdrucksstarke Wendungen in seine Kompositionen für den Gottesdienst zu integrieren.

Felice Anerio (1560—1614), Kupferstich von J. Caldwall, aus: John Hawkins, *A General History of Science and Practice of Music*, Bd. 3, London 1776. Einige Werke Anerios wurden lange Palestrina zugeschrieben, dessen Amt als Komponist der päpstlichen Kapelle er ebenso übernahm wie die Aufgabe einer — erst 1614 abgeschlossenen — Redaktion des Graduale. Fast scheint es, als spiegele sich die Nähe der Kompositionsstile beider auch in seinem Portrait, das ungeachtet aller Darstellungskonventionen Bildnissen Palestrinas überraschend ähnelt.

Felice Anerio, *Tunc amplexus, tunc oscula,* aus: Simone Verovio, *Diletto spirituale*, Rom 1586. Als Herausgeber und Drucker tätig, war Simone Verovio der erste, der für die Herstellung seiner Sammelbände mit Canzonetten Kupferstiche verwandte; andere Verlage und Druckereien benutzten nicht zuletzt größerer Auflagen wegen auch bei der Herstellung von Musikalien bewegliche Lettern.

Giovanni Maria Nanino (um 1545—1607), Kupferstich von Francesco Trevisani; aus: Andrea Adami da Bolsena, *Osservazioni per ben regolare il coro dei cantori della Cappella Pontificia*, Rom 1711. Nanino, Schüler Palestrinas und 1571 dessen Nachfolger als Kapellmeister an S. Maria Maggiore, gehörte zum engsten Kreis der Komponisten um Giovanni Pierluigi, die jenen spezifischen, nach Palestrina benannten kontrapunktischen Stil kultivierten. Ob — wie im Anschluß an Baini lange Zeit behauptet wurde — diese Bemühungen um eine Sanktionierung polyphoner Satztechniken mit der Gründung einer Kompositionsschule eine institutionalisierte Form erhalten sollten, ist indes nicht nachzuweisen.

Gregorio Allegri (1582—1652), Kupferstich von Francesco Aquila, aus: Andrea Adami da Bolsena, *Osservazioni per ben regolare il coro dei cantori della Cappella Pontificia*, Rom 1711. Die musikgeschichtliche Bedeutung Allegris, eines Schülers von Nanino, ist fast ausschließlich auf seine Vertonung des „Miserere“ (Ps. 50) zurückzuführen, das aufgrund der besonderen Aufführungstraditionen in der Sixtina — a cappella und unter Bewahrung der barocken Praxis, Koloraturen zu improvisieren — von den Romreisenden des 18. und 19. Jahrhunderts oft emphatisch gepriesen wurde und nachgerade — nicht zuletzt durch eine (vom vierzehnjährigen Mozart ad absurdum geführte) Sorge um unautorisierte Vervielfältigung — legendären Ruhm gewann.

Sixtinische Kapelle, Kupferstich von John Caldwall nach einer Radierung von Filippo Juvara, aus: Charles Burney, *La musica che si canta nella settimana santa*, London 1771. Gegenüber der ursprünglichen Version des Bildes von einer Papstmesse in der Sixtina, einem Stich von Lodovico Vaccari aus dem Jahre 1578, sind in der Fassung, die Burney seiner Edition der Gesänge der Karwoche, darunter auch — im Erstdruck — Allegris *Miserere*, als Frontispiz beigab, die Dimensionen des Kapellenraumes ins Monumentale übersteigert und Architekturmotive stark betont. Vergleichbaren Vorstellungen von Klassizität, die hier — nicht zuletzt unter dem wachsenden Einfluß des Palladianismus — den Blick auf historische Bauten leitete, entsprang im 18. Jahrhundert eine verstärkte Rezeption der Werke Palestrinas, deren authentische Gestalt man wiederzugewinnen suchte.

Johann Joseph Fux, *Gradus ad Parnassum*, Wien 1725 (Stadt- und Universitätsbibliothek Frankfurt/Main, Musiksammlung). Nicht die früheste, doch sicherlich die einflußreichste Kodifizierung der satztechnischen Grundlagen des Kontrapunkts palestrinensischer Provenienz gelang dem Wiener Hofkapellmeister Johann Joseph Fux, den eine über Angelo Berardi, Marco Scacchi und Giovanni Francesco Anerio zurückreichende Lehrer-Schüler-Filiation mit Giovanni Pierluigi verband. Gleichwohl war Fux der nurmehr propädeutische Charakter, den eine Kontrapunktlehre im 18. Jahrhundert beanspruchen konnte, durchaus bewußt.

Giovanni Pierluigi da Palestrina, *Missa sine nomine*, Orgelstimme von Johann Sebastian Bach (Staatsbibliothek zu Berlin, Preußischer Kulturbesitz). Die Auseinandersetzung Bachs mit der Kompositionstechnik Palestrinas war nicht nur vermittelt durch Fux' Kontrapunktlehrbuch, von dem sein Leipziger Schüler Lorenz Christoph Mizler 1742 eine deutsche Übersetzung vorlegte. Bedingt durch die Konversion Augusts des Starken sowie weitere dynastische Verbindungen des Dresdner Hofes mit dem Haus Habsburg gelangte eine Vielzahl genuin „katholischer" Musik nach Sachsen, die sich Bach durch Abschriften und Bearbeitungen für die kirchenmusikalische Praxis anzueignen versuchte. Dabei ist eine Generalbaß-Begleitung, die bereits im frühen 17. Jahrhundert dokumentiert werden kann, ebensowenig ungewöhnlich wie das — auch in Dresdner Archivalien nachzuweisende — Verfahren Bachs, die Singstimmen durch (Blas-)Instrumente zu unterstützen.

Giovanni Pierluigi da Palestrina. Kupferstich nach Giuseppe Ghezzi. Durch Kopieren und Spartieren in römischen Archiven und Bibliotheken sowie Kauf und Tausch legte Abbate Fortunato Santini eine umfangreiche Musikaliensammlungen an, deren annähernd 1.000 Titel umfassenden Katalog er 1820 im Druck herausgab. Das Portrait Palestrinas, das er in diesem Zusammenhang verbreiten ließ, folgt einem Kupferstich, den er den 1711 erschienenen *Osservazioni* des Andrea Adami da Bolsena entnahm.

Giovanni Pierluigi da Palestrina. Unbezeichneter Kupferstich aus: *Allgemeine Musikalische Zeitung*, 17. Jg., Leipzig 1815. Nachdem im August und September 1814 E. T. A. Hoffmann in der *AMZ* seine Gedanken zu *Alter und neuer Kirchenmusik* entwickelt und dabei die ästhetischen Qualitäten der Werke Palestrinas verdeutlicht hatte, eröffnete ein Kupferstich des römischen Kapellmeisters den folgenden Jahrgang; fast gleichzeitig erschien in Leipzig Burneys Edition der römischen Karwochengesänge in einer Titelauflage.

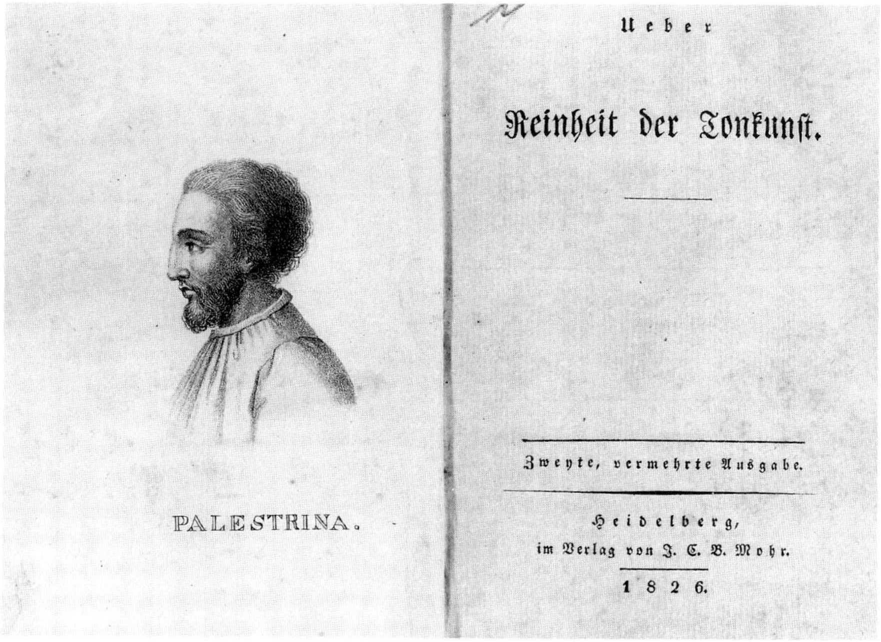

Ueber

Reinheit der Tonkunst.

Zweyte, vermehrte Ausgabe.

Heidelberg,
im Verlag von J. C. B. Mohr.

1826.

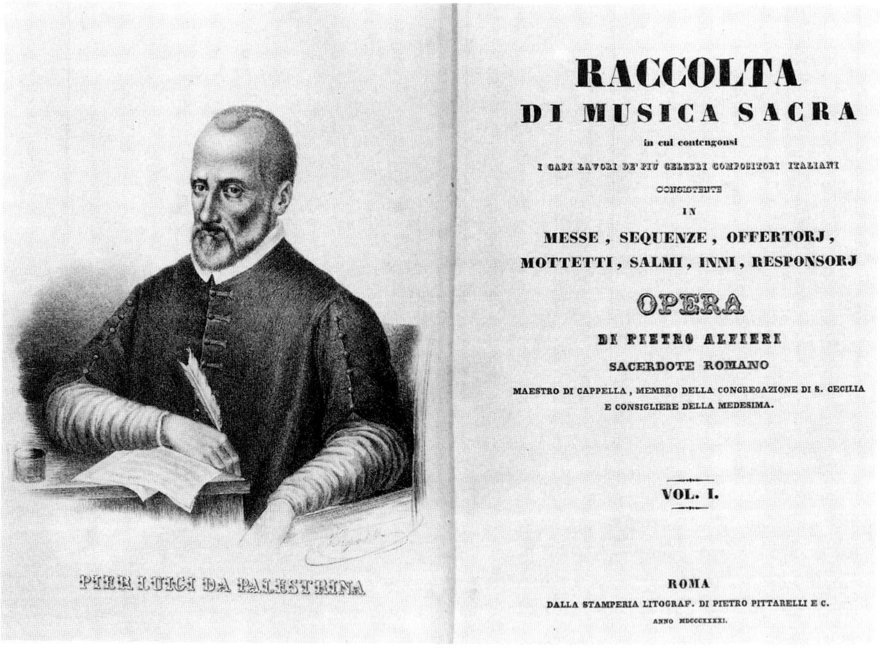

RACCOLTA
DI MUSICA SACRA
in cui contengonsi
I CAPI LAVORI DE' PIÙ CELEBRI COMPOSITORI ITALIANI
CONSISTENTE
IN
MESSE, SEQUENZE, OFFERTORJ,
MOTTETTI, SALMI, INNI, RESPONSORJ
OPERA
DI PIETRO ALFIERI
SACERDOTE ROMANO
MAESTRO DI CAPPELLA, MEMBRO DELLA CONGREGAZIONE DI S. CECILIA
E CONSIGLIERE DELLA MEDESIMA.

VOL. I.

ROMA
DALLA STAMPERIA LITOGRAF. DI PIETRO PITTARELLI E C.
ANNO MDCCCXXXXI.

Giovanni Pierluigi da Palestrina. Kupferstich von S. F. Amsler nach einer Zeichnung des Julius Schnorr von Carolsfeld. Schnorr von Carolsfeld, seit 1818 Mitglied der St. Lukas-Bruderschaft in Rom, fertigte nach der Vorlage eines Portraitgemäldes Palestrinas aus dem 16. Jahrhundert eine Zeichnung, deren Kupferstich-Version Baini seiner monumentalen, 1828 publizierten Monographie zu Leben und Werk des römischen Kapellmeisters voranstellte.

Bild links oben: Anton Friedrich Justus Thibaut, *Ueber Reinheit der Tonkunst*, Heidelberg ²1826. Titelblatt. 1825 gab der Heidelberger Jurist Thibaut anonym eine Studie zur Kirchenmusik in Druck, die bereits ein Jahr später mit verdoppeltem Umfang, doch ungleich weniger scharf pointierten Thesen in zweiter Auflage erschien und zu einer Programmschrift musikalischer Restaurationsbestrebungen mit kaum zu unterschätzender Wirkung selbst für Komponisten vom Range Robert Schumanns und Carl Maria von Webers wurde; auch das Bildnis Palestrinas auf dem Frontispiz erscheint hier gegenüber der Erstausgabe noch stärker nazarenischen Schönheitsidealen angepaßt.

Bild links unten: Pietro Alfieri, Raccolta di Musica sacra, Bd. 1, Rom 1841. Titelblatt. Alfieri, der sich um eine Wiederbelebung klassischer Vokalpolyphonie wie auch des gregorianischen Chorals bemühte, legte zwischen 1841 und 1846 sieben Bände einer ersten Sammelausgabe der Werke Palestrinas vor. Für das Frontispiz seiner Edition wählte er eine Halbfigur-Darstellung des römischen Kapellmeisters, die eine sorgfältige Umsetzung jener Gemälde-Vorlage aus dem 16. Jahrhundert erkennen läßt.

MISSA
PAPAE MARCELLI
triplici concentu distincta,
videlicet:
I. Joannis Petri Aloysii Praenestini
{Giovanni Pierluigi da Palestrina}
MISSA
PAPAE MARCELLI
GENUINA
Sex Vocum.
II. Missa eadem ad Quatuor Voces reducta
Auctore
Joanne Francisco Anerio.
III. Eademque Missa duplici choro
Octo Vocibus concinenda
Auctore
FRANCISCO SURIANO.
Triplicem hanc Missam juxta editiones principes fidelissime in partitionem redegit
eamque prima hac unione excusam publicavit
CAROLUS PROSKE.
MDCCCL.
N° 10711 Ex sumtibus vulgantium Pr. 4 fl. 48 kr.
Inscriptum tabulario unitorum Musices editorum
MAGUNTIAE, LONDINII ET BRUXELLARUM
ex taberna musices B. Schott filiorum

Carl Proske (Hrsg.), *Missa Papae Marcelli*, in der sechsstimmigen Originalfassung von Giovanni Pierluigi da Palestrina, mit Bearbeitungen für vier Stimmen von Francesco Anerio sowie für acht Stimmen von Francesco Suriano, Mainz, London und Brüssel 1850. Mit seiner vergleichenden Ausgabe der *Missa Papae Marcelli*, deren Bedeutung durch die ungemein vielfältige Typographie des Titelblattes unterstrichen wird, nahm Proske auch einen Teil ihrer Überlieferungsgeschichte in den Blick; moderne Bearbeitungen indes verwarf er. Bei seinen zahlreichen Editionen von Werken des 16. und 17. Jahrhunderts, die er in anspruchsvoll konzipierten Serien (*Musica divina, Selectus novus missarum*) vorlegte, bemühte er sich, im Rückgriff auf alte Quellen eine möglichst authentische Fassung zu ermitteln, um die für eine Restauration der katholischen Kirchenmusik erforderlichen Musikalien auch philologisch fundiert zu wissen.

Giovanni Pierluigi da Palestrina, *Stabat Mater*, eingerichtet von Richard Wagner, Leipzig 1879. Wagners Bearbeitung, für ein Konzert im Königlichen Hoftheater Dresden am 8. März 1848 angefertigt, beschränkt sich auf eine minutiöse dynamische Differenzierung qua vielfältiger Vortragsanweisungen sowie einer variablen, zwischen Soli und (Halb-)Chor wechselnden Besetzung. Erst auf Vermittlung von Liszt, dem Wagner sein Autograph überlassen hatte, besorgte Franz Xaver Witt eine Veröffentlichung mit einer zweiten, von Wagner autorisierten Textfassung.

Hans Pfitzner, *Palestrina*, Szenenbild (I. Akt) der Uraufführung, Prinzregententheater München, 12. Juni 1917 (Deutsches Theatermuseum, München). In Pfitzners Künstleroper, deren Inszenierung bei der Uraufführung unter Bruno Walter er selbst übernahm, gewann die Legende von einer Rettung der Kirchenmusik durch Palestrina (hier dargestellt von Karl Erb) szenische Gestalt. Der am Schreibtisch über der Arbeit eingeschlafene Komponist vernimmt einen Chor von Engeln, deren Gesang — an dieser Stelle zitiert Pfitzner Passagen der *Missa Papae Marcelli* — er lediglich notieren muß.

Jean Dubray, *Palestrina*. Holzschnitt, aus: Émile de Quillermoz, *Visages de Musiciens*, Paris 1920. Wie in Pfitzners Oper gerät in der Darstellung von Dubray die Individualität Palestrinas in den Blick. Der sich unwillkürlich aufdrängende Vergleich von Persönlichkeit und Werk Giovanni Pierluigis mit seinen Zeitgenossen führt — nicht erst mit der Entlarvung der Legende von der kirchenmusikalischen Rettungstat während des Tridentinums, deren Kern historischer Wahrheit Knud Jeppesen paradoxerweise wieder zu sichern wußte — zu einer Relativierung der Ausnahmestellung Palestrinas, zugleich singulären und subjektiven Rezeptionsweisen.

Werkverzeichnis

Aufgestellt unter Verwendung der Verzeichnisse von Michel Brenet, Alberto Cametti, Karl Gustav Fellerer, Emilio Ferracci, Knud Jeppesen, Jessie Ann Owens und Jerome Roche. Mitgeteilt werden Originaltitel, Gebrauchstitel, Widmungsträger, Ort und Zeit der Publikation, bzw. der Entstehung, Nachdrucke und Neuauflagen bis zum Anfang des 17. Jahrhunderts.

1. Messen

a) zu Lebzeiten des Komponisten gedruckt oder aus dem Nachlaß herausgegeben

Missarum Liber Primus. Erstes Messenbuch. Papst Julius III. gewidmet. Rom 1554. Nachdrucke und Neuauflagen Rom 1572, Venedig 1590.

1. Missa *Ecce sacerdos magnus* à 4
2. Missa *O Regem coeli* à 4
3. Missa *Virtute magna* à 4
4. Missa *Gabriel Archangelus* à 4
5. Missa *Ad coenam Agni providi* à 5

[erweiterte Ausgabe:] ... *cum quatuor, quinque ac sex vocibus.* Rom 1591, Nachdrucke und Neuauflagen Venedig 1596, Rom 1608

6. Missa *Pro defunctis* à 5
7. Missa *Sine nomine* à 6 [Je suis déshéritée]

Missarum Liber Secundus. Zweites Messenbuch. Philipp II. gewidmet. Rom 1567. Nachdrucke und Neuauflagen Venedig 1598, Rom 1599 und 1600.

1. Missa *De beata Virgine* à 4
2. Missa *Inviolata* à 4
3. Missa *Sine nomine* à 4 [Je suis déshéritée]
4. Missa *Ad fugam* à 4
5. Missa *Aspice Domine* à 5
6. Missa *Salvum me fac* à 5
7. Missa *Papae Marcelli* à 6

Missarum Liber Tertius. Drittes Messenbuch. Philipp II. gewidmet. Rom 1570. Nachdrucke und Neuauflagen Venedig 1594, 1596 und 1598, gekürzt 1599 (ohne De beata Virgine).

1. Missa *Spem in alium* à 4
2. Missa *Primi toni* à 4 [Io mi son giovinetta]
3. Missa *Brevis* à 4
4. Missa *De feria* à 4
5. Missa *L'homme armé* à 5
6. Missa *Repleatur os meum* à 5
7. Missa *De beata Virgine* à 6
8. Missa *Ut re mi fa sol* à 6

Missarum cum quatuor et quinque vocibus Liber Quartus. Viertes Messenbuch. Papst Gregor XIII. gewidmet. Venedig 1582. Nachdrucke und Neuauflagen Rom 1582 sowie Mailand 1590 und 1610 (*Basso principale co'l Soprano...*).

1. Missa *Prima* à 4 [Lauda Sion]
2. Missa *Secunda* à 4 [Primi toni]
3. Missa *Tertia* à 4 [Jesu nostra redemptio]
4. Missa *Quarta* à 4 [L'homme armé]
5. Missa *Prima* à 5 [Eripe me de inimicis meis]
6. Missa *Secunda* à 5
7. Missa *Tertia* à 5 [O magnum mysterium]

Missarum Liber Quintus, quatuor, quinque, ac sex vocibus concinendarum. Fünftes Messenbuch. Herzog Wilhelm V. von Bayern gewidmet. Rom 1590. Nachdrucke und Neuauflagen Venedig 1591 und Rom 1599.

1. Missa *Aeterna Christi munera* à 4
2. Missa *Iam Christus astra ascenderat* à 4
3. Missa *Panis, quem ego dabo* à 4
4. Missa *Iste confessor* à 4
5. Missa *Nigra sum* à 5
6. Missa *Sicut lilium inter spinas* à 5
7. Missa *Nasce la gioia mea* à 6
8. Missa *Sine nomine* à 6 [Je suis déshéritèe]

Bemerkung: Nr. 8 entspricht Nr. 7 der erweiterten Ausgabe des *Missarum Liber Primus.*

Missae quinque — quatuor et quinque — vocibus concinendae Liber Sextus. Sechstes Messenbuch. Kardinal Pietro Aldobrandini gewidmet. Rom 1594.

1. Missa *Dies sanctificatus* à 4
2. Missa *In te Domine speravi* à 4
3. Missa *Sine nomine* [Je suis déshéritée] à 4
4. Missa *Quam pulchra es* à 4
5. Missa *Dilexi quoniam* à 5

[erweiterte Ausgabe] ... *cum Quatuor — Quinque ac Sex Vocibus* ..., Venedig 1596.

6. Missa *Ave Maria* à 6

Missae quinque — quatuor ac quinque — vocibus concinendae. Liber Septimus. Siebtes Messenbuch. Papst Clemens VIII. gewidmet. Rom 1594.

1. Missa *Ave Maria* à 4
2. Missa *Sanctorum Meritis* à 4
3. Missa *Emendemus* à 4
4. Missa *Sacerdos et Pontifex* à 5
5. Missa *Tu es pastor ovium* à 5

[erweiterte Ausgabe] ... *cum quatuor, quinque ac sex vocibus* ..., Rom 1595. Nachdrucke und Neuauflagen Venedig 1605 und 1609.

6. Missa *Ad Beneplacitum* [Illumina oculos meos] à 6

Bemerkung: Nr. 6 entspricht Nr. 6 im *Missarum Liber Decimus,* Venedig 1600.

Missarum cum quatuor, quinque & sex vocibus Liber Octavus. Achtes Messenbuch. Silvio Maioli gewidmet. Venedig 1599. Nachdruck/Neuauflage Venedig 1609.

1. Missa *Quem dicunt homines* à 4
2. Missa *Dum esset summus pontifex* à 4
3. Missa *O admirabile commercium* à 5
4. Missa *Memor esto* à 5
5. Missa *Dum complerentur* à 6
6. Missa *Sacerdotes Domini* à 6

Missarum cum quatuor, quinque, & sex vocibus Liber Nonus. Neuntes Messenbuch. Giovanni Cisano gewidmet. Venedig 1599. Nachdruck und Neuauflage Venedig 1608 (ohne Nr. 6).

1. Missa *Ave Regina coelorum* à 4
2. Missa *Veni sponsa Christi* à 4
3. Missa *Vestiva i colli* à 5
4. Missa *Sine nomine* à 5
5. Missa *In te Domine speravi* à 6
6. Missa *Te Deum laudamus* à 6

Missarum cum quatuor, quinque & sex vocibus Liber Decimus. Zehntes Messenbuch. Vincenzo Sandrinella gewidmet. Venedig 1600.

1. Missa *In illo tempore* à 4
2. Missa *Gia fu chi m'ebbe cara* à 4
3. Missa *Petra sancta* à 5
4. Missa *O Virgo simul et Mater* à 5
5. Missa *Quinti toni* à 6
6. Missa *Illumina oculos meos* à 6

Missarum cum quatuor, quinque & sex vocibus Liber Undecimus. Elftes Messenbuch. Daniele Rosa gewidmet. Venedig 1600.

1. Missa *Descendit Angelus Domini* à 4
2. Missa *Regina coeli* à 5
3. Missa *Quando lieta sperai* à 5
4. Missa *Octavi toni* à 6 [Festum nunc celebre]
5. Missa *Alma Redemptoris* à 6

Missarum cum quatuor, quinque & sex vocibus, Liber Duodecimus. Zwölftes Messenbuch. Giovanni Battista Bordoni gewidmet. Venedig 1601.

1. Missa *Regina coeli* à 4
2. Missa *O Rex gloriae* à 4
3. Missa *Ascendo ad Patrem* à 5
4. Missa *Qual'e il più grande Amor* à 5
5. Missa *Tu es Petrus* à 6
6. Missa *Viri Galilaei* à 6

Missae quatuor octonis vocibus concinendae. Vier achtstimmige Messen. Girolamo Zino gewidmet. Venedig 1601.

1. Missa *Laudate Dominum, omnes gentes*
2. Missa *Hodie Christus natus est*
3. Missa *Fratres ego enim accepi*
4. Missa *Confitebor tibi, Domine*

   Bemerkung: Nr. 4 auch in einem Sammelband Venedig 1585.

Missa Assumpta est Maria sex v. Undatierter Druck, ohne Angabe des Verlagsortes, eingebunden in Ms Ottob. Lat. 3391 der Bibl. Vaticana.

b) einzelne Messen in Sammelwerken der Zeit

in: *Missarum cum quatuor vocibus liber primus*, Brescia 1581; Nachdrucke und Neuauflagen Mailand 1590, Venedig 1605 und 1608.

1. Missa *Sine nomine* à 4 [Je suis déshéritée]
2. Missa *Brevis*

   Bemerkung: siehe auch zweifelhafte Werke

Di M. Giovanni Pierluigi da Palestrina una messa a otto voci sopra il suo Confitebor a due cori. Et di ... Venedig 1585.

in: *Missae* ..., Nürnberg 1590
1. Missa *Primi toni*

c) handschriftlich überliefert

Messe di Mantova. Mantuaner Messen. Vier- und fünfstimmige Alternatim-Messen, entstanden 1578/79 für Herzog Wilhelm von Mantua. Manuskripte im Archivio di Santa Barbara, Mantua, aufgefunden von Knud Jeppesen.

1. Missa *In duplicibus* (minoribus I) à 5
   Kyrie
   Gloria: Bonae voluntatis
   Benedicimus te
   Glorificamus te
   Domine Deus, Rex coelestis
   Domine Deus, Agnus Dei
   Qui tollis peccata mundi
   Quoniam tu solus sanctus
   Tu solus Altissimus
   Amen
   Credo: Factorem coeli et terrae
   Et ex patre natum
   Genitum non factum
   Et incarnatus
   Et resurrexit
   Et iterum venturum est
   Qui cum Patre
   Confiteor unum baptisma
   Et vitam venturi saeculi. Amen.
   Sanctus
   Agnus Dei
2. Missa *In duplicibus* (minoribus II) à 5
3. Missa *Beatae Mariae virginis* I à 5
4. Missa *Beatae Mariae virginis* II à 5
5. Missa *Beatae Mariae virginis* III à 5
6. Missa *In festis Apostolorum* I à 5
7. Missa *In festis Apostolorum* II à 5
8. Missa *In semiduplicibus majoribus* I à 5
9. Missa *In semiduplicibus majoribus* II à 5
10. Missa *Dominicalis* à 5
11. Missa *Sine nomine* à 4 [''a voci mutate'']
12. Missa *Beatus Laurentius* à 5
13. Missa *Ecce ego Joannes* à 6
14. Missa *In majoribus duplicibus* à 4
15. Missa *In minoribus duplicibus* à 4
16. Missa *O sacrum convivium* à 5
17. Missa *Panem nostrum* à 5
18. Missa *Pater noster* à 4
19. Missa *Salve regina* à 6
20. Missa *Sine titulo* à 6 [Benedicta es]

21. Missa *Sine titulo* à 6 [Io mi son giovinetta]
22. Missa *Tu es Petrus* à 6
23. Missa *Tu es Petrus* à 18 in 3 Chören
24. Missa *Veni creator spiritus* à 6
25. Missa *Cantantibus Organis* à 12. Von Palestrina: *Gloria* [Prima Pars]

2. Motetten

a) zu Lebzeiten des Komponisten gedruckt oder aus dem Nachlaß herausgegeben

Motecta festorum totius anni cum communi sanctorum quaternis vocibus. Liber Primus. Erstes Buch vierstimmiger Motetten. Rom 1563. Nachdrucke und Neuauflagen Venedig 1564, 1571, 1574, 1579, 1585, 1595 und 1601, Mailand 1587, Rom 1590 und 1622 sowie Antwerpen 1593 und 1613.

1. Dies sanctificatus
2. Lapidabant Stephanum
3. Valde honorandus est
4. Magnum haereditatis mysterium
5. Tribus miraculis
6. Hodie beata Virgo Maria
7. Ave Maria
8. Jesus junxit se discipulis
9. O Rex gloriae
10. Loquebantur variis linguis
11. Benedicta sit sancta Trinitas
12. Lauda Sion
13. Fuit homo missus a Deo
14. Tu es pastor ovium
15. Magnus sanctus Paulus
16. Surge, propera amica mea
17. In diebus illis
18. Beatus Laurentius
19. Quae est ista
20. Misso Herodes speculatore
21. Nativitas tua
22. Nos autem gloriari
23. Salvator mundi, salva nos
24. O quantus luctus
25. Congratulamini mihi omnes
26. Dum aurora finem daret
27. Doctor bonus
28. Quam pulchri sunt
29. Tollite jugum meum
30. Isti sunt viri sancti
31. Hic est vere Martyr
32. Gaudent in coelis
33. Iste est qui ante Deum
34. Beatus vir, qui suffert
35. Veni sponsa Christi
36. Exaudi Domine

Liber Primus [...] Motettorum, quae partim quinis, partim senis, partim septenis vocibus concinantur. Erstes Buch fünf-, sechs- und siebenstimmiger Motetten. Rom 1569. Neuauflagen und Nachdrucke Venedig 1579, 1586, 1590 und 1600.

1. O admirabile commercium à 5
2. Stella quam viderant magi à 5
3. O Antoni eremita à 5
4. [Prima Pars:] Senex puerum portabat à 5
   [Secunda Pars:] Hodie beata Virgo Maria
5. [Prima Pars:] Suscipe verbum Virgo Maria à 5
   [Secunda Pars:] Paries quidem filium à 5
6. Alleluja! Tulerunt Dominum meum à 5
7. Crucem sanctam subiit à 5
8. [Prima Pars:] O beata et gloriosa Trinitas à 5
   [Secunda Pars:] O vera summa sempiterna Trinitas à 5
9. [Prima Pars:] Ego sum panis vivus à 5
   [Secunda Pars:] Panis quem ego dabo à 5
10. Puer, qui natus est à 5
11. Beatae Mariae Magdalenae à 5
12. Sancte Paule apostole à 5
13. Beatus Laurentius à 5
14. Hodie nata est beata Virgo à 5
15. O beatum virum à 5
16. Venit Michael Archangelus à 5
17. O beatum pontificem à 5
18. Deus, qui dedisti legem à 5
19. Lapidabant Stephanum à 5
20. Hic est discipulus ille à 5
21. Sicut lilium inter spinas à 5
22. Quam pulchri sunt gressus à 5
23. [Prima Pars:] Unus ex duobus à 5
    [Secunda Pars:] Cum pervenisset beatus Andreas à 5
24. [Prima Pars:] Viri Galilaei à 6
    [Secunda Pars:] Ascendit Deus à 6
25. [Prima Pars:] Dum complerentur dies pentecostes à 6
    [Secunda Pars:] Dum ergo essent in unum discipuli à 6
26. Pulchra es, o Maria Virgo à 6
27. [Prima Pars:] Solve, jubente Deo à 6
    [Secunda Pars:] Quodcumque ligaveris à 6
28. [Prima Pars:] Vidi turbam magnam à 6
    [Secunda Pars:] Et omnes Angeli stabant à 6
29. [Prima Pars:] O magnum mysterium à 6
    [Secunda Pars:] Quem vidistis pastores à 6
30. O Domine Jesu Christe à 6
31. Tu es Petrus à 7
32. [Prima Pars:] Virgo Prudentissima à 7
    [Secunda Pars:] Maria Virgo à 7

Motettorum quae partim quinis, partim senis, partim octonis vocibus concinantur. Liber secundus. Zweites Buch fünf-, sechs- und achtstimmiger Motetten. Herzog Wilhelm von Mantua gewidmet. Venedig 1572. Nachdrucke und Neuauflagen Venedig 1573, 1577, 1580, 1588 und 1594.

1. O Virgo simul et Mater à 5
2. Memor esto verbi tui servo tuo à 5
3. [Prima Pars:] Corona aurea à 5
   [Secunda Pars:] Domine praevenisti eum à 5
4. In illo tempore egressus à 5
5. O sacrum convivium à 5
6. Coenantibus illis accepit Jesus à 5
7. Derelinquat impius viam à 5
8. [Prima Pars:] Ascendo ad Patrem à 5
   [Secunda Pars:] Ego rogabo Patrem à 5
9. Homo quidam fuit à 5
10. [Prima Pars:] Canite tuba in Sion à 5
    [Secunda Pars:] Rorate coeli à 5
11. Exi cito in plateas à 5
12. [Prima Pars:] Circuire possum Domine à 5 [Angeli Petri Aloysij Praenestini]
    [Secunda Pars:] In hac cruce à 5
13. [Prima Pars:] Gaude Barbara beata à 5
    [Secunda Pars:] Gaude, quia meruisti à 5
14. Domine pater à 5 [Syllae Praenestini]
15. Confitebor tibi, Domine à 5 [Rodolphi Petraloysij]
16. Peccantem me quotidie à 5
17. Dominus Jesus in qua nocte à 5
18. [Prima Pars:] Tribularer si nescirem à 6
    [Secunda Pars:] Secundum multitudinem dolorum à 6
19. [Prima Pars:] Veni, Domine et noli tardare à 6
    [Secunda Pars:] Excita, Domine à 6
20. [Prima Pars:] Hierusalem, cito veniet salus tua à 6
    [Secunda Pars:] Ego enim sum, Dominus à 6
21. [Prima Pars:] Beata Barbara à 6
    [Secunda Pars:] Gloriosam mortem à 6
22. [Prima Pars:] Sancta et immaculata Virginitas à 6
    [Secunda Pars:] Benedicta tu à 6
23. [Prima Pars:] Cantabo Domino in vita mea à 6
    [Secunda Pars:] Deficiant peccatores à 6
24. [Prima Pars:] Tu es petrus à 6
    [Secunda Pars:] Quodcumque ligaveris à 6
25. Nunc dimittis à 6 [Syllae Praenestini]
26. [Prima Pars:] Confitebor tibi, Domine à 8
    [Secunda Pars:] Notas facite in populis à 8
27. [Prima Pars:] Laudate pueri à 8
    [Secunda Pars:] Quis sicut Dominus Deus à 8
28. [Prima Pars:] Domine, in virtute tua à 8
    [Secunda Pars:] Magna est gloria ejus
29. Laudate Dominum, omnes gentes à 8

Motettorum quae partim quinis, partim senis, partim octonis vocibus concinantur. Liber Tertius. Drittes Buch fünf-, sechs- und achtstimmiger Motetten. Fürst Alfons II. von Ferrara gewidmet. Venedig 1575. Nachdrucke und Neuauflagen Venedig 1581, 1589 und 1594, Mailand 1587.

1. Pater noster à 5
2. Ave Maria à 5

3. [Prima Pars:] Cantantibus organis à 5
   [Secunda Pars:] Biduanis ac triduanis à 5
4. Caro mea vere est cibus à 5
5. [Prima Pars:] Angelus Domini descendit de coelo à 5
   [Secunda Pars:] Et introeuntes in monumentum à 5
6. [Prima Pars:] Congrega, Domine à 5
   [Secunda Pars:] Afflige opprimentes nos à 5
7. Inclytae sanctae virginis Catherinae à 5
8. [Prima Pars:] Fuit homo missus a Deo à 5
   [Secunda Pars:] Erat Joannes in deserto à 5
9. [Prima Pars:] O lux et decus Hispaniae à 5
   [Secunda Pars:] O singulare praesiduum à 5
10. [Prima Pars:] Quid habes, Hester? à 5
    [Secunda Pars:] Vidi te, Domine à 5
11. Tradent enim vos à 5
12. Sanctificavit Dominus à 5
13. O quam metuendus est à 5
14. [Prima Pars:] Jubilate Deo omnis terra à 5
    [Secunda Pars:] Laudate nomen ejus à 5
15. Omnipotens sempiterne Deus à 5
16. [Prima Pars:] O sancte praesul Nicolae à 5
    [Secunda Pars:] Gaude praesul optime à 5
17. [Prima Pars:] Domine Deus, qui conteris à 5
    [Secunda Pars:] Tu, Domine à 5
18. [Prima Pars:] Manifesto vobis veritatem à 5
    [Secunda Pars:] Pax vobis à 5
19. [Prima Pars:] Susanna ab improbis à 5
    [Secunda Pars:] Postquam autem à 5
20. Cum ortus fuerit sol à 6
21. Rex pacificus à 6
22. Haec dies, quam fecit Dominus à 6
23. Columna es immobilis à 6
24. Judica me, Deus à 6
25. Accepit Jesus calicem à 6
26. O bone Jesu à 6
27. Deus, qui Ecclesiam tuam à 6
28. [Prima Pars:] Surge, illuminare, Hierusalem à 8
    [Secunda Pars:] Et ambulabunt gentes in lumine
29. Lauda Sion, Salvatorem à 8
30. Veni, Sancte Spiritus à 8
31. Ave Regina coelorum à 8
32. Hodie Christus natus est à 8
33. Jubilate Deo à 8

Motectorum quatuor vocum partim plena voce et partim paribus vocibus. Liber Secundus. Zweites Buch von Motetten, teils für vier gleiche, teils gemischte Stimmen. Giacomo Boncampagni gewidmet. Rom 1584. Nachdrucke und Neuauflagen Mailand 1587, Rom 1590 sowie Venedig 1596, 1604 und 1606.

1. [Prima Pars:] Domine, quando veneris
   [Secunda Pars:] Commissa mea

2. [Prima Pars:] Heu, mihi Domine
[Secunda Pars:] Anima mea turbata
3. Super flumina Babylonis
4. Ecce nunc benedicite Dominum
5. [Prima Pars:] Ad te levavi oculos meos
[Secunda Pars:] Miserere nostri, Domine
6. [Prima Pars:] Ad Dominum cum tribularer
[Secunda Pars:] Sagittae potentis acutae
7. [Prima Pars:] Fundamenta ejus
[Secunda Pars:] Numquid Sion dicet
8. Quia vidisti me, Thoma
9. Ego sum panis vivus
10. [Prima Pars:] Sicut cervus
[Secunda Pars:] Sitivit anima mea
11. [Prima Pars:] Ave Regina coelorum
[Secunda Pars:] Gaude, Virgo gloriosa
12. [Prima Pars:] Alma Redemptoris Mater
[Secunda Pars:] Tu quae genuisti
13. [Prima Pars:] Salve Regina
[Secunda Pars:] Eja ergo
14. Ave Maria
15. Haec dies quam fecit Dominus
16. Confitemini Domino
17. Pueri Hebraeorum
18. Sub tuum praesiduum
19. Adoramus te, Christi
20. Surrexit pastor bonus
21. Gloriosi Principes terrae

Bemerkung: Nach Baini erste Ausgabe bereits Venedig 1581 (nicht nachgewiesen).

Motettorum quinque vocibus. Liber Quartus. [Canticum canticorum]. Viertes Buch fünfstimmiger Motetten. [Das Hohe Lied]. Papst Gregor XIII. gewidmet. Rom 1583/84. Nachdrucke und Neuauflagen Venedig 1584, 1587, 1588, 1596, 1601, 1603, 1608 (mit ergänzter Orgelstimme), 1613 und 1650; Mailand 1587, 1593 und Antwerpen 1605 (erweitert).

1. Osculetur me osculo oris suii
2. Trahe me post te
3. Nigra sum, sed formosa
4. Vineam meam non custodivi
5. Si ignoras te
6. Pulchrae sunt genae tuae
7. Fasciculus myrrhae
8. Ecce tu pulcher es, dilecte mi
9. Tota pulchra es, amica mea
10. Vulnerasti cor meum
11. Sicut lilium inter spinas
12. Introduxit me rex
13. Laeva ejus sub capite meo
14. Vox dilecti mei
15. Surge, propera amica mea
16. Surge, amica mea, speciosa mea

17. Dilectus meus mihi et ego illi
18. Surgam et circuibo civitatem
19. Adjuro vos, filiae Hierusalem
20. Caput ejus aurum optimum
21. Dilectus meus descendit in hortum suum
22. Pulchra es amica mea
23. Quae est ista
24. Descendit in hortum meum
25. Quam pulchri sunt gressus
26. Duo ubera tua
27. Quam pulchra es et quam decora
28. Guttur tuum
29. Veni, veni dilecti mi

Motettorum quinque vocibus. Liber Quintus. Fünftes Buch fünfstimmiger Motetten. Kardinal Andrea Bathóry gewidmet. Rom 1584. Nachdrucke und Neuauflagen Venedig 1588, 1593, 1595 und 1601.

1. [Prima Pars:] Laetus Hyperboream
   [Secunda Pars:] O patruo pariterque
2. [Prima Pars:] Paucitas dierum meorum
   [Secunda Pars:] Manus tuae Domine
3. [Prima Pars:] Tempus est, ut revertar
   [Secunda Pars:] Nisi ego abiero
4. Domine, secundum actum meum
5. Ave, Trinitatis sacrarium
6. [Pars Prima:] Parce mihi, Domine
   [Secunda Pars:] Peccavi, quid faciam tibi
7. Orietur stella
8. Aegypte, noli flere
9. Ardens est cor meum
10. Sic Deus dilexit mundum
11. Surge, Petre
12. Apparuit caro suo Joanni
13. Ecce merces Sanctorum
14. Videns secundus
15. Rex Melchior
16. [Pars Prima:] Ave Regina coelorum
    [Pars Secunda:]Gaude Virgo gloriosa
17. Exsultate Deo
18. [Prima Pars:] Tribulationes civitatum
    [Secunda Pars:] Peccavimus
19. [Prima Pars:] Surge, sancte Dei
    [Secunda Pars:] Ambula, sancte Dei
20. [Prima Pars:] Salve Regina
    [Secunda Pars:] Eja ergo

b) einzelne Motetten in Sammelwerken der Zeit

in: *Liber I musarum*, Venedig 1563
1. Jesu flos matris
2. O quam suavis est

in: *Harmoniae miscellaneae cantionum sacrarum*, Nürnberg 1583
1. [Prima Pars:] Fuit homo missus
   [Secunda Pars:] Erat Joannes in deserto
2. Haec est dies quam fecit Dominus
3. [Prima Pars:] Susanna ab improbis
   [Secunda Pars:] Postquam autem

in: *Sacrae cantiones ...*, Nürnberg 1585
1. Alleluja! Tulerunt Dominum meum
2. [Pars Prima:] Dum complerentur
   [Pars Secunda:] Dum ergo essent
3. O admirabile commercium
4. [Pars Prima:] O magnum mysterium
   [Pars Secunda:] Quem vidistis pastores
5. Puer, qui natus est
6. Stella quam viderant magi
7. Suscipe quidem filium
8. [Pars Prima:] Viri Galilaei
   [Pars Secunda:] Ascendit Deus in jubilatione

in: *Diletto spirituale canzonette ... con intavolatura del cimbalo et liuto*, Rom 1586
1. Jesu flos matris virginis
2. Jesu rex admirabilis
3. Tua Jesu delectio

in: G. Guidetti (Hg.), *Cantus ecclesiasticus officii maioris hebdomadae*, Rom 1587
1. Benedictus Dominus à 4 (I)
2. Benedictus Dominus à 4 (II)
3. Miserere mei à 4
4. Miserere mei à 6

in: *Liber I musarum*, Mailand 1588
1. Nativitas tua Dei genetrix
2. O quam suavis est

in: *Lamentationum Hieremiae Prophetae Liber Primus* [Palestrina, (s.u.)], Rom 1588 und Venedig 1589
1. Benedictus à 4
2. Miserere à 4

in: *Corollarium cantionum sacrarum*, Nürnberg 1590
1. [Pars Priima:] Angelus Domini descendit
   [Pars Secunda:) Et introeuntes
2. [Pars Prima:] Ascendo ad Patrem

[Pars Secunda:] Ego rogabo patrem
3. [Pars Prima:] Canite tuba in Sion
[Pars Secunda:] Rorate coeli desuper
4. [Pars Prima:] Hierusalem cito veniet
[Pars Secunda:] Ego enim sum
5. Nunc dimittis
6. [Pars Prima:] Senex puerum portabat
[Pars Secunda:] Hodie beata Virgo
7. Solve jubente
8. Surge illuminar Hierusalem
9. [Pars Prima:] Tu es Petrus (I)
[Pars Secunda:] Quodcumque ligaveris
10. [Pars Prima:] Tu es Petrus (II)
[Pars Secunda:] Quodcumque ligaveris
11. [Pars Prima:] Veni Domine et noli
[Pars Secunda:] Excita Domine
12. Veni sancte spiritus

in: *Psalmi, Motecta, Magnificat et Antiphona Salve Regina*, Rom 1592
1. Vos amici mei estis

c) handschriftlich überliefert

1. Ad te levavi à 12
2. Alma Redemptoris Mater à 4
3. Alma Redemptoris Mater à 8 (I)
4. [Alma] Redemptoris Mater à 8 (II)
5. Angelus Domini à 8
6. Apparuit gratia Dei à 8
7. Ascendens Christus à 4
8. Ascendit Deus à 4
9. Asperges me à 4
10. Assumpta est Maria à 6
11. Ave Maria à 4
12. Ave mundi spes, Maria à 8
13. Ave regina coelorum à 4 (I)
14. Ave regina coelorum à 4 (II)
15. Ave regina coelorum à 8
16. Ave verum corpus à 5
17. Beati omnes à 12
18. Benedictus Dominus à 4, 5 u. 9
19. Benedictus Dominus à 5
20. Cantabant sancti à 4
21. Cantabimus canticum novum à 4
22. Care Jesu à 4
23. Caro mea vere est cibus à 4
24. [Prima Pars:] Caro mea vere est cibus à 8
[Secunda Pars:] Hic est panis
25. Christus factus est à 4

26. Christus resurgens à 5
27. Congratulamini mihi omnes à 4
28. Congratulamini mihi omnes à 8
29. Crux fidelis à 4
30. Cum autem esset Stephanus à 6
31. Cum invocarem à 6
32. Cum ortus fuerit à 6
33. Da pacem, Domine à 6
34. De profundis à 4
35. Derelinquat impius à 5
36. Descendit lux magna à 8
37. Deus, qui animae à 4
38. Dies sanctificatus à 8
39. Disciplinam et sapientiam à 8
40. Dixit Dominus à 4
41. Domine quis habebit à 12
42. Domine secundum actum à 4
43. Ecce nunc benedicite Dominum à 4
44. Ecce nunc benedicite Dominum à 4 u. 5
45. Ecce nunc benedicite Dominum à 6
46. Ecce nunc benedicite Dominum à 12
47. Estote fortes à 6
48. Exaudi Domine preces à 4
49. Expurgate vetus fermentum à 8
50. Fili, non te frangant à 8
51. Fratres, ego enim accepi à 8
52. Gaude Barbara à 4
53. Gloria Patri à 4
54. Haec dies, quam fecit Dominus à 8
55. Haec est dies praeclara à 8
56. Hic est beatissimus Evangelista à 6
57. Hodie Christus natus est à 4
58. [Prima Pars:] Hodie gloriosa Virgo à 8
    [Secunda Pars:] Regina mundi
59. Hodie Maria Virgo coelos à 4
60. Illumina oculos à 3
61. Illumina oculos à 5
62. In Domino laetabitur à 3
63. Ingrediente Domino à 5
64. In manus tuas à 4
65. Innocentes pro Christe à 4
66. Inter vestibulum à 4
67. [Prima Pars:] Jesus iunxit se discipulis à 8
    [Secunda Pars:] Et increpavit eos
68. Jubilate Deo omnis terra à 12
69. Lauda Sion Salvatorem à 6
70. Lauda Sion Salvatorem à 8
71. Laudate Dominum de caelis à 8
72. Laudate Dominum in sanctis à 8
73. Laudate Dominum in tympanis à 12

74. Laudate pueri à 4
75. Libera me à 3 u. 4 (I)
76. Libera me à 3 u. 4 (II)
77. [Prima pars:] Magnus Sanctus Paulus à 8
[Secunda Pars:] Sancte Paule Apostole
78. Miris modis à 4
79. Miserere mei à 4
80. Miserere mei à 4 u. 5
81. Miserere mei à 5
82. Miserere mei, Deus à 12
83. Misit me vivens Pater à 5
84. Ne recorderis peccata mea à 4
85. Nunc dimittis à 4 (I)
86. Nunc dimittis à 4 (II)
87. Nunc dimittis à 4 u. 5
88. Nunc dimittis à 6
89. Nunc dimittis à 8
90. [Nunc dimittis servum tuum Domine] Secundum verbum tuum à 12
91. O admirabile commercium à 8
92. O bone Jesu à 8
93. O bone Jesu, miserere à 4
94. O Domine Jesu à 8
95. O gloriosa Domina à 12
96. Omnes gentes, plaudite manibus à 8
97. Omnis pulchritudo à 8
98. Opem nobis, o Thoma à 5
99. O pretiosum et admirandum convivium à 8
100. O quam bonus à 12
101. O quam suavis es à 8
102. O salutaris hostia à 4
103. O sapientia à 5
104. O vos omnes à 4
105. Panis angelicus à 4
106. Pater noster à 5
107. Pater noster à 8
108. Popule meus à 4 (I)
109. Popule meus à 4 (II)
110. Princeps gloriosissime à 4
111. Pueri Hebraeorum à 4
112. Qui pacem à 4
113. Regina coeli à 4 (I)
114. Regina coeli à 4 (II)
115. Regina coeli à 8 (I)
116. Regina coeli à 8 (II)
117. Repleatur os meum à 5
118. Responsum Accepiit à 6
119. Salva nos à 4
120. Salvatorem exspectamus à 6
121. Salve regina à 4, 8 u. 12
122. Salve regina à 6

123. Salve regina à 8 (I)
124. Salve regina à 8 (II)
125. Salve regina misericordia à 4
126. Salve regina misericordia à 5
127. Spiritus Sanctus replevit à 8
128. Stabat mater à 8
129. Sub tuum praesidium à 8
130. [Prima Pars:] Surge illuminare Jerusalem à 8
[Secunda Pars:] Et ambulabunt gentes
131. [Prima Pars]: Surrexit Pastor bonus à 8
[Secunda Pars:] Etenim Pascha nostrum
132. Tradent enim vos à 6
133. Tria sunt munera pretiosa à 8
134. Tu es pastor ovium à 5
135. Veni, Sancte Spiritus à 4
136. Veni, Sancte Spiritus à 8
137. Venite exsultemus à 5
138. Victimae paschali laudes à 4 u. 8
139. Victimae paschali laudes à 8 (I)
140. Victimae paschali laudes à 8 (II)
141. Victimae paschali laudes à 8 (III)
142. Videntes stellam magi à 8
143. Vidi aquam à 4

3. Offertorien

Offertoria totius anni secundum sanctae romanae ecclesiae consuetudinem quinque vocibus concinenda Pars Prima. Offertorien. Erster Teil. Antonio de la Baume gewidmet. Rom 1593. Nachdrucke und Neuauflagen Venedig 1593 und 1594, Antwerpen 1603 (Teil 1 und 2 als *Cantiones sacrae quinque vocum pro diebus dominicis & festis totius anni*).

1. Ad te levavi
2. Deus tu conversus
3. Benedixisti Domini
4. Ave Maria
5. Tui sunt caeli
6. Elegerunt Apostoli
7. Justus ut palma
8. Anima nostra
9. Posuisti Domine
10. Deus enim firmavit
11. Inveni David
12. Reges Tharsis et insulae
13. Jubilate Deo, omnis terra
14. Jubilate Deo, universa terra
15. Dextera Domini
16. Bonum est confiteri
17. Perfice gressus meos
18. Benedictus es
19. Scapulis suis

20. Meditabor in mandatis
21. Justitiae Domini
22. Laudate Dominum
23. Confitebor tibi
24. Improperium exspectavi
25. Terra tremuit
26. Angelus Domini
27. Deus, Deus meus
28. Lauda anima mea
29. Benedicite gentes
30. Ascendit Deus in jubilatione
31. Confirma hoc Deus
32. Benedictus sit Deus
33. Sacerdotes Domini
34. Domine, convertere
35. Sperent in te
36. Illumina oculos meos
37. Benedicam Dominum
38. Sicut in holocaustis
39. Populum humilem
40. Justitiae Domini

Offertoria totius anni secundum sanctae romanae ecclesiae consuetudinem quinque vocibus concinenda Pars Secunda. Offertorien. Zweiter Teil. Antonio de la Baume gewidmet. Rom 1593. Nachdrucke und Neuauflagen Venedig 1596, Antwerpen 1603 (beide Teile als *Cantiones sacrae quinque vocum pro diebus dominicis & festis totius anni*).

41. Exaltabo te
42. Precatus est Moyses
43. In te speravi
44. Immittet Angelus
45. Exspectans exspectavi
46. Domine, in auxilium
47. Oravi ad Dominum
48. Sanctificavit Moyses
49. Si ambulavero
50. Super flumina Babylonis
51. Vir erat in terra Hus
52. Recordare mei
53. De profundis
54. Justus ut palma
55. Mihi autem nimis
56. Confessio et pulchritudo
57. Assumpta est Maria
58. Stetit Angelus
59. Constitues eos
60. Confitebuntur coeli
61. In omnem terram
62. Justorum animae
63. Veritas mea
64. Laetamini in Domino

65. Afferentur regi
66. Domine Deus
67. Diffusa est gratia
68. Tu es Petrus

4. Hymnen

a) zu Lebzeiten des Komponisten gedruckt

Hymni totius anni secundum sanctae romanae ecclesiae consuetudinem. Quatuor vocibus concinendi, necnon hymni religionum. Hymnen. Papst Sixtus V. gewidmet. Rom 1589. Nachdrucke und Neuauflagen Venedig 1589 und 1590, Rom 1625 sowie Antwerpen 1644.

1. Conditor alme siderum
2. Christe redemptor omnium
3. A solis ortus cardine
4. Salvete flores Martyrum
5. Hostis Herodes impie
6. Lucis creator optime
7. O lux beata Trinitas
8. Ad preces nostras
9. Vexilla regis prodeunt
10. Ad coenam agni providi
11. Jesu nostra redemptio
12. Veni Creator Spiritus
13. Pange lingua gloriosi
14. Quodcumque vinclis
15. Doctor egregie Paule
16. Ave maris stella
17. Vexilla regis prodeunt
18. Ut queant laxis
19. Aurea luce
20. Lauda mater Ecclesiae
21. Petrus beatus
22. Quicumque Christum quaeritis
23. Tibi Christe, splendor Patris
24. Christe redemptor omnium
25. Exsultet coelum laudibus
26. Tristes erant Apostoli
27. Deus tuorum militum
28. Deus tuorum militum (Tempore paschale)
29. Sanctorum meritis
30. Rex gloriose martyrum
31. Iste confessor
32. Jesu, corona Virginum
33. Jesu, corona Virginum (Tempore paschale)
34. Hujus obtentu
35. Urbs beata Jerusalem
36. Magne Pater Augustine
37. Laudibus summis

38. En gratulemur hodie
39. Proles de coelo prodiit
40. Decus morum dux minorum
41. Christe, qui lux est et dies
42. Prima lux surgens
43. Nunc juvat celsi
44. Mensis Augusti
45. Hymnus canoris personet

b) handschriftlich überliefert

1. Audi benigne à 4 (I)
2. Audi benigne à 4 (II)
3. Audi benigne à 5 (I)
4. Audi benigne à 5 (II)
5. Christe redemptor omnium à 6
6. Coeli Deus à 4
7. Conditor alme siderum à 4
8. Creator alme siderum à 4
9. Deus tuorum militum à 5
10. Exsultet coelum laudibus à 5
11. Gloria laus à 4 (I)
12. Gloria laus à 4 (II)
13. Hostis Herodes impie à 4
14. Immense coeli conditor à 4
15. Lauda, mater ecclesia à 4
16. Magnae Deus potentias à 4
17. Monstra te esse à 4 [Ave maris stella]
18. O gloriosa domina à 4 u. 12
19. Plasmator hominis à 4
20. Quicumque Christum quaeritis à 4
21. Salvete flores martyrum à 4
22. Tantum ergo à 4 (I)
23. Tantum ergo à 4 (II)
24. Telluris ingens à 4
25. Te lucis ante terminum à 4 (I)
26. Te lucis ante terminum à 4 (II)
27. Tibi, Christe, splendor à 4
28. Tristes erant Apostoli à 4
29. Veni Creator spiritus à 4
30. Vexilla regis prodeunt à 4

5. Magnificat

a) zu Lebzeiten des Komponisten gedruckt

Cantus Magnificat octo tonum. Liber Primus. Erstes Buch der Magnificat-Vertonungen. Rom 1591. Nachdruck/Neuauflage Venedig 1591.

1. Magnificat Primi Toni.
   (1) Anima mea Dominum
   (3) Quia respexit
   (5) Et misericordia
   (7) Deposuit potentes
   (9) Suscepit Israel
   (11) Gloria Patri et Filio
2. Magnificat Secundi Toni (id.)
3. Magnificat Tertii Toni (id.)
4. Magnificat Quarti Toni (id.)
5. Magnificat Quinti Toni (id.)
6. Magnificat Sexti Toni (id.)
7. Magnificat Septimi Toni (id.)
8. Magnificat Octavi Toni (id.)
9. Magnificat Primi Toni
   (2) Et exsultavit spiritus meus
   (4) Quia fecit mihi magna
   (6) Fecit potentiam
   (8) Esurientes implevit
   (10) Sicut locutus est
   (12) Sicut erat in principio
10. Magnificat Secundi Toni (id.)
11. Magnificat Tertii Toni (id.)
12. Magnificat Quarti Toni (id.)
13. Magnificat Quinti Toni (id.)
14. Magnificat Sexti Toni (id.)
15. Magnificat Septimi Toni (id.)
16. Magnificat Octavi Toni (id.)

b) handschriftlich überliefert

— zyklisch:
Il II° Libro dei Magnificat 4 vocum. Zweites Buch der Magnificat-Vertonungen zu vier Stimmen.

1. Magnificat Primi Toni
   (2) Et exsultavit spiritus meus
   (4) Quia fecit mihi magna
   (6) Fecit potentiam
   (8) Esurientes implevit bonis
   (10) Sicut locutus est
   (12) Sicut erat in principio
2. Magnificat Secundi Toni (id.)
3. Magnificat Tertii Toni (id.)
4. Magnificat Quarti Toni (id.)
5. Magnificat Quinti Toni (id.)
6. Magnificat Sexti Toni (id.)
7. Magnificat Septimi Toni (id.)
8. Magnificat Octavi Toni (id.)

Il III° Libro dei Magnificat. Drittes Buch der Magnificat-Vertonungen zu fünf und sechs Stimmen.

1. Magnificat Primi Toni à 5
   (2) Et exsultavit spiritus meus
   (4) Quia fecit mihi magna
   (6) Fecit potentiam
   (8) Esurientes
   (10) Sicut locutus est
   (12) Sicut erat in principio à 6
2. Magnificat Secundi Toni à 5 (id.)
3. Magnificat Tertii Tonii à 6 (id.)
4. Magnificat Quarti Toni à 6 (id.)
5. Magnificat Quinti Toni à 5 (id.)
6. Magnificat Sexti Toni à 6 (id.)
7. Magnificat Septimi Toni à 5 (id.)
8. Magnificat Octavi Toni à 6, (id.)

— einzeln:

1. Magnificat IV. Toni. Cum quatuor vocibus paribus.
   (2) Et exsultavit spiritus meus
   (4) Quia fecit mihi magna
   (6) Fecit potentiam
   (8) Esurientes
   (10) Sicut locutus est
   (12) Sicut erat in principio
2. Magnificat VI. Toni 4 vocum (id.)
3. Magnificat I. Toni à 8 in zwei Chören
   (1) Magnificat
   (2) Et exsultavit spiritus meus
   (3) Quia respexit
   (4) Quia fecit mihi magna
   (5) Et misericordia
   (6) Fecit potentiam
   (7) Deposuit potentes
   (8) Esurientes
   (9) Suscepit Israel
   (10) Sicut locutus est
   (11) Gloria Patri et Filio
   (12) Sicut erat in Principio

6. Litaneien

a) zu Lebzeiten des Komponisten gedruckt

Litaniae Deiparae Virginis, quae in sceliis Deiparae Virginis [Baini: *Societatis Rosari*] *ubique dicatis concinuntur. Musica cum Quatuor Vocibus. Liber Primus*. Erstes Buch marianischer Litaneien. Rom 1593. Nachdruck/Neuauflage: Venedig 1600 [mit Werken von Orlando di Lasso im Anhang].

1. Prima Pars: Kyrie eleison [...] Virgo mater, audi nos

2. Ave Maria
3. Secunda Pars: Kyrie eleison [...] Maria, mater gratiae
4. Tertia Pars: Kyrie eleison [...] Virgo Mater, respice me
5. Quarta Pars: Kyrie eleison [...] Ave de coelis alma
6. Quinta Pars: Kyrie eleison [...] Ab omni malo et peccato libera nos

Litaniae Liber Secundus ternis & quaternis vocibus equalibus, si relinquatur superior pars. Zweites Buch marianischer Litaneien. Rom 1593. Nachdruck/Neuauflage Venedig 1600 [mit Werken von Orlando di Lasso im Anhang].

1. Prima Pars: Kyrie eleison [...] Virgo mater, audi nos
2. Ave Maria
3. Secunda Pars: Kyrie eleison [...] Maria, mater gratiae
4. Tertia Pars: Kyrie eleison [...] Virgo Maria, respice nos
5. Quarta Pars: Kyrie eleison [...] Ave de coelis alma
6. Quinta Pars: Kyrie eleison [...] Ab omni malo et peccato libera nos

b) handschriftlich überliefert

1. Litaniae de Beata Virgine Maria à 5
2. Litaniae de Beata Virgine Maria à 6
3. Litaniae de Beata Virgine Maria à 8
4. Litaniae de Beata Virgine Maria à 8
5. Litaniae Domini (Litanie del Nome di Gesù) à 8
6. Litaniae Domini (Litanie del Nome di Gesù) à 8
7. Litaniae Sanctissimi Nominis Jesu (Litanie del Nome di Jesu) à 8
8. Litaniae Sanctissimi Corporis Christi (Litanie del Sacramento) à 8
9. Litaniae Sanctissimi Corporis Christi (Litanie del Sacramento) à 8

7. Lamentationen

a) zu Lebzeiten des Komponisten gedruckt oder aus dem Nachlaß herausgegeben

Lamentationum Hieremiae Prophetae Liber Primus. Lamentationen des Propheten Jeremias zu vier Stimmen. Erstes Buch. Papst Sixtus V. gewidmet. Rom 1588. Nachdruck/Neuauflage Venedig 1589.

1. Feria V. in coena Domini
   Lectio I. Aleph: Quomodo sedet
   Lectio II. Vau: Egressus est
   Lectio III. Jod: Manit suam
   Jerusalem convertere
2. Feria VI. in Parasceve
   Lectio I. Heth: Cogitavit Dominus
   Lectio II. Lamed: Matribus suis
   Lectio III. Aleph: Ego vir
   Jerusalem convertere
3. Sabbato sancto
   Lectio I. Heth: Misericordia
   Lectio II. Aleph: Quomodo obscuratum

Lectio III. Recordare Domini
Jerusalem convertere

b) handschriftlich überliefert

— zyklisch:

Lamentationum Liber Secundus. Zweites Buch der Lamentationen des Propheten Jeremias.

1. Feria V. in coena Domini à 4
   - Lectio I. Aleph: Quomodo sedet
   - Lectio II. Vau: Egressus est
   - Lectio III. Jod: Manit suam
     - Jerusalem convertere
2. Feria VI. in Parasceve à 4
   - Lectio I. Heth: Cogitavit Dominus
   - Lectio II. Lamed: Matribus suis
   - Lectio III. Aleph: Ego vir
     - Jerusalem convertere
3. Sabbato Sancto à 4
   - Lectio I. Heth: Misericordia
   - Lectio II. Aleph: Quomodo obscuratum
   - Lectio III. Recordare à 6
     - Jerusalem convertere à 8

Lamentatonum Liber Tertius. Drittes Buch der Lamentationen des Propheten Jeremias.

1. Feria V. in coena Domini à 5
   - Lectio I. Aleph: Quomodo sedet
   - Lectio II. Vau: Et egressus
   - Lectio III. Jod: Manum suam à 6
     - Jerusalem convertere
2. Feria VI. in Parasceve à 5
   - Lectio I. Heth: Cogitavit Dominus
   - Lectio II. Lamed: Matribus suis
   - Lectio III. Aleph: Ego vir à 6
     - Jerusalem convertere
3. Sabbato sancto à 5
   - Lectio I. Heth: Misericordiae
   - Lectio II. Aleph: Quomodo obscuratum
   - Lectio III. Recordare Domini à 6
     - Jerusalem convertere à 5

Lamentationum Liber Quartus. Viertes Buch der Lamentationen des Propheten Jeremias.

1. Feria VI. in Parasceve
   - Lectio I. [Heth:] Cogitavit Dominus à 5
   - Lectio II. Lamed: Matribus suis à 6
   - Lectio III. Aleph: Ego vir à 6
2. Sabbato Sancto
   - Lectio I. Heth: Misericordiae à 5
   - Lectio II. Aleph: Quomodo obscuratum à 5
   - Lectio III. Recordare à 6

— einzelne Lectiones:
1. Lectio I. Feria VI in Parasceve
   Heth: Cogitavit Dominus à 4
   Jerusalem convertere à 5
2. Lectio II. Feria VI in Parasceve
   Lamed: Matribus suis à 4
3. Lectio II. Sabbato sancto
   Aleph: Quomodo obscuratum à 4
4. Lectio III. Sabbato sancto
   Recordare Dommine à 6
   Jerusalem convertere à 8
5. Lectio II. Feria V. in Coena Domini (Fragmentum)
   Heth: Peccatum peccavit à 4

8. Madrigale

a) zu Lebzeiten des Komponisten gedruckt

Il Primo Libro di Madrigali a quattro voci. Erstes Buch vierstimmiger Madrigale. Rom 1555. Nachdrucke und Neuauflagen Venedig 1568, 1574, 1583, 1587 und 1588; erweiterte Auflagen (unter Einschluß von zwischenzeitlich in anderen Sammelbänden veröffentlichten Madrigalen [s.u.] Venedig 1594, 1596 und 1605).
1. Deh or foss'io (Petrarca)
2. S'il disse mai (Petrarca)
3. Queste saranno ben lacrime (N. Amanio)
4. Che non fia che gammai
5. Rime, dai sospir miei
6. Lontan dalla mia diva
7. Nessun visse giammai (Petrarca)
8. Là vêr l'aurora (Petrarca)
9. Chiara, si chiaro
10. Chi estinguerà il mio foco
11. Donna vostra mercede
12. Già fu chi m'ebbe cara (Boccaccio)
13. Ovver de'sensi è priva
14. [Prima Parte:] Amor fortuna
    [Seconda Parte:] Nè spero i dolei
15. Che debbo far (Petrarca)
16. Gitene liete rime
17. Mentre a le dolci
18. Amor, che meco (Bembo)
19. Ecc'ove giunse
20. Vaghi pensier (Petrarca)
21. Mentre ch'al mar
22. Quai rime für si chiare
23. [Prima Parte:] Ecc' oscurati i chiari raggi (F. Christiani)
    [Seconda Parte:] Rara beltà
    [Terza Parte:] Questo doglioso stil
    [Quarta Parte:] Mai fu più cruda

[Quinta Parte:] Privo di fede
[Ultima Parte:] Ma voi,fioiriti

Il Primo Libro di Madrigali a cinque voci. Erstes Buch fünfstimmiger [geistlicher] Madrigale. Giacomo Boncampagno gewidmet. Venedig 1581. Nachdrucke und Neuauflagen Venedig 1593 und 1604.

1. Vergine bella
2. Vergine saggia
3. Vergine pura
4. Vergine santa
5. Vergine sola al mondo
6. Vergine chiara
7. Vergine, quante lagrime
8. Vergine, tale è terra
9. Spirito Santo, Amen
10. O Sol' incoronato
11. O cibo di dolcezza
12. O refrigerio acceso
13. Tu sei soave fiume
14. Paraclito amoroso
15. Amor, senza il tuo dono
16. Dunque, divin spiracolo
17. O manna saporito
18. Signor, dammi scienza
19. O Jesu dolce
20. Giammai non resti
21. Quanto più t'offend'io
22. Non basta ch'una volta
23. S'io non Ti conoscessi
24. Ma so ben, Signor mio
25. E tu, anima mia
26. Per questo, Signor mio

Il Secondo Libro de [!] *madrigali a quattro* [!] *voci.* Zweites Buch vierstimmiger Madrigale. Venedig 1586.

1. Così la fama scriva
2. S'un sguardo un fa beato
3. Amor, ben puoi tu hormai
4. Partomi, Donna, e teco
5. Veramente in Amore
6. Gioia m'abond'al cor
7. Donna gentil
8. Io dovea ben pensarmi
9. Se'l pensier che mi strugge
10. Chi dunque fia
11. Mirate altrove
12. Si è debile
13. I vaghi fiori
14. Morì quasi il mio care
15. Alla riva del Tebro

16. Amor, quando fioriva
17. Beltà, se com'in ment'io
18. La cruda mia nemica
19. O che splendor
20. Io sento qui d'intorno
21. Deh, fuss'hor qui madonna
22. Se non fusse il pensier
23. Perchè s'annida
24. Ogni beltà, madonna
25. Ardo lungi e dapresso

Madrigali Spirituali a cinque voci. Libro Secondo. [Priego alla B. Vergine]. Zweites Buch fünfstimmiger geistlicher Madrigale [Gebet zur Seligen Jungfrau]. Christine von Lothringen, Großherzogin der Toskana gewidmet. Rom 1594.

1. Figlio immortal
2. E, se mai voci
3. Hor tu, sol, che
4. Dammi, scala del ciel
5. E, se fur già
6. Dammi, vermiglia Rosa
7. E se'l pensiar
8. Eletta Mirra
9. Cedro gentil
10. Fa, che con l'acque tue
11. S'amarissimo fele
12. Horto che sei si chiuso
13. E, se nel foco
14. Vincitrice de l'empia hidra
15. Città di Dio
16. Santo Altare
17. Tu di fortezza torre
18. Specchio che fosti
19. Vello di Gedeon
20. Novella Aurora
21. E questo spirito
22. E dal letto
23. Ed arda ogn'hor
24. E tua mercè
25. E quella certa speme
26. Anzi, se foco e ferro
27. E con i raggi tuoi
28. Regina delle vergine
29. Al fin, Madre di Dio
30. E tu Signor

b) einzelne Madrigale in Sammelwerken der Zeit

in: *De Diversi Autori il Quarto Libro di Madrigali a quattro Voci*, Venedig 1554
1. Con dolce, altiero

in: *Di Cipriano de Rore il Secondo Libro de' Madrigali a Quatro voci*, Venedig 1557
Ia Stanza: Da fuoco così bel à 4
IIa Stanza: Rapace ingorda
IIIa Stanza: Amo, e non nacque
IVa Stanza: Da l'empia gelosia
Va Stanza: Si mi vince talor
VIa Stanza: O effetto rio
VIIa Stanza: Amore non volendo
VIIIa Stanza: Non mi sferra
IXa Stanza: Poi che la vista
Xa Stanza: Io non ho lingua
XIa Stanza: L'alta cagion
XIIa Stanza: Misero stato
XIIIa Stanza: Fuggir dovriasi
XIVa et ultima Stanza: Sazio di tormentarmi

in: *Secondo Libro delle Muse, a quattro voci. Madrigali ariosi*, Rom 1558
1. Ia Parte: Chiare, fresche e dolci acque
IIa Parte: S'egli è pur mio
IIIa Parte: Tempo verrá
IVa Parte: Da'be'rami scendea
Va Parte: Quante volte
2. Se da'soavi accenti
3. Ia Parte: Voi mi poneste (Canzona)
IIa Parte: Però che da l'ardore
IIIa Parte: Che se tant'a voi piace
IVa Parte: E di voi non mi doglio

in: *Il Secondo Libro de le Muse a cinque voci*, Venedig 1559
1. [Prima Parte:] Ogni loco mi porge
[Seconda Parte:] Poscia che per mio mal

in: *Madrigali a cinque voci d'Alessandro Striggio*, Venedig 1560
1. Donna bell'e gentil

in: *Madrigali ariosi a quatro voci*, Venedig 1560
1. Ia Parte: Chiare, fresche e dolci acque
IIa Parte: S'egli è pur mio
IIIa Parte: Tempo verrà
IVa Parte: Da'be'rami scendea
Va Parte: Quante volte
2. Se da'soavi accenti
3. Ia Parte: Voi mi poneste
IIa Parte: Però che da l'ardore
IIIa Parte: Che se tant'a voi piace
IVa Parte: E di voi non mi doglio

in: *Il Terzo Libro delle Muse a cinque voci composto de diversi Eccellentissimi Musici*, Venedig 1561
1. Com' in più negre tenebre
2. Dolor non fu
3. Il dolce sonno
4. Io son ferito hai lasso
5. Se ben non veggon gli occhi
6. Se fra quest'herb'e fiore
7. Se lamentar
8. Struggomi e mi disfaccio

in: *Il terzo libro delle muse 4 v.*, Rom 1562
1. Da poi ch'io vidi
2. Perch'al viso
3. Qual più crudel

in: *Primo Libro dei Madrigali a 5 di Francesco Rosselli*, Venedig 1562 [unvollständig überliefert]
1. [Prima parte:] Soligno e vago
   [Seconda parte:] Lo vissi

in: *Il Desiderio. Secondo Libro de'Madrigali*, Venedig 1566.
1. [Prima Pars:] Vestiva i colli
   [Secunda Pars:] Così le chiome mie

in: *Corona della morte*, Venedig 1568
1. Il caro è morto à 5 [Zanetto da Palestrina]
2. Hor che la nobil lingue fredola à 5 [Zanetto da Palestrina]

in: *Libro V° de' Madrigali a 5 voci di Cipriano de Rore*, Venedig 1568
1. [Prima Pars:] Ivi vedrai la gloria
   [Secunda Pars:] Il tempo vola e se ne

in: *Il Fronimo* [V. Galilei], Venedig 1568
1. Il dolce sonno
2. Io son ferito
3. Se ben non veggon
4. Se fra quest'erb'e fieri
5. [Prima Parte:] Vestiva i colli
   [Seconda Parte:] Così le chiome mie

in: *Prima stella de Madrigali*, Venedig 1570
1. Io son ferito
2. Se ben non veggon
3. Se fra quest'erb'e fieri
4. Se lamentar

in: *I dolci frutti Libro I°*, Venedig 1570
1. Quand'ecco donna

in: *Libro IV° delle Muse* a 5 voci, Venedig 1574
1. Ahi letizia fugace (di Rodolfo Pierluigi)
2. Io felice sarei
3. [Prima Pars:] Le selv'avea d'intorno
   [Secunda Pars:] Quando fe'loro impallidir
4. [Prima Pars:] Saggio e santo pastore
   [Secunda Pars:] Onde seguendo l'onorato impresa
5. Se di pianti e di stridi

in: *Musica di XIII autori illustri*, Venedig 1574
1. Placide l'aqu'e
2. Soave fia il morir

in: *Il primo fiore della ghirlanda musicale*, Venedig 1577
1. Anima dove sei [Petrarca]

in: *Dolci affetti*, Venedig 1582
1. O bella Ninfa mia

in: *Harmonia celeste*, Antwerpen 1583
1. O bella Ninfa mia

in: *Li amorosi ardori*, Venedig 1583
1. Febbre ond'hor per le vene

in: *Musica divina di XIX autori illustri*, Antwerpen 1583
1. [Prima Parte:] Vestiva i colli
   [Seconda Parte:] Così le chiome mie

in: *G. della Casa da Udine Il vero modo di diminuire*, Venedig 1584
1. [Prima Parte:] Vestiva i colli
   [Seconda Parte:] Così le chiome mie

in: *Spoglia amorosa*, Venedig 1584
1. [Prima Parte:] Vestiva i colli
   [Seconda Parte:] Così le chiome mie

in: *Secondo Libro de' Floridi Virtuosi d'Italia*, Venedig 1585
1. Eran le vostre lagrime

in: *Terzo Libro de' Floridi Virtuosi d'Italia*, Venedig 1585
1. Dido chi giace entro quest'urna

in: *Corona di dodici sonetti*. Venedig 1588
1. [Prima Parte:] Oh! Felici hore
   [Seconda Parte:] Per mostrar gioia del conubio

in: *Giardinetto de Madrigali et Canzonette 3 v. Libro I°*, Venedig 1588
1. Amor se pur sei dio

in: *Musica divina di XIX autori illustri*, Antwerpen 1588
1. Placide l'acque
2. Soave fia il morte

in: *Gemma musicalis, selectissimas varii stili cantiones*, Nürnberg 1588
1. Io son ferito ahi! lasso
2. O bella Ninfa mia
3. [Prima Parte:] Vestiva i colli
   [Seconda Parte:] Così le chiome mie

in: *Musica transalpina*, London 1588
1. Amor ben puoi (Joy so delights my heart)
2. Amor quando fioria (False Love now shoot)
3. Gioia m'abond'al cor (What meaneth Love to nest him)
4. Perchè s'annida amore (Sweet Love when hope)
5. [Prima Parte:] Vestiva i colli (Sound out my voice)
   [Seconda Parte:] Così le chiome mie

in: *Melodia olympica*, Antwerpen 1591
1. Mori quasi il mio core
2. [Prima Parte:] Non son le vostre man
   [Seconda Parte:] Come voi dite, spine
3. Veramente in amore

in: *Musicale essercitio*, Venedig 1589
1. Mentre ch'al mar

in: *Ghirlanda di fioretti musicali con l'intavolatura del cimbalo et liuto*, Rom 1589
1. Ahi, che quest' occhi miei ch'erano lieti à 3
2. Da così dotta man sei stato fatto à 3

in: *Le Gioie*, Venedig 1589
1. Dunque perfido amante

in: *Canzonette [...] con l'intavolatura del cimbalo et del liuto*, Rom 1591
1. Ia Parte: Vedrassi prima senza luce
   IIa Parte: Prima vedransi
   IIIa Parte: Prima vedrassi
   IVa Parte: Godetee dunque
2. Ia Parte: Pose un gran foco nel mio
   IIa Parte: Fu l'ardor grave
   IIIa Parte: Oh, me felice
   IVa Parte: Però contento

in: *Spoglia amorosa*, Venedig 1592
1. [Prima Parte:] Vestiva i colli
   [Seconda Parte:] Così le chiome mie

in: *Il trionfo di Dori*, Venedig 1592
1. Quando del terzo cielo spiro

in: *Regole Passaggi di musica, madrigali e motetti passeggiati*, Venedig 1594
1. Io son ferito

in: G. A. Dragoni, *Il quarto libro de'Madrigali a 5 voc.*, Venedig 1594
1. O Pastor, dove vai

9. Zweifelhafte Werke

a) Messen (wenn nicht anders angegeben, Palestrina zugeschrieben von Knud Jeppesen)

1. Missa *Christus resurgens* à 4. Palestrina zugewiesen von Gustav Reese. Nach Knud Jeppesen von P. Colin.
2. Missa *Escoutes* à 8
3. Missa *Nativitas tua* à 5. Palestrina zugewiesen von Klaus Kindler.
4. Missa *Octo vocum*
5. Missa *Papae Marcelli* à 4 (in: *Missarum cum quattuor vocibus Liber Primus*, Brescia 1581 [s.o.], nicht identisch mit einer von Francesco Anerio angefertigten, 1619 erstmals publizierten vierstimmigen Bearbeitung der Missa *Papae Marcelli*).
6. Missa *Papae Marcelli* à 12. Nach Alberto Cametti von Stefano Nasimbeni.
7. Missa *di „Palistrina"*
8. Missa *Pro defunctis* à [4] voce pari. Palestrina zugewiesen von Adriano Cavicchi.
9. Missa *Sexti toni* à 4
10. Missa *Sine nomine* à 4 [I]
11. Missa *Sine nomine* à 4 [II]
12. Missa *Sine nomine* à 16

b) Motetten etc. (wenn nicht anders angegeben, Palestrina zugeschrieben von Franz Xaver Haberl)

1. Asperges me à 4
2. [Prima Pars:] Beata es à 6
   [Secunda Pars:] Ave Maria
3. Beata es Virgo Maria à 8. Nach Karl Gustav Fellerer von Ruggiero Giovanelli.
4. Benedictus Dominus à 4 (I), in: G. Guidetti, *Cantus ecclesiasticus,* Rom 1587; Echtheit von Franz Xaver Haberl bezweifelt. Palestrina zugeschrieben von Knud Jeppesen.
5. Benedictus Dominus à 4 (II), in: G. Guidetti, *Cantus ecclesiasticus,* Rom 1587; Echtheit von Franz Xaver Haberl bezweifelt. Palestrina zugeschrieben von Knud Jeppesen.
6. Cum descendisset à 4
7. Dexteram meam à 5
8. Dum complerentur à 4
9. Ecce sacerdos à 6
10. Et erexit à 4
11. Exaudi Domine preces à 4
12. Ingrediente Domine à 4
13. Laudate coeli à 5
14. Libera me à 5

15. Lumen ad revelationem gentium à 4 u. 5
16. Miserere mei à 5, in: G. Guidetti, *Cantus ecclesiasticus,* Rom 1587; Echtheit von Franz Xaver Haberl bezweifelt. Palestrina zugeschrieben von Knud Jeppesen.
17. Misit rex à 4
18. Ne reminscaris à 5
19. O bone Jesu o piissime à 4
20. O Doctor optime à 4
21. O Domine Jesu à 4
22. Per lignum à 5
23. Quem dicunt homines à 5
24. Qui manducat à 5
25. Salvum me fac à 5
26. Stabat mater à 4 u. 8
27. Stabat mater à 12. Nach Karl Gustav Fellerer von Felice Anerio.
28. Thomas unus à 4
29. Veni Sancte Spiritus à 4

c) Hymnen

1. O Redemptor à 4
2. Tristes erant apostoli à 4
3. Vexilla regis prodeunt à 4

d) Responsorien

27 Responsorien. Nicht von Palestrina. Marc' Antonio Ingegneri zugeschrieben von Franz Xaver Haberl.

e) Varia

1. 11 Essercizi sopra la scala à 4
2. 8 Ricercari sopra li toni à 4 (für Orgel)

Bibliographie

I. Giovanni Pierluigi da Palestrina

1. Werkausgaben

Giovanni Pierluigi da Palestrina, *Werke*, hrsg. von Franz Xaver Haberl u.a., 33 Bände, Leipzig 1862—1903

Giovanni Pierluigi da Palestrina, *Le opere complete (OC),* hrsg. von Raffaele Casimiri u. a., 34 Bände, Rom 1939—1987

Giovanni Pierluigi da Palestrina, *Edizione anastatica delle fonti palestriniane*, hrsg. von Lino Bianchi, Palestrina 1985ff.

2. Bibliographien und Werkverzeichnisse

Lepanto de Angelis, *Musiche manoscritte inedite del sec. XVI—XVII dell'archivio del Pio Sodalizio dei Piceni in Roma*, in: Note d'Archivio 16 (1939), S. 29—31

Alberto Cametti, *Bibliografia palestriniana*, in: Bollettino bibliografico musicale I, Mailand 1926

Paolo Fragapane, *Indice alfabetico per incipit verbali delle opere di Giovanni Pierluigi da Palestrina*, Firenze 1981

Gaetano Gaspari u. Luigi Torchi, *Catálogo della Biblioteca del Liceo musicale di Bologna*, 4 Bände, Bologna 1890—1893

Franz Xaver Haberl, *Bibliographie und Thematischer Musik-Katalog des päpstlichen Kapellarchivs im Vatican zu Rom*, Leipzig 1888 (= Bausteine für Musikgeschichte Band 2)

Knud Jeppesen, [*Werkverzeichnis*], in: ders., Giovanni Pierluigi da Palestrina, in: Friedrich Blume (Hrsg.), Die Musik in Geschichte und Gegenwart, Band 10, Kassel 1962, Sp. 663ff.

Josephus M. Llorens, *Capellae Sixtinae Codices musicis notis instructi sive manu scripti sive praelo excussi*, Città del Vaticano 1960 (= Studi e testi Band 202)

Jessie Ann Owens, [*Work-List*], in: dies. u. Lewis Lockwood, Giovanni Pierluigi da Palestrina, in: Stanley Sadie (Hrsg.), The New Grove Dictionary of Music and Musicians, New York 1980, S. 129—136

Emil Vogel, *Bibliographie der gedruckten weltlichen Vocalmusik Italiens aus den Jahren 1500 bis 1700*, Berlin 1892

3. Briefe und Lebenszeugnisse

Antonio Bertolotti, *Musici alla Corte dei Gonzaga in Mantova dal secolo XV al XVIII. Notizie e documenti raccolti negli Archivi Mantovani*, Mailand 1890, Reprint Genf 1978

Lino Bianchi, *Due nuovi ritratti di Giovanni Pierluigi da Palestrina*, in: Nuova Rivista Musicale Italiana 20 (1986), S. 1—5

Raffaele Casimiri, *Giovanni Pierluigi da Palestrina, nuovi documenti biografici*, Rom 1918 u. 1922

Raffaele Casimiri, *I „Diarii sistini"*, in: Note d'archivio 1—17 (1924—1940)

Remo Giazotto, *Giovanni Pierluigi da Palestrina, Quinzio Solini, Tarquinio Merula: Cinque documenti inediti*, in: Nuovo Rivista Musicale Italiana 18 (1984), S. 625—630

Franz Xaver Haberl, *Das Archiv der Gonzaga in Mantua, mit besonderer Rücksicht auf Giov. Pierluigi da Palestrina*, in: Kirchenmusikalisches Jahrbuch 1 (1886), S. 31—45

Knud Jeppesen, *Über einen Brief Palestrinas*, in: Karl Weinmann (Hrsg.), Festschrift Peter Wagner zum 60. Geburtstag, Leipzig 1926, S. 100—107

Knud Jeppesen, *Palestriniana. Ein unbekanntes Autogramm Palestrinas und einige unveröffentlichte Falsibordoni des Giovanni Pierluigi da Palestrina*, in: Miscelánea en Homenaje a Monseñor Higinio Anglés, Band 1, Barcelona 1958, S. 417—432

Georg Kinsky, *Schriftstücke aus dem Palestrina-Kreis*, in: Karl Weinmann (Hrsg.), Festschrift Peter Wagner zum 60. Geburtstag, Leipzig 1926, S. 108—117

4. Gesamtdarstellungen

Giuseppe Baini, *Memorie storico-critiche della vita e delle opere di Giovanni Pierluigi da Palestrina*, 2 Bände, Rom 1828, Reprint Hildesheim 1966

Lino Bianchi u. Karl Gustav Fellerer, *Palestrina*, Rom 1971

Michel Brenet, *Palestrina*, Paris 1906

Leonardo Calì, *Giovanni Pierluigi da Palestrina. Vita, arte, opere*, Mailand 1969

Alberto Cametti, *Palestrina*, Mailand 1925 u. New York 1979

Giuseppe Cascioli, *La vita e le opere di Giovanni Pierluigi da Palestrina*, Rom 1894

Henry Coates, *Palestrina*, London 1938, Reprint 1949 u. 1979

Luigi Cecconi, *Di Pierluigi da Palestrina Memoria*, Rom 1826

Karl Gustav Fellerer, *Palestrina. Leben und Werk*, Regensburg 1930, Düsseldorf ²1960

Emilio Ferracci, *Il Palestrina. Documenti di vita. Problemi e Prospettive d'Arte*, Rom 1960 (= Collane di Studi Palestriniani Band 1)

Knud Jeppesen, *Giovanni Pierluigi da Palestrina*, in: Friedrich Blume (Hg.), Die Musik in Geschichte und Gegenwart, Band 10, Kassel 1962, Sp. 658—706

Franz-Sales Kandler, *Ueber das Leben und die Werke des G. Pierluigi da Palestrina, genannt der Fürst der Musik, Sängers, dann Tonsetzers der päpstlichen Kapelle, auch Kapellmeisters an den drei Hauptkirchen Roms. Nach den Memorie storico-critiche des Abbate Giuseppe Baini, Sängers und Direktors der päpstlichen Kapelle, verfaßt und mit historisch-kritischen Zusätzen begleitet. Nachgelassenes Werk, hg. mit einem Vorworte und mit gelegentlichen Anmerkungen von Raphael Georg Kiesewetter*, Leipzig 1834

Ethel M. King, *Palestrina, the Prince of Music*, New York 1966

Ernst Křenek, *Giovanni Pierluigi da Palestrina*, in: Claudio Sartori (Hrsg.), Enciclopedia della Musica, Band 3, Mailand 1964, S. 362—363

Lewis Lockwood, *Giovanni Pierluigi da Palestrina*, in: Stanley Sadie (Hg.), The New Grove Dictionary of Music and Musicians, New York 1980, Band 12, S. 118—136

Théodore Nisard, *Palestrina*, Le Mans 1865

Zoë Kendrick Pyne, *Palestrina*, London 1922, Reprint 1970

Félix Raugel, *Palestrina*, Paris 1930

Jerome Roche, *Palestrina*, London 1971 (= Oxford Studies of Composers Band 7)

Joseph Samson, *Palestrina ou la Poésie de l'exactitude*, Genf 1950

Eugen Schmitz, *Palestrina*, Leipzig 1914, ²1953

Heinrich Stierlin, *Biographie von Giovanni Pierluigi da Palestrina*, Zürich 1954 (= 42. Neujahrsgeschenk der Allgemeinen Musik-Gesellschaft in Zürich)

Giovanni Tebaldini, *Della musica sacra: G. P. da Palestrina*, Padua 1894.

Richard Runciman Terry, *Giovanni Pierluigi da Palestrina*, London 1927

Carl von Winterfeld, *Johannes Pierluigi von Palestrina, seine Werke und deren Bedeutung für die Geschichte der Tonkunst mit Bezug auf Bainis Forschungen*, Breslau 1832

5. Aufsatzsammlungen

Lino Bianchi u. Giancarlo Rostirolla (Hrsg.), *Atti del II convegno internazionale di Studi Palestriniani*, Palestrina 1991

Karl Gustav Fellerer, *Palestrina-Studien*, Baden-Baden 1982 (= Sammlung musikwissenschaftlicher Abhandlungen Band 66)

Francesco Luisi (Hg.), *Atti del convegno di Studi Palestriniani 28 settembre — 2 ottobre 1975*, Palestrina 1977

6. Untersuchungen zu einzelnen Werken und Lebensabschnitten

Higinio Anglès, *Palestrina y los „Magnificat" de Morales*, in: Anuario Musical 8 (1953), S. 153—166

Mirosław Antonowytsch, *Die Motette Benedicta es von Josquin des Prez und die Messen super Benedicta von Willaert, Palestrina, de le Hèle und de Monte*, Utrecht 1951

Antoine Auda, *La mesure dans la messe „L'homme armé" de Palestrina*, in: Acta musicologica 13 (1941), S. 39—59

Antoine Auda, *Le „Tactus" dans la Messe „L'homme armé" de Palestrina*, in: Acta musicologica 14 (1942), S. 27—73

Wilhelm Bäumker, *Einiges über Palestrina*, in: Monatshefte für Musikgeschichte 9 (1877), S. 219—221

Wilhelm Bäumker, *Palestrina. Ein Beitrag zur Geschichte der kirchenmusikalischen Reform des 16. Jahrhunderts*, Freiburg i.Br. 1877

Heinrich Bellermann, *Die Schlüssel im ersten Buche der vierstimmigen Motetten von Palestrina*, in: Leipziger Allgemeine Musikalische Zeitung 5 (1870), Sp. 338—390 u. 395—397

Lino Bianchi (u.a.), *La casa di Giovanni Pierluigi da Palestrina. Cronistoria — restauro — prospettive di utilizzazione*, Palestrina 1986

Lino Bianchi, *Antoine de la Baume ultimo mecenate del Palestrina*, in: Nuove Rivista Musicale Italiana 25 (1992), S. 85—90

Friedrich Blume, *Lasso und Palestrina*, in: Deutsche Musikkultur (8) 1944, S. 31—45

Richard Bobbitt, *Harmonic Tendencies in the Missa Papae Marcelli*, in: Music Review 16 (1955), S. 273—288

Alberto Cametti, *Cenni biografici di G. Pierluigi da Palestrina*, Mailand 1894

Alberto Cametti, *Un nuovo documento sulle origini di G. P. da Palestrina. Il testamento di Jacobella Pierluigi*, in: Rivista Musicale Italiana 10 (1903), S. 517—525

Alberto Cametti, *Le case di Giovanni Piovanni da Palestrina in Roma. La casa in Borgo San Pietro*, in: Rivista Musicale Italiana (28) 1921, S. 419—432

Alberto Cametti, *Palestrina e sue alleanze matrimonali*, in: Rivista Musicale Italiana (30) 1923, S. 489—510

Alberto Cametti, *Le case dei Giovanni Pierluigi in Palestrina*, Rom 1925

Giuseppe Campori, *Delle relazioni di Orlando di Lasso e Pier Gio. da Palestrina coi Principi estensi*, Rom 1870

Giuseppe Cascioli, *Nuove ricerche sul Palestrina*, in: Psalterium, H. 6, 1923
Giuseppe Cascioli, *Un ritratto del Palestrina*, in: Note d'Archivio 1, 1924, S. 113—115
Raffaele Casimiri, *Il codice 59 dell' archivio musicale lateranense, autografo di Giov. Pierluigi da Palestrina*, Rom 1919
Raffaele Casimiri, *Memorie musicali prenestine del sec. XVI*, in: Note d'Archivio 1 (1924), S. 7—56
Raffaele Casimiri, *Firmin Le Bel di Noyon, maestro in Roma di Giovanni Pierluigi da Palestrina*, in: Note d'Archivio 1 (1924), S. 64—77
Raffaele Casimiri, *I „XXVII Responsoria" di M. A. Ingegneri, attribuiti a Giov. Pierluigi da Palestrina*, in: Note d'Archivio 3 (1926), S. 17—40
Raffaele Casimiri, *La „Missa: Cantantibus Organis Caecilia" a 12 voci di Giovanni Pierlugi da Palestrina e de' sui scolari*, in: Note d'Archivio 8 (1931), S. 233—244
Raffaele Casimiri, *Il „Kyrie" de la Messa „L'homme armè" di Giov. Pierlugi da Palestrina e una trascrizione errata*, in: Note d'Archivio 10 (1933), S. 101—108
Raffaele Casimiri, *Palestrina e il Marenzio in un privilegio di stampa del 1584*, in: Note d'Archivio 16 (1939), S. 253—255
James Chafe, *Two forgotten madrigals by Palestrina*, in: Studi Musicali 9 (1982), S. 203—228
Friedrich Chrysander, *Das „Hohe Lied" von Palestrina*, in: Leipziger Allgemeine Musikalische Zeitung (16) 1881, Sp. 99—103, 115—119, 132—134, 148—152, 166—172, 181—185, 410—411 u. 423—427
Liviu Comes, *La melodia Palestriniana e il canto gregoriano,* Venedig 1975 (= Jucundum laudatio 1974/75, A 13)
Alfred Einstein, *Ein unbekanntes Madrigal Palestrinas*, in: Zeitschrift für Musikwissenschaft 7 (1925), S. 530—534
Robert Eitner, *Palestrina als Chromatiker*, in: Monatshefte für Musikgeschichte 18 (1886), S. 77—82
Helmut Federhofer, *Ist Palestrina ein Manierist?*, in: Heinrich Hüschen u. Dietz Rüdiger Moser (Hrsg.), Convivium musicorum. Festschrift Wolfgang Boetticher zum sechzigsten Geburtstag am 19. August 1974, Berlin 1974, S. 44—51
Karl Gustav Fellerer, *Das Credo in Palestrinas Missa Ecce sacerdos*, in: Friedrich Blume (Hrsg.), Gedenkschrift für Hermann Abert, Halle 1928, S. 44—56
Augusto Guzzo, *Il Gregoriano e Palestrina*, in: Rivista Musicale Italiana 28 (1921), 1—52
Ferdinand Haberl, *Die Hohe-Lied-Kompositionen Palestrinas*, in: Musica sacra 92 (1972), S. 210—214
Franz Xaver Haberl: *Nach Palestrina wegen Palestrina*, in: Cäcilienkalender 4 (1879), S. 6—15
Franz Xaver Haberl, *Notizen über Giov. Pierluigi da Palestrina*, in: Cäcilienkalender 7 (1882), S. 83—87
Franz Xaver Haberl, *Die ersten drei Bände der Motetten Palestrinas*, in: Kirchenmusikalisches Jahrbuch 5 (1890), S. 1—23
Franz Xaver Haberl, *Die Cardinalskommission von 1564 und Palestrinas Missa Papae Marcelli*, in: Kirchenmusikalisches Jahrbuch 7 (1892), S. 82—97
Franz Xaver Haberl, *Giovanni Pierluigi da Palestrina und das Graduale Romanum der Editio Medicaea von 1614. Ein Beitrag zur Geschichte der Liturgie nach dem Trienter Concil*, Regensburg 1894
Michael Haller, *Meditationen über die Polyphonie der alten Schule, nebst einer Analyse der Missa „Iste confessor" von G. Pierluigi da Palestrina*, in: Cäcilienkalender 6 (1881), S. 36—45

Michael Haller, *Analyse der Missa „O admirabile commercium" von Giovanni Pierluigi da Palestrina*, in: Kirchenmusikalisches Jahrbuch 9 (1894), S. 69—76
Povl Hamburger, *Ornamentation in the works of Palestrina*, in: Acta Musicologica 22 (1950), S. 128—147
Wilhelm Hohn: *Analyse zu Palestrinas Missa „Papae Marcelli"*, in: Musica sacra 55 (1925), S. 379—393
Knud Jeppesen, *Wann entstand die Marcellus-Messe?*, in: Studien zur Musikgeschichte. Festschrift für Guido Adler zum 75. Geburtstag, Wien 1930, S. 126—136
Knud Jeppesen, *Marcellus-Probleme*, in: Acta Musicologica 16 (1944), S. 11—38
Knud Jeppesen, *The Recently Discovered Mantova Masses of Palestrina*, in: Acta Musicologica 22 (1950), S. 36—47
Knud Jeppesen, *Some Remarks of „The Ornamentation in the Works of Palestrina" by P. Hamburger*, in: Acta Musicologica 22 (1950), S. 148—152
Knud Jeppesen, *Pierluigi da Palestrina, der Herzog Guglielmo Gonzaga und die neuaufgefundenen Mantovaner-Messen Palestrina's. Ein ergänzender Bericht*, in: Acta Musicologica 25 (1953), S. 132—179
Johannes Klassen, *Die Parodiemesse bei Palestrina*, Diss. Bonn 1950
Johannes Klassen, *Untersuchungen zur Parodiemesse Palestrinas*, in: Kirchenmusikalisches Jahrbuch 37 (1953), S. 53—63
Johannes Klassen, *Das Parodieverfahren in der Messe Palestrinas*, in: Kirchenmusikalisches Jahrbuch 38 (1954), S. 24—54
Johannes Klassen, *Zur Modellbehandlung in Palestrinas Parodiemessen*, in: Kirchenmusikalisches Jahrbuch 39 (1955), S. 41—55
Wilhelm Kurthen, *Ein Zitat in einer Motette Palestrinas*, in: Kirchenmusikalisches Jahrbuch 29 (1934), S. 50—53
Lewis Lockwood, [*Introduction* zu] *Giovanni Pierluigi da Palestrina: Pope Marcellus Mass*, New York 1975 (= Norton Critical Score)
Robert L. Marshall, *The Paraphrase Technique of Palestrina in his Masses based on Hymns*, in: Journal of the American Musicological Society 16 (1963), S. 347—372
Bernhard Meier, *Zu den „in mi" fundierten Werken aus Palestrinas Offertoriums-Motettenzyklus*, in: Die Musikforschung 37 (1984), S. 215—220
Angelo Mercati, *Melchiorre Major, l'autore del vibrante necrologio di Giovanni Pierluigi da Palestrina*, in: Note d'Archivio 1 (1924), S. 57—63
Anna Maria Monterossi-Vacchelli, *La messe L'homme armè di Palestrina. Studio paleografico ed edizione critica*, Cremona 1979 (= Instituta et monumenta Band 2.7)
Hans Joachim Moser, *Vestiva i colli*, in: Archiv für Musikwissenschaft 4 (1939), S. 129—156
Ermenegildo Paccagnella, *Palestrina. Il linguaggio melodico e armonico*, Florenz 1957
Ermenegildo Paccagnella, *La Parola in Palestrina. Problemi tecnici, estetici e storici*, Florenz 1969 (= La formazione del linguaggio musicale Band 3, Collana di Studi Palestriniani Band 4)
Lionel Pike, *New Palestrina Sources*, in: Musical Times 117 (1976), S. 685—688
Lionel Pike, *The opening of Palestrina's Stabat Mater*, in: Consort 42 (1986), S. 29—34
Heinrich Poos, *Das Kyrie I der Messe Quem dicunt homines von Palestrina*, in: ders., Chormusik und Analyse. Beiträge zur Formanalyse und Interpretation mehrstimmiger Vokalmusik, Band 1, Mainz 1983, S. 121—138
Harold S. Powers, *The Modality of „Vestiva i colli"*, in: Robert L. Marshall (Hrsg.), Studies in Renaissance and Baroque Music in Honor of Arthur Mendel, Kassel usw. 1974

Quentin W. Quereau, *Aspects of Palestrina's Parody Procedure*, in: Journal of Musicology 1 (1982), S. 198—216
Quentin W. Quereau, *Palestrina and the „Motetti del Fiore" of Jacques Modern*, Diss. Univ. of Yale 1974
Heinrich Rahe, *Die Motette Palestrinas*, Diss. Münster 1943
Heinrich Rahe, *Thema und Melodiebildung der Motetten Palestrinas*, in: Kirchenmusikalisches Jahrbuch 34 (1950), S. 62—81
Heinrich Rahe, *Der Aufbau der Motetten Palestrinas*, in: Kirchenmusikalisches Jahrbuch 35 (1951), S. 54—83
Colleen Reardon, *Two parody magnificats on Palestrina's „Vestivi i colli"*, in: Studi musicali 15 (1986), S. 67—99
Gustav Reese, *The Opening Chant for a Palestrina Magnificat*, in: A Musical Offering: Essays in Honour of Martin Bernstein, New York 1977, S. 239—241
Carlo Respighi, *G. Pierluigi da Palestrina e l'emendazione del Graduale romano*, Rom 1899
Carlo Respighi, *Nuovo studio su G. Pierluigi da Palestrina e l'emendazione del Graduale romano. Con appendice e documenti*, Rom 1900
August Gottfried Ritter, *Die Ricercari sopra li toni von G. P. Palestrina*, in: Monatshefte für Musikgeschichte 6 (1874), S. 134—138
Joseph Samson, *Le symbolisme dans les messes palestriniennes*, in: Revue musicale 20 (1939), S. 18—28
Reinhold Schlötterer, *Struktur und Kompositions-Verfahren in der Musik Palestrinas*, in: Archiv für Musikwissenschaft 17 (1960), S. 40—50
Joseph Schmidt-Görg, *Palestrina und Lasso*, Bonn 1944 (= Kriegsvorträge der Rheinischen Friedrich Wilhelms Universität Band 155)
Karl Schnürl, *Die Variations-Technik in den Choral-Cantus firmus Werken Palestrinas*, in: Studien zur Musikwissenschaft 23 (1956), S. 11—66
Rudolf Schwartz, *Zu den Texten der weltlichen Madrigale Palestrinas*, in: Jahrbuch Peters 13 (1906), S. 95—97
Oliver Strunk, *Guglielmo Gonzaga and Palestrina's Missa Dominicalis,* in: Musical Quarterly 33 (1947), 228—239
Vincenzo Terenzio, *Palestrina e la tradizione gregoriana*, in: Studien zur Musikwissenschaft 25 (1962), S. 545—550
Peter Wagner, *Palestrina als weltlicher Komponist*, Straßburg 1890
Peter Wagner, *Das Madrigal und Palestrina*, in: Vierteljahrsschrift für Musikwissenschaft 8 (1892), S. 423—498
Johannes Jacobus Adriaan van der Walt, *Die Kanongestaltung im Werk Palestrinas*, Diss. Köln 1956
Karl Weinmann, *Palestrinas Geburtsjahr*, Regensburg 1915
Karl Weinmann, *Zur Geschichte von Palestrinas Missa Papae Marcelli*, in: Jahrbuch Peters 23 (1916), S. 23—42
Karl Weinmann, *Palestrina und das Oratorium des hl. Filippo Neri*, in: Bericht über den 1. Musikwissenschaftlichen Kongreß der Deutschen Musikgesellschaft in Leipzig 1925, Leipzig 1926, S. 323—328
Wilhelm Widmann, *Motette und Messe „Dies sanctificatus"*, in: Kirchenmusikalisches Jahrbuch 21 (1908), S. 72—90
Wilhelm Widmann, *Sechsstimmige Messen Palestrinas*, in: Kirchenmusikalisches Jahrbuch 25 (1930), S. 94—106, 26 (1931), S. 59—72, 27 (1932), S. 110—119, 28 (1933), S. 10—34

Hellmuth Christian Wolff, *Die Variationstechnik in den frühen Messen Palestrinas*, in: Acta musicologica 27 (1955), S. 59—70

7. Wirkungsgeschichte

Peter Ackermann, *Zur Frühgeschichte der Palestrina-Rezeption. Die zwölfstimmige Missa Cantantibus organis und die Compagnia dei Musici di Roma*, in: Kirchenmusikalisches Jahrbuch 78 (1994) [im Druck]

Andrea Adami da Bolsena, *Osservazioni per ben regolare il coro dei cantori della Cappella Pontificia*, Rom 1711

Hans Albrecht, *Ein kritischer Neudruck von Haberls Palestrina-Ausgabe?*, in: Zeitschrift für Musikwissenschaft 16 (1934), S. 41—42

Hermann Bäuerle, *Palestrina muß populärer werden. Einladung an strebsame Dirigenten und eifrige Anhänger einer heiligen Musik*, Regensburg 1903

Ferdinand Bierling, *Caspar Ett*, Ellbach 1906

Moritz Brosig, *Ueber die alten Kirchen-Componisten des 16. und 17. Jahrhunderts und ihre Wiedereinführung beim katholischen Gottesdienst*, Leipzig 1880

Étienne Aléxandre Choron, *Principes de composition des écoles d'Italie*, 4 Bände, Paris 1808

Étienne Aléxandre Choron, *Considérations sur la necessité de retablir le chant de Rome dans toutes les églises de l'empire*, Paris 1811

Giovanni Carli Ballola, *Il mito di Palestrina nell'Ottocento*, in: Chigiana Rassegna annuale di studi musicologici 29/30, N.S. 9/10 (1975), S. 115—119

Georg von Dadelsen, *Alter Stil und alte Technik in der Musik des 19. Jahrhunderts*, Diss. Berlin 1951

Thomas Charles Day, *Palestrina in History: a Preliminary Study of Palestrina's Reputation and Influence Since His Death*, Diss. Columbia Univ. New York 1970

Thomas Charles Day, *Echoes of Palestrinas „Missa ad fugam" in the 18th century*, in: Journal of the American Musicological Society 24 (1971), S. 462—469

Wilhelm Ehmann, *Der Thibaut-Behaghel Kreis. Musikalische Restauration im 19. Jahrhundert*, in: Dietrich Berke u.a. (Hrsg.), Wilhelm Ehmann. Voce et Tuba. Gesammelte Reden und Aufsätz 1934—1974, Kassel usw. 1976, S. 217—315

Maurice Emmanuel, *La Polyphonie sacrée*, Lyon 1913

Thomas Emmerig, *Die Musik im Regensburger Dom vor der Verwirklichung der Reformpläne Proskes*, in: Verhandlungen des Historischen Vereins für Oberpfalz und Regensburg 124 (1984), S. 421—445

Yvette Féderoff u. Simone Wallon, *Choron et ses Essais de Réforme Musicale a l'Église de la Sorbonne. Un point d'histoire de la musique religieuse en France sous la Restauration,* in: Rüdiger Görner (Hrsg.), *Logos musicae. Festschrift für Albert Palm,* Wiesbaden 1982, S. 63—70

Karl Gustav Fellerer, *Instrumentale Begleitungen der Werke Palestrinas im 17. und 18. Jahrhundert*, in: Musica sacra 55 (1925), S. 393—398

Karl Gustav Fellerer, *Der Palestrinastil und seine Bedeutung in der vokalen Kirchenmusik des 18. Jahrhunderts*, Augsburg 1929

Karl Gustav Fellerer, *Giambattista Donis „Dissertatio de musica sacra"*, in: Kirchenmusikalisches Jahrbuch 66 (1982), S. 59—64

Karl Gustav Fellerer, *Kirchenmusik im 19. Jahrhundert,* Regensburg 1985 (= ders., Studien zur Musik des 19. Jahrhunderts Band 32, zugleich Studien zur Musikgeschichte des 19. Jahrhunderts Band 60)

Pierre Gaillard, *Histoire de la légende palestrinienne*, in: Revue de musicologie 57 (1971), S. 11—22

Joseph Gelineau, *Die Musik im christlichen Gottesdienst*, Regensburg 1965

Siegfried Gmeinwieser, *Die altklassische Vokalpolyphonie Roms in ihrer Bedeutung für den kirchenmusikalischen Stil in München. Eine Untersuchung über die Bestände des Musikarchivs der Theatinerkirche St. Kajetan in München*, in: Analecta musicologica 12 (1973), S. 119—142

Peter Griesbacher, *Kirchenmusikalische Stilistik und Formenlehre*, 4 Bände, Regensburg 1912ff.

Peter Gülke, *Ein „konservatives" Genie? Zum 450. Geburtstag Palestrinas*, in: Musik und Gesellschaft 25 (1975), S. 687—690

Franz Xaver Haberl, *Die Gesammtausgabe der Werke Palestrina's*, in: Cäcilienkalender 5 (1880), S. 66—74

Franz Xaver Haberl, *Zum hundertsten Geburtstage von Dr. Karl Proske*, in: Kirchenmusikalisches Jahrbuch 9 (1894), S. 22—47

Franz Xaver Haberl, *Zum 50. Todesjahre von Joseph Baini. Eine biographische Skizze*, in: Kirchenmusikalisches Jahrbuch 9 (1894), S. 77—85

Michael Haller, *Motivierung des neukomponierten III. Chores in sechs 12stimmigen Compositionen Palestrinas*, in: Kirchenmusikalisches Jahrbuch 4 (1889), S. 38—44

Karl Hasse, *Palestrina, Schütz, Bach und Beethoven im Lichte der Stilwandlungen*, in: Bericht über den 1. musikwissenschaftlichen Kongreß der Deutschen Musikgesellschaft in Leipzig 1925, Leipzig 1926, S. 245—246

Franz Hauk, *Johann Caspar Aiblinger. Leben und Werk*, 2 Bände, Tutzing 1989 (= Eichstätter Abhandlungen zur Musikwissenschaft Band 6)

Ernst Theodor Amadeus Hoffmann, *Alte und neue Kirchenmusik*, in: Allgemeine Musikalische Zeitung 16 (1814), Sp. 577—584, 593—603 u. 611—619

Richard Hohenemser, *Welche Einflüsse hatte die Wiederbelebung der älteren Musik im 19. Jahrhundert auf die Komponisten?*, Leipzig 1900

Helmut Hucke, *Palestrina als Autorität und Vorbild im 17. Jahrhundert*, in: Raffaele Monterosso (Hrsg.), Congresso internazionale sul tema Claudio Monteverdi e il suo tempo Mantova 1967. Relazioni e communicazioni, Venedig 1968, S. 253—261

Helmut Hucke, *Palestrina als Klassiker*, in: Hermann Danuser (Hrsg.), Gattungen der Musik und ihre Klassiker, Laaber 1988, S. 19—34 (= Publikationen der Hochschule für Musik und Theater Hannover Band 1)

Hans Josef Irmen, *Gabriel Joseph Rheinberger als Antipode des Cäcilianismus*, Regensburg 1970 (= Studien zur Musikgeschichte des 19. Jahrhunderts Band 22)

Knud Jeppesen, *Johann Joseph Fux und die moderne Kontrapunktlehre*, in: Bericht über den 1. musikwissenschaftlichen Kongreß der Deutschen Musikgesellschaft Leipzig 1925, Leipzig 1926, S. 187—188

Willi Kahl, *Zur vorcäcilianischen Wiedererweckung der altklassischen Vokalpolyphonie im Rheinland*, in: Musica sacra 61 (1931), S. 314—319

Willi Kahl, *Öffentliche und private Musiksammlungen in ihrer Bedeutung für die musikalische Renaissancebewegung in Deutschland*, in: Wilfried Brennecke u.a. (Hrsg.), Bericht über den internationalen musikwissenschaftlichen Kongreß Bamberg 1953, Kassel usw. 1953, S. 289—294

Willi Kahl, *Zur musikalischen Renaissancebewegung in Frankreich während der ersten Hälfte des 19. Jahrhunderts*, in: Dagmar Weise (Hrsg.), Festschrift Joseph Schmidt-Görg zum 60. Geburtstag, Bonn 1957, S. 156—174

Willi Kahl, *Heimsoeth und Thibaut. Ein vergleichender Beitrag zur Geschichte der musikalischen Renaissancebewegung des 19. Jahrhunderts*, in: Hellmut Federhofer (Hrsg.), Festschrift für Alfred Orel zum 70. Geburtstag, Wien u. Wiesbaden 1960, S. 81—91

Dietrich Kämper, *Franz Wüllner*, Diss. Köln 1963 (= Beiträge zur Rheinischen Musikgeschichte Band 55)

Leopold Kantner, *„Aurea luce". Musik an St. Peter in Rom 1790—1850*, Wien 1979 (= Österreichische Akademie der Wissenschaft. Veröffentlichungen der Kommission für Musikforschung Band 18)

Leopold Kantner, *Das Spannungsfeld zwischen Kunst und Gottesdienst: Caecilianismus*, in: Bericht über den Internationalen Musikwissenschaftlichen Kongreß der Gesellschaft für Musikforschung Bayreuth 1981, Kassel 1984, S. 241—243

Ambrosius Kienle, *Maß und Milde in kirchenmusikalischen Dingen*, Freiburg i. Br. 1901

Herfried Kier, *Raphael Georg Kiesewetter (1773—1807). Ein Beitrag zur Geschichte des musikalischen Historismus*, Regensburg 1968 (= Studien zur Musikgeschichte des 19. Jahrhunderts Band 13)

Winfried Kirsch (Hrsg.), *Palestrina und die Kirchenmusik im 19. Jahrhundert*, 3 Bände, Regensburg 1989 [Band 2 und 3 in Vorbereitung].

Winfried Kirsch, *„Der Ausdruck ist das Entscheidende, nicht die Form." Zu den Vortragsbezeichnungen in Franz Xaver Witts Messen-Kompositionen*, in: Karlheinz Schlager (Hrsg.), Festschrift Hubert Unverricht zum 65. Geburtstag, Tutzing 1992, S. 111—124

Joseph Koegel, *Geschichte der St. Kajetans-Hofkirche, der Theatiner-Kirche und des könglichen Hof- und Kollegiatstiftes in München*, München 1899

Ulrich Konrad, *Otto Nicolai (1810-1849). Studien zu Leben und Werk*, Baden Baden 1980 (= Sammlung musikwissenschaftlicher Arbeiten Band 73)

Franz Kosch, *Pius X. und die Kirchenmusik*, Bonn 1893

Joseph Kromolicki, *Palestrina und Bach in der evangelischen und katholischen Kirchenmusik*, in: Karl Weinmann (Hrsg.), Festschrift Peter Wagner zum 60. Geburtstag, Leipzig 1926, S. 124—127

Joseph Kromolicki, *Palestrina-Pflege und neue Kirchenmusik*, in: Katholisches Kirchenmusikjahrbuch 1 (1927), S. 26—28

Paul Krutschek, *Die Kirchenmusik nach dem Willen der Kirche*, Regensburg 1891

Wilhelm Kurthen, *Die Palestrinamusik und ihre Wiederbelebung in der heutigen Zeit*, in: Musik und Altar 1 (1948), S. 37—41

Johannes Leonhard, *Palestrina — Vorbild oder Hemmschuh?*, in: Musica sacra 95 (1975), S. 125f.

Christoph Lickleder (Hrsg.), *F. X. Witt (1834—1888). Reden an den Cäcilienverein 1868 — 1869 — 1871 — 1874 — 1880*, Regensburg 1983 (= Documenta Caeciliana Band 1)

Francesco Luisi, *Palestrina-Ehrung an seinem Heimatort. 27. September bis 2. Oktober 1975*, in: Die Musikforschung 29 (1976), S. 50—51

Caspar Anton von Mastiaux, *Über Choral- und Kirchengesänge*, München 1813

Domenikus Mettenleiter, *Musikgeschichte von Regensburg*, Regensburg 1866

Domenikus Mettenleiter, *Karl Proske. Ein Lebensbild*, Regensburg 1892

Domenikus Mettenleiter, *Faßliche und praktische Grammatik der katholischen Kirchenmusik*, Regensburg 1866

Anton Möhler, *Ästhetik der katholischen Kirchenmusik*, Ravensburg 1910

Hans Joachim Moser, *Über Kurt Doebler und die Möglichkeit eines heutigen Palestrinastils*, in: Kirchenmusikalisches Jahrbuch 25 (1930), S. 128—135

Joseph Müller-Blattau, *Die Idee der „wahren Kirchenmusik" in der Erneuerungsbewegung der Goethezeit*, in: Musik und Kirche 2 (1930), S. 155—160 u. 199—204

Otto Nicolai, *Musikalische Aufsätze*, hrsg. v. Georg Richard Kruse, Regensburg o.J. (= Deutsche Musikbücherei Band 10)

Josef Maria Nielen, *Johann Michael Sailer. Der weise und gütige Erzieher seines Volkes. Mit einer Auswahl aus seinen Schriften*, Frankfurt/M. 1949

Helmuth Osthoff, *Palestrina als geschichtliche Gestalt*, in: Musik und Szene 1958/1959, S. 116—119

Wolfgang Osthoff, *Eine neue Quelle zu Palestrinazitat und Palestrinasatz in Pfitzners musikalischer Legende*, in: Ludwig Finscher (Hrsg.), Renaissance-Studien. Festschrift Helmuth Osthoff zum 80. Geburtstag, Tutzing 1979, S. 185—209 (= Frankfurter Beiträge zur Musikwissenschaft Band 11).

Johannes Overath (Hrsg.), *Musicae Sacrae Ministerium. Beiträge zur Geschichte der kirchenmusikalischen Erneuerung im 19. Jahrhundert.* Festgabe für Karl Gustav Fellerer zur Vollendung seines 60. Lebensjahres am 7. Juli 1962, Köln 1962 (= Schriftenreihe des Allgemeinen Cäcilien-Verbandes für die Länder der Deutschen Sprache Band 5)

Hans Pfitzner, *Palestrina. Ein Vortrag über das Werk und seine Geschichte*, in: Bernhard Adamy (Hrsg.), Hans Pfitzner. Sämtliche Schriften, Band 4, Tutzing 1987, S. 418—429

Giancarlo Rostirolla, *Busti ottocenteschi di Giovanni Pierluigi da Palestrina nei „templi" Romani dell'Arte e della Musica*, in: Agostino Zino (Hrsg.), Musica senza aggettivi. Studi per Fedele d'Amico, 2 Bände, Florenz 1991, S. 423—461 (= Quaderni della Rivista Italiana di Musicologia Band 25)

Carl Franz Emil von Schafhäutl (= Pellisov), *Ein Spaziergang durch die liturgische Musikgeschichte der katholischen Kirche. Trost und Stärkung für alle Katholiken, die keine Cäcilianer sind*, München 1887

August Scharnagl, *Franz Liszt — Franz Witt*, in: Musica sacra 106 (1986), S. 444—447

August Scharnagl, *Johann Georg Mettenleiter (1812—1858). Leben und Wirken — eine Studie zur Wiederkehr des 175. Geburtstages*, in: Friedhelm Brusniak u. Horst Leuchtmann (Hrsg.), Quaestiones in musica. Festschrift für Franz Krautwurst zum 65. Geburtstag, Tutzing 1989, S. 555—567

Johann Michael Sailer, *Vom notwendigen Bunde der Religion mit der Kunst*, München 1808

Fortunato Santini, *Catalogo della Musica* [in Roma], Rom 1820

Ludwig Schiedermayr, *Aus Aiblingers italienischem Briefwechsel*, in: Kirchenmusikalisches Jahrbuch 25 (1922), S. 71—84

Josef Schuh, *Johann Michael Sailer und die Erneuerung der Kirchenmusik. Zur Vorgeschichte der cäcilianischen Reformbewegung in der ersten Hälfte des 19. Jahrhunderts*, Diss. Köln 1972

Karlheinz Schlager, *Wege zur Restauration. Marginalien zur Kirchenmusik zwischen Augustinus und Thibaut*, in: Gerhard Schuhmacher (Hrsg.), Traditionen und Reformen in der Kirchenmusik. Festschrift für Konrad Ameln zum 75. Geburtstag am 6. Juli 1974, Kassel 1974, S. 9—24

Adalbert Schulz, *Die St. Michaels-Hofkirche in München*, München 1897

Leo Söhner, *Zur Geschichte der Münchener Palestrina-Renaissance um 1820*, in: Musica sacra 66 (1935), S. 73—75

Wladimir Stassoff, *L'Abbè Santini et sa Collection musicale à Rome*, Florenz 1854

Gino Stefani, *Miti barocchi: Palestrina „Princeps Musicae“*, in: Nuova Rivista Musicale Italiana 8 (1974), S. 347—355

Albert Gereon Stein, *Die katholische Kirchenmusik in ihrer Bestimmung und dermaligen Beschaffenheit*, Köln 1864

Elmar Seidel, *Über die Wirkung der Musik Palestrinas auf das Werk Liszts und Wagners*, in: Serge Gut (Hrsg.), Franz Liszt und Richard Wagner. Musikalische und geistesgeschichtliche Grundlagen der neudeutschen Schule. Referate des 3. Europäischen Liszt-Symposions Eisenstadt 1983, S. 162—176 (= Liszt-Studien Band 3)

Anton Friedrich Justus Thibaut, *Ueber Reinheit der Tonkunst*, Heidelberg 1825 (1824), ²1826

Hubert Unverricht (Hrsg.), *Der Caecilianismus. Anfänge — Grundlagen — Wirkungen. Internationales Symposium zur Kirchenmusik des 19. Jahrhunderts*, Tutzing 1988 (= Eichstätter Abhandlungen zur Musikwissenschaft Band 5)

Otto Ursprung, *Palestrina und Palestrina-Renaissance*, in: Zeitschrift für Musikwissenschaft 7 (1924), S. 513—529

Otto Ursprung, *Restauration und Palestrina-Renaissance in der katholischen Kirchenmusik der letzten zwei Jahrhunderte*, Augsburg 1924

Otto Ursprung, *Palestrina und Deutschland*, in: Karl Weinmann (Hrsg.), Festschrift Peter Wagner zum 60. Geburtstag, Leipzig 1926, S. 190—221

Kurt Ventzke und Erich Tremmel, *Carl Emil [von] Schafhäutl (1803—1890). Grundriß einer Biographie*, in: Augsburger Jahrbuch für Musikwissenschaft 6 (1989), S. 127—148

Vereinskatalog. Die von dem Referentenkollegium des Cäcilien-Vereins für alle Länder deutscher Zunge in den Vereins-Catalog aufgenommenen kirchenmusikalischen oder auf Kirchenmusik bezüglichen Werke enthaltend. Eine selbständige Beilage zu den Fliegenden Blättern für Kirchenmusik von Franz Xaver Witt, Regensburg 1870—1912

Paul von Waldersee, *Giovanni Pierluigi da Palestrina und die Gesammtausgabe seiner musikalischen Werke*, Leipzig 1883 (= Sammlung musikalischer Vorträge Heft 52)

Gottfried Weber, *Versuch einer geordneten Theorie der Tonsetzkunst*, Mainz 1824

Gottfried Weber, *Über die alten Kirchenkompositionen des 16. und 17. Jahrhunderts und ihre Wiedereinführung beim katholischen Gottesdienste*, in: Cäcilienkalender 7 (1882), S. 38—46

Anton Walter, *Dr. Witt's Zeugnis für Palestrina und Orlando di Lasso*, in: Kirchenmusikalisches Jahrbuch 9 (1894), S. 48—59

Karl Weinmann, *Geschichte der Kirchenmusik mit besonderer Berücksichtigung der kirchenmusikalische Restauration im 19. Jahrhundert*, Kempten u. München 1906, ²1913

Karl Weinmann, *Karl Proske, der Restaurator der klassischen Kirchenmusik*, Regensburg 1909 (= Sammlung Kirchenmusik Band 1)

Karl Weinmann, *Die Anfänge der kirchenmusikalischen Reform,* in: Kirchenmusikalisches Jahrbuch 22 (1909), S. 95—101

Karl Weinmann, *Die Proskesche Musikbibliothek in Regensburg*, in: Kirchenmusikalisches Jahrbuch 24 (1911), S. 107—131

Franz Xaver Witt, *Ueber den Palestrinastil*, in: ders., Ausgewählte Aufsätze, hrsg. von Karl Gustav Fellerer, Köln 1934, S. 71—78

Christoph Wolff, *Bach and the Tradition of the Palestrina Style*, in: ders. Bach. Essays on his life and music, Cambridge u. London 1991, S. 84—104

II. Zur Musik des 16. Jahrhunderts

1. Übergreifende Darstellungen und Problemaufrisse

August Wilhelm Ambros, *Geschichte der Musik*, Band 4, Leipzig 1878

Heinrich Besseler, *Die Musik des Mittelalters und der Renaissance*, Potsdam 1931, Reprint Laaber 1979 (= Handbuch der Musikwissenschaft Band 1)

Heinrich Besseler, *Das Renaissance-Problem in der Musik*, in: Archiv für Musikwissenschaft 23 (1966), S. 1—10

Herbert Birtner, *Studien zur niederländisch-humanistischen Musikanschauung*, Heidelberg 1930 (zugleich Habil. Schr. Marburg 1930)

Armen Carapetyan, *The Concept of the „Imitazione della natura" in the Sixteenth Century*, in: Journal of Renaissance and Baroque Music 1 (1946/47), S. 47—67

Carl Dahlhaus, *Musikalischer Humanismus als Manierismus*, in: Die Musikforschung 35 (1982), S. 122—129

Robert Donington, *The Present Position of Authenticity*, in: Performance Practice Review 2 (1989), S. 117—125

Wim van Dooren, *General Problems of the Authenticity in the Context of Renaissance Philosophy*, in: Willem Elders (Hrsg.), Proceedings in the International Josquin Symposion Utrecht 1986. Utrecht 1991, S. 15—23

Richard Erig u. Veronica Gutmann, *Italienische Diminutionen. Die zwischen 1553 und 1638 mehrmals bearbeiteten Sätze*, Zürich 1979 (= Prattica Musicale Band 1)

Hellmut Federhofer, *Zum Manierismus-Problem in der Musik*, in: Renaissance-Muziek 1400-1600. Donum natalicum Renè Bernard Lenaerts. Leuwen 1969, S. 105—119 (= Musicologica Lovaniensia Band 1)

Karl Gustav Fellerer, *Beziehungen zwischen geistlicher und weltlicher Musik im 16. Jahrhundert*, in: John LaRue (Hrsg.), Report of the Eighth Congress of the International Musicological Society, Band 1, Kassel usw. 1961, S. 203—214

Ludwig Finscher, *Zum Verhältnis von Imitationstechnik und Textbehandlung im Zeitalter Josquins*, in: ders. (Hrsg.), Renaissance Studien. Helmuth Osthoff zum 80. Geburtstag, Tutzing 1979, S. 57—72 (= Frankfurter Beiträge zur Musikwissenschaft Band 11)

Ludwig Finscher (Hrsg.), *Die Musik des 15. und 16. Jahrhunderts*, 2 Bände, Laaber 1989 (= Neues Handbuch der Musikwissenschaft Band 3)

Otto Johannes Gombosi, *Bemerkungen zur „L'homme armé"-Frage*, in: Zeitschrift für Musikwissenschaft 10 (1928), S. 609—612

Klaus Hortschansky (Hrsg.), *Zeichen und Struktur in der Musik der Renaissance. Ein Symposium aus Anlaß der Jahrestagung der Gesellschaft für Musikforschung Münster (Westfalen) 1987*, Kassel usw. 1989

Knud Jeppesen, *Über italienische Kirchenmusik in der ersten Hälfte des 16. Jahrhunderts*, in: Zoltano Kodály octogenario Sacrum, Budapest 1962, S. 149—160

Dietrich Kämper, *Studien zur instrumentalen Ensemblemusik des 16. Jahrhunderts in Italien*, Köln u. Wien 1970 (= Analecta musicologica Band 10)

Willi Kahl, *Das Geschichtbewußtsein in der Musikanschauung der italienischen Renaissance und des deutschen Humanismus*, in: Wilfried Brennecke u. Hans Haase, Hans Albrecht in memoriam. Gedenkschrift mit Beiträgen von Freunden und Schülern, Kassel usw. 1962, S. 39—47

Raphael Georg Kiesewetter, *Die Verdienste der Niederländer um die Tonkunst*, Amsterdam 1829

Theodor Kroyer, *Zwischen Renaissance und Barock*, in: Jahrbuch der Musikbibliothek Peters 34 (1927), S. 45—54

Friedhelm Krummacher, *Klassizismus als musikgeschichtliches Problem*, in: Henrik Glahn u.a. (Hrsg.), Report of the Eleventh Congress of the International Musicological Society, Kopenhagen 1972, S. 518—526

Friedhelm Krummacher, *Wissenschaftsgeschichte und Werkrezeption. Die „alten Niederländer" im 19. Jahrhundert*, in: ders. u. Hermann Danuser (Hrsg.), Rezeptionsästhetik und Rezeptionsgeschichte in der Musikwissenschaft, Laaber 1991, S. 205—222 (= Publikationen der Hochschule für Musik und Theater Hannover Band 3)

Wilhelm Kurthen, *Über Choral und Polyphonie im 16. Jahrhundert*, in: Franz Tack (Hrsg.), Der kultische Gesang der abendländischen Kirche. Ein gregorianisches Werkheft aus Anlaß des 75. Geburtstages von Dominicus Johner, Köln 1950, S. 106—109

Ernst Lichtenhahn, *„Ars perfecta". Zu Glareans Auffassung der Musikgeschichte*, in: Festschrift Arnold Geering, hrsg. von Victor Ravizza, Bern u. Stuttgart 1972, S. 129—138

Lewis Lockwood, *Aspects of the „L'Homme armé" Tradition*, in: Proceedings of the Royal Musicological Association 100 (1974), S. 97—122

Lewis Lockwood, *On „Parody" as a Term and Concept in 16th-Century Music*, in: John LaRue (Hrsg.), Aspects of Medieval and Renaissance Music. A Birthday Offering to Gustav Reese, New York 1966, S. 560—575

Edward E. Lowinsky, *Music of the Renaissance as Viewed by Renaissance Musicians*, in: The Renaissance Image of Man and the World. Fourth Congress on the Humanities Ohio State University 1961, Ohio 1966, S. 129—177

Edward E. Lowinsky, *The Problem of Mannerism in Music. An Attempt at a Definition*, in: Studi musicali 3 (1974), S. 131—218

Maria Rika Maniates, *Mannerism in Italian music and culture 1530—1630,* Chapel Hill 1979

Frits Noske, *Manierismus als Desintegrationserscheinung musikgeschichtlicher Perioden*, in: Rudolf Pečman (Hrsg.), Colloquium Musica Bohemica et Europaea Brno 1970, Brno 1972, S. 121—126

Claude Palisca, *Humanism in Italian Renaissance Musical Thought*, New Haven 1985

Andrè Pirro, *Histoire de la Musique de la fin du XIVe siècle à la fin du XVIe*, Paris 1940

Nino Pirotta, *Novelty and Renewal in Italy: 1300—1600*, in: ders., Music and Culture in Italy for Middle Ages to the Baroque. A Collection of Essays, Cambridge u. London 1984, S. 159—174 (= Studies in History of Music Band 1)

William F. Prizer, *Music and Ceremonial in the Low Countries: Philip the Fair and the Order of the Golden Fleece*, in: Early Music History 5 (1985), S. 113—153

Victor Ravizza, *Manierismus — ein musikgeschichtlicher Epochenbegriff?*, in: Die Musikforschung 34 (1981), S. 273—284

Gustav Reese, *Music in the Renaissance*, New York 1954, [2]1959

Héctor Edmundo Rubio, *Der Manierismus in der Vokalpolyphonie des 16. Jahrhunderts*, Tutzing 1982 (= Frankfurter Beiträge zur Musikwissenschaft Band 5)

Walter Rüegg u. Annegrit Schmidt (Hrsg.), *Musik in Humanismus und Renaissance*, Weinheim 1983 (= Mitteilungen der Deutschen Forschungs-Gemeinschaft, Band VII. Kommission für Humanismusforschung)

Curt Sachs, *Barockmusik*, in: Jahrbuch der Musikbibliothek Peters 26 (1919), S. 7—15

Arnold Schering, *Takt und Sinngliederung in der Musik des 16. Jahrhunderts. Ein Beitrag zur Stilgeschichte des Frühbarock*, in: Archiv für Musikwissenschaft 2 (1919/1920), S. 465—498

Siegfried Schmalzriedt, *Manierismus als „Kunst des Überbietens". Anmerkungen zu Monteverdis und und d'Indias Madrigale „Crude Amarilli"*, in: Rudolf Faber u.a. (Hrsg.), Festschrift Ulrich Siegele zum 60. Geburtstag, Kassel 1991, S. 51—66

Leo Schrade, *Von der „Maniera" der Komposition des 16. Jahrhunderts*, in: Zeitschrift für Musikwissenschaft 16 (1934), S. 152—170

Leo Schrade, *Renaissance. The Historical Conception of an Epoch*, in: Ernst Lichtenhahn (Hrsg.), Leo Schrade. De Scientia Musicae Studia atque Orationes, Bern u. Stuttgart 1967, S. 311—325

Flavio Testi, *La Musica italiana nel Medioeva e nel Rinascimento*, 2 Bände, Mailand 1969

Wolfgang Treu, *Maniera und Manierismus im Musikschrifttum*, Diss. Freiburg i. Br., Karlsruhe 1987

Daniel Pickering Walker, *Der musikalischer Humanismus im 16. und frühen 17. Jahrhundert*, Kassel 1949

Carl von Winterfeld, *Über den Einfluß der gegen das sechzehnte Jahrhundert hin allgemeiner verbreiteten und wachsenden Kunde des klassischen Alterthums auf die Ausbildung der Tonkunst.* Vortrag, gehalten in dem Verein für Kunde des Mittelalters am 22. November und 20. December 1849, Leipzig 1850

Hellmuth Christian Wolff, *Manierismus und Musikgeschichte*, in: Die Musikforschung 24 (1971), S. 245—250

2. Kirchenmusik und Tridentinische Reformen

Higinio Anglès, *Die Bedeutung der Vokalpolyphonie für die römische Liturgie*, in: Joseph López-Calo (Hrsg.), Higini Anglès Scripta musicologica, Band 3, Rom 1976, S. 1275—1286

Wilhelm Bäumker, *Die polyphone Musik auf dem Concile von Trient, sess. XXII*, in: Monatshefte für Musikgeschichte 9 (1877), S. 123—125 u. 147—148

Maurice Emmanuel, *La Polyphonie sacrée*, Lyon 1913

Karl Gustav Fellerer, *Die Deklamationsrhythmik in der vokalen Polyphonie des 16. Jahrhunderts*, Düsseldorf 1928

Karl Gustav Fellerer, *Geschichte der Katholischen Kirchenmusik*, Düsseldorf 1949, zweite, erweiterte Ausgabe, 2 Bände, Kassel 1972 u. 1976

Karl Gustav Fellerer, *Zur kirchlichen Monodie nach dem Tridentinum*, in: Kirchenmusikalisches Jahrbuch 57 (1973), S. 45—55

Povl Hamburger, *Studien zur Vokalpolyphonie*, Wiesbaden 1956

Theodor Kroyer, *Das A-cappella-Ideal*, in: Acta musicologica 6 (1934), S. 48—53

Bernhard Meier, *Modale Korrektur und Wortausdeutung im Choral der Editio Medicaea*, in: Kirchenmusikalisches Jahrbuch 53 (1969), S. 101—132

Oscara Mischiati u. Paolo Russo, *La Cappella musicale nell' Italia della Controriforma. Atti del Convegno internazionale di studi nel IV Centenario di fondazione della Cappella Musicale S. Biagio di Cento, 13-15 Ottobre 1989*, Florenz 1993 (= Quaderni della Rivista Italiana di Musicologia Band 27)

Helmuth Osthoff, *Einwirkungen der Gegenreformation auf die Musik des 16. Jahrhunderts*, in: Jahrbuch der Musikbibliothek Peters, Leipzig 1934, S. 32—50

Quentin W. Quereau, *Sixtenth—Century Parody: An Approach to Analysis*, in: Journal of the American Musicological Society 31 (1978), S. 407—441

Raimund Schlecht, *Geschichte der Kirchenmusik*, Regensburg 1879

Giovanni Tebaldini, *La musica sacra in Italia*, Mailand 1893

Otto Ursprung, *Die ästhetischen Kategorien Weltlich — Allgemein—Geistlich — Kirchlich und ihr musikalischer Stil*, in: Zeitschrift für Musikwissenschaft (1935), S. 433—456

Otto Ursprung, *Die katholische Kirchenmusik*, Potsdam 1931 (= Handbuch der Musikwissenschaft Band 2)

Edith Weber, *Le Concile de Trente et la musique: de la Réforme à la Contre-Réforme*, Paris 1982

Karl Weinmann, *Das Konzil von Trient und die Kirchenmusik. Eine historisch-kritische Untersuchung*, Leipzig 1919

3. Musikalische Gattungen

— Madrigal

Elena Ferrari Bassi, *Il Madrigale spirituale nel Cinquecento*, in: Raffaelo Monterosso (Hrsg.), Congresso internazionale sul tema Claudio Monteverdi e il suo tempo Mantova 1967. Relazioni e communicazioni, Venedig 1968, S. 217—252

Alfred Dürr, *Zum Verhältnis von Wort und Ton im Rhythmus des Cinquecento-Madrigals,* in: Archiv für Musikwissenschaft 15 (1958), S. 89—100

Alfred Einstein, *The Italian Madrigal*, 3 Bände, Princeton 1949

James Haar, *Popularity in the Sixteenth-Century Madrigal: A Study of Two Instances*, in: Eugene K. Wolf u. Edward H. Roesner, Studies in Musical Sources and Style, Essays in Honour of John LaRue, Madison Wisconsin 1990, S. 191—212

Knud Jeppesen, *An Unknown Pre-Madrigalian Music Print in Relation to other Contemporary Italian Sources (1520—1530)*, in: James W. Pruett (Hrsg.), Studies in Musicology. Essays in the History, Style, and Bibliography of Music in Memory of Glen Haydon, Chapel Hill 1969, S. 3—17

Theodor Kroyer, *Die Anfänge der Chromatik im italienischen Madrigal des 16. Jahrhunderts*, Leipzig 1925 (= Publikationen der Internationalen Musikgesellschaft Band 4)

Harry B. Lincoln, *The Italian Madrigal and Related Reports. Indexes to Printed Collections, 1500—1600*, New Haven u. London 1988

Jerome Roche, *The Madrigal*, Oxford [2]1990 (Early Music Series Band II)

Barbara Russano Hanning, *Of Poetra and Music's Power: Humanism and the Creation of Opera*, Ann Arbor 1980

— Gregorianik

Raphael Molitor, *Zur Vorgeschichte der Medicaea*, Freiburg i. Br. 1899

Raphael Molitor, *Die nachtridentische Choral-Reform zu Rom*, 2 Bände, Leipzig 1901/1902

Carl Franz Emil von Schafhäutl, *Der aechte gregorianische Choral in seiner Entwicklung bis zur Kirchenmusik unserer Zeit. Ein Versuch zur Vermittlung in der Streitfrage: Welches ist die wahre katholische Kirchenmusik*, München 1869

Leo Söhner, *Geschichte der Choralbegleitung*, Diss. Freiburg i. Br. 1932

— Messe

Georg Eisenring, *Zur Geschichte des mehrstimmigen Proprium Missae bis um 1560*, Düsseldorf 1913

Geoffrey Chew, *The Early Cyclic Mass as a Expression of Royal and Papal Supremacy*, in: Music & Letters 53 (1972), S. 254—269

Thrasybulos Georgiades, *Musik und Sprache. Das Werden der abendländischen Musik, dargestellt an der Vertonung der Messe*, Berlin u. Heidelberg 1954, ²1971

Walter Haaß, *Studien zu den L'homme armé-Messen des 15. und 16. Jahrhunderts*, Regensburg 1984 (= Kölner Beiträge zur Musikforschung Band 136)

Nors Sigurd Josephson, *The „Missa de Beata Vergine" of the Sixteenth Century*, Diss. Univ. of California, Berkeley 1971

Harald Kümmerling, *Die Bestimmung des Ranges mehrstimmiger Vertonungen des Ordinarium misssae mittels des Cantus firmus als Accidens praedicabile*, in: Albert Zimmermann (Hrsg.), Soziale Ordnungen im Selbstverständnis des Mittelalters, Berlin u. New York 1980, S. 586—600 (= Miscellanea mediaevalia Band 12,2)

René Bernhard M. Lenaerts, *The 16th Century Parody Mass in the Netherlands*, in: Musical Quarterly 36 (1950), S. 410—421

Walter Lipphardt, *Die Geschichte des mehrstimmigen Proprium Missae*, Heidelberg 1950

Josef Andreas Jungmann, *Missarum sollemnia. Eine genetische Erklärung der römischen Messe*, 2 Bände, Freiburg i. Br. 1952

Arnold Schering, *Zur alternatim-Orgelmesse*, in: Zeitschrift für Musikwissenschaft 17 (1935), S. 19—24

Joseph Schmidt-Görg, *Vier Messen aus dem 16. Jahrhundert über die Motette „Panis quem ego dabo" des Lupus Hellinck. Ein Beitrag zur Entwicklungsgeschichte der Missa parodia*, in: Kirchenmusikalisches Jahrbuch 25 (1930), S. 77—93

Peter Wagner, *Geschichte der Messe*, Leipzig 1913

Hellmut Christian Wolff, *Die ästhetische Auffassung der Parodiemesse des 16. Jahrhunderts*, in: Miscellánea en homenaje a Monseñor Higinio Anglés, Barcelona 1958/61, Band II, S. 1011—1017

— Motette, Magnificat usw.

Peter Ackermann, *Studien zur Gattungsgeschichte und Typologie der römischen Motette im Zeitalter Palestrinas*, Habil. Frankfurt/Main 1991, Tutzing 1994 [im Druck]

Wilhelm Bäumker, *Stabat mater. Der Dichter, die Uebersetzungen und Melodien derselben*, in: Cäcilienkalender 8 (1883), S. 59—66

Jürgen Blume, *Geschichte der mehrstimmigen Stabat-mater-Vertonungen*, 2 Bde., München u. Salzburg 1992 (= Musikwissenschaftliche Schriften Band 23)

Carl Heinrich Bitter, *Eine Studie zum Stabat mater*, Leipzig 1883

Wolfgang Boetticher, *Geschichte der Motette*, Darmstadt 1989 (= Erträge der Forschung Band 268)

Murray C. Bradshaw, *The Falsobordone. A Study in Renaissance and Baroque Music*, Neuhausen-Stuttgart 1978 (= Musicological Studies and Documents 349)

Anthony F. Carver, *Cori spezzati. The development of sacred polychoral music to the time of Schütz*, 2 Bände, Cambridge 1988

Rolf Dammann, *Spätformen der isorhythmischen Motette im 16. Jahrhundert*, in: Archiv für Musikwissenschaft 10 (1958), S. 16—40

Klaus-Ulrich Düwell, *Studien zur Kompositionstechnik der Mehrchörigkeit im 16. Jahrhundert. Dargestellt an Werken von Lasso, Palestrina, Victoria, Handl und Giovanni Gabrieli*. Köln 1963

Albert Dunning, *Die Staatsmotette 1480—1555*, Utrecht 1970

Ludwig Finscher, *Zur Cantus-firmus-Behandlung in der Psalm-Motette der Josquinzeit*, in: Wilfried Brennecke u. Hans Haase (Hg.), Hans Albrecht in memoriam. Gedenkschrift mit Beiträgen von Freunden und Schülern, Kassel usw. 1962, S. 55—62

Klaus Fischer, *Die Psalmkomposition in Rom um 1600 (ca. 1570—1630)*, Regensburg 1979 (= Kölner Beiträge zur Musikforschung Band 98)
Erich Hertzmann, *Zur Frage der Mehrchörigkeit in der ersten Hälfte des 16. Jahrhunderts*, in: Zeitschrift für Musikwissenschaft 12 (1929/1930), S. 138—142
Carl-Heinz Illing, *Zur Technik der Magnificat-Kompositionen des 16. Jahrhunderts*, Wolfenbüttel 1936 (= Kieler Beiträge zur Musikwissenschaft Band 3)
Winfried Kirsch, *Die Quellen der mehrstimmigen Magnificat- und Te Deum-Vertonungen bis zur Mitte des 16. Jahrhunderts*, Tutzing 1966
Hugo Leichtentritt, *Geschichte der Motette*, Leipzig 1908
Eduard Lowinsky, *Secret Chromatic Art in the Netherlands Motet*, New York 1946
Peter Ludwig, *Studien zum Motettenschaffen der Schüler Palestrinas*, Regensburg 1986 (= Kölner Beiträge zur Musikforschung Band 143)
Johannes Maier, *Studien zur Geschichte der Marienantiphon „Salve Regina"*, Diss. Freiburg i. Br. 1939
Paul Mies, *Stabat mater dolorosa. Das Verhältnis von textlicher und musikalischer Struktur im Wandel der Zeiten,* in: Kirchenmusikalisches Jahrbuch 28 (1933), S. 35—76
Joachim Roth, *Die mehrstimmigen lateinischen Litaneikompositionen des 16. Jahrhunderts*, Regensburg 1959 (= Kölner Beiträge zur Musikforschung Band 14)
Konrad Ruhland, *Der mehrstimmige Psalmvortrag im 15. und 16. Jahrhundert. Studien zur Psalmodie auf der Grundlage von Faburdon, Fauxbourdon und Falsobordone*, Diss. München 1975
Herbert Schneider u. Heinz Jürgen Winkler, *Die Motette. Beiträge zu ihrer Gattungsgeschichte*, Mainz 1991/92 (= Neue Studien zur Musikwissenschaft Band 5)
Oliver Strunk, *Some Motet-Types of the Sixteenth Century*, in: ders., Essays on Music in the Western World, New York 1974, S. 108—113

4. Musiktheorie, Kontrapunkt und Palestrinasatz

Herbert Kennedy Andrews, *An Introduction to the Technique of Palestrina*, London 1958
Willi Apel, *Accidentien und Tonalität in den Musikdenkmälern des 15. und 16. Jahrhunderts*, Berlin 1936
Ernst Apfel, *Zur Entstehungsgeschichte des Palestrinasatzes*, in: Archiv für Musikwissenschaft 14 (1957), S. 30—45
Ernst Apfel, *Wandlungen des Gerüstsatzes vom 16. zum 17. Jahrhundert*, in: Archiv für Musikwissenschaft (1969), S. 81—104 u. 209—235
Heinrich Bellermann, *Der Contrapunkt*, Berlin 1862
Margaret Bent, *Res facta and Cantare Super Librum*, in: Journal of the American Musicological Society 36 (1983), S. 371—391
Karol Berger, *Theories of Chromatic and Enharmonic Music in Italy in the Second Half of the Sixteenth Century*, Diss. Yale University 1975
Karol Berger, *Musica ficta. Theories of Accidental Inflections in Vocal Polyphony from Marchetto di Padova to Gioseffo Zarlino*, Cambridge 1987
Malcom Boyd, *Palestrina's Style. A Practical Introduction*, London 1973
Alan Dudley Bush, *Strict Counterpoint in the Palestrina Style*, London 1948
Ludwig Bußler, *Der strenge Satz in der Kompositionslehre*, Berlin 1877

Pedro Cerone, *El Melopeo. Tractado de Musica theorica y pratica*, Neapel 1613, Reprint Bologna 1969

Jacques Chailley, *Esprit et technique du Chromatisme de la Renaissance*, in: Musique et Poésie au XVIe siècle, Paris 1954

Willene Clark, *A Contribution to Sources of Musica Reservata*, in: Revue Belge de Musicologie 11 (1957), S. 27—33

Carl Dahlhaus, *Untersuchungen über die Entstehung der harmonischen Tonalität*, Kassel 1968, [2]1988 (= Saarbrücker Studien zur Musikwissenschaft Band 2)

Carl Dahlhaus, *Zur Harmonik des 16. Jahrhunderts*, in: Musiktheorie 3 (1988), S. 205—211

Willem Elders, *Studien zur Symbolik in der Musik der alten Niederländer*, Bilthoven 1968

Andrea Eximeno, *Delle origini e delle regole della musica*, Rom 1774, Reprint Hildesheim 1983

Hellmut Federhofer, *Hohe und tiefe Schlüsselung im 16. Jahrhundert*, in: Anna Amalia Abert u. Wilhelm Pfannkuch (Hrsg.), Festschrift Friedrich Blume zum 70. Geburtstag. Kassel usw. 1963, S. 104—111

Karl Gustav Fellerer, *Zur Kontrapunktlehre im Zeitalter des Humanismus*, in: Victor Ravizza (Hrsg.), Festschrift Arnold Geering zum 70. Geburtstag, Beiträge zur Zeit und zum Begriff des Humanismus, vorwiegend aus dem Bereich der Musik, Bern u. Stuttgart 1972, S. 139—148

Johann Joseph Fux, *Gradus ad Parnassum oder Anführung zur Regelmäßigen Musikalischen Composition*. Aus dem Lateinischen ins Teutsche übersetzt, mit Anmerkungen versehen und herausgegeben von Lorenz Christoph Mizler, Leipzig 1742, Reprint Hildesheim 1984

F. Alberto Gallo u.a., *Italienische Musiktheorie im 16. und 17. Jahrhundert. Antikenrezeption und Satzlehre*, Darmstadt 1989 (= Geschichte der Musiktheorie Band 7)

Michael Haller, *Kompositionslehre für polyphonen Kirchengesang mit besonderer Rücksicht auf die Meisterwerke des 16. Jahrhunderts*, Regensburg 1891

Siegfried Hermelink, *Dispositiones modorum. Die Tonarten in der Musik Palestrinas und seiner Zeitgenossen*, Tutzing 1960 (= Münchener Veröffentlichungen zur Musikgeschichte Band 4)

Wilhelm Hohn, *Der Kontrapunkt Palestrinas und seiner Zeitgenossen. Eine Kontrapunktlehre mit praktischen Aufgaben*, Regensburg u. Rom 1918 (= Sammlung Kirchenmusik Band 17)

Knud Jeppesen, *Kontrapunkt. Lehrbuch der klassischen Vokalpolyphonie*, Leipzig 1935

Theodor Kroyer, *Zur Chiavetten Frage*, in: Studien zur Musikgeschichte. Festschrift für Guido Adler zum 75. Geburtstag, Wien 1930, S. 107—115

Edward E. Lowinsky, *Tonality and Atonality in Sixteenth-Century Music*, Univ. of California Berkeley 1961

Dietrich Manicke, *Der polyphone Satz*, 2 Bände, Köln [2]1977 und 1979

Bernhard Meier, *Reservata Probleme. Ein Bericht*, in: Acta Musicologica 30 (1958), S. 77—89

Bernhard Meier, *Die Tonarten der klassischen Vokalpolyphonie. Nach den Quellen dargestellt*, Utrecht 1974

Reginald Owen Morris, *Contrapunctal Technique in the Sixteenth Century*, Oxford 1922, [2]1934

Harold S. Powers, *Modal Representation in Polyphonic Offertories*, in: Early Music History 2 (1982), S. 43—86

Diether de la Motte, *Kontrapunkt, Ein Lese- und Arbeitsbuch*, Kassel 1981

Quentin W. Quereau, *Sixteenth Century Parody: An Approach to Analysis*, in: Journal of the American Musicological Society 31 (1978), S. 407—441

Gustave Reese, *The Polyphonic Magnificat of the Renaissance as a Design in Tonal Centers*, in: Journal of the American Musicological Society 13 (1960), S. 68—78

Frieder Rempp, *Bemerkungen zum Selbstverständnis der italienischen Musiktheorie im 16. Jahrhundert*, in: Musiktheorie 4 (1989), S. 100—112

John Rothgeb, *Strict Counterpoint and Tonal Theory*, in: Journal of Music Theory 19 (1975), S. 260—281

Klaus Jürgen Sachs, *Arten improvisierter Mehrstimmigkeit nach Lehrtexten des 14.—16. Jahrhunderts*, in: Basler Jahrbuch für historische Musikpraxis 7 (1983), S. 166—183

Hans Heinrich Unger, *Die Beziehungen zwischen Musik und Rhetorik im 16.—18. Jahrhundert*, Würzburg 1941, Reprint Hildesheim 1979 (= Berliner Studien zur Musikwissenschaft Band 4)

Josef Tröller, *Untersuchungen zur Satztechnik von den Niederländern bis zu Monteverdi*, Diss. Heidelberg 1953

Karl-Friedrich Waack, *Angelo Berardi als Musiktheoretiker,* Diss. Kiel 1955

Peter Wagner, *Zur mittelalterlichen Tonartenlehre*, in: Studien zur Musikgeschichte. Festschrift für Guido Adler zum 75. Geburtstag, Wien 1930, S. 29—32

5. Lokalgeschichtliche Untersuchungen

Julius Amann, *Allegris Miserere und die Aufführungspraxis in der Sistina nach Reiseberichten und Musikhandschriften*, Regensburg 1935 (= Freiburger Studien zur Musikwissenschaft Band 4)

Bonifacio Giacomo Baroffio, *La tradizione musicale del canto gregoriano delle capelle Sistina e Giulia nel XVI e XVII secolo*, in: Oscara Mischiati u. Paolo Russo, La Cappella musicale nell' Italia della Controriforma. Atti del Convegno internazionale di studi nel IV Centenario di fondazione della Capella Musicale S. Biagio di Cento, 13-15. Ottobre 1989, Florenz 1993, S. 105—110

Pietro Canal, *Della musica in Mantova. Notizie tratte principalmente dall'Archivio Gonzaga*, Venedig 1881, Reprint Genf 1978

Enrico Celani, *I cantori della cappella pontificia nel secoli XVI-XVIII*, in: Rivista musicale italiana 14 (1907), S. 83—104 u. S. 752—790, 16 (1909), S. 55—111

Thomas D. Culley, *Jesuits and Music: I. A Study of the Musicians connected with the German College in Rome during the 17th Century and of their Activities in Northern Europe*, Rom 1970 (= Sources and Studies for the History of the Jesuits Band 2)

Frank A. D'Accome, *The Musical Chapels at the Florentine Cathedral and Baptistry during the First Half of the Sixteenth Century*, in: Journal of the American Musicological Society 24 (1971), S. 1—50

Ariane Ducrot, *Histoire de la Cappella Giulia au XVIe siècle depuis sa fondation par Jules II (1513) jusqu'à sa restauration par Grégorie XIII (1578),* in: Mélanges d'Archéologie et d'Histoire 75 (1963) S. 179—240 u. S. 467—559

Iain Fenlon, *Music and patronage in sixteenth-century Mantua*, 2 Bände, Cambridge 1980 u. 1982

Herman-Walther Frey, *Die Diarien der Sixtinischen Kapelle in Rom der Jahre 1560 und 1561*, Düsseldorf 1959

Herman-Walther Frey, *Die Gesänge der sixtinischen Kapelle an den Sonntagen und Hohenkirchenfesten des Jahres 1616*, in: Mélanges Eugène Tisserant 4: Bibliothèque Vaticane, première partie, Vatikanstadt 1964 (= Studi e testi della Biblioteca Vaticana Band 236), S. 395—437

Remo Giazotto, *Quattro secoli di storia dell'Academia Nazionale di S. Cecilia*, 2 Bände, Rom u. Verona 1970
Franz Xaver Haberl, *Die römische Schola Cantorum und die päpstlichen Kapellsänger im Vatican zu Rom*, Leipzig 1888 (= Bausteine für Musikgeschichte Band III)
Helmut Hucke, *Die Besetzung von Sopran und Alt in der sixtinischen Kapelle*, in: Miscelánea an Homenaje a Monsenor Higinio Anglés, Band 1, Barcelona 1958, S. 379—396
Jean Lionnet, *Performance practice in the Papal Chapel during the 17th century*, in: Early Music 15 (1987), S. 3—15
Jean Lionnet, *L'évolution du répertoire de la Chapelle Pontificale au cours du 17ème siècle,* in: Lorenzo Bianconi u.a. (Hrsg.), Atti del XIV Congresso della Socièta Internazionale di Musicologia. Trasmissione recezione delle forme di cultura musicale, Band 2: Study Sessions, Turin 1990, S. 272—277
Lewis Lockwood, *Music at Ferrara in the period of Ercole I d'Este*, in: Studi musicali 1 (1972), S. 101—131
Arnaldo Morelli, *Il Tempio armonico. Musica nell'oratorio dei Filippini in Roma (1575—1705),* Laaber 1991 (= Analecta musicologica Band 27)
Otto Nicolai, *Über die Sixtinische Kapelle* [1837], in: Georg Richard Kruse (Hrsg.), Otto Nicolai. Musikalische Aufsätze, Regensburg 1913, S. 53—76
Giuseppe Radiciotti, *L'Arte musicale in Tivoli nei secoli XVI, XVIIe e XVIII*, Tivoli 1907
Giancarlo Rostirolla, *La Bolla „De commune omnium" dei Gregorio XIII per la Restaurazione della Capella Giulia. Un documento rilevante per la storia istituzionale della Cappella Musica nel periodo post-tridentino*, in: Oscar Mischiati u. Paolo Russo, La Cappella musicale nell'Italia della Controriforma. Atti del Convegno internazionale di studi nel IV Centenario di fondazione della Cappella Musicale S. Biagio di Cento, 13—15 Ottobre 1989, Florenz 1993, S. 39—65 (= Quaderni della Rivista Italiana di Musicologia Band 27)
Adalbert Roth, *Zur „Reform" der päpstlichen Kapelle unter dem Pontifikat Sixtus' IV.*, in: Georg Fichte u.a., Zusammenhänge, Einflüsse, Wirkungen. Kongreßakten zum ersten Symposium des Mediävistenverbandes in Tübingen 1984, Berlin u. New York 1986, S. 168—195
Eduard Schelle, *Die päpstliche Sängerschule in Rom, genannt die Sixtinische Kapelle*, Wien 1872
Richard Sherr, *Performance practice in the Papal Chapel during the 16th century*, in: Early Music 15 (1987), S. 453—462
Georg L. P. Sievers, *Die päpstliche Kapelle zu Rom*, in: Allgemeine Musikalische Zeitung 27 (1825), Sp. 301—311, 321—333, 337—343, 353—359, 369—378, 393—400 u. Sp. 417—424
Peter Wagner, *Die römische Musikerzunft unter Gregor XIII. und Sixtus V.,* in: Zeitschrift für Musikwissenschaft 1 (1918/1919), S. 642—645
Karl Weinmann, *Die päpstliche Kapelle unter Paul IV.,* in: Archiv für Musikwissenschaft 2 (1919/1920), S. 54—72

6. Studien zu einzelnen Komponisten

Denis Arnold, *Marenzio*, London 1965 (= Oxford Studies of Composers Band 2)
Lucie Balmer, *Orlando di Lassos Motetten*, Bern 1938, Reprint Genf 1978
Wolfgang Boetticher, *Orlando di Lasso und seine Zeit*, Kassel 1958
Alberto Cametti, *Firmin Lebel, maestro in S. Luigi dei francesi a Roma (1545—1561)*, in: Rivista Musicale Italiana (32) 1925, S. 196—206

Alberto Cametti, *Rubino Mallapert*, in: Rivista Musicale Italiana 29 (1921), S. 335—348
Raffaele Casimiri, *„Disciplina musicae" e „Mastri di Capella" dopo il Concilio di Trento nei maggiori Istituti Ecclesiastici di Roma: Seminario Romano — Collegio Germanico — Collegio Inglese (sec. XVI—XVII)*, in: Note d'Archvio 12—20 (1935—1943)
Raffaele Casimiri, *Annibale Zoilo (1540?—1592) e la sua famiglia*, in: Note d'Archivio 17 (1940), S. 1—25
James Chater, *Luca Marenzio and the Italian Madrigal 1577—1593*, 2 Bände, Ann Arbor 1981 (= Studies in British Musicology Band 4)
Carl Dahlhaus, *Studien zu den Messen Josquins des Prez*, Diss. Göttingen 1952
Ellinor Dohrn, *Marc'Antonio Ingegneri als Madrigalkomponist*, Diss. Berlin 1936
Helmut Federhofer, *Hohe und tiefe Schlüsselung im 16. Jahrhundert*, in: Anna Amalia Abert u. Wilhelm Pfannkuch (Hrsg.), Festschrift Friedrich Blume zum 70. Geburtstag, Kassel usw. 1963, S. 104—111
Fritz Feldmann, *Untersuchungen zum Wort-Ton-Verhältnis in den Gloria-Credo-Sätzen von Dufay bis Josquin*, in: Musica Disciplina 8 (1954), S. 141—171
Ludwig Finscher, *Gesualdos „Atonalität" und das Problem des musikalischen Manierismus*, in: Archiv für Musikwissenschaft 29 (1972), S. 1—16
Hermann Walther Frey, *Ruggiero Giovanelli, eine biographische Studie*, in: Kirchenmusikalisches Jahrbuch 22 (1909), S. 49—62
Claudio Gallico, *Guglielmo Gonzaga. Signore della Musica*, in: Nuova Rivista Musicale Italiana 11 (1977), S. 321—334
Alberto Ghislanzoni, *Josquin Des Prez (Jodocus Pratensis)*, Frosinone 1976
Horst Willi Groß, *Klangliche Struktur und Klangverhältnis in Messen und lateinischen Motetten Orlando di Lassos*, Tutzing 1977 (= Frankfurter Beiträge zur Musikwissenschaft Band 7)
Franz Xaver Haberl, *Giovanni Maria Nanino. Darstellung seines Lebensganges auf Grund archivalischer und bibliographischer Dokumente*, in: Kirchenmusikalisches Jahrbuch 6 (1891), S. 81—97
Franz Xaver Haberl, *Lebensgang und Werke des Francesco Soriano*, in: Kirchenmusikalisches Jahrbuch 10 (1895), 95—103
Franz Xaver Haberl, *Marcantonio Ingegneri. Eine bio-bibliographische Skizze*, in: Kirchenmusikalisches Jahrbuch 13 (1898), S. 74—94
Franz Xaver Haberl, *Luca Marenzio. Eine bio-bibliographische Skizze*, in: Kirchenmusikalisches Jahrbuch 15 (1900), S. 93—104
Franz Xaver Haberl, *Felice Anerio. Lebensgang und Werke nach archivalischen und bibliographischen Quellen*, in: Kirchenmusikalisches Jahrbuch 18 (1903), S. 28—52
Dieter Heikamp, *Zur Struktur der Messe L'homme armé super voces von Josquin Desprez*, in: Die Musikforschung 19 (1966), S. 121—141
Lothar Hoffmann-Erbrecht, *Heinrich Fincks fünfstimmige Missa super Ave Praeclara — eine wichtige Neuentdeckung*, in: Ludwig Finscher (Hrsg.), Renaissance-Studien. Helmuth Osthoff zum 80. Geburtstag, Tutzing 1979, S. 73—90 (= Frankfurter Beiträge zur Musikwissenschaft Band 11)
Joachim Huschke, *Orlando di Lassos Messen. Allgemeine Darstellung nach chronologischen und stilkritischen Gesichtspunkten*, in: Archiv für Musikforschung 5 (1940), S. 84—103 u. S. 153—178
Paul Kast, *Antimo Liberati. Eine biographische Studie*, in: Kirchenmusikalisches Jahrbuch 43 (1959), S. 49—72

Henry W. Kaufmann, *The Motets of Nicola Vicentino*, in: Musica Disciplina 15 (1961), S. 167—185

Bernhard Janz, *Die Petrarca-Vertonungen von Luca Marenzio. Dichtung und Musik im späten Cinquecento-Madrigal*, Tutzing 1992 (= Frankfurter Beiträge zur Musikwisssenschaft Band 21)

Martin Just, *Studien zu Heinrich Isaacs Motetten*, 2 Bände, Diss. Tübingen 1960

Martin Just, *Zur Kanontechnik in Adrian Willaerts Messen*, in: Hermann Dechant u. Wolfgang Sieber (Hrsg.), Gedenkschrift Hermann Beck, Laaber 1982, S. 11—31

Steven John Ledbetter, *Luca Marenzio. New biographical findings*, Diss. New York 1971

Horst Leuchtmann, *Orlando di Lasso. I. Sein Leben. Versuch einer Bestandsaufnahme der biographischen Einzelheiten. II. Briefe*, 2 Bände, Wiesbaden 1976 u. 1977

Lewis Lockwood, *Vincenzo Ruffo and Musical Reform after the Council of Trent*, in: Musical Quarterly 43 (1957), S. 342—371

Lewis Lockwood, *The Counter-Reform and the Masses of Vincenzo Ruffo*, Venedig 1967 (= Studi di Musica Veneta Band 2)

Edward E. Lowinsky (Hrsg.), *Josquin des Prez — Proceedings of the International Josquin Festival Conference Held at the Juillard School at Lincoln Center in New York City*, 21—25 June 1971, New York 1976

Robert Machold, *Heinrich Isaac. Darstellung seiner Kompositionstechnik an Hand der choralisch-polyphon alternierenden Messen*, Diss. München 1956

Hans von May, *Die Kompositions-Technik T. L. da Victorias*, Bern u. Leipzig 1943 (= Berner Veröffentlichungen zur Musikforschung Band 13)

Ludwig-Dieter Obst, *Die Psalm-Motetten des Josquin Desprez*, Diss. FU Berlin 1957

Rufina Orlich, *Die Parodiemessen von Orlando di Lasso*, München 1985 (= Studien zur Musik Band 4)

Helmuth Osthoff, *Vergils Aeneis in der Musik von Josquin des Prez bis Orlando di Lasso*, in: Archiv für Musikwissenschaft 11 (1954), S.85—102

Helmuth Osthoff, *Renaissance-Tendenzen in den Fortuna desperata-Messen von Josquin und Obrecht*, in: Die Musikforschung 11 (1956), S. 1—26

Helmuth Osthoff, *Die Psalm-Motetten von Josquin Desprez*, in: Bericht über den Internationalen Musikwissenschaftlichen Kongreß Wien Mozartjahr 1956, Köln 1958, S. 452—457

Helmuth Osthoff, *Josquin Desprez*, 2 Bände, Tutzing 1962 u. 1965

Leeman L. Perkins, *Mode and Structure in the Masses of Josquin*, in: Journal of the American Musicological Society 26 (1973), S. 189—239

Pierluigi Petrobelli, *„Ah, dolente partita": Marenzio, Wert, Monteverdi*, in: Raffaele Monterosso (Hrsg.), Congresso internazionale sul tema Claudio Monteverdi e il suo tempo Mantova 1967. Relazioni e comunicazioni, Venedig 1968, S. 361—376

Lilian Pibernik Pruett, *Parody Technique in the Masses of Costanzo Porta*, in: James W. Pruett, Studies in Musicology. Essays in the History, Style and Bibliography of Music in Memory of Glen Haydon, Chapel Hill 1969, S. 211—228

Hans Rectanus, *„Ich kenne dich, Josquin, du Herrlicher...". Bemerkungen zu thematischen Verwandtschaften zwischen Josquin und Pfitzner*, in: Ludwig Finscher (Hrsg.), Renaissance-Studien, Helmuth Osthoff zum 80. Geburtstag, Tutzing 1979, S. 211—222 (= Frankfurter Beiträge zur Musikwissenschaft Band 11)

Helmut Reif(f)enstein, *Die weltlichen Werke des Josquin des Prez*, Diss. Frankfurt/Main 1952

Adolf Sandberger, *Beiträge zur Geschichte der bayerischen Hofkapelle unter Orlando di Lasso*, 3 Bände in 4, Leipzig 1894/95

Richard J. Schuler, *The Life and Liturgical Works of Giovanni Maria Nanino*, Diss. University of Minnesota 1963

Richard Sherr, *A Letter from Paolo Animuccia. A Composer's response to the Council of Trent*, in: Early Music 12 (1984), S. 75—78

Martin Staehelin, *Die Messen Heinrich Isaacs*, 3 Bände, Bern u. Stuttgart 1977

Otto Ursprung, *Jacobus de Kerle*, Diss. München 1913

Nyal Zeno Williams, *The Masses of Giovanni Francesco Anerio: a historical ans analytical study with a Supplementary Critical Edition*, 2 Bände, Diss. University of North Carolina at Chapel Hill 1971

Carl Winter, *Ruggiero Giovanelli*, München 1935 (= Schriftenreihe des Musikwissenschaftlichen Seminars der Universität München Band 1)

Hermann Zenck, *Zarlinos „Istitutioni harmoniche" als Quelle zur Musikanschauung der italienischen Renaissance*, in: Zeitschrift für Musikwissenschaft 12 (1929/1930), S. 540—578

Hermann Zenck, *Nicola Vicentinos L'antica musica (1555)*, in: ders. u.a. (Hrsg.), Theodor Kroyer-Festschrift zum sechzigsten Geburtstage am 9. September 1933, Regensburg 1933, S. 86—101

Hermann Zenck, *Adrian Willaerts „Salmi spezzati" (1550)*, in: Die Musikforschung 2 (1949), S. 97—107

III. Geschichte und Kultur des 16. Jahrhunderts

1. Renaissance und Manierismus

Fritz Baumgart, *Renaissance und Kunst des Manierismus*, Köln 1963

Anthony Blunt, *Artistic theory in Italia 1450—1600*, Oxford 1962

Fernand Braudel, *Modell Italien. 1450—1650*, Stuttgart 1991

Jacob Burckhardt, *Die Kultur der Renaissance in Italien*, Stuttgart ^{10}1976

Peter Burke, *Die Renaissance in Italien. Sozialgeschichte einer Kultur zwischen Tradition und Erfindung*, Berlin 1984

Ernst Cassirer, *Individuum und Kosmos in der Philosophie der Renaissance*, Leipzig u. Berlin 1927 (= Studien der Bibliothek Warburg Band 10), Reprint Darmstadt 1963, ^{5}1977

André Chastel, *Le sac de Rome. Du premier Manièrisme à la contre-réforme*, Paris 1984

William Elders, *Musik, Macht und Mäzenatentum in der Renaissance*, in: Norbert Dubowy u. Sören Meyer-Eller (Hrsg.), Festschrift Rudolf Bockholdt zum 60. Geburtstag, Pfaffenhofen 1990

Wilhelm Theodor Elwert, *Studien zu den romanischen Sprachen und Literaturen*, 8 Bände, Wiesbaden 1967—1979

Walter Friedlaender, *Der antimanieristische Stil um 1590 und sein Verhältnis zum Übersinnlichen*, in: Fritz Saxl (Hrsg.), Vorträge über die Vorstellungen von der Himmelsreise der Seele, Leipzig u. Berlin 1930, S. 214-243 (= Vorträge der Bibliothek Warburg 1928/29)

Walter Friedlaender, *Mannerism and Antimannerism*, New York 1957

Eugenio Garin, *Die Kultur der Renaissance*, in: Golo Mann (Hg.), Weltkulturen. Renaissance in Europa, Frankfurt/M. u. Berlin 1964, S.429—532 (= Propyläen Weltgeschichte Band 6)

Eugenio Garin (Hg.), *Der Mensch der Renaissance*, Frankfurt u. New York 1990

Arnold Hauser, *Der Manierismus. Die Krise der Renaissance und der Ursprung der modernen Kunst,* München 1964

Agnes Heller, *Der Mensch der Renaissance*, Zürich 1968
Gustav René Hocke, *Die Welt als Labyrinth. Manier und Manie in der europäischen Kunst*, Hamburg 1957
Erwin Panofsky, *Idea. Ein Beitrag zur Begriffsgeschichte der älteren Kunstgeschichte*, Berlin [5]1985
Werner Weisbach, *Zum Problem des Manierismus,* Straßburg 1934
Heinrich Wölfflin, *Kunstgeschichtliche Grundbegriffe. Das Problem der Stilentwicklung in der neueren Kunst*, Dresden 1979

2. Geschichte und Kirchengeschichte

Stephan Beissel, *Geschichte der Verehrung Marias im 16. und 17. Jahrhundert.* Beitrag zur Religionswissenschaft und Kunstgeschichte, Freiburg i. Br. 1910.
Remigius Bäumer, *Concilium Tridentinum*, Darmstadt 1979 (= Wege der Forschung Band 313)
Karl Julius Beloch, *Bevölkerungsgeschichte Italiens,* 3 Bände, Berlin 1937—1965
Fernand Braudel, *La Méditerranée et le monde méditerranée à l'époque de Philippe II,* Paris 1949
Eric Cochrane, *Italy 1530—1630,* London u. New York 1988 (= Longman History of Italy Band 4)
Concilium Tridentinum. Diariorum, actorum, epistolarum, tractatum nova collectio. Ed. Societas Goerresiana promovendis inter Germanos catholicos litterarum studiis, 7 Bände, Freiburg i. Br. [2]1961ff.
Thomas Frederik Crane, *Italian Social Customs of the Sixteenth Century*, New York u. Yale 1920 (= Cornell Studies in English Band 5)
Charles Dejob, *De l'influence du Concile de Trente sur la littérature et les beaux-arts chez les peuples catholiques*, Paris 1884, Reprint Genf 1969
Albert Ebneter, *Der Jesuitenorden*, Leipzig 1985
Walter Friedensburg, *Kaiser Karl V. und Papst Paul III. (1534—1549),* Leipzig 1932 (Schriften des Vereins für Reformations-Geschichte Band 153)
Hubert Jedin, *Geschichte des Konzils von Trient*, 4 Bände, Freiburg i. Br., Basel u. Wien 1949—1975
Hubert Jedin, *Krisis und Abschluß des Trienter Konzils 1562/63. Ein Rückblick nach vier Jahrhunderten*, Freiburg 1964
Hubert Kirchner, *Reformationsgeschichte von 1532—1555/1566: Festigung der Reformation, Calvin, katholische Reform und Konzil von Trient*, Berlin 1987 (= Kirchengeschichte in Einzeldarstellungen Band II,6)
Rudolf Lill, *Geschichte Italiens vom 16. Jahrhundert bis zu den Anfängen des Faschismus*, Darmstadt 1980
Heinrich Lutz, *Der politische und religiöse Aufbruch Europas im 16. Jahrhundert*, in: Golo Mann (Hg.), Von der Reformation zur Revolution, Frankfurt/M. und Berlin 1964, 25—132 (= Propyläen Weltgeschichte Band 7)
Heinrich Lutz, *Reformation und Gegenreformation,* München u. Wien [2]1982 (= Oldenbourg Grundriß der Geschichte Band 10)
Thomas Nipperdey, *Reformation, Revolution, Utopie. Studien zum 16. Jahrhundert*, Göttingen 1975
Marcel Pacaut u. Olivier Fatio, *L'hostie et le denier. Les finances ecclésiastiques du haut moyen âge à l'époque moderne*, Genf 1991

Ludwig Freiherr von Pastor, *Geschichte der Päpste seit dem Ausgang des Mittelalters. Mit Benutzung des päpstlichen Geheimarchivs und vieler anderer Archive bearbeitet*, 16 Bände, Freiburg 1891—1933
Luigi Salvatorelli, *Geschichte Italiens*, Berlin 1942
Kurt Dietrich Schmidt, *Die katholische Reform und die Gegenreformation,* Göttingen 1975 (= Die Kirche in ihrer Geschichte Band 3)
Georg Schreiber, *Weltkonzil von Trient*, 2 Bände, Freiburg 1951
Ferdinand Seibt, *Karl V. Der Kaiser und die Reformation*, Berlin 1990
Michael Seidlmayer, *Geschichte Italiens*, Stuttgart 1942
Ronald F. Weissman, *Ritual Brotherhood in Renaissance Florence*, New York 1982
Ernst Walter Zeeden (Hrsg.), *Gegenreformation*, Darmstadt 1973 (= Wege der Forschung Band 311)

3. Rom

Franco Borsi, *Roma di Sisto V. La Pianta di Antonio Tempesta, 1593*, Rom 1986
Peter Burke, *Städtische Kultur in Italien zwischen Hochrenaissance und Barock. Eine historische Anthropologie*, Berlin 1986
John F. d'Amico, *Renaissance Humanism in papal Rome. Humanists and Churchmen on the Eve of the Reformation*, Baltimore u. London 1983
Jean Delumeau, *Vie économique et sociale de Rome dans la seconde moitié du XVIe siècle*, 2 Bände, Paris 1957—1959
Jean Delumeau, *Rome au XIVe Siècle*, 1975
Christopher Hibbert, *Rom. Biographie einer Stadt*, München 1987
Italo Insolera, *Roma. Immagini e realtà dal X al XX secolo*, Rom u. Bari ³1985
Hubert Jedin, *Die deutsche Romfahrt von Bonifatius bis Winckelmann*, Krefeld 1951
Egmont Lee, *Descriptio Urbis. The roman census of 1527*, Rom 1985
Bonner Mitchell, *Rome in the High Renaissance*, Norman 1973
Friedrich Noack, *Das Deutschtum in Rom seit dem Ausgang des Mittelalters*, 2 Bde., Stuttgart, Berlin u. Leipzig 1927
Johann Albertus Franciscus Orbaan, *Sistine Rome*, Rom 1910
Peter Partner, *Renaissance Rome 1500—59*, Berkeley 1976
Pio Paschini, *Le Origini del Seminario Romano*, Rom 1933
Pio Paschini, *Cinquecento romano e Riforma cattolica*, Rom 1958
Volker Reinhardt, *Überleben in der frühneuzeitlichen Stadt. Annona und Getreideversorgung in Rom 1563—1797*, Tübingen 1991, zugleich Habil. Schr. Freiburg i. Br. 1989
Volker Reinhardt, *Rom. Kunst und Geschichte 1480—1650*, Freiburg i. Br. 1992

Personenregister